名誉主编 姜昆 主编 贾德臣 第二卷

中国传统相声大全

姜昆

作家出版社

图书在版编目（CIP）数据

中国传统相声大全：全5册/贾德臣 主编． -- 北京：
作家出版社，2017.1（2022.1重印）

ISBN 978-7-5063-9338-6

Ⅰ．①中… Ⅱ．①贾… Ⅲ．①相声 – 作品集 – 中国 – 当代
Ⅳ．①I239.7

中国版本图书馆CIP数据核字（2017）第022634号

中国传统相声大全：全五册

主　　编：贾德臣
责任编辑：王　烨
特约编辑：李恩祥
装帧设计：王汉军
出版发行：作家出版社有限公司
社　　址：北京农展馆南里10号　　邮　　编：100125
电话传真：86-10-65067186（发行中心及邮购部）
　　　　　86-10-65004079（总编室）
E-mail:zuojia@zuojia.net.cn
http://www.zuojiachubanshe.com
印　　刷：北京中科印刷有限公司
成品尺寸：152×230
字　　数：2600千
印　　张：195.75
版　　次：2017年5月第1版
印　　次：2022年1月第3次印刷
ISBN 978-7-5063-9338-6
定　　价：368.00元（全五册）

目 录

群口相声

单口相声

漫话燕京

北京是座古老的城市。有多老呢？跟您这么说吧，打有刺儿菜那年月，就有北京了。

那位问了：什么时候有的刺儿菜呢？

嗯，……起码在三千多年前吧！

您先别乐，我有根据。司马迁的《史记》上有记载：在公元前一千零六十六年，武王伐纣以后，封召公于"燕"。燕国的京城叫作"蓟"。单讲这个"蓟"字儿，是"蓟草"，蓟草俗称叫刺儿菜。燕国的京城叫刺儿菜？不好听啊！干脆也甭叫"蓟"啦，光叫"燕京"吧！哎，燕京这俩字儿，从那时候就留下了。直到今天，北京的别称还叫燕京哪。这不是打有刺儿菜那年月就有北京了吗，不信？您问……司马迁去呀！

后来，秦始皇统一中国，划分天下为三十六郡，这儿为"上谷郡"。三国时候哪，称"涿州"。到了唐朝叫"范阳"，现在北京菜市口西边儿的"法源寺"，就是唐朝修建的，当时叫"悯忠寺"。宋朝这儿属"幽州"，您听《杨家将》，有"七郎八虎闯幽州"，哎，就是攻打这个地方。元朝，此地是"大都"，元世祖忽必烈建大都嘛，您看德胜门外"土城儿"，那就是元大都城墙的遗迹。到了明、清两代，才叫"北京"哪。

怎么样，这些历史知识您都头回听说吧？要不怎么说，常听相声您长学问呢！

北京的中心是天安门。哎，这可是清朝的名称，明朝叫承天门。这门有什么用呢？有用。每一代皇帝登基的时候，都在这上边儿发布诏书。用木头刻一个凤凰，贴上金箔，这叫"金凤"，金凤嘴里叼着诏书，从上边儿系下来，这还有个名称叫"金凤颁诏"。多好听啊，后来，取消帝制，宣统退位的时候，也在这儿发布的诏书。这回就不是"金凤颁诏"了，应该叫"今天搬家"啦！

天安门的后边儿是紫禁城，如今叫故宫，是明、清两代的皇宫。在建筑上有独特的风格，布局周正，四平八稳，前朝后寝，左右均衡。逛故宫的时候，您注意看：中间儿是三大殿——太和殿、中和殿、保和殿。两边儿的建筑东西对称。东边儿是文华殿，西边儿是武英殿；东边儿体仁阁，西边儿弘义阁；东边儿日精门，西边儿月华门；东边儿御膳房，西边儿官厕所！

嘻！这也对称啊？

故宫南北长九百六十一米，东西宽七百五十三米，面积是七十二万四千二百五十平方米。有多少房子哪？殿、堂、阁、斋全加一块儿，总共有九千九百九十九间半。

嘿，您瞧这寸劲儿！

这半间在哪儿啊？在文渊阁的西边儿，因为让楼梯给占去一半儿，就剩半间啦。所以，故宫的房子是九千九百九十九间半，差半间不够一万。这还不能凑整数，那年月皇上号称"万岁"。这"万"字儿，让他垄断啦，其他地方不许再有"万"啦，为什么呢？他是怕大伙儿全"万"了；哎，他就"完"啦！

皇上是"万岁"，王爷是"千岁"，这就差行市啦。封建社会里等级森严哪。不但是这个，连大门上的门钉全分等级。皇宫城门上的门钉，每扇门九排，一排九个，一共九九八十一个。在古代呀，"九"是最大的阳数，象征"天"，还含有吉祥的意思。所以，皇宫的门钉是九九八十一个。哎，唯独"东华门"的门钉少一排，是八九七十二个。为什么呢？那时候，文武百官上朝都走东华门，这门是给文武官员准备的，所以少九个门钉，剩七十二个啦。王府的门钉是七九六十三个；公侯：四十九个；官员：二十五……到咱们老百姓家，一个不个！

不信？您考察呀，只要不是官府，多阔的财主——磨砖对缝影壁，朱漆广梁大门，那门上一个门钉没有！要不怎么管平民百姓叫"白丁儿"呢，哎，就从这儿留下的！

颜色也分等级，赤橙黄绿青蓝紫这七色当中"黄"颜色被尊为正色，最高贵。哎，黄颜色归皇上专用啦！您看：故宫、颐和园，凡是皇上住的地方，都用黄琉璃瓦，而且房子一律要坐北朝南，"面南背北"嘛。可也不全这样，天坛的"斋宫"就例外，这为什么呢？天坛是皇上祭天的地方，皇上自称"天子"，"天子"就是"天"的"儿子"，皇上在"天"的面前，就等于儿子在爸爸面前，那哪儿敢妄自尊大呀，所以"斋宫"是坐东朝西，用绿琉璃瓦。我细这么一琢磨：敢情皇上到天坛不是祭天，是瞧他爸爸去啦！

"天坛"为五坛之首。哪五坛呢？是：天、地、日、月，外加"社稷坛"。"天坛"的建筑费了脑筋啦。怎么？挖空心思，突出一个"天"字儿。您看天坛的围墙，北边儿是圆的，南边儿是方的，代表"天圆地方"；而且，北边儿墙高，南边儿墙矮，表示"天高地矮"！

嘿，瞧当初这琢磨劲儿！

还有天坛的"祭台"在南边儿，地坛的"祭台"在北边儿，这叫"天南地北"。再就是"日东月西"。"日坛"建于东边儿朝阳门外；"月坛"修在西边儿阜城门外。

"社稷坛"在哪儿啊？就是现在的"中山公园"。"社"代表"土地"，"稷"代表"五谷"。土地、五谷象征着国家政权，常言说"江山社稷"嘛。"社稷坛"的祭台，就是中山公园的"五色土"。怎么叫五色土呢？祭台上按东、西、南、北、中五个方位，铺着青、红、白、黑、黄五种颜色的土。这土从全国各地采挖，青土从山东挖，红土从两广挖，白土从陕西挖，黑土从北京挖，黄土从河南挖，沙土……哪儿碰上哪儿挖！

哪儿没沙土啊？！

有人说了：要沙土干吗呀？

有用。五种土之间，得使沙土填缝儿，不能让颜色混了。您看多讲究。

不但是这个，北京内城有九座城门，走九种车。哎，也有讲究。

哪九座城门呢？是：西直门、东直门、朝阳门、阜城门、安定门、德胜门、崇文门、宣武门、正阳门。

这九座城门，走九种车。每天清早头一个进城的是水车，走西直门。

明、清两代皇上喝玉泉山的水。这是经过比较才选定的。那时候又没科学仪器，怎么比较呢？有办法：特制了一个"银斗"，盛满了水称分量，各处的水，挨个儿称。扬子泉：一两三；虎跑泉：一两二；珍珠泉：一两一；哎，玉泉山的水，才一两！最轻，证明含杂质最少，水质优良，味儿纯，甘甜。所以被称为"天下第一泉"。每天哪，从玉泉山拉水进城，走西直门。西直门城门洞顶上还刻着水波纹儿，寓意

"水"，西直门走"水车"。

朝阳门走"粮车"。古代没有铁路，全靠着运河，从水路南粮北调，供应北京。先用船运到通县，然后装车进城，走朝阳门。现在朝阳门里还有俩地名儿："禄米仓""海运仓"。就是当初盛粮食的仓库。朝阳门城门洞顶上刻着个"谷穗儿"。

阜城门哪，走"煤车"，煤矿在京西门头沟哇，得进阜城门。这城门洞顶上也刻着个图案，是一枝"梅花"，就代表煤啦。

（似听见观众问话）您说什么，画块儿"蜂窝煤"？嘻，那多难看哪！

东直门走"砖车"。那时候，砖、瓦窑都设在东直门外，城里头，不让搁。为什么呢？怕烧窑一冒烟，把皇上熏着！城里用砖都由东直门往里拉，东直门走"砖车"。

崇文门走"酒车"。那阵儿不管从哪儿运来的酒，都得先到崇文门去上税，崇文门是北京南面的城门。故此，过去北京卖酒的招牌全写"南路烧酒"，就是表明这酒是从南面城门这条路进来的，上税了。要是写："北路烧酒"，那……那就不让卖啦！

宣武门走"囚车"。在封建时代，宣武门外菜市口是刑场。开刀问斩，杀人的地方。城门洞顶上刻着仨字儿——"后悔迟"。要是细一研究，还真对。您想啊，犯人押在囚车里，一出宣武门就交待啦，再"后悔"，可不"迟"了嘛！

德胜门和安定门，走"兵车"。是一"出"一"进"。发兵打仗出德胜门；回来的时候，收兵进安定门。这是借字抄音儿找吉利。出兵得胜了；收兵，那儿安定了，多好啊。可也不准，有时候出的是德胜门……也让人家给揍回来！

正阳门俗称道门，走什么车呀？走"龙车"，皇上坐的车。皇上一年要出两次正阳门。"冬至"去天坛焚表祭天。"惊蛰"到先农坛耕地。那儿有块儿"演耕田"。皇上耕地，娘娘送饭。当然，这都是象征性的，走个形式，表示普天之下该种五谷啦。先农坛的"演耕田"有多少地呢？一亩三分地！咱们日常生活中爱说"就趁一亩三分地儿"，哎，就是从这儿留下来的。

皇上坐的车叫"龙车"。皇上自称"真龙天子"，不管什么都得带个"龙"字儿，坐的车叫"龙车"，睡的床叫"龙床"，穿的衣服叫"龙袍"，戴的帽子叫"龙冠"，眼睛叫"龙目"，耳朵……就叫耳朵！不能叫"龙耳"，怎么？一叫"龙"（聋）耳，就什么全听不见啦！

再有，正阳门城门上这个"门"字儿特别，其他城门上的门字儿，最后一笔，是一竖一钩儿。唯独正阳门上这个门字儿，是一竖，没钩儿。这是皇上不让写的。为什么呢？皇上他自己琢磨了：我是真龙天子，龙出来了，走正阳门，要是门有钩儿，就把我剐上啦！

（刘宝瑞述　殷文硕整理）

珍珠翡翠白玉汤

当年朱洪武聚兵起义，打算推翻元朝。在北京，朱洪武领着常遇春、胡大海大闹武科场；脱脱太师定计，在武科场埋下地雷，朱洪武、常遇春逃出北京，大家失散。朱洪武单身独马落荒而逃，一路上又冷又饿，人困马乏，好容易找到一座小破庙，翻身下马，只觉得头晕眼花，昏倒在地。

过了好多时间，来了两个要饭的，一个挎着个破筐子，里面有几块干饽饽、剩饼子；一个端了半个破砂锅，里面盛了些剩菜汤子。到庙门口一看，地下躺着一个人，长得像个猪八戒，一摸还有气儿，就把他搭到庙里去了。找了点树枝乱草，点着了暖暖屋子，然后就把朱洪武扶起来，给他盘上腿，让他好缓过这口气儿来。

朱洪武迷迷糊糊地被烟熏得苏醒过来了，还以为哥儿几个在一块儿哪："常贤弟！"他是叫常遇春哪！这要饭的一听："咦！我不认识他呀！他怎么知道我姓常叫先弟呢？"朱洪武那儿又喊，"来！"那个要饭的一听："咦！他也知道我姓来！"瞧这巧劲儿。这时候就看见朱洪武指指嘴："我饿啦！"这俩要饭的一听，这人没病，就是饿，心里说：这饿的滋味可不好受，我们哥儿俩常跟它打交道，得啦，只当咱们哥儿俩今儿个要得少，匀给他点儿吃吧！当时就把剩菜汤子搁在那柴火堆儿上热了热，递给朱洪武。朱洪武是真饿极啦，端起来狼吞虎咽咕嘟咕嘟就喝下去了。没想到这半锅剩菜汤灌下去，出了一身汗。好啦！也不饿了，也缓过气儿来啦。朱洪武就问两个要饭的："二位贵姓？""你不是知道我叫常先弟吗？"朱洪武一听："哦！你就是常贤弟啊！"刚要问他们受伤了没有，一琢磨不对，就问："你们刚才给我喝的那叫什么汤啊？"这两人心说：什么汤哪，全是杂合菜。俩人一嘀咕："他要问咱们就给他起个名，叫'珍珠翡翠白玉汤'，怎么呢？你看这里头有白菜帮菠菜叶，不是像翡翠吗，这馊豆腐白色的不是像玉吗，剩饭锅巴碎米粒就是珍珠。""对！我们这个叫珍珠翡翠白玉汤。"

朱洪武点了点头说："谢谢你们。"他上马就走了。

后来朱洪武真把元朝推翻了，他在南京城做起皇上来了。也是吃的山珍海味，穿的绫罗绸缎，娶的三宫六院，真是天子一意孤行，臣子百顺百从。他要说西山煤是白的，谁也不敢说是黑的。皇上说："傻子好。"得！打这儿傻子就连升三级。哪怕是皇上给大臣们一张手纸，都得拿了黄绫裱上，供在大厅里当增光耀祖显耀门庭的宝贝。

朱洪武当了皇上，享受了几年，觉乎着吃喝玩乐老这么一套也腻了，有几天心里憋得慌，老不得劲儿，身上懒洋洋，就跟当年在破庙里那个滋味似的。遂传旨："来呀！叫御膳房给我做一碗珍珠翡翠白玉汤来。"太监一传旨，御膳房的人可吓坏了。张师傅问李师傅："您知道这汤怎么做吗？""不知道。""王师傅呢？""我也没听说过，我倒知道珍珠上蒸笼能蒸软了，那翡翠、白玉怎么下刀切？"这个说："叫咱们做，要是不做是抗旨不遵，那活得了吗？"结果几个师傅一合计，好死不抵赖活着，想法儿搪过去得啦，挑了几个大个儿珍珠上蒸笼蒸了足有半天，又找了几块薄薄的小翡翠和白玉，兑了点高汤，搁了点香菜，央告小太监给端上去："在皇上面前给我们多说好话吧！"小太监就把这碗汤给端上去了。朱洪武一看，粉白翡翠倒挺漂亮，不但漂亮，用勺一舀还叮儿当儿乱响，就是味儿不像，当时就火儿喽！就问，"这是什么？""珍珠翡翠白玉汤。""胡说！珍珠翡翠白玉汤朕曾喝过。"小太监一听可吓傻了，赶紧跑回御膳房："这一下可出娄子啦！"大伙儿问："怎么啦？""怎么啦！万岁爷说他喝过珍珠翡翠白玉汤，这个汤不对。"大伙儿一听："得！玩儿完，这不但是抗旨不遵，还得加一个欺君之罪。"几个人一商量，怎么着也活不了，干脆实话实说，不会做，请万岁爷另找能人。小太监把这话回上去，朱洪武一想：这群人都是做山珍海味的，也难怪他们不会做，就不再难为他们了，可是汤总得喝呀！不但自己喝，也得让三宫六院、文武大臣都尝尝这个珍珠翡翠白玉汤。于是就传下圣旨到处张贴皇榜，找那两个会做珍珠翡翠白玉汤的人，一个叫常先弟，那一个不知姓什么。圣旨一下，皇榜马上就贴出去了。

单说朱洪武当年遇难的那座县城里也贴了好几张皇榜，这一天那两个要饭的正在大街上沿门乞讨。看见衙门口对过影壁底下围着一堆人看告示，过去一打听，说是皇上找一个叫常先弟的，还有一个不知叫什么，叫他们给做珍珠翡翠白玉汤。俩人一听："哟！庙里喝剩菜汤的那家伙做了皇上了，咱们得去。"过去就把皇榜给揭了。看榜的俩公差一看俩要饭的把皇榜给揭了，抓住就要锁。这哥儿俩说："怎么着？给皇上做汤就锁着去吗？"俩公差一听："哎呀！二位老爷，小人不知，恕罪！恕罪！"俩要饭的说："那倒没什么关系。""二位老爷，请到衙门去吧。""车呢？""这……就是衙门，我们哥儿俩把二位背进去得了。"老百姓一瞧："哟！往衙门里背要饭的干吗？"

公差把俩要饭的背进班房："二位老爷您先在这儿歇会儿，我们给您禀县太爷去。""胡说！管我们叫老爷，管他叫太爷，他是谁的太爷？……""喳喳喳，是我们的……是我们的，您二位是老太爷了。""一块儿去！"俩人赶紧往里就跑，禀报县太爷。知县一听这俩人找着了，心想：这回可该着我升官发财换纱帽了。赶紧换上新官衣，撩袍端带毕恭毕敬到二堂相迎。俩公差往外就跑说："二位老太爷，现在我们县太爷在二堂恭候！""好，头前带路！""是。"俩要饭的一嘀咕："对！咱们架子端得越大越好。"到二堂，知县一瞧："怎么给领进俩要饭的来？"就听公差那儿说："跟县太爷回，二位老太爷驾到。"知县一听，"谁让你们给排的辈儿啊！"再一瞧这俩要饭的满脸油泥，一身破烂，光着两只脚丫子，就问公差："就他俩揭的皇榜呀！""是，就是这二位老太爷。"俩要饭的问："咱们几时进京啊？"知县这火儿大了，心说：这俩小子跟我开的玩笑可不小啊！就冲这模样儿能会做珍珠翡翠白玉汤？到那儿他说不会，得！我是欺君之罪。如果不带他们去见驾，皇上要是知道了，我是隐瞒不报，也活不了。为他们俩丢官罢职我多冤枉！干脆这俩罪名我全不能担："来呀！拿锁链子把他们俩给锁上，押解进京面圣。"

这一天，朱洪武接到了奏本，心说还真找来了。传旨召见。县官锁着这俩要饭的到了金銮宝殿，知县跪在丹墀山呼万岁。这地方他可没来过，只吓得他浑身颤抖，体似筛糠，偷着一看：这俩要饭的冲着皇上笑嘻嘻地在那儿直点头。心说：这是怎么回事啊？皇上一瞧，正是当年在破庙里救他的那俩人，心说：这县官真糊涂，你怎么不给他们俩换件衣裳来见我呢！当着文武百官，我说跟要饭的认识那多寒碜哪？赶紧就说："两位爱卿为何装作如此打扮哪？"俩要饭的说："我们老这模样儿。"接着又说，"不过现在多混上一挂锁链子。"朱洪武赶紧借题发挥喝骂县官："糊涂的东西，胆敢把朕聘请来做珍珠翡翠白玉汤的人给上了刑具，真是胆大妄为，推出去，斩了！"俩要饭的一想，别那么便宜他呀！就跟皇上说，"万岁开恩饶他一死，把他留在我们哥儿俩手底下，当个做珍珠翡翠白玉汤买作料的小伙计得了"。嘿！朱洪武一听就答应了，拨银五百两另设御膳房，叫他俩做珍珠翡翠白玉汤二百份，三天后要大宴群臣。

三人领旨下殿，来到了新布置的御膳房，县官赶紧就跪下了："谢谢两位老太爷的救命之恩。""得了，甭谢了，拿钱买作料去吧！""是。请您二位吩咐，我凭着圣上的旨意，二位的神威，下官这点儿小小的才能，无论买什么东西，我都能够买到精而又精，好而又好的绝妙上品。当好了这个差事，希望能得到主子的隆恩和二位老太爷的栽培。下官小小的升这么个四级五级的就行了。"俩要饭的一听就乐了，好！刚顾过命来又想升官发财啦。"少说废话，赶紧买东西去。""是，是。""去，买它四百块豆腐，五百斤菠菜要带根儿的，五百斤白菜帮子，三百斤糙米，十斤大盐，五斤沙土，半斤锅烟子，再来它二十挑儿刷锅水就够用的啦！""这……您买这些玩意儿干吗呀？""少说废话，让你买什么就买什么，少买一样不对皇上口味，拿你是问，滚下去！""喳！"

没半天工夫都买齐了，就是白菜帮子跟刷锅水不好买，没办法县官儿就挑着挑子、背着筐子到各处菜馆捡白菜帮子，倒刷锅水。

两天，都办齐了，俩要饭的一瞧："这哪儿行去，菠菜不烂，豆腐也不馊，皇上吃了不合口味，怪罪下来可唯你是问。"县官一听可吓坏了，赶紧跪下磕头："二位老太爷给想想办法吧！"俩人说："明天皇上就要大宴群臣，你买材料不适用，咱们人手又少，怎么办呢？"县官说："不要紧，打原来的御膳房调过三个厨师傅来不就得了吗？"这三位厨师傅一听是调去做珍珠翡翠白玉汤，这份儿高兴啊！有一个说："二哥，这回咱们得好好地学一手，别让这个手艺失传了！"那个说："对！咱们得好好跟人家学一学。"

俩要饭的一看人都齐了，说："咱们一块儿做珍珠翡翠白玉汤吧！"他就让两个厨师傅去焖饭："记住！米可别洗，焖得了上头饭不要，就要底下煳锅巴。"这个厨师傅纳闷："这干什么用啊！"那个说："少说话，咱们不是学能耐来了吗！"俩要饭的又跟县官说："你也别闲着，把这豆腐倒在刷锅水里头，你下手把豆腐都抓碎了，然后把它搬到太阳底下晒，晒冒泡了为止"。"是……"御膳房还有一个厨师呢！"你过来帮我们俩择菠菜，把好的全扔了，烂叶留下。"这一吩咐，闹得这县官和三个厨师傅越听越糊涂："到底是怎么回事儿呢？"

连夜加工，天也快亮了，这县官跟三个厨师傅坐在这儿看着这些个烂菠菜、烟饭锅巴、白菜帮子、馊豆腐直发愣，等太阳一出来晒得这几桶刷锅水直泛味儿。三个厨子就问县官："这位大人，咱们什么时候做这珍珠翡翠白玉汤啊？"县官没好气儿地说："别问我，去问那二位老太爷去。"俩要饭的一听就接过茬儿来了，一指这桶："珍珠翡翠白玉汤不就在这儿嘛！十成已经完了七成了，就等着皇上吃完了咱们领赏吧！"大伙儿一听，还领赏啊！不发配出去就是好事儿，就这烂菜烟饭臭汤还大宴群臣呢！好家伙，等着吧！碰巧了就许抄了家。

就瞧这俩老太爷一个从桶里舀了点儿汤尝了尝："行，还差不离。"那个从桶底下捞了点碎豆腐，搁嘴里一叭嗒："好！够味儿。"拍了拍县官肩膀就说："这豆腐是你的手艺，我们哥儿俩一定启奏皇上，说是你做的，叫你升官发财。"县官一听："老……老太爷您饶了我吧！"

御宴时候将到，俩要饭的叫厨子跟县官把几桶菜重新回锅，把盐倒在锅里头又掺上几把沙土，尝了尝不够牙碜，再来点儿！这个说："颜色不够深。"那个说："锅烟子哪？对呀！"一大包锅烟子就倒锅里了，俩人随添作料随着尝，等锅开了，县官跟厨子都受不了啦，这屋子里又酸又臭。就听这俩要饭的说："好啦，赶紧盛，往上端。"

这天皇宫内院悬灯结彩，布置得富丽堂皇。皇亲国戚、文武百官早在四更天就到了，净等着万岁爷赏赐的珍珠翡翠白玉汤啦！这个说："年兄，这珍珠翡翠白玉汤非同小可啊！记得当年家父受皇恩曾尝此味，回家时连连夸赞，今天我们受此隆恩，福分非浅。"那个说："据小弟所知，此汤用龙肝凤髓，山珍海味，穷天下之奇珍异宝，九熏九炼，才能制成，真是奇妙无比呀！"

御宴开始，小太监是一字长蛇阵排成一行，手捧描金朱盒，里边都是官窑定烧盘龙小碗，碗里面盛的就是这个珍珠翡翠白玉汤。大家一瞧，这小太监真规矩极了，一个个都斜着身，扭着脸，不敢看这个汤。头一碗先端到皇上面前，朱洪武一闻，也仿佛有点恶心似的，可是这股子味儿使他想起当年在破庙里喝这个汤的时候，怎么那么舒服呀！所以老想再尝一次，怎么会今天觉着是这种味道呢？怪不得人说，

"饿了吃糠甜如蜜，饱了吃蜜也不甜"。那时候我是饿极了。近些年来是舒服惯了，可是我当初喝过它，今天应该也得喝，不但我喝，让大伙儿都得喝。朱洪武往四下一看，众皇亲国戚，文武百官都是紧皱眉头，望着这汤发愣，那意思是看皇上如何发落。朱洪武一看就恼了，心说：你们就会跟我享福啊？得啦！今儿咱们一块儿尝尝吧！说："众位爱卿，来！随孤家一同饮珍珠翡翠白玉汤。"一憋气儿，咕嘟咕嘟就灌下去了。起先，这些皇亲国戚、文武百官见汤端上来，这个味儿酸臭冲天，心想：甭说皇上，连我们都不能喝，这俩做汤的非千刀万剐不可。可是现在一看皇上喝得还挺带劲儿，大伙儿吓愣了，赶紧端起来跟着也往下灌，有的就被这股子酸臭味勾得差点儿吐出来，可是当着皇上又不敢吐，怕有失仪之罪，没办法憋着气一口一口地往下咽，甭管怎么样，大伙儿总算把这一小碗汤对付下去了。

朱洪武一看，他们都喝完了，笑着就问："众家皇亲国戚，各位爱卿，孤家找人做的这珍珠翡翠白玉汤，滋味如何？"大伙儿赶紧起身谢恩，连声称赞："味美，味美。"朱洪武说："既然如此，来呀！每人再赏两大碗。"

啊！受得了吗？

（刘宝瑞根据高炳华整理本再整理）

连升三级

今天说的这个故事，是明朝时候的事儿。

在山东临清有一家财主。家里有一个少爷，叫张好古。从小就娇生惯养，也没念过书。长大了，吃喝嫖赌，无所不为。天天儿吃饱喝足，提笼架鸟，满街遛。因为这个，大家伙儿都管他叫"狗少"。

有一天，张好古走在街上，看见一个相面的，围着一圈子人。他想看一看，刚往那儿一站，相面的一眼就看见他了，知道他是狗少，想要奉承他几句，蒙两个钱。假装看了看他，说："这位老兄，双眉带彩，二目有神，可做国家栋梁之才。看阁下印堂发亮，官运昌旺，如要进京赶考，保您金榜题名。到那时我给您道喜。"张好古要是明白，当时能给他一个嘴巴。因为他不认字啊，连自己的名字都写不上来，上京赶考？拿什么考呀？可是他这狗少的脾气没往那儿想。他想："我们家有的是钱啊，要想做官那还不容易嘛。"他不但不生气，反倒挺高兴。说："准能得中吗？""决不奉承！保您得中前三名！""好！给你二两银子。真要中了，回来我还多给你。要是中不了，回来我可找你没完。"相面的心里说，等你回来我就走了！

张好古回到家里，打点行囊包裹，带了些金银，还真上北京赶考来了。他也不想想，你连自己的名字都不会写，就赶考？这不是浑吗！可是遇见那样社会就有那样事情。他动身那天就晚了，赶到北京正是考场末一天。等到了西直门，城门早就关了。事也凑巧，正赶上西直门进水车。明、清两代的皇上，都讲究喝玉泉山的水，叫老百姓半夜里由城外头往进拉水，还得是当天的。水车一到，城门开了。张好古也不懂啊，骑着马跟着水车就往里走，看城的也不敢问他，以为他是给皇上押水车的哪，就这样他进来了。

进了城，他不知道考场在哪儿，骑着马满处乱撞，走到棋盘街，看见对面来了一群人，当中间有个骑马的，前边有俩人打着气死风灯——这是九千岁魏王魏忠贤下夜查街。张好古这匹马眼神一欠，要惊，他一勒丝缰没勒住，这马正撞上魏忠贤的马。要搁在往日。魏忠贤连问都不问就给杀了，因为他是明僖宗皇上最宠信的太监，有先斩后奏的权力。今天魏忠贤想问问他，一勒马。说："你这小子，闯什么丧啊？"张好古也不知道他是九千岁啊！说："啊！你管哪！我有要紧的事。""嗬，猴儿崽子！真横啊！有什么要紧的事？""我打山东来，我是上京赶考的，要是晚了进不去考场，不就把我这前三名耽误了吗？""你就知道你能中前三名？""啊！没把握大老远的谁上这儿来呀！""现在考场也关了门啦，你进不去呀！""进不去我不会砸门吗？"魏忠贤一想，他就知道他能得中前三名，准有这么大的学问吗？不能！这是大话欺人，他这是拿学问唬我哪。随着说："来呀！拿我张片子，把他送到考场去。"魏忠贤要看看他的学问怎么样。可是魏忠贤也浑蛋，你要看看他的学问，你别拿片子送他呀，你就叫他自己去得了。他这一拿片子，张好古倒得了意啦，本来他不认识考场，这一来有了领道儿的了。

差人带着张好古来到考场，一砸门，把片子递进去。两位主考官看是魏忠贤的片子，赶紧都起来了，这个就说："这人是九千岁送来的，一定跟他有关系，咱们可得把他收下！"那个说："不行啊！号房都满了。""满了咱们也得想办法呀！你想九千岁黑更半夜送来的人一定是他的亲戚。依我说，赶紧给他腾间房。实在不行，哪怕咱们两人在当院蹲一宿哪，也得把他留下。""好吧！那咱们就在当院蹲一宿吧！"这叫什么事！两位主考官把张好古让进来以后，他们两人又嘀咕上了。那个就说："咱们给他送题去。"这个说："别去！咱们也不知道他温习的什么书啊？咱们要是给他一出题，他要做不上来，这不是得罪九千岁吗？""那么怎么办哪？""怎么办哪？这不是有卷子吗？干脆我说你写！"嘿！他们两人全给包办了！写完了一想："这要是中个头名那可太下不去了，得啦！来个二名吧！"张好古一个字没写，弄个第二名！

到了第三天，凡是得中的人，都得到主考官家里拜老师，递门生帖。全去了，就是张好古没去。他不懂啊！两位主考官又嘀咕上了。这个说："张好古太不通人情了。虽然他是魏王送来的，要没有咱们哥儿俩关照他，说死他也中不了啊，怎么着？现在得中了，连老师都不拜，这也太不通人情了。""别那么想，咱们得冲着魏王。你想魏王黑更半夜拿着片子把他送来，这一定是魏王的亲支近派。将来他要是做了官，咱们还得仗着他关照咱们哪。他不是没来吗？没关系！咱们不会看看他去吗？"这倒不错，老师拜徒弟，倒了个儿了！

两位主考官见了张好古，说："那天要没有九千岁那张片子，这考场你可就进不来了。"张好古也不知道哪儿的事啊，就含糊着答应。等他们两人走了以后，一打听，才知道九千岁是魏忠贤。心里说：哎呀！要没有这张片子，考场就进不来了。他可没想他不认字！又一想，我得瞧瞧九千岁去！买了很多的贵重礼物，到了魏王府，把名片、礼单递进去。魏忠贤一看名片，不认识。有心不见吧，一看礼单，礼物还很贵重。说："叫他进来吧。"张好古进去一说："那天要不是九千岁拿片子送我，我还真进不了考场。也是王爷福气大，我中了个第二名。"魏忠贤一愣：啊！真有这么大的学问？怪不得那天说那么大的话哪！既然有这么大的学问，将来我要是面南背北时，这人对我有很大的用处啊。当时吩咐设摆酒宴款待。张好古足吃一顿，吃饱喝足，告辞，魏忠贤亲自送出府门。这下子，北京城哄嚷动了，文武百官都知道了，大家纷纷议论："咱们不论多大的官，谁进魏王府拜见也没送出来过呀，怎么新科进士张好古去了，魏王亲自送到门口哪？"那个说："他是魏王的亲支近派。""看九千岁把他送出来的时候，还是恭恭敬敬的，说不定张好古许是魏王的长辈。""既然是魏王的长辈，咱们应该大伙儿联名，上个奏折，保荐一下。将来他要做官儿，一定对咱们有很大的关照。""对！"大家联名保荐新科进士张好古，说他有经天纬地之才，安邦定国之志，是国家的栋梁。皇上一听，说："既然有这样的人才，应该入翰林院啊。"他又入了翰林院了！

到了翰林院，这些翰林都知道他是魏忠贤的人，又听说他是大家联名保荐的，大伙儿谁敢不尊敬他呀？有写的东西也不让他写，不但不让他写，大伙儿写好了，反倒给他看："张年兄！您看这行吗？""行！很好！很好！"就会说这么一句。不管人家问什么，都是"很好！很好！"就这句话他愣在翰林院混了一年。

转过年来，魏忠贤的生日，文武百官都送很贵重的礼物。张好古除去送了很多贵重礼物之外，他打四宝斋纸店又买了一副对联，可没写，拿着就进翰林院了。大伙儿一瞧，说："张年兄，这是给魏王送的寿对儿吗？""是啊！"大伙儿打开一看，说："哟！没写哪？""可不是吗。"大伙儿说："您来了一年多了，我们就没看您写过字，想不到今天我们要瞻仰瞻仰您的墨宝。""不！你们写得很好，还是你们给我写吧。"大伙儿彼此对推，谁也不写，其中有一个人聪明。心里说：张好古别是不认字吧？当时他眼珠儿一转。说："我写！"就编了一副对子，大骂魏忠贤，说魏忠贤要谋朝篡位。写完了说："张年兄！您看行吗？"张好古一看，说："行！很好！很好！"还好哪！

这一天，张好古拿着礼物给魏忠贤去拜寿。魏忠贤把礼物收下，把对子挂上，还没看明白什么词儿哪，皇上的圣旨、福寿字也到了。魏忠贤摆香案接圣旨去了。所有来拜寿的文武百官都看见这副对子了，可是谁也不敢说，因为魏忠贤这人脾气不好。比如：有人骂他，你要一告诉他，说："某人骂您哪。"他一听："噢！他骂我？杀！——他骂我他一个人知道啊，现在你也知道了，一块儿杀！"您想这谁还敢告诉他呀！就这样，这副对子溜溜儿地挂了一天，魏忠贤愣没看出来！

又过了几年，换了崇祯皇帝。在魏忠贤家里翻出来龙衣、龙冠。魏忠贤犯罪下狱，全家被斩，灭门九族，所有魏忠贤的人一律杀罪。就有人跟皇上说："翰林院有个学士叫张好古，也是魏忠贤的人。"皇上说："那也得杀！"旁边有一个大臣跪下了，说："我主万岁，张好古不是魏忠贤的人。"皇上说："怎见得呢？""因为某年某月某日魏忠贤办生日，张好古送给魏忠贤一副对子，那词句我还记着哪。上联：'昔日曹公进九锡'，下联：'今朝魏王欲受禅'。他拿魏忠贤比曹操啦！说他要谋朝篡位，这怎么能是魏忠贤的人哪？"皇上说："那不是啊！""不但不是，这是忠臣啊！""好！既是忠臣，死罪当免，加升三级。"

一群浑蛋！

（刘宝瑞述　孙玉奎整理）

山东斗法

　　明朝永乐年间，北京前门大街五牌楼石柱子上头，贴着一张皇榜。皇榜这么一贴，惊动了全城的老百姓。尤其是前三门外人烟稠密，商贾云集。皇榜往外一贴，惊动了大街上过路的人，也有僧道二门，回汉二教，诸子百家，士农工商，五行八作，一百二十行，也有做官的、为宦的，背弓的、挂箭的，推车的、担担的，卖煤的、卖炭的，卖针卖线的，卖饼卖面的，锔锅卖蒜的，卖烧饼油条的，卖茶叶鸡蛋的……这些人哪，大家不知道国家出了什么事情，为什么要贴皇榜，都争先恐后围着看。

　　就在这个时候，由北边来了一个人，这个人姓孙叫孙德龙，他是东四牌楼猪市大街卖肉的，也会捆猪宰猪，是山东登州府的人，四十多岁儿，好喝酒。这天刚打肉市上回来，胳肢窝夹着个搭猪的钩竿子，这是白蜡竿子，有核桃粗细，五尺多长，头里有两个铜钩子，猪要是跑了，离它五尺一搭就搭回来。这手提溜个钱口袋，这胳肢窝还夹着账本，腰里系着根绳子，绳子上挂着一把锡镴的酒壶，擦得是锃光瓦亮，穿着个布棉袍，可已经变成缎子的了。怎么回事哪？因为他切完肉也往上抹，切完油也往上抹，日子一长，就跟现在理发馆那钢（gàng）刀布一个模样了。

　　这天下了市，刚打酒铺喝完酒出来，喝得酩酊大醉，走道儿脚底下直拌蒜，嘴里说话也不利落了（学山东口音），"这个酒哇是高粱水，醉人先醉腿，眼睛看不见道，简直是活见鬼！"走到皇榜头里一看，围着一圈子人："咱借借光！"他挤进去了，到里边一瞧是榜，他不认识字，他要问，扒拉那位："哎！这怎么回事？"这位说："你慢着点，欠点岔了气，这是皇榜。""什么叫皇榜啊？""皇上家贴的！"

"你念念我听听行吗？""可以，你听着啊。'奉天承运皇帝诏曰：因成化七年有琉球国前来进贡，明为进贡，实为那邦派了个老道义真人，前来斗法……'""行了！行了！你别往下念了，你念了半天我一句都不懂啊？""我白念了。""我先问问你头两句是什么？""奉天承运皇帝诏曰。""怎么叫'皇帝诏曰'？""皇上说话就是'皇帝诏曰'。""那我要是说话呢？""那……不知道什么曰了。""好！你往下念吧。"这位想，我别念了，念完了再讲受不了。干脆我告诉他这意思得了："琉球国年年进贡，岁岁称臣，今年派了个老道来，他会打三十六手哑谜，会念七十部《金刚经》，找咱们中国人斗法。如果赢了他，他们才能年年进贡，岁岁称臣；赢不了，或者没人跟他斗法，那就他们琉球为上邦，我们大明为属国。现在皇上贴皇榜选能人，如果有人会打哑谜会念《金刚经》，来跟老道斗法，赢了老道的话，要多少钱给多少钱，要多大官封多大官。你问这个也没用啊，你不会打哑谜，你又不会念《金刚经》。"

这句话行了，孙德龙有个外号叫万事通，什么事你要是说他不行，当时就急："你别说了！你怎么知道我不会打哑谜？你怎么知道我不会念《金刚经》？""噢！您会啊？""我不会我能长个脑袋吗？""哎呀！你会那更好了，您赶快揭皇榜找老道斗法去。"山东儿刚要过去揭，那位想，先别忙，我得给您念清楚喽！"皇榜上写着老道会打三十六手哑谜，您会那么些个吗？""他会多少？""三十六手。""咱会七十二手。""嚯！比他会的多一倍。——老道会念七十部《金刚经》。""我那个《金刚经》念起来没完。""那您就揭皇榜吧。""我够不着。""您手里拿的是什么呀？""搭猪的钩竿子。""您不会拿它钩吗？""对！"嘶！他给钩了。看榜兵丁一看醉汉撕了皇榜，摩肩头拢二臂给绑上啦，推着他去见榜官。

榜官是解学士解大人，山东儿到这儿立而不跪，冲解大人一撇嘴，一抬下巴颏："我说你姓什么？"解大人一听要过我一堂是怎么着？"我姓解。""解大人，你讲理不讲理？""怎么回事？""找老道斗法，难道说就捆着去吗？""哎哟！你是法官哪。"赶紧就埋怨看榜的兵丁："你们这些东西真可恨，怎么把法官捆来了。"赶紧过去亲自松绑。屋里头就一个座："法官请坐吧。"应该是帅不离位呀，孙德龙也不懂，一屁股就坐下啦；坐下不算，他这句话可气："哎！你坐哪儿呀！"解大人说："那我就站着吧。""我说老大人啊！这老道咱上哪儿找他去？""他在江米巷金台馆驿。走吧，你先跟我见驾去吧。""见哪个驾呀？""见皇上去啊。""那太好了，我们哥儿俩有日子没见了。"跟皇上哥儿俩！"法官咱们进宫您是骑马啊，是坐轿啊？""全不用。""全不用，用什么法术？""骑驴。""骑驴哪儿给您找去呀？""没驴我不去了。"解大人没法子，打彰仪门雇匹小驴到了宫里头，让山东儿到东朝房。

解大人去交旨，皇上十分喜悦，吩咐即刻召见。解大人一想：不能让他见驾——也没到礼部演礼，嘴里头不定说出什么来，回头见皇上一作揖："咱哥儿俩老没见了！"我这纱帽也就丢了，赶紧就说："万岁！法官是外省人，才来京城不久，又没到礼部演礼，恐冒犯天颜有失仪之罪，依臣之见，找来老道先斗法，斗法之后再见也不为晚。若赢了老道，见驾时倘有失仪之罪，我皇万岁也能谅情一二。"

当时就派人从金台馆驿把老道找来，告诉说我国有人跟你斗法。老道出主意，就在太和殿前高搭两座法台，都要三丈多高，上头预备八仙桌子一张，太师椅子一把，香炉、五供、蜡扦、黄毛边纸、朱砂笔、香菜、五谷杂粮、一碗无根水。"你家法官需用何物你问他。"解大人一琢磨，干脆也给他预备这么一份得了。人多好做活，当时法台搭好，东西也预备齐了，老道一抖袍袖，有一股黑旋风就给他托上去了，文武百官目瞪口呆。

皇上传旨："叫解大人去请咱们的法官跟老道斗法，也让咱们法官驾风或者驾云上法台。"解大人赶紧跑到东朝房去找法官，进屋里一瞧哇，法官躺在地下睡着了。解大人赶紧过去叫："法官！起来！""别闹！""谁跟你闹了！把他搀起来。"孙掌柜揉了揉眼睛，往四处一看，这是皇宫里头，金碧光辉，富丽堂皇。"哎！老大人！这是哪个场儿？""皇宫内院。""我上这个地方干什么来了？""啊！你忘了，你不是找老道斗法来了吗？现在老道在法台上等着你呢。皇上宝座升到殿外，要看你二人如何斗法。"孙掌柜一听可吓坏了："怎么回事啊？"刚才他揭皇榜的时候酒喝得十成醉，在地下睡了半天觉，把酒气给冰下去了。刚才揭皇榜那碴儿全忘了。现在听解大人这么一说，自己一想，我喝酒喝得太多了。酒后闹事揭了皇榜，我是个买卖人，卖猪肉的，哪儿会跟老道斗法呀！再说这老道是打外国来的，来者不善，善者不来。我这不是捅娄子吗？想到这儿，左右开弓，啪啪啪啪！自己打了四个嘴巴："我糊涂，我糊涂！"往后一退步，咕咚跪下了："老大人哪，我喝多了，我撕皇榜是耍酒疯儿，我是个买卖人，就懂得卖猪肉。斗法这个事儿干脆你找别人儿去吧！这个事儿，我是办不了啊。你若不出气的话，你给我俩嘴巴，你拿我当个风筝——把我放了吧！""啊？"解大人一听这个气呀，气得浑身乱抖，纱帽翅乱动。是连生气带害怕，赶紧就说："噢，你喝多了？你这个酒喝得可太凶了！你摸摸你还有脑袋没有？我给你俩嘴巴把你放了就完啦？你跟我这么说行了，我跟皇上要是这么说，是欺君误国，欺君事小，误国事大。现在老道已经来了，皇上拿什么话来回答他呀？这么大国家让你给失信，咱两人全活不了，你是酗酒闹事撕皇榜，戏耍看榜钦差大臣；我是办事不力，错引匪类入宫，欺君误国。说咱两个人的死罪有应得，咎由自取，皇上跟着丢人，偌大中国失去天威，琉球为上邦，我大明为属国，咱们就全成了亡国奴隶了。"孙德龙跪着这么一听，他可急了。"喀！"啪！他一拍心口，刚才喝的那点酒又都撞上来了，跪着好好的，噌喽他蹦起来了："老大人呀！不要紧！照你这一说咱俩不就没命了吗？没命就好办了，我不找老道斗法不是也活不了吗？这叫宁死阵前不死阵后，脑袋掉了不是才碗大的疤瘌吗？别看跟老道斗法不行，打架他还不准是个儿哪！走！咱找他去。"解大人一听："你到底会不会呀？""嘻，你，就走吧！"

解大人也没办法了，只好把他领到法台下边，用手一指东边的这座法台："你看！老道已经在上边打上坐了。"孙德龙一瞧："老大人，他上那边，我就上这边儿了，我们俩要是上一边，那为争地盘儿不就打起来了吗？""快上吧！""这法台有多高？""三丈三！""三丈三哪？九丈九也不要紧哪。来人！""干吗呀？""搬梯子。""搬梯子可不行，皇上已经传过旨了，或是驾风或是驾云，因为老道是驾风上去的。"这其实呀，老道也不是驾风。——那么刚才你说的不是一抖袍袖有股黑旋风，裹着老道上去的吗？——那是个戏法儿。在他袖口儿里边有个铁筒儿，铁筒里头，装的是狼粪、炭饼、大青，把它点着了。用的时候，他一抖袍袖，就把那盖儿打开了，你想他穿的是道袍，大领儿，这些个黑烟顺脖子、大襟、底襟全冒出来了，狼粪点着了不散，大青这味药点着了净冒黑烟，好像黑旋风裹着他一样。其实呀，手上脚上都有小钩子。他是从法台的杉槁爬上去的。孙德龙一听要驾风驾云，就问解大人："老大人，我驾什么风呀？""趁脚风呗。""我会抽羊角风。""那没用。""嘻，干脆，没梯子我不去了。""哎，别价啊。"孙德龙着急就要往法台前边转。"别往前边去，皇上在前边哪。""我瞅瞅。"解大人一听，有瞅皇上的吗？"坐那儿那个人儿是谁呀？""那就是皇上啊。""旁边那站着八个大高个儿，是干什么的？""那是保驾的，金瓜武士。""他们手里举着的那是什么？""那就是金瓜。""你把那头一个顶高个儿的叫过来我有事儿。"解大人过去一瞧，这位是太和殿头等侍卫白文元白老爷。"白老爷，过来我给您引见个朋友。这位是来斗法的孙法官。这位就是太和殿头等侍卫白文元白老爷。""哦，白大人，你好啊，请你帮帮忙吧。""什么事哪？""我上法台。""与我有什么关系呀？""没你我上不去呀。""怎么哪？""你想啊，这法台三丈三，你多高身量？""我呀？皇上选最高个儿的，身高九尺。""你手里举着这个金瓜多长？""一丈四的瓜把儿，一尺的瓜头，一共一丈五。""啊，对呀！一丈五，身高九尺就是二丈四，胳膊伸长了二尺，两丈六、三丈三——差不离儿了。"白大人一听，他这儿算什么哪？"啊，你把这瓜放平喽，你两手攥住瓜把儿，我坐在瓜头上你不就把我扔上去了吗？""这……没听说过。""你若不扔我可走啦！"解大人赶紧跑过来说："白老爷，您受累帮帮忙，试试看吧。"白文元气得直抖手。这叫什么事啊！也没办法，只好试试看，就把金瓜放平喽，两手抓住把儿，说："来吧！"孙德龙坐到瓜头上，白老爷说："您提着点气别往下坠着。"白老爷运足了气力："我可要扔了啊！啊嘿！"这一下子真不含糊，法台三丈三扔上有四丈四去。过了法台还一丈多哪，就这一丈多呀，法台都是二寸多厚的板子，就算摔不死也得摔个半死。该着这个老道倒霉，孙德龙没摔着，不但没摔着，并且还站到法台上去了，那位说，你说的这个不合理，他扔上去往下落，怎么也得腰朝下，那就是躺到那了，怎么能站着呢？这里头有个原因，他胳肢窝夹着一个搭猪的钩竿子，有五尺多长，您想啊，他过了法台一丈一，从这一丈一往台上落的时候，落下五尺多，钩竿子把儿就戳到台板上了。胳肢窝夹着钩竿子往下一出溜，脚就踩着台板了。手一拧钩竿子，嗨！他站住了。

这个老道啊，就在对面法台上闭目合眼打坐养神，孙德龙怎么来的，怎么坐着金瓜往上扔，他全不知道，因为他闭目养神哪，他睁眼这个时候，是倒霉催的，正是孙德龙由一丈一往下落的时候，老道一看就害怕了："哎呀，了不得，中国真有高人。贫道驾着风上法台，怎么中国的法官会从天而降哪。"扔上来他没瞧见。老道再一看孙掌柜，他更害怕了："这位法官脚驾祥云，金光护体呀！"脚驾祥云是孙掌柜把香炉扒拉到台上了，香灰这么一扑，跟云彩一样，那个金光护体呀，是孙掌柜那个油棉袍，太阳一照猪油放光。您说这老道不是倒霉催的吗，打仗是怯敌必败，他不但吓得直哆嗦，连肝儿都颤了。老道一想："这可得多加留神。"越留神越坏，老道单手打稽首，口念："无量佛！"别看他身量矮，声如铜钟。老道一念佛，孙掌柜一想我也得说一句话呀："啊，好家伙！"人家念无量佛，他念好家伙。老道又说了一句："无量……寿佛。"孙掌柜一听加字儿了："一大堆破烂家伙！"

老道一听，他这家伙还真不少，我没那么多家伙，干脆跟他打哑谜得了。冲孙掌柜伸出一个手指头去，这就是哑谜。老道的意思是："你别瞧不起我，我有一佛顶礼。"孙掌柜不懂啊，他揭皇榜的时候不是说会打哑谜吗？可是他打那哑谜跟老道这个不一样啊，他是肉市上卖猪肉的。这个猪多大分量、多少钱、多少整儿、多少零儿，两人拉拉手儿，是这个哑谜。他一看老道伸了一个大拇指，"这是干什么？开玩笑啊？占便宜比我大一辈儿？你看这个！"他伸出俩来，他是什么意思哪？"你比我大一辈儿啊？你问问去吧，我比你爸爸还大两辈儿哪！"好，前后大四辈儿。老道可害了怕啦！"哎呀！我伸一个是一佛顶礼，他伸俩，是二圣护身哪。"让他给蒙上来了。老道又伸了三个指头，那意思是说"三皇治世"。孙德龙这儿又琢磨了："他这是以多为胜，他伸一个我伸俩，他伸仨我伸四个，他再来五个，我完啦，我没有六指儿，干脆我先来五个。"老道一看："哎呀，对！'三皇治世'正对'五帝为君'哪。"全弄到两下去啦。老道一拍心口，他的意思是："佛在我心头坐。"孙掌柜一瞧："好小子，你还是玩笑，这是跟我充太爷哪？"手拍脑袋一下，"啊嘿！"他那意思是说："你充太爷呀，我打你个老丈人的。"老道一看："哟，我'佛在心头坐'，他'头上有青天'哪。"满弄拧了！

老道一看，打哑谜我赢不了他了。拿过一张黄毛边纸来。哧嚓一下，把宝剑拉出来了。孙德龙一看："干什么？要抹脖子呀？"老道把纸裁了三条儿，用朱砂笔唰唰唰画了三道符，火绒、火石打着了，把蜡点着了，用宝剑尖儿扎起一道符来，在蜡苗儿上一点，口中念念有词，一晃这宝剑，这团火越晃悠越大，要拿火烧孙德龙，孙掌柜还开玩笑哪："嚯，玩儿上火啦，老道，那么大个子别玩儿火呀，玩儿火晚上睡觉尿炕，妈妈打屁股。"老道这个气呀，这团火光有茶杯粗细，晃来晃去有冰盘大小了，按理说这道符，就那么一个纸条儿，沾火就完了。为什么这火越晃越大呢？其实并不是念咒念的，画符的朱砂里头有药材。所以火越着越大。到了冰盘大小，这团火就甩过去了，直奔孙掌柜的面门，孙掌柜往旁边儿一斜身，一歪脑袋："好小子，烧人呀！"明朝人拢发包巾。这团火擦着孙掌柜的耳根台子过去的，嗞啦一下，烧去了半边发髻。孙掌柜用手一胡噜，把手也烫了。桌上有一碗无根水，这碗凉水救了命啦！往脑袋上一浇，"哗！"火灭了。老道一看头道灵符没成功，再来一张，把第二道符点着了，孙掌柜一瞧："好小子得理不让人啊，烧完这半拉再烧那半拉，一根头发没有了。你当老道，让我当和尚，咱俩一块化缘去。我不想出家呀，别容他再烧我了，我先给小子一钩竿子吧。"抄起钩竿子来，冲着老道面门瞄准儿。老道装模作样地闭着眼睛，摇晃脑袋，嘴里嘟嘟囔囔假装那儿念咒，他这一闭眼睛，孙掌柜得搂儿了。怎么？他好瞄准儿呀。拿着钩竿子来回悠达，悠达欢了，他说这叫竿儿朝前，钩在后，觑着目，往对过儿瞅，对准了前拳撒后手儿："着家伙！"他要是不喊这句呀，正打到老道的面门上。他这一喊，老道睁眼一看，直戳戳一物，直奔面门而来："无量佛！"往旁边一斜身儿，还算好，没打着。您可听明白喽，竿是没打着，后头这俩钩可不饶人啊，扑哧一下正钩到腮帮子上。往下一拨钩竿子，带下两条子肉来，疼得老道捂腮帮子直念佛！"无量受不了的佛！"孙德龙还跟着起哄哪："不留神，挨家伙！"老道这个气呀，拿着钩竿子一看，他不知道干什么用的，心里更害怕了："哎呀，我太不识时务。刚才这位法官一来的时候，是脚驾祥云，金光护体，从天而降，这一定是十八罗汉大罗金仙。现在一看果然是大罗金仙，如若不然怎么能把西天如来我佛的八宝如意紫金钩拿来。"其实是搭猪用的。

　　孙掌柜可乐了！"小子，你把我头发烧掉了还能长啊，你这腮帮子破了，锔碗的不会补啊！"他心里一痛快，可高兴了。老道更害怕了，头道灵符我烧了他半边发髻，二道灵符未曾发用，他就打了我一八宝如意紫金钩。再一瞧孙掌柜那儿，提溜一个钱口袋，老道更嘀咕了："他还带着百宝囊哪！"再一看，孙掌柜腰里头拴着酒壶："好家伙！还挂着翻天印哪！"这不是倒霉催的吗，他瞧什么都有用啦！越琢磨越害怕，干脆三十六计——走为上策！"无量佛，贫道我要回国交旨。""哎！你要是走我可祭法宝！""别价！我去先见你家万岁爷。"说完这话一掸袍袖，冒出黑烟，变了个戏法就下台了。走到太和殿上往那儿一跪，磕头就如捣蒜："天邦大国万岁开恩，小国使臣前来请罪。"皇上哪儿看得明白呀！可是他们俩打的哑谜念的什么"无量佛""好家伙"，这全不懂；又瞧老道拿火烧人，孙掌柜拿水把火浇灭了，皇上高兴了："好！水能克火。"又看老道又点起火来了，心想讨厌的东西，你已经赢了何必赶尽杀绝。皇上净顾瞧这火了，没看见钩竿子怎么过去的，一瞧老道腮帮子流血了，皇上拍着巴掌直乐："我国法官得胜了。好法宝！好法宝！"现在一看老道下来了，皇上明白，这是他输了，说了："真人，现在你还有什么话讲？""啊呀！天邦大国万岁开恩。敝国认输，情愿年年进贡，岁岁来朝。""嗯！我得问问你，你们俩见面，你说'无量佛'这是怎么句话！""这是我们出家人的见面礼儿。""那么他说那'好家伙'哪！""那我实在不懂，不知道什么叫好家伙。""那么你说那'无量寿佛'哪？""这是问候。""那我国法官说那句'一大堆破烂家伙'哪？""那想必是贵国法官家伙太多。"一指腮帮子，"我这不是挨了一家伙吗！""后来你不说话，伸一个手指头是怎么回事？""是打哑谜，我说的是'一佛顶礼'。""我国法官伸俩呢？""他说他有'二圣护身'。""你伸仨呢？""'三皇治世'，你家法官又伸五个，他说有'五帝为君'；我一拍心口说，'佛在我心头坐'，他一拍脑袋，说他'头上有青天'。"嘿！全蒙对了！皇上说："那么你那火是怎么回事情？""我主开恩，我是想将贵国法官扔下法台。""哼！出家人不讲慈悲。脸上是什么伤的？""八宝如意紫金钩。"他就不知道是搭猪用的，跪在一旁听候发落。

皇上往法台上一看，就跟解大人说："咱们的法官怎么还不下台呀？"他也得下的来呀！孙掌柜在台上那儿转磨："哎！这是怎么回事，倒是输了赢了？"他还不知道哪。皇上一瞧，说："想必我家法官被魔火烧伤，赶快派人把法官接下法台。"皇上这句话德行大了。刚才扔上去的，这要是往下一跳非摔死不可。皇上一说把他接下来，有人立好了云梯，孙掌柜顺梯子就下来了。解大人过来说："走，跟我见皇上去，要多磕头少说话。"怎么？怕他见皇上再来个"咱哥俩老没见了"。孙德龙到了太和殿头里，冲皇上作了个大揖："嗬！"皇上一瞧，你要咬我是怎么着？"咱给老皇上磕头了。"他这一赢，皇上高兴："法官抬起头来。"别人都得说"有罪不敢抬头"，"恕你无罪"，这才抬头。孙掌柜满不懂，一抬头直眉瞪眼瞧着皇上："干什么？"上人见喜，皇上乐了："法官你斗法是输了是赢了？"孙掌柜就怕问这句，输赢连他自己也不知道，他低下头去装听不见。他这一低头，皇上又问，"你输了你赢了？"他往旁边一看，正瞧见老道。正赶上这时候皇上问第三句："法官！你跟老道斗法是输了是赢了？""我说皇上，你老人家问我输了赢了，这个话我不好说呀！怎么呢？我要是说我赢了，那叫老王卖瓜自卖自夸；可我要是说我输了吧，我干什么来了？没有金刚钻就不敢揽瓷器活儿。"解大人一听：你哪儿那么多俏皮话儿啊！"你老人家问我输了我赢了，你别问我。"一指老道，"你问他！他说我输了就算我输了，他说我赢了就算我赢了。老道！你要是说我输了咱俩上台再干。"老道一捂腮帮子："干不了！他赢了。""皇上听见了吧。我赢了！我赢了！"皇上说："法官你叫什么名字？""我姓孙叫孙德龙，住家在肉市，德龙馆那个小买卖是我开的，咱是准斤十六两绝不少给分量。"谁问这个了！"你们俩一见面，他说'无量佛'是怎么回事？""这'无量佛'是怎么句话，皇上！这个老道我认得。"老道一听吓了一跳，他认得我，我怎不认得他呀？你哪儿认得去，他是卖猪肉的！"这个老道是化缘的。""化缘干吗说'无量佛'哪？""我开肉馆子，他们化缘，和尚念'弥陀佛'，老道念'无量佛'，就是跟我要钱哪。""那么你说那'好家伙'哪？""我说'好家伙'，心里想，怎么刚走俩又来一个？"老道听着这通儿窝心哪。"那么你们俩人打哑谜，他伸一个手指头是怎么回事情？"孙掌柜一想：这回可糟了，老道伸一个手指头是跟我开玩笑，他说是比我大一辈，我伸俩，我说比他爸爸大两辈，这话不能跟皇上说，回头这老道若有了罪。也许就灭门九族。要是一灭门九族，他比我大一辈，我比他爸爸大两辈，怎么也没出九族啊，干脆我瞎编个词吧，这一编词把老道给送下来了："皇上！他没跟我打哑谜！"皇上说："怎么？他伸一个你伸俩，他伸仨你伸五个，他一拍心口你一拍脑袋，这不是打哑谜哪吗？""不！这是讲买卖哪！""讲什么买卖啊？""他知道我是肉市上卖猪肉的，他庙里头办喜事，他想买我一口猪。"老道心说，我多咱想买他一口猪哇！"那么你说什么来着？""我说，你别说买一个，你想买俩我都有哇；他说，要个三十来斤的，我想，我那儿顶少也有五十来斤的；他说可得带心、肝、肺；我说，甭说心肝肺，连猪头都归你呀！"

满拧！

（刘宝瑞述）

君臣斗智

十冬腊月大雪降，

老两口子争热炕，

老头儿要在炕头睡，

老婆儿就不让，不让，偏不让。

老头儿说："是我拾的柴。"

老婆儿说："是我烧的炕。"

老头儿拿起来掏灰耙，

老婆儿抄起擀面杖，

老两口子乒当兵当打到大天亮，

结果谁也没有捞着睡热炕。

《争热炕》诗一首。

在清代乾隆年间有个刘墉刘石庵，这个人当过左都御史、右都御史、汉中堂文华殿大学士，您瞧他就有学问。那位说："你甭说了，我知道。刘墉不就是刘罗锅儿吗？"您这一说可就错了，这刘墉并非是罗锅儿。因为清朝的制度是六根不全的人不能当官，他那么大的官儿，哪能是罗锅儿呀！

那么，为什么都管他叫刘罗锅儿呢？因为皇上封他为罗锅儿。封官有封罗锅儿的吗？也不是真正封的，是他跟皇上讨的。你说了半天，到底是怎么回事呢？因为刘墉念书念得有点水蛇腰，有一天他上殿见皇上，在品级台上一跪，皇上一瞧，顺嘴说了一句："刘墉，你这么一跪着，不就成了罗锅儿了吗？"刘墉磕头，"谢主隆恩。""你谢什么恩哪？""谢万岁封我为罗锅儿。"皇上说："封你罗锅儿有什么用？""有用，臣我每年多关两万两银子的俸禄。"这是怎么回事呢？清代有规矩，皇上亲口封谁一个字，谁每年多关一万两银子。刘墉那时候没人能赶上，光绪年间西太后那时候，上年岁的人赶上了。听说西太后每年要拿十六万两胭粉银。那么多银子的粉，还不把人埋起来？没办法，这是清代的制度，已经封她十六个字了，就是"慈禧端佑康颐昭豫庄诚寿恭钦献崇熙"，一个字一万，十六个字，十六万两银子。

刘墉有"罗锅儿"这两个字，每年也能多得两万两银子。皇上一听是这么回事情啊，心说，我有钱也犯不上这么花呀！皇上要跟他争辩："刘墉，朕并非封你罗锅儿，我就这么一比方，说着玩儿。"刘墉说："万岁，君无戏言，您说的话不能不算，如果这句不算，以后您说的话全不算。"皇上说："算！"你想皇上说了话不算，那不就反了吗！算是算了，皇上每年得多花两万两银子，心里挺别扭。可巧这时候是个热天，下午皇上要到北海纳凉——就是现在供人游览的北海公园，那时候是皇家的禁地——皇上上哪儿去都带着刘墉，因为他有学问，问一答十，对答如流。到了北海，皇上就在漪澜堂长廊子底下凉快，望着太液池澄清的碧水，又回头一看刘墉，想起早晨这两万两银子的事来了。心说：无论如何也得想个办法，把"罗锅儿"这俩字取消，不然，一年两万，十年二十万，他要活百八十岁，我得花多少钱哪！回头就叫刘墉："刘墉。""臣在。""君叫臣死，臣要是不死是为什么？"刘墉说："那为不忠。""父要子亡，子要是不亡呢？""那为不孝。""既然如此，我是君，你是臣，我叫你死，你死去吧！"

你说这怎么办？那时候叫你死你要是不死，那归抗旨不遵，是死罪；你要遵旨，也活不了。刘墉真有两下子，眼珠一转说："臣，候旨。"皇上说："你候什么旨？我叫你死，你就死去得啦！"刘墉说："万岁，您说让我死了，您还没说让我怎么死呢！"——他让皇上给出主意。

皇上一想：既然叫你死了，出主意就出主意，说："前面就是太液池，一丈多深的水哪，跳下去就死了，你跳下去吧！""臣领旨！"刘墉说完这句话，就奔太液池去了。皇上瞧着，心说：你要真跳下去，我赶紧派人打捞上来，我就说：朕传旨叫你死，你没死了，这就是抗旨，得了，现在你也甭死了，干脆把"罗锅儿"俩字取消吧！刘墉心里明白皇上的心眼儿：得，两万银子没了。慢慢地朝太液池那边磨蹭，干吗呀？他这儿想主意哪。

刘墉到了太液池边没有跳，直眉瞪眼地冲池水鞠了仨躬，他又回来了。来到皇上跟前说："臣刘墉交旨。"皇上差点儿把鼻子气歪了。"你交什么旨啊？我让你死，死了才算交旨哪，没往水里跳，你又回来了，这怎么算交旨呢？""万岁！"刘墉说，"臣我刚要跳，水里有一个人把我给拦住了，跟我说了两句话，让我来问问您，问完了，我再跳去。"

皇上直奇怪，说："水里会有一个人？是谁呀？"刘墉说："是屈原。"——这屈原是列国时候的人，他是楚国大夫，让无道昏君逼迫得跳汨罗江死了。乾隆当然知道这件事情。他说："屈原跟你说什么来着？""他跟臣说了这么两句话：'我遇昏君该当死；尔逢明主应当回。'屈原遇见无道昏君，逼得他跳水死了，说我刘墉遇到您是位明主，我不应当死，我还是应当回来。我主万岁，臣我还死不死啦？"

皇上说："……那你就别死了！"我叫你死了，我成昏君啦！好，你活着气我吧！皇上心里想：嘿！为了"罗锅儿"两个字，每年花两万两银子，我还差点儿落个昏君。一定得想个办法，把这两万两银子取消。

皇上从漪澜堂上龙舟渡到了对面五龙亭，看过了小西天，然后到万佛楼上进御膳。一进门，看见院子里摆着两桶马蔺，皇上心里一动，想拿这个找刘墉的毛病，用手一指："刘爱卿，这两桶是什么草？"刘墉要是顺口搭音一说是"马蔺"，皇上就找上碴儿了：什么叫马蔺哪？做这么大的官，说话这么俗气，降级罚俸，先把"罗锅儿"俩字取消，两万两银子又吹了。刘墉也机灵，用手指着一桶马蔺说："万岁若问，此乃一桶万年青，冬夏老是那个颜色。""卿家，何为一桶万年青？"刘墉说："我主大清江山一统，这就叫一桶（统）万年青。"

皇上一听这句话就高兴，这马屁把他拍舒服了。皇上说："好！"一伸大拇指——皇上的大拇指上戴着一个扳指，这是西洋进贡来的，价值连城。这个扳指是真绿，比如说，桌子上铺着一块红毡子，把扳指摘下来放在上面，这毡子能变成绿的！这么说吧，皇上戴着这个扳指站在北京前门楼子上，一挑大拇指，能绿到上海去。也没那么绿！反正是够绿的就是了。

皇上说："好个一统万年青！刘墉，朕当赏你一个扳指戴。"皇上说着，把扳指摘下来就给刘墉。其实皇上哪儿那么好心眼儿，他是拿这扳指找碴儿。刘墉要是接过来顺手一戴，就有欺君之罪——我是君，你是臣，我的东西刚摘下来，你就戴上？欺君之罪！虽然不杀，"罗锅儿"俩字也得取消——刘墉也明白呀，他说："臣谢主隆恩。""甭谢恩了，你戴上吧！"

刘墉说："臣我不敢戴。"皇上说："不戴！你是不要啊？"君臣斗智嘛，你要是说不要，打你个抗旨不遵，两万两银子还得没了。刘墉也说得好："万岁既赏给为臣，为臣焉敢不要。""要，你不戴上？""戴上，我为欺君之罪；可是不要又为抗旨不遵。"皇上心说：他比我还明白！"那你怎么着好哪？""万岁赐予为臣的扳指，臣我不敢戴，我交给我手下的从人，捧回原籍山东省青州府诸城县，供在我们祖先堂内。"

皇上一听：得！这扳指完啦！没法子，往里走吧！一进佛殿，正面供着一尊佛像，就是那个大肚子弥陀佛。皇上心里头一动，用手一指这佛像："刘爱卿，上面供着这尊是什么佛？"刘墉要是顺嘴说是大肚子弥陀佛，皇上就算找着碴儿啦！佛爷就佛爷得了，干吗还大肚子？做这么大的官，说话这么俗气，降级罚俸，"罗锅儿"俩字取消，两万两银子不给了，干脆扳指也拿回来吧！得！这下子全完了！

刘墉心里有数，赶紧回答："万岁若问，此乃一尊喜佛像。"这话说得对，弥陀佛那个像老是那么笑眯眯的。皇上一听他说的这词儿好，又问了一句，"为何他见朕笑？""此乃佛见佛笑。"这马屁一拍就把皇上拍喜欢了。怎么呢？在清代时候，皇上都称佛爷，康熙佛爷、乾隆佛爷，一直到光绪年间，西太后还称西佛爷哪！这是他说乾隆也是佛爷，供着的佛像也是佛爷，佛爷见佛爷笑，他那儿接驾欢迎你哪。那皇上还不高兴嘛！"好！好一个佛见佛笑，好！"皇上一挑大拇指，"哟！扳指没啦！那什么……刘爱卿，朕当赏你一个马褂穿。"八团龙的马褂现打身上脱下来，就递给刘墉了，刘墉还是"捧回山东供在祖先堂内"。

刘墉刚把马褂收下，皇上真够损的，往旁边一斜身，让刘墉跟那个佛像对了面啦，皇上用手一指："刘爱卿，为何他见你也笑？"

这回可麻烦了。刘墉随口再一答"佛见佛笑"，啊！你也成皇上啦？欺君之罪，东西都收回来，推出午门开刀问斩，连"罗锅儿"俩字都甭取消了，人都死了，当然也就不给钱了。刘墉眼珠一转，赶紧回答："万岁，他笑为臣不修道。他见您笑，是佛爷见佛爷笑，接驾哪；他见我笑，他说人家是皇上，你在旁边算干吗的！难道说你不害羞吗？他笑为臣不修道，就是他在那儿嘲笑我哪。"

皇上一听，好哇！只顾他嘲笑你了，我这扳指没回来，马褂又进去了。往里走吧！

皇上要到万佛楼上进御膳，刚一迈步上楼梯，刘墉说："万岁上楼，臣念句吉祥话儿，念您'步步登高'。"皇上一听，你还绕惑我哪！"好！好一个步步登高，刘墉，朕当赏你个夹袍穿。"当时把夹袍脱下来递给刘墉了。刘墉还是"捧回山东原籍，供在祖先堂内"——把夹袍也收下了。

皇上到楼上没吃饭，绕了个弯儿又下来了，来到楼梯这儿不往下走。回头问刘墉："刘爱卿，现在朕下楼，你再给我念句吉祥话儿。"

这回可麻烦了，上楼你念"步步登高"，下楼你怎么说啊？"步步登矮""步步落空""步步下溜""一步不如一步"，说哪句也活不了，刘墉脑筋也真快。"是，念您'后背倒比前背高'。"皇上高兴了："哎呀！现在我就是皇上，我的后辈儿孙比我还要高！"其实皇上想错了，刘墉没说皇上的后辈儿孙比他高，是说皇上下楼的时候，他的后背比前背高。那意思就是这"罗锅儿"呀，你也有那么点儿啦！皇上没明白这意思，还高兴哪。"好！好一个后辈倒比前辈高！刘爱卿，朕当赏你一个小褂儿穿。"把小褂儿脱下来给他了。等给完这小褂儿，乾隆也后悔了，怎么？皇上光着膀子啦！

（刘宝瑞述　殷文硕整理）

君臣斗智

傻子转文

在下吉坪三，说一段《傻子转文》。有这么两位住街坊的：东院里张三两口子，跟前有个傻儿子，家里养活一匹驴；西院里李四爷、李四奶奶，跟前有位少爷，家里也养活一匹驴。

李四爷爱下象棋，爱瞧《三国》《列国》《聊斋》。这天，他到庙里下棋了，李四奶奶上街买菜去了，只有少爷在家里读书。这时候，东院张三到西院找李四爷串门来了。啪啪啪！叫门，说："李四爷在家吗？"没人应。他又喊："四奶奶也没在家？那么，少爷哪？"李少爷赶紧搭话："外面何人击户？"张三一听，"击户？"转文哪！"开门吧，是我。"李少爷开门，拱手抱拳说："原来是伯父老大人。这向可好？小侄未曾远迎，请伯父大人恕罪！"张三一听，说得太好了，我回家也教教我那傻儿子，让他也转转文。他问道："你爹爹呢？"李少爷说："家父上青云寺找老和尚着棋去了，天早则返，天晚则与老和尚同榻而眠。"来到院里，看见驴了。张三说："这驴毛色好，膘也好，滚瓜流油。"李少爷赶紧客套："小小毛团，何劳伯父大人挂齿。"来到屋里，看到桌子上的《三国》《列国》了，张三说："这桌子上好些小说，你怎么不看哪？"李少爷说："此乃家父所用，小侄不敢观览。"张三说："好了，好了，你这套转文的嗑儿我记住了。回家教教你傻哥哥，让他也文明文明。"

张三回到家里，把门关了，把三奶奶推到里屋炕上，愣让她睡觉，不准出来。他把傻子叫过来了："过来！我教你几句转文的话，你若学会了，我净给你买好的吃！"傻子说："哎，行！""我教你的话你记住了！回头若来了客人叫门，你先别开门，在门里问：'外面何人击户'，开门一看，只要和我年岁相仿，你就赶紧拱手抱拳说：'原来是伯父老大人。这向可好？小侄未曾远迎，请伯父大人恕罪'！"傻子说："哎，行！"张三说："客人要是问我上哪里去了，你就说：'上青云寺找老和尚着棋去了，天早则返，天晚则与老和尚同榻而眠。'"傻子说："哎，行！""你把客人让到院里，他若夸咱家那匹驴，你赶紧跟人家客套几句：'小小毛团，何劳伯父挂齿。'"傻子说："哎，行！""进了屋，人家问桌子上的《三国》《聊斋》你为什么不看，你就说：'此乃家父所用，小侄不敢观览。'"傻子说："哎，行！""记住了吗？""记住了。""来了客人，你就这么说，说对了，我净给你买好吃的。""你说了不买，我咬你鼻子！"张三的桌子上没有《三国》《聊斋》呀，他东找西找没找到，拿了本旧皇历摆桌子上了，就拿它充数吧！

张三躲出去了，三奶奶在里屋装睡觉，傻小子瞪着眼睛瞅房门，"怎么还不来叫门的呀！来了客人，我好转文挣好吃的呀！这街坊邻居怎么不来串门儿呀？"盼了半天，还真来叫门的了。谁来了？李四奶奶来了。女人找女人，在门外就喊："三奶奶，三嫂子！没在家呀？傻子哪？"傻子一听喊他，在门里搭腔："门外何人击户？"李四奶奶一听，怎么转上了？"快开门！"傻子开门，赶紧拱手抱拳说："原来是伯父老大人。这向可好？小侄未曾远迎，请伯父大人恕罪！"四奶奶一听：哪儿的事呀！我一个妇道，怎么成了伯父了？她赶紧问："你妈哪？"傻子说："上青云寺找老和尚着棋去了，天早则返，天晚则与老和尚同榻而眠。"李四奶奶吓了一跳："啊？与老和尚……像话吗！这个傻小子，一句人话不会说，你爹呢？"傻子说："小小毛团，何劳伯父挂齿！""什么？你爹成了毛团了！嘿，真是缠不清！"她走进屋来，朝里间一看："傻子！里屋炕上躺的那不是你妈吗？"傻子说："此乃家父所用，小侄不敢观览！"像话吗？

（吉坪三演出稿）

傻子学乖

一个人说呀就为单口相声，单口相声的特点哪，由头至尾是一个故事，故事本身有矛盾，里头就有笑话了。

今天我说的这段儿是傻子的故事。过去有这么一句话："练达人情皆学问。"这句话也有对的地方，您说这傻子他怎么就傻了呢？除去害热病、吃凉药吃多喽，还有一种就是培养出来的，说这傻子还有培养的？在旧社会，像地主财主这种家庭，说容易培养出傻子来。小时候就娇生惯养，奶妈儿老妈儿看妈儿哄妈儿四个人管着这一个孩子。茶来伸手饭来张口，八岁吃饭还得人喂呢，十二岁还系着屁股帘儿呢，十五岁大小便还得佣人管呢。老妈子不说这句话他不拉屎，非得说："少爷，该拉屎去啦！"（学傻子腔调）"嗯走。"这才去，老妈子要是不叫他，一天他也不解手去。憋得肚子疼，疼得在炕上打滚儿，就是不敢上茅房，怎么？老妈儿没说话呀——那还不傻呀！

有这么个故事：有一家大财主，跟前三个姑娘，长大了都出嫁啦。大姑娘给了个秀才，二姑娘给了个举人，就数三姑娘长得漂亮，寻了个傻子。为什么单给傻子呢？因为傻子家那个财主比他们大，仨人同一天出阁。大姑娘、二姑娘咱先不提，三姑娘听丫鬟说三姑老爷是个傻子，心里怪别扭的，赶下了轿子这一瞧哇，人家家里那个院子那个派头儿，比他们家大，她也没办法。拜天地的时候就闹了好多笑话。

到拜天地的时候，傻子往床铺底下钻，好容易把他拽出来，拽到天地桌那儿，刚一松手，嗞溜一家伙又跑厨房去了。再拽他，说什么也不出来了。老妈子就说："少爷，快去拜天地去吧，不要误了吉时吉刻啊！""是是是！跟一个大姑娘在一块儿多寒碜哪！"厨房大师傅搭茬儿了："少爷，没关系，那是你媳妇儿。"傻子一听急了！"那是你媳妇儿！胡说我揍你！"也不是谁胡说呢。老妈子说："少爷别胡说了，你就跟她一块儿去磕头去，磕完头你就躲开。""是是是，干吗找我磕头呢？到年下给老佛爷磕头，不都是我爸爸先磕吗？""你怎么那么傻呀，那是过年，这是拜天地！""甭管干吗了，还找我爸去得了。"这没听说过！

折腾了一天，到晚上睡觉了，还是老妈子先哄着他，把他哄着睡了，老妈子才出去，一宿醒好几回，醒了就哭，三姑娘还得现哄他，哄半天怎么着也不睡，三姑娘说："哄你半天怎么还不睡呀？"

"是是是，哄什么呀，你不拍我怎么睡呀？"嗬，敢情睡觉还得佣人拍着。

三姑娘心里这个别扭哇。到了第二天，三姑娘心里堵着一个大疙瘩，一琢磨：明儿就到了"三天"该"回门儿"啦，我们俩得一块儿回娘家（叫回门儿），就他这个傻德行，让亲友一看，我是死我是活呀？三姑娘急得坐在屋里掉眼泪。傻子一看新媳妇儿哭了，就跑过来了："是是是，你哭什么哪？"三姑娘真急啦，"哭什么呀，跟你在一块儿我算是倒了霉了！""是是是，怎么呢？""你是个傻子。""是——你怎么知道我是傻子呢？""你不会说话。明儿三天你跟我一块儿回娘家，我爹妈一看你这傻德行，大姐二姐一听你不会说话，她们一笑，我多难看哪。""是是是，我不会说话，你不会教给我呀？"三姑娘一听：对呀。"我教给你记得住吗？""是，记得住。""明儿到了我们家，我爸爸要是出来迎接你，你怎么样呀？""是，我就进去。""没那么省事的。我爸爸必然说：'三门婿你来啦？往里请吧。'你先别走，这就该你说话了。""唔……我说什么？""你说，'岳父您头里请，长者先，幼者后，小婿我来了，我应当的，我应当的。'""哎，是，岳父您头里请吧，长者先，幼者后，小婿来了，我应当的，我应当的。"三姑娘一听，挺高兴，他真说上来了。"到里边儿，你瞧着我。我磕头，你跟我一块儿磕头，到吃饭的时候，咱们坐在一桌上。我爸爸必然给你夹菜，你就说：'岳父您停手，小婿我自取，我够着了，我够着了。'你把我刚才教给你的话说一遍。""岳父您头里请吧，长者先，幼者后，小婿我来了，我应当的，我应当的。岳父您停手，小婿我自取，我够着了，我够着了。"三姑娘说："对，别忘了哇！"这一说"别忘了"，傻子逮住理了，甭管是吃喝拉撒睡，行动坐卧走，这一天他老说这个："岳父您头里请吧，长者先，幼者后。小婿我来了，我应当的，我应当的，岳父您停手，小婿我自取，我够着了，我够着了。"他老说这两句话，把三姑娘说烦了："待着吧！"就是让他别说了。他以为这句也是教给他的呢，"岳父您头里请吧，长者先，幼者后。小婿我来了，我应当的，我应当的。岳父您停手，小婿我自取，我够着了，我够着了。待着吧！"三姑娘这回可真急了："再说我给你个大嘴巴！"他以为这句也是教给他的呢："岳父您头里请，长者先，幼者后。小婿我来了，我应当的，我应当的。岳父您停手，小婿我自取，我够着了，我够着了，待着吧！再说我给你个大嘴巴！"三姑娘这个气呀："今晚上我不跟你在一个屋里睡觉了啊！"傻子睡觉害怕，没人拍，没人哄他睡不着。一听说三姑娘今晚上不跟他在一个屋里睡了，他害怕了，就不敢说了。虽然没说，可心里头记住了。

到了第二天，两口子一块儿坐车回门。三姑娘她爸爸出门迎接，果然老岳父真说这句话："三门婿你来了，往里请吧。""岳父您头里请吧，长者先，幼者后。小婿我来了，我应当的，我应当的。"老岳父一听："都说我三门婿傻，他不傻呀！"到里头一磕头，傻子小心谨慎，看三姑娘怎么磕，他就怎么磕，真没露出马脚来。赶到吃饭的时候，老岳父老岳母上座，三对夫妻下首相陪；落座之后，岳父疼姑爷，果然布过菜来了："哎，三门婿你吃这个！""岳父您停手吧，小婿我自取。我够着了，我够着了。您把那丸子往这边儿挪挪。"三姑娘一听，怎么又添了这么一句啊？岳母一听，三姑爷喜欢吃丸子，赶紧拿勺舀了俩丸子："哎，三门婿给你这丸子。"傻子把那句想起来了："待着吧！""哟，怎么啦？好心好意给你布菜，怎么让我'待着'？"大姐一看老太太生气了，赶紧说："妈您甭生气，三妹夫不会说话，他横许是好意，说让您歇着吧。他让您歇着您就歇着，我给他布——三妹夫你吃这个吧！""我给你一个大嘴巴！""哟！这是怎么啦？好心好意给你布菜，怎么要给我一个大嘴巴？"二姐比较明白，赶紧就说："大姐，三妹妹跟你小时候你们姐俩就反对，净打架。甭说，三妹把这个事告诉三妹夫啦。得啦，你瞧我的吧。我跟三妹妹最好，那什么，三妹夫给你这鱼片儿！"傻子把那句也想起来了："今晚上我不跟你在一个屋里睡觉了。""你不跟谁在一个屋里睡觉了？"

（刘宝瑞述）

打油诗

说这么一段单口相声。为什么不叫讲故事哪？因为听故事可以不笑，听相声就必须笑。可是您实在要不笑，我也没办法。

我说这段儿不是现在的事情，这是清朝的这么一回事。出在什么年间哪？咸丰年间。那位说：没这个年号啊？因为不是在咸丰就是在同治，我也记不清啦！

这个事情出在山东济宁。有这么一家儿财主，家里有四个儿子，虽然是亲弟兄，可是这哥儿四个脾气不一样。老大忠厚；老二老实；只有这老三要多奸有多奸要多滑有多滑，一点亏儿都不吃，交朋友人家都不交他，简直是瓷公鸡，铁仙鹤，玻璃耗子琉璃猫，干脆，打他身上一根毛都拔不下来；这个老四哪，不但忠厚老实而且还不爱说话。他瞧不起老三这种种行为，别人跟他说话他还能回答两句，老三要问他什么，他就"不""是""哼"。日子长了哪，俩人就更反对了，老三哪，就管他叫傻子；小时候一块儿念书就是冰炭不同炉，大了就更到不了一块儿啦！

这年正赶上大比之年，要上京去赶考。他父亲就给择了个良辰吉日，叫他们动身。在动身的头天晚上，老三是一宿没睡。心想：不能带傻子去，就他这份儿气人劲儿的，什么事一问三不知，说什么也不能叫他去。到第二天就跟老大老二商量："大哥、二哥，赶考啊咱甭带老四去啦。"老大一听："为什么？"老三说："他没学问到那儿中不了哇。""那你甭管他，他中不了再回来，也没花你的钱，四个人要去都去，要不去都不去。"老二也这样主张。老三是一个人儿，这叫胳膊拧不过大腿去。再想坏主意，就又想了一个法子：吃完了饭赶到走的时候，他爸爸亲自送出门外，弟兄上马刚要走，老三给拦住了："大哥、二哥，咱们就这么走哇？"老人说："还有什么事呀？""咱们上北京干吗去？""赶考去！""到考场里干什么呀？""做文章啊！""还是的，没学问他怎么做文章啊。""那你怎么样啊？""我说呀，现在咱们就作一首诗，咱们哥儿四个每人一句，要说上这句诗来就跟着上北京，要连一句诗都作不上来那就甭去啦。"老三这个意思认为老四是傻子，绝对说不上这句诗来，就不带他去了。他爸爸不知道是怎么回事啊，就说："对，你们作一首诗吧，就以这上京赶考为题。"老大没办法啦，就说了一句："出门上雕鞍。"老二说："上马手接鞭。"老三说："此去谁得中？——该你的了。"老四说："咱！"老三说："说呀？""完啦。""你怎么就说一个字儿哪？"老大说："对呀，别看他这一个字，能管着我们十五个字。"老三说："那管着上吗？""管得上。出门上雕鞍，上马手接鞭，你问，'此去谁得中？'他说'咱'，没错儿，就是他，走吧。"一催走，走啦。老三这个气呀。

哥儿四个正往前走，看见一个出殡的，老三一瞧，行啦，赶紧一勒马："吁！——大哥、二哥，咱们出门碰见个出殡的，出门碰见棺材可有财，咱们以这为题，一人作一句诗，大哥您先说。"老大说："好，听我的，出庄碰见一口材。"老二说："许多人等将他抬。"老三说："当时抬到坟茔地。"老四说："埋！""说呀！""完啦。""大哥，他怎么又说一个字呀？"老大说："对呀，棺材都到坟地了，不埋还摆着？"老三说："怎么样哪？"老大说："怎么样啊，走！"那就走吧。

又往前走，一出村庄又碰见一个娶媳妇的，前边有旗锣伞扇，后边是一顶花轿，老三一勒马："吁！——大哥、二哥，您看这娶媳妇的。"老大说："以这为题，每人一句，作一首诗。"老三说："就按您这主意好。"老大说："废话，我不出这主意你也得出这个主意呀！我说，出庄碰见一乘轿。"老二说："前边铜锣开着道。"老三说："亲戚朋友都贺喜。"老四说："笑！""说呀！""完啦。""大哥，他怎么又说一个字哪？"老大说："对呀，娶媳妇不笑，还哭呀？"老三说："怎么样哪……那……就走吧。"老三这个气呀！

又往前走，远远地看见一座古庙。老三一勒马："吁——大哥、二哥，您看这座庙。"老大说："别废话，每人一句，我先说，远望古庙内有僧。"老二说："楼上倒挂一口钟。"他瞧见钟楼啦。老三说："连打一百零八下。"老四说："嗡！"老三说："你又一个字呀？"老大说："对呀，打钟不是嗡吗……甭说一百零八下，二百一十六下也是嗡。"老二说:"甭废话，走。"

又往前走，太阳已经往西斜啦，前面来到了一座县城，走到护城河这儿有一座桥，这个桥是个独木桥。正有一个失目先生想过桥，拿马杆儿一试，这桥太窄，要过又不敢过。老三说:"失目先生过河咱们也作一首诗。"老大说:"好嘞! 远远望见独木桥。"老二说:"这边走来那边摇。"老三说:"失目先生不敢过。"老四说:"绕! "老三说:"咱们也绕。"

进了城，大街路南有一座店，这边白墙上写着"安寓客商"，那边写着"仕宦行台"。老三说:"别走啦，咱们住店吧。"到店里找了三间上房。还没吃饭哪，随便要了点儿。吃完饭以后，老大说:"咱们早点儿睡，明儿咱们还赶路哪。"老三一宿没睡，心里想:这傻子老说一个字儿，大哥还说他对，这玩意儿多气人哪。这要是打这儿到北京，我这肚子还不气两瓣儿呀。干脆想个主意把傻子饿回去吧，他就想了一个办法。到第二天早晨一瞧，活该，人不留人天留人，下了雨啦! 老三这高兴啊，赶紧就叫店里的伙计:"你去给我们买点东西去，买它二斤牛肉、三斤白面，买两个西葫芦，买葱，买蒜，买油，买盐，买柴火，倒水。这是二两银子，买东西剩下给你。""谢谢您哪。"小伙计一会儿的工夫就买回来啦。赶紧叫伙计帮着他把肉剁了，把馅儿和好喽，面也和得了。就叫他们哥仨:"大哥、二哥、老四，天不早啦，起吧。"老大说:"好，好，咱们赶紧打行李。"老三说:"走不了哇，外头下雨哪! 大哥、二哥，咱们今天过阴天儿，吃饺子。"老大说:"那多麻烦哪。"老三说:"不麻烦，面也和得了，馅子也和好了，买东西二两银子我给的。也不找你们要了。"老大一想，他平常不是这么厚道的人哪? 哪知道他憋着饿老四哪。哥儿仨洗完脸，漱完口。老三开口说:"咱们在家里是少爷，茶来伸手，饭来张口;到外头啦，是要吃饭，就动手。我出这个主意是:下米的吃饭，添水的喝汤。现在面也和得了，馅子也和好了，就剩下揪剂儿、擀皮儿、煮、包、捞、烧火。咱们哥儿四个分着来，大哥您干什么? "老大说:"我揪剂儿、擀皮儿。"老二说:"我煮，我捞。"老三说:"我包，我烧火。老四哪? ""吃!""吃，吃，你还说一个字哪! "心说:我要让你吃得上才怪哪。人多好做活儿，一会儿饺子得了，捞出这么两大铁盆来，筷子、碟儿都摆好了。四面一人坐一边，老大说:"我可真饿了，我可先吃了。"老三说:"等一会儿! 这饺子就白吃吗? "老大心里说:我就知道他没这好心眼儿嘛。"不就这二两银子吗，我给你。"老三说："不是，你想错了，不但不要了，打今天起一直到北京每天都吃包饺子，还告诉您每天都是我给钱。可有一节，我可有个条件。""什么条件？""打今天起，咱们是吃喝拉撒睡，行动坐卧走，都要作诗。老四，你可听明白了，这回咱们这个叫新诗，不限制几言，只要合辙押韵就行。"大哥说："七个字也算。"二哥说："五个字只要押上韵，也行；我说四个字也可以，你要说仨字合辙，也算你说上来了。"老大说："我先说了。"老三说："别忙，我这话还没说完哪！你也听明白了，诗是不限制几言，我这饺子可有限制，咱们是一个字管一个饺子。比方：大哥说七个字就吃七个饺子，二哥说五个字就吃五个。您说六个字就吃六个。说吧。"老大一听：这是憋着饿老四啊。本来一道儿他净说一个字啦，一字管一个饺子那不把他饿坏了啊！老大要拿做哥哥的这个派头儿，就说："咱们是吃饭哪，是捣蛋哪？说哪门子诗呀？不说，吃。"老三说："要不说谁也甭吃，我可先掀桌。"老二说："大哥那您说吧。"老大说："那说什么？那么大个子他吃一个饺子饱得了吗？"老二说："大哥你甭着急呀，咱们不会多说吗？咱们剩下也够他吃的。"老大说："以什么为题哪？"老三说："随你便儿。"老大一看，外头房檐底下有个燕子窝，得，就以这为题吧，说："抬头看见一燕窝。我这是七个字，我拨七个饺子吧。"老三说："你别动手，我来。"拿了个小碟，拿双筷子，打盆里往外夹饺子。一个字夹一个。"抬、头、看、见、一、燕、窝，哎，您吃七个。"老二一瞧：按字儿抠啊！我说："里边小燕八九个。我这儿也有七个，我自己拨。"拨到碗里头拿筷子杵碎了。老三说："都杵碎了您怎么吃呀？"老二说："你管哪！"拿勺舀了一点汤，"我这是氽丸子带片儿汤。你说吧。"老三这么一想啊，大哥说"抬头看见一燕窝"，二哥说"里边小燕八九个"。这小燕不会打食呀，我说"大燕出窝把食打"，打回食来是喂小燕，傻子就得说"喂"，就让他吃一个饺子。对！"大燕出窝把食打！老四，你说。"老四这"喂"字都到嘴边儿上啦，让老大过去把嘴给捂上啦。"说喂啊！"老四说"打回食来可不就是喂嘛！"老大说："怎么就是喂哪，你要说进窝再喂还吃四个哪，等会儿喂还吃仨哪，先喂、后喂还是俩哪。"老三说："您干吗着这么大急呀？"老四说："大哥，说多少得吃多少呀？"老大说："你怎么还没听明白哪，一个字管一个饺子，越多越好。"老四说："三哥，你给我记着数啊。"老三说："好，你说吧。"老四说："我把大燕说一说……"老三差点儿把鼻子气歪了，打家出来他净一个字，这回一个字管一个饺子他一个也没少说，"好，你吃七个吧。"老四一翻白眼珠儿："我凭什么吃七个呀？""你说七个字儿你不得吃七个吗？""我还有词没说完哪！""还有？""多着的哪！""好！那你就说吧。""三哥，你给我记着数啊！"老三说："行，我给你数着。""我把大燕说一说，清晨出窝把食打，展翅摇翎往前挪，飞过三里桃花店，越过五里杏花坡，桃花店前出好酒，杏花坡前美人多。好容易才把食打够，抿翅收翎进了窝。大燕刚把窝门进，小燕一见笑呵呵，这个就把妈妈叫，叫声妈妈你听着，你在外面把食打，实在饿得我了不得。大燕一见不怠慢，叼过食来喂了个得，喂了这个喂那个，喂了那个喂这个，喂了那个喂这个……"老三说："甭数了，饺子都归你了！"

（刘宝瑞整理）

狗嶡嘴

您看现在这小孩儿多大的幸福：托儿所、幼儿园，到上小学，都是过着集体生活。一个个天真活泼，见人敢说话，有礼貌。过去的小孩儿可不行，见人就躲，见人就藏，也不敢说话；人家一问，所答非所问："你几岁了？""我爸爸给我买一个兔儿爷。"这挨得上吗？为什么现在孩子这么聪明，那时候孩子那么笨？主要就在教育方法上。过去教书，谈不到教育孩子，因为什么？您先看看他这观点，有这么两句话，"嘻！家有二斗粮，不当小孩王"。您说这怎么教育孩子？

我小时候念的是私塾。一上学就是仨字：念、背、打。"人之初，性本善，去，念去！"念。念会了，"背！"背不下来呢？"打！"这就叫念、背、打。挺聪明的孩子能给打糊涂了。我乍一上学的时候，净挨打，过了一年多，不但不挨打了，老师还很器重我的。因为什么呢？我有点儿偏才。不是天才，是偏才。刚念会三本书，我就能对对子了。在我们学房对过儿是个小酒铺。老师净上那儿喝酒去。酒铺幌子是一个四方灯，四面儿都写着"酒"字，老师这天喝酒回来，说："我这儿有个对子上联儿，你们谁能对个下联儿？我说完了你们谁要是能对就对。"老师说："一盏灯，四个字，酒酒酒酒。"我当时就对上来了，我说："二更鼓，两面锣，哐哐哐哐。"老师又说了个上联儿："灯笼笼灯，白纸防风。"灯笼，这是一件东西；笼灯，能够笼罩着这灯；白纸，白纸糊的，防风，防备这风把灯吹灭了，并且这白芷、防风是两味药材。老师这一讲，谁也不敢对了。我琢磨了一会儿，结果还是我对上了。老师穿着一件灰鼠的外套儿，我一瞧这我有词儿了。我对的是："外套套外，陈皮龟盖。"

啧，我这个也有两味药材。虽然我对上这下联儿了，瞧那意思老师仿佛有点儿不高兴似的。过两天，老师又出个对子上联儿，三个字儿："鸡冠花。"一百多学生谁也没对上来。结果，还是我对的："狗尾草。"老师一研究，这下联儿太妙了，鸡对狗，冠对尾，花对草。鸡冠花，狗尾草。老师说："好。这个下联儿对得太好了，虽然你们大家没对上，现在有了这个下联儿，你们可不许忘。大家都要记住。我一说'鸡冠花'你们就都喊'狗尾草'，谁忘了就打五板儿。"老师当时就说："鸡冠花！"大家站起来异口同音的："狗尾草！"老师扬扬得意，一会儿一说："鸡冠花！"我们大伙儿就得："狗尾草！"一天不定问几回。谁没说就打五板儿。每天拿这个当了一门儿功课，天天儿这么问。

这天来了个游学的先生——什么叫游学的呢？在旧社会，穷念书人没有路了，就到学房来，跟先生盘盘道。如果教书的先生没有游学的先生学问大，让人家给问住了，怎么样呢？也没别的，破费俩钱儿，客客气气地把人送走——老师一想，别容他先问我呀，要是把我问住，花钱事小，丢面子事大。我先想主意问问他吧。问什么呢？就把那副对子想起来了，老师说："先生，我这儿有个对子上联儿，请您对个下联儿——'鸡冠花'。"就这仨字啊，真把这游学的先生难住了，张口结舌，半天没对上，老师一阵冷笑："哼哼，就这个学问，还出来游学哪？这上联儿算什么，当然哪，这上联儿是我说的；我自己再对上下联儿，你说我预先做好了的；不用说我能对，就是我这些学生。他们也能对啊。"这游学的一听，赶紧找个台阶儿吧："老师，既然如此，就请高足们对这个下联儿。"老师是扬扬得意，就说："我这儿有个上联儿，你们大家谁能对下联儿，谁就对！听着啊——'鸡冠花'。"我们大家要是站起来，异口同音地说"狗尾草"，老师这脸就露足了；再说这也是每天的一门功课呀，每天不定"吵"多少回呢。"鸡冠花！狗尾草！"今天不是用上了吗？倒霉催的！全忘了！别人忘了还情有可原，这下联是我对的，连我也忘了。不过我比他们强一点儿，仨字儿我还记着一个，就记着一个"狗"字儿，老师说："鸡冠花"我说："狗……""鸡冠花！""狗……"把老师给急得汗也下来了，有心提醒我，又怕人家听见，老师一看，在我身后头，靠墙那儿立着一捆草，老师用嘴（做努嘴状）冲那草那么一来，那意思是让我回头看那捆草；记得有"狗"啦，再看见这捆"草"，还有一个"尾"字儿，你还想不起来吗？老师嘴那么一来是让我看那捆草啊，可我没看，下联儿也对上了。老师说："鸡冠花！"我说"狗……"老师那么一来（做努嘴状）我说："狗噘嘴！"

（刘宝瑞述）

天王庙

在清代的时候，通州附近有一个庙，这个庙可是个庙。那位说，这不是废话嘛！我还没有说完哪，是个天王庙。在庙里住着一个教书的先生，姓白，外号叫白吃先生。教着几个学生。有一天，正教着书哪，张老员外派人来请白吃先生。他要跟人家打官司，让人给写个呈子。白吃先生跟学生们说："你们要好好念书，我去给老员外写个呈子，马上就回来，不好好念，回头背不下书来，我可挨着个儿打。"

可是，老师走了，几个小孩儿就不念啦。（学小孩儿说话）"这天儿怎么这么热呀，别念啦，咱们出去凉快凉快去吧。"到庙门外头，这个就说："哎，咱们玩儿吧。"那个说："咱干吗玩呀？""咱们藏闷儿吧！"正玩儿着哪，过来一个卖凉粉儿的，这么一吆喝："酸辣凉粉哟！"小孩跑得也热了。有一个小学生就跑过去了："嘿！卖凉粉的，我来一个钱的。""一个钱不卖，四文钱一碗。""哎，我就一文钱，嘿，你有没有？"那小学生说："我也有一文钱。"这个说："我也有一文钱。"有一个最小的说："我也有一文钱，咱们买。"四个人凑了四文钱买了一碗。这个学生岁数比较大一点儿，他是个大学长，也不过十五岁，把这碗凉粉儿就端起来了："告诉你们，咱们是念书的人，应该遵圣道，书上写得明白，'长者先，幼者后'，我比你们岁数大，我先喝。我喝三口，然后你们再分。"那仨孩子一听就急了："什么，你喝三口？一口就没了，我们小，应该让我们先喝。"那个说，不行，我先花钱了，我得先喝。这个说我先喝，这个说我先喝。四个人连吵带闹打起来了。正在这时候，教书的先生回来了。"干什么哪？""嘻！老师，我们喝凉粉儿哪。""喝凉粉儿为什么打架？""我们一人凑了一文钱，四个人买了一碗凉粉儿。我们大师哥他说，'长者先，幼者后'，他先喝三口，然后再给我们分。你想，这凉粉儿又好下去，忒儿喽一口就没了，因为这个我们打起来了。"老师说："胡说！让你们好好念书，不念书，出来买东西吃，买凉粉儿嘛，还要打架！再说回来了，小孩子家，也不能喝凉粉儿呀！喝凉粉儿闹肚子。给钱了没有？""给了。""给了也不能喝，你们不要喝。拿来，我喝。"忒儿喽，他喝下去啦。"来，回去念书去！"

您想，凉粉儿让他喝啦，念书谁还念得下去呀！大学长念《论语》头一句是："子曰，学而时习之。"子曰学而记着哪，往下全忘了。"子曰：'学而……'子曰：'学而……'"先生说："学而时习之。""子曰学而时习之，买了凉粉先生吃……"先生说："哪儿有这么一句呀？都别念了，放学啦！"怎么放学啦？他也有点儿害臊了。

四个孩子出来就埋怨："倒霉倒你身上啦，我先喝三口剩下你们分多好。这一下子让老师全喝了。"那个说："你喝了，我们也照样喝不着。""这老师也不对呀！他全给喝了。干脆咱们骂他解解恨！"这个说："骂完了，你上学，他还不打你？干脆，咱们四个人一个写一句话骂他得了。""写在哪儿呀？""就写在这影壁墙上。"红影壁墙，里边可有石灰。这小孩就在缺口里边抠了一块白灰。大学长说："谁先写呀？"最小的那个学生才九岁，别看小，人可机灵。"谁先写，那还用问吗？'长者先，幼者后'呀！"大学长没办法，拿石灰在影壁上写了四个字。作诗应该是五言诗或是七言诗，他怎么会写四个字？您想，那小孩也没有学问。无所谓诗，就是溜口辙，写的是："兄弟四人。""你写！"把白灰递给了那小孩儿，那小孩儿写了四个字："共凑四文。""该你写了！"这个写了四个字，是"买碗凉粉"。"小不点儿，该你写啦！"小不点儿噘着嘴："我没法写呀？""写四句骂老师，你们写的'兄弟四人'，'共凑四文'，'买碗凉粉'，这三句都没有老师的事情；剩我这一句啦，我怎么写？""不管那个！一句你也得写。"小不点儿急了，这一着急，急出词儿来了。"我写！"他写了四个字，是："先生独吞"。行了，四个人凑在一块儿像话了，是："兄弟四人，共凑四文，买碗凉粉，先生独吞。""行了行了，咱们走吧。"

四个小学生刚走，可巧又来了四位赶考的举子，这是亲哥儿四个，到这庙里观观参观。看完了，刚要走，老三说："大哥、二哥、老四，先等会儿走。你们看这四大天王多大威风呀！咱们给他留个纪念吧。一人写一句诗，表示对这四大天王的尊敬。"老大说："往哪儿写呀？""就写在这影壁墙上吧。""没有笔呀？""给您这石灰。"刚才小孩把这墙抠一个大窟窿，露出来很多的石灰。老大接过石灰来，在影壁墙上写了七个字。写的是："天王庙神大法身。"老二写的是："身穿铠甲似龙鳞。""老三该你啦！"老三写的是："脑袋倒有麦斗大。"老二说："好，身量高，脑袋就得大。"您想，这样写合情理。说书的也是这么说呀："来将身高丈二，头如麦斗。"您听这多好听。您要这么说就不行了："来将身高丈二，脑袋这么点儿。"那成了蒜头儿了。"老四该你写啦。"老四小时候吃凉药吃多了，说傻不傻，说话时又有点傻味儿。"是，是，是，我写不了。""你怎么写不了？""天王庙神大法身，身量高你们写了。身穿铠甲似龙鳞，你们把衣裳给写了。脑袋倒有麦斗大，脑袋大你们都写了，我还写什么？"老二说："不管那个，反正你得写！""是，是呀。我怎么写？身量高，脑袋大，古人为什么身量高，脑袋大呢？想必他是吃得多。可是吃得多就得拉得多。"哎，他有词儿啦！写了七个字："一泡大粪十五斤"。老三说："你这像话吗？人拉一回屎有拉十五斤的？""不管那个，我就这词儿。"老大说："甭管他啦，咱们走吧。"

　　这四个人刚走，教书的先生打屋里出来了，自言自语地说："哎呀！这天气太热啦，大概是要下雨。"忽然间往影壁上一看，"讨厌！什么人在这墙壁上画些白道子？"因为这先生的眼睛不太好，当白道子了。临近了一看："哎呀，不是白道子，是字。一行、二行、三行、四行……哎呀，还是诗。"再数一数几言诗呀？"一、二、三、四、五、六、七、八、九、十、十一……哦！十一言诗。"其实不是这么回事。四个赶考的举子是大人，身量高，写的七言诗在上边；刚才那四个小孩写的是四言诗，他们身量矮，写得靠下边了。可巧写对了趟儿了，其实也不算对趟儿，还歪着一点儿哪。先生这眼神儿要命，他不是近视眼，是斜视眼，让他一瞧正对趟儿了。"哦，我来念一念：'天王庙神大法身兄弟四人。'对！魔家四将嘛，魔里青、魔里红、魔里海、魔里寿，好。"再念第二句，他纳闷了！"'身穿铠甲似龙鳞共凑四文'，嗯？四大天王凑四文钱干什么呀？"一念第三句更新鲜了："'脑袋倒有麦斗大买碗凉粉'，大脑袋吃凉粉这是什么意思？噢，这儿还一句哪！'一泡大粪十五斤先生独吞！'我吃得了吗？"

（刘宝瑞述）

劝 架

　　马瘦毛长蹄子胖，两口子睡觉争热炕。

　　老头儿要在炕头上睡，老婆儿还偏不让，

　　老头儿拿起顶门棍，老婆抄起擀面杖，

　　老两口乒登乒当打了个大天亮，

　　炕也晾了个冰冰凉，谁也没摸着睡热炕。

　　这叫热炕诗一首。您说这值当的打架吗？一个要在炕头上睡，那老婆儿没让，就因为这么点儿事吵起来啦。我想这老婆子也不对，你就让他在炕头上睡不就完了吗，他不是外人。

　　在生活中，这个吵嘴打架很容易发生，也并不奇怪，但是通过双方的对话，里边存在着可笑的因素，也就是我们相声的素材。相声是个喜剧形式，是搞语言艺术的，为什么大家都爱听相声呢？因为相声是逗乐的，那么相声中笑料由什么地方来的呢？笑料来自生活当中。在我们日常生活中，在一天二十四小时内随时都能发生可笑的因素，经过相声演员加工编写，就成为一段相声节目。作为一个演员什么都应该研究。你比方说：在大街上走道儿，因为蹭鞋踩袜子，俩人打起来啦。当然踩人那个理亏，挨踩的这个理直气壮，再赶上踩人那个一声没言语踩完了抬脚走了，这个被踩的人当然有气，往回喊那个。（表演俩人）"嗨，站住！你走道儿怎么往脚上踩呀！"对方得马上表示歉意赔礼，就吵不起来了："哎哟，是呀？对不起，我……我走得慌，一时没留神踩您脚了。这是怎么说的。来，我给您掸掸，您脚还疼吗？要疼得厉害，我陪您到附近医院去上点药。""好了好了，下回走道儿注点儿意。""是是，对不起。"完了。没听说对方直给赔礼道歉，这位还不依不饶的（学其中一部分话）："哎哟，真对不起。我一时走得慌，没留神踩您脚了。来，我给您揎揎。""你揎吧！揎完了我打你个兔崽子！"就怕遇上踩人那个是三青子，挨踩的这个是四愣子，那非打起来不可。踩人的那个踩完一脚没言语走了，挨踩的这个指着后脑海就骂："嗨，孙子！抢孝帽子去！你踩我脚了知道不知道？"您想踩人的那个是三青子脾气，他能听这套吗？把下巴颏往后肩膀上一扛（表演）："你嚷什么你，隔壁老太太发汗哪！""你这是怎么说话哪？""就这么说话。""你踩我脚啦！""我瞧准了你才踩的！我就踩你脚了，谁让你把脚搁地下的？你要在怀里揣着，我不就踩不着啦！还告诉你，不但踩你，过两年还娶你哪！"乒乒地准打起来！可是太和气了也不行。比方说，那位踩完脚走了，这位往回叫："站住！你怎么踩我脚？""哎哟，对不起！我没瞧见！来，来，我给您揎揎。""好啦，好啦。""我急着上医院挂号去，走得太慌踩您脚了。""好了，好了。""我一躲那自行车，这边踩您脚啦！""好了，好了。""因为前边那位老太太挡着道，我踩您脚了。""好了，好了。""旁边那小孩……""我说你还走不走了？你老这儿磨蹭没完，我也甭走了。"

还比如住杂院，特别是像斜对门的街坊。对门住着一家人，小两口儿。你这屋也是夫妻两个。对过儿那两口子因为一点小事打起来了。您想对门这家是邻居，哪能看着不管呢？得过去劝劝。敢情这个劝架有好些规矩。不仅要有口才，能说会道，还不能违反规律。这里还有点偏向性，这要看你是男的过去劝还是女的过去劝，要是男的过去劝，他必然在语言之中偏向一点那男的，是这样（学人物语言）："嗨！你们这屋怎么回事？这是唱的哪出哇？倒真热闹！我们那儿听半天啦！不就因为两句话的事，谁少说一句不就过去啦，这是何必呢？咱们是对门的近邻，平时咱们都不错，看着你们俩人日子过得挺好，我们都高兴，你们俩要一怄嘴打架，连我这对门街坊心里都不好受。行啦啊，谁也别说什么啦！咱们过得着，我才敢来劝，不是我说您，嫂子，您有时是屈枉人，大哥对您那是一百一不含糊，不在外边乱花一分钱，每次出差，哪怕再贵的东西，只要是您喜欢的，准给您买回来。一切为了你们家庭生活过得幸福。除去工作外，把心思全扑到你们这小日子上啦。您可不能再吵了，如果你要再吵，我可不答应您。大哥走，上我那儿去，咱哥俩杀两盘，趁您气头上，我让您个车，也赢您！""走！"完了。如果要是女的过去劝，那话又变了（学人物语言）："哟！你们这屋可真热闹！刚才还好好的呢，又说又笑，这会儿怎么变成又打又闹啦？因为两句话的小事，值当的吗？我们那儿听了半天啦。大哥不是我说您，这事怨您的不对。嫂子多么关心您哪，下班您晚回来五分钟，嫂子到门口外边，看了您二十七趟。知道您喜欢吃甜食，每顿饭炒菜都是南味的，您穿的这件毛衣，我嫂子用最新式样图案织出来的。我看嫂子可没半点对不起您的地方；如果您要再说什么，我们邻居可都不答应您了。嫂子别难过了，您是个明白人，平时您经常不断劝解我们，非常的热情，为这点小事儿，别想不开。大哥他当时也是在气头上，过后您当他就不后悔哪？走，上我那屋坐会儿去。您还得教我织毛活儿哪，那元宝针我老是织不上来，走！"拉去了。您看这劝架不光是语言会说就行，重要的是规律不能违反。你比方说女的过去劝，必须要偏向女的，男的劝，必须向着男的，不信把男女一掉个过儿，不仅劝不好，倒给劝麻烦了。女的过去这么说（表演人物）："哟，你们这屋可真热闹哇，吵什么呀？（冲着女的说）就你嗓门大，你能嚷，跟母老虎似的。瞧你那德行！（冲男的说）哥哥，别跟她生气了。还得是我疼你，走！上我那屋去，我给你煮牛奶喝！"啊？要是男的劝，向着那女的，非出人命不可。（表演）"哎哟嗬！你们这屋可真够热闹的啊，吵起来没完了。我越听越别扭，（指男的）你小子有什么了不起！你不就是欺侮嫂子这人老实吗？你瞧不上她，我瞧得上嫂子。甭怕，都有我哪！甭理他，咱们走，跳舞去！"跳舞去？

（郭全宝述）

山西人要账

现在我来说段单口相声。您看这说相声也不容易，应当语言词汇丰富。尤其是已经解放十年了，天天出现新事物，新名词也就多了；有些旧的名词被淘汰，进历史博物馆。你像这路词儿："老妈子""小丫鬟"，就成了历史名词了，您看现在还有这么叫的么？管保没有了，您要是听见有那么叫的我受罚。那回我这么一说，台底下站起一位来："那你受罚吧，现在我就听见有这么叫的。"我说，在哪儿呢，他告诉我，在京剧《三击掌》里头。这不是废话嘛。

还有，您拿现在过新年来说吧。两位同志见面，也要说一句祝贺新年的词儿："新喜新喜，祝你幸福。"您看这多好听。要是旧社会过年，大年初一见着面了，这个冲那个一抱拳："噢，见面发财，见面发财！"您听这像话吗？三十儿晚上，俩人还找个旮旯儿一块儿躲账去了呢，天刚一亮就发财了？这个说"见面发财"，那个就得这样说："您黄金万两，日进斗金！"这个一听赶紧摇头："唉，别拘数儿别拘数儿。"他还嫌少哩。像什么"见面发财"啦，"黄金万两"啦，这种语言您听不着了。

可是这句还有："您过年儿好。"过去也说，现在也说，不过是两种意义了。现在说"您过年儿好"，我们本来是一年比一年好了嘛。过去说那"您过年儿好"，那是悲惨的意思，也是侥幸的意思。因为那时候年不好过，三十儿晚上不但没吃没喝，而且是账主子堵门，不定挤对出什么事情来呢。您看《白毛女》里头那杨白劳，不就因为账主子逼的嘛。所以那时候说"您过年儿好"，就是表示惊异："哎呀，您还活着哪，没让账主子逼死？"

过去那账主子逼人是真厉害，有地主、富农的账，买卖家还有山东账、山西账。怎么叫山东账、山西账呢？因为清代北京是帝都，五方杂处，商贾云集，哪儿的人都上这儿开买卖来。您像山东人的买卖，什么大饭庄子、肉柜、粮店、老米碾房；山西人的买卖呢，是当铺、颜料店、酒缸、干果子铺、染坊、油盐店。不但做买卖，还放高利贷；也能赊给你东西，也能借现钱。借钱要给利钱。其实那赊东西比要利钱还厉害呢。拿现钱买，一毛五；赊账就得按两毛钱算。

　　山东、山西要账的法子还不一样：山东人要账是大烟袋锅子"榔门"；山西人要账叫"腔后跟"。比如说山东人要账吧，是开饭庄子的，你上那儿吃的时候，大爷长二爷短的。赶到你家要账去，那就变了，烟袋锅子一敲门，哪哪哪！（学山东口音，下同）"哎，我说，姓王的在家吗？怎么回事啊？红口白牙逮了东西不给钱，有钱钱见，没钱人见，躲在屋里不出来，还要脸不要脸哪？"你听，这跟吃饭叫大爷差远了吧。我瞧他们这要账太厉害，我成心短了他十几块钱，几个月没给，他真急了。家找我去了："哎，小×子，逮了饭几个月都不给钱么，还要脸不要脸哪？"我一听他来了，我不能出去，我要是出去非给钱不可，不然就得打起来。我有主意，我让我们孩子出去，拿话气他，就能把他气跑了。我说，你出去，就这么说。我们这孩子出去了：（学小孩儿说话）"三大爷，您找谁呀？"他认识我儿子——跟我一块儿吃过饭："哎，小力笨儿。你爸爸在家吗？""我爸爸不在家。""哪儿去啦？""听戏去了。"他一听火儿了：有钱听戏，没钱还账！当时甩了两句闲话："什么？听戏去了？有钱听戏，没钱还账？回来跟他说，甭让他听戏了，让他听我吧。"那意思，我是账主子，得听我的了。过了没两天又来了，我还让我们孩子出去，我说，这回你这么说吧。他跑出去了："我爸爸不在家。""又哪儿去了？""看电影去了。""什么？看电影了？来一趟看电影，来一趟看电影，回来跟他说，甭让他看电影了，让他看我吧。哪儿的事！"又走了。到晚上又来了："小×子在家吗？"我一听，越来越紧，怎么一天来两回了？得想个好办法，暂时先不让他来了，我叫我们那孩子，我说，你这回去这么说，他就先不来了。我们那孩子跑出去，"我爸爸没在家。""他又哪儿去了？""打球儿去了。""一来打球儿去，两来打球儿去，回来你对他说，不让他打球了，让他……打球儿打球儿去吧。"他让我打球儿去了。你想啊，不打球儿就打他了。

　　山西人的账这么搪可不行。因为山西人要账"腔后跟"。你跟朋友在街上走着，后头来一要账的，你受得了受不了？他说头一句话不要紧：（学山西口音，下同）"嗯，大爷，帮帮忙吧，有钱借给我们点儿吧。"现在他是给你顾着面子呢，让朋友一听仿佛是跟你借钱呢。可是你得赶紧给他，要是不给，再说一句话就给你抖搂出来："嗯，怎么着你也比我们富裕啊，再说回来你也短不了多少。"还是要账啊。这个账最不好搪。可是我也有办法。那位说，你有什么办法？他是越赚得多越好，我就利用他这种财迷的心理。我们对过儿有个杂货铺，我短他两毛五，我搪了一年多。我是四月短的账，应着五月节给他，跟我这面子就大啦！我怎么搪他一年呢？快到五月节了，别容他找我，我先找他去。一进门，我说："三掌柜您看看账。"他一听，高兴了，以为我还账来了呢；赶紧就拿账本。其实啊他头两天早把条儿开好了，短多少钱他心里也有数。他一拿账本，没等他翻到我那儿，我就跟他说："三掌柜，对不起您啊，耽误您用了，我家里倒是有个条儿，是短您的四毛八……是四毛九来着？"他一听：不对呀，是两毛五哇，噢，他记错了。听到这儿他就把账本儿放下了，跟我套交情："噢，×先生，咱们不是外人，你要是记着四毛八，那就没有错儿，就给四毛八吧。咱们都有交情。"我就为了逗他这句"有交情"，我说："哎呀，三掌柜，很惭愧的，这节我实在弄不开了。这四毛八您再记一记，过几天我有一笔钱下来，我就给您送来。"他一听，他就这么想：当时要是要钱，我急了，一看账，两毛五。要是等我走了呢，就能改四毛八。再说又说出来"有交情"，怎么能说不行呢。当时他还说两句漂亮话："嗯，没关系，咱都不是外人，不是四毛八吗，先撂着吧，不富裕，八月节一块儿算。"这就搪过一节去。他那意思，哪儿能真等到八月节呀？过几天我有了钱还不给送去？他哪儿知道我这人实心眼儿啊？就真等到八月节。赊账断主顾，这一节没买他的东西。一直等到八月节，到八月节没等他找我，我又找他去了："哎呀，三掌柜的，实在对不起，账是越来越多，这节更多了。我老婆生孩子，在您这儿拿鸡子儿、红糖、挂面，再有孩子们在您这儿拿零碎儿东西。家里有个条儿，是两块六是两块七来着？"他一听：怎么多出这么些来呀？大概其在别处拿的东西写在杂货铺的账上了。这回可"抄"上了。赶紧赔笑脸，把账本儿就撂下了。"啊，×先生，你这个记性哇真好啊。对，不是两块七，是两块六。没关系，咱们都有交情。"他一看我那儿掏口袋儿，那意思是拿钱哪，他就又说两句漂亮话："哦，不忙哪，实在要是钱不富裕，就一块儿年下算得啦！"我说："好，那就一块儿算。"噢，真一块儿算啦！他也没办法了。赶到年底，腊月二十九，我又找他去了。一进门我说："三掌柜，您瞧瞧账。我记得不是五块七……"我刚说到这儿，他过来把我嘴捂住了："哽，你不用装着玩儿了，还给两毛五吧。"嗨，他明白过来了！

（刘宝瑞述）

风雨归舟

在过去，旧社会的大财主家都有钱。他那钱来得特别容易，为什么哪？"钱赚钱不费难"嘛。嗳，您别看来得容易，去得也马虎。

有这么一档子事。民国初年，在北京西城有个大财主，此人姓花，名字叫源泉，花源泉。叫别了呢，就是"花冤钱"，人称花二爷。他家里趁钱，可对穷人他是一个子儿也不花！天生的倒霉鬼，专爱花冤枉钱！

什么钱他花呀？在民国三年的时候，他花两千块钱买了四个蝈蝈葫芦儿——那时候一袋面粉才一块八——当玩意儿，这钱他花。要不怎么叫花冤钱哪！穷人是一文钱也沾不着他的，谁要是画个图儿骗他，那行；不然哪，没用。

那时候北京有个著名的骗子，叫智多星，略施小计，骗了他五万块钱。智多星在东城租了一处大宅子，屋里头的古董玩器、家具摆设全是花钱租的；家里的太太、小姐、厨子、老妈、丫鬟、佣人，全是花钱雇的！设好骗局，专等花冤钱捎头儿！这智多星转着弯儿托人跟花二爷接近，交朋友。今儿请吃饭，明儿请听戏，没多少日子，俩人还真交了个来往不断。

有这么一天，下大雨，花二爷正在家里坐着哪。这智多星登门恭请，坐着汽车——其实也是租来的——接花二爷上他们家吃饭去。"二爷，请到我家吃个便饭吧！"

"吃饭？好，好，马上去。"

去了，到客厅这么一看屋里的摆设，墙上的字画，心说：嗻！比我还阔，比我家讲究多啦！他哪儿知道，都是花钱租来的！谈话之间，智多星说："二爷，我们祖上多少辈都是喜好古玩字画，听说您也有这个嗜好，难得，难得。我家祖传有一张古画，今天特地请您给鉴别鉴别。"

"祖传古画，哎呀，那太好啦，今日有此眼福，我得好好瞻仰瞻仰。"——花冤钱这就上钩儿了！

智多星到里头屋拿出一张画来。打开一看，是什么画呀？《风雨归舟》。背景是山，前面有河，河里有小船，有一座木桥，在桥当中间有一个小孩，这小孩打着雨伞。画上露出来狂风暴雨的意思。这个小孩哪，打着伞过桥，好像风挺大，很吃力似的。花二爷看完了画连声称"好"。智多星一瞧有门儿，忙说："画固然是好画，就是不知道出在哪朝，何人所作？"

刚看到这儿，老妈子进来了："嗯，大爷，酒饭齐备。""好，上桌吧！"就把这轴画卷起来，随手放到条案上了。八仙桌往前搭，各自就座。厨子、老妈，碗来盘往，撤酒上茶，这顿饭足吃了俩多钟头。等吃完饭哪，外头雨也停了，智多星又接过饭前的话茬儿："二爷，刚才这画您看着怎么样啊？""好，就是没看出哪朝的。"

"您再看看。"

顺手把画拿过来展开，又这么一看，还是看不出朝代。画是够老的，纸都黄啦。桥下草丛边上署着作者落款：何明三。嗯，再往上一看，这花二爷纳闷儿了，自己问自己："不对呀，吃饭之前我瞧那小孩是打着雨伞过桥的，怎么现在把雨伞夹起来啦？"他倒吸凉气，一个劲地挠后脑勺儿！

"要不怎么说是祖传至宝哪，开始您看的时候是打着伞，对呀，那不是外面正下雨嘛；现在外头雨住了，伞哪，也收起来了。传家至宝得有点儿蹊跷的地方。只要外头一下雨，您再看画，这伞就打起来啦；雨一住，那伞就夹起来了。"（向观众）您说有这个事吗？

这花二爷一听，信啦！哎呀，这可是件宝贝。因为什么？他有这个爱好哇。花二爷心头一动，想把这张画买下来，又不便直说，回去以后托了好几位朋友，说什么也要买这张画。智多星还死活不卖。花二爷直托人情，又请客吃饭，智多星才勉强点头，要价十万块钱。花二爷又舍不得了，嫌价码太高，中间经人再三说合，最后商定五万块钱把这张画买妥了。

买画的时候是晴天哪，没下雨，这小孩的伞当然是夹着的。回来挺高兴，看了一阵儿，马上写请帖，请亲戚朋友吃饭，庆贺得到这张古画。他这请帖写得特别：多咱的日子没准儿！什么时候请客？哪天下雨，哪天来。干吗呀？就为下雨的时候好看这张画。结果，有一天下了瓢泼大雨，亲友都来了。花二爷满面喜气："诸位，诸位，我买了一张古画，人家的祖传至宝，他忍痛割爱让给我了。我先告诉你们啊，我买回这张画来的时候，桥上小孩的伞是夹着的，可外头一下雨，小孩这伞哪就打起来；要是天晴了哪，这伞就夹起来。诸位看看，现在外头下雨，小孩儿打着伞；雨一住，马上收伞夹起来。"他这么一说，大家都感到新奇，全围过来了。把画展开这么一瞧，花二爷愣了：怎么这伞还夹着哪！有一位问他："二爷，您不是说下雨就打伞吗？他怎么还夹着？"把他问得脸通红："这，这雨下得还不太大，先卷起来，闷一会儿再瞧。"——那玩意儿有闷一会儿的吗？这不是胡来嘛！一会儿，外边那雨呀可就更大啦，哗……大伙儿说，咱们再瞧瞧吧。打开一瞧哇，那伞还是夹着的。等了会儿，雨也不下了，再瞧那伞哪，还是夹着的。大伙儿也不好意思说什么，吃完饭都走了。花二爷这个气呀："好个智多星，骗我！找他去。"上东城找去了。照例说，骗局成功，钱一到手就得跑，搬走。嗨，没走，还在那儿等着呢。干吗呀，等着气他哪！人家有说辞。花二爷找着智多星："你不够朋友，让我花五万块钱买张废纸，你怎么骗我呀？"

"二爷，我哪点儿骗您了？"

"哪点儿骗我了？你不是说，那张画下雨打着伞，不下雨就夹着吗？下那么大雨还夹着伞，你这不是骗人吗？"

智多星一听乐啦："二爷，这怎么算骗您哪，我找您要十万块钱，您非给五万块钱？"

"怎么，差五万块钱就不灵啦？"

"它不是不灵啦。您没明白，我说十万块钱哪，您是应当买一套。"

"什么叫一套哇？"

"一套。一套是两张：一张打着伞的，一张夹着伞的。下雨的时候，您看这张；不下雨您再看那张啊！"

噢，两张啊！

（刘宝瑞演播稿　丹蕾记录）

开殃榜

在旧社会，真是黑幕重重，蒙人骗人的事儿多啦，什么相面、测字、求神、问卜、瞧香治病，还有开殃榜，都是欺骗人的事。要说起开殃榜来，今天①十来岁、二十来岁的人多半都不知道啦，往前要数上二十多年，小三十年，北京就时兴开殃榜。到底什么是殃榜呢？过去，人迷信，都说人死了有一股煞气，这股气就叫"殃"，有一丈多高，还有颜色，人死过几天，不定哪一天哪个时辰，殃出来了，然后直奔哪方而去，这叫"出殃"。出殃的时候，人得躲着它，要是叫殃打着，不死也得大病一场。能不能躲得开它呢？先得算算这殃哪天出？这一般人谁算得出来呀？有人会算。谁？阴阳先生。阴阳先生，现在也没有啦，过去差不多哪道街上都有，就是瞧风水的，谁买房买地，都请他瞧瞧，风水好不好？一所房，动动哪儿，就能逢凶化吉，升官发财。这就叫阴阳先生。他真会算什么时候出殃啊？本来就没有殃他算什么呀？不是蒙人吗！那时候，死了人，先得把阴阳先生请来，给他预备好纸、笔、墨、砚，阴阳先生拿过一张东昌纸，写上亡人出生的年、月、日、时，再写于某年某月某日什么时辰死的，因何身亡，是病死的还是不得善终。再写上几天接三，几天伴宿，哪天出殡，再就是哪一天什么时辰出殃，这张纸就叫"殃榜"。以后，"开殃榜"就成了一种规矩啦，死了人，没有殃榜没法儿埋，死人出不了城，入不了坟地。所以过去谁家死人，头一件事，就是找阴阳先生给开殃榜。这一来，阴阳先生的权利可就大啦，蒙人骗人讹诈人的机会可就多啦。怎么？他造谣言哪，胡出主意讹人：什么魂灵不走哇，得请他净宅；犯重丧哪，

---

① 谭伯如口述本篇时间在上世纪六十年代初。

得求他给破一破。反正他找出点儿毛病来，你就得花钱。这还是人得病死的，要是有横死的人，他这发财的机会就来了。最可恨的是私和人命，有受气的儿媳妇，上吊的，扎水缸的寻死啦，这家再有几个钱，得啦，阴阳先生算是吃上了，把他请了来一嘀咕，先讲好了价儿，后开殃榜。瞧你家当行事，阔人家打死丫头使唤人，只要给他钱他就开殃榜，这个屈死的就算白死啦，就在这阴阳先生手里不知屈死多少人哪，就凭殃榜上"病故"两字！

　　阴阳先生也有倒霉的时候，我亲眼见的，在我们那胡同里有个有名的财主，他有个小姨太太，受大婆儿的气，跳月牙河死啦，月牙河是他宅子里头的，他要是一报官呢，托人情的钱可就多了，他就把我们街坊孟阴阳找去了，可乐的是没讲价儿先叫他开殃榜，他不敢不开，他惹不起呀。他想：错不了，顶少，百八十块到手了。开完殃榜，管事的给他拿过来了，他一瞧就凉了，四块钱。这下子，他差点没背过气去，回家老想这碴儿生气。该着倒霉，过些日子，这死的姨太太娘家的个亲戚来瞧她来了，一听说死了。后来一打听，打听出来了是跳河死的。这位还有点势力，这儿一究根儿，财主呢是有殃榜为证，殃榜上写明是病死的。后来一调查，孟阴阳开的殃榜，就把他告下来了。侦缉队把他绑走了，官面儿这么一吃他，监禁了两年多，把坑人的这点家当都花光啦。后来托人情出来了，还准许他当阴阳，照样讹人。我爸爸死的时候就是他开殃榜，进门儿，掀开盖头纸，瞧瞧脸，瞧瞧手，然后瞧瞧药方子，开完了榜啦，我给拿过两毛钱来，给他磕个头："您受累了。"他接过两毛钱来不走，那当儿起码得给一块钱，顶少也得四五毛。他站到那儿不走，嘴里叨念，这可不好，以后咱不好办事了。我说，以后我也不找你啦，谁没事找阴阳啊。他还不走，真把我气急了，我说："孟先生，我实在是没钱，两毛是少点儿，少点儿少点儿吧。"我一指我爸爸："这个呀，不是跳月牙河死的。""噢！你还记着哪。没说的啦，我走啦。"他走啦。这行人真可恨，蒙神赚鬼糊弄活人。

　　还有一回事真可乐，也是阴阳，住在北城大石桥，他姓猴，猴阴阳。街坊跟他开玩笑叫他"狗阴阳"。小戏儿里有一出《龙凤配》，就拿他比那个给人家胡合婚的那个狗阴阳了。这狗阴阳住三间房，独门院儿，在他隔壁住着一家姓金，家里有几个钱，老公母俩跟前仨儿子，老大老二都娶媳妇了，也有好几个孩子啦。就是老三最小，还没结婚哪，他自幼就有个怪脾气，不怕鬼，神啦鬼啦的他就不信那一套。差不离的小孩儿都爱听闹鬼的笑话儿，他不成，不爱听，谁要一说闹鬼的事他就轰："去去去！干吗吓唬人哪，我就不信这个，我也没瞧见过鬼什么模样，多会儿有个鬼叫我瞧瞧，一会儿又没啦，我就信服有鬼。"他小时候就这么胆子大，到二十岁啦，更不害怕啦，就是脾气暴，浑浊闷愣，爱喝酒，好交朋友，大爷大奶当家，二爷是书呆子，二奶奶是老好人，什么事也不管。老头儿，六十多啦，老病死了，老二就去找棚铺搭棚，瞧棺材，讲杠。得请阴阳开殃榜啊，好在隔一堵墙就是狗阴阳，二爷到那院叫："二大爷，在家吗？""啊，在家哪。老二啊。"老二趴在地下给他磕了个头。"哎，起来起来。到了儿没熬过去呀。别着急，抓把土儿把他埋了得啦。""二大爷您受累吧，您给开开榜吧。""好吧，我随后就去。给你这个，贴大门上。"这个是什么呀，是阴阳生记号，请他去，告诉他什么胡同，路哪边的门儿，他给一个小黄纸条儿，上头印着他的什么堂，和他的姓，叫人家拿回去贴到门垛子上，男左女右，他来了照直的就进这个门，自然有人迎接他。没这个条儿不成，阴阳就得挨打。有挨门问的吗？进门现问："你们这儿死人了吗？""你们家才死人了哪！"打上啦！

　　二爷拿着这条儿，到家贴到门口儿，一会儿，狗阴阳就过来了。大伙儿给他一磕丧头，纸、笔、墨、砚都预备好啦，他瞧瞧死人看看药方，拿着笔，一边写殃榜一边皱眉。干吗哪？心里想主意啦，心里说：他们家有钱哪，这个榜开完了，顶多了，一两块钱呗，我得剩点吗儿。他写完了跟大爷说："搁七天，三天接三，六天伴宿，七天出殡。可是还有点事儿，咱们是老街坊了，我不能不说，说了你们也别害怕。"这都是废话！你吓唬人，人家还不害怕吗！头一个就是大奶奶先跟过来啦："二大爷，怎么回事呀？""啊！老头儿死的这个日子时辰太不好，跟他这生的时刻相冲，是子午相克卯酉相冲，我这么开榜，还没遇见这么巧的事儿。"大奶奶就赶紧问："这冲是怎么个意思？""伴宿的那天不是出殃吗，这个殃在夜里子时他要闹，你们要在那天夜里躲躲儿，你们家人口多，谁叫殃打了也不合适。"大奶奶一听脸儿就白啦："哟！二大爷这有法儿破没有哇？"阴阳就等这句话哪："唉，破法儿倒是有，可是我不好说。"二奶奶搭茬儿啦："二大爷，有什么不好说的呀？只要您帮忙，我们都听您的。""就是得用钱哪。得预备上供的香、蜡、纸、码、白公鸡、烧纸等等，我得祝念一宿不能睡呀。"大爷问："得多少钱呢？""嗯，得五十块钱。"大爷还没说出话来，大奶奶把大爷叫出去啦。大爷说："这钱可多点儿。"大奶奶说："不多，我怕叫殃打了，你要不拿这笔钱，我带着我这仨孩子回娘家，我全不管啦。"大爷一听没谱儿啦，二奶奶又过来啦："哥哥，咱们这棚事得多少钱哪？哪儿省不了这五十块钱哪。"大爷没法子，一狠心，到了自己屋里五块一张拿了十张，往北屋走。

这么个工夫儿，老三回来啦，一瞧，大哥拿着钱又数了数要给阴阳，老三就问："干吗呀？"大爷说："给二大爷。"老三说："开殃榜哪有这么贵呀？"大爷把阴阳的这套话跟老三一说，老三一听就火儿啦："出殃，还带闹的？我就没听说过。二大爷，您甭管啦！我等这个殃，我倒尝尝叫殃打了什么滋味儿。去给二大爷拿一块钱来。得啦，您受累了。"狗阴阳没说出话来，脸也红啦："好好，我走啦。"狗阴阳心里这个骂呀：好个金三儿，真是小人！眼看钱到手啦，这么会儿他回来了，真是煮熟了的鸭子，又飞了！别忙，搁着你的放着我的。阴阳刚走，大奶奶就过来啦："老三，这你可别犯拧啊，这可不是闹着玩的。"老三说："这笔钱总得花呀？拿来！""拿什么呀？""五十块钱哪。""哟，我们哪儿有钱哪！""还是呀，费这道话，打你这儿就架着炮往里打，我们家也不能这么花呀。去去，我们这儿不要这添言不添钱的。"家里谁都怕大奶奶，就是老三不怕她，你想老三连殃都不怕，哪儿能怕嫂子呢。大爷说："得啦，完了，打咱这儿就闹丧啊是怎么着？他不怕，明儿叫他看着。"院里搭个大棚，把北屋当间儿这间的桶扇拆下来，把棺材停在当间儿。

到了接三念经，伴宿这天，亲戚朋友也来了不少，挺热闹。这几天夜里都有人住到这儿，掉换着熬夜，唯独到了伴宿这天，亲戚朋友来吊祭的，吃完晚饭就走。怎么回事呀？大奶奶给宣传的，是来人，大奶奶就嘀嘀咕咕说："我们这个三儿，告诉您吧，剐之有余。"她胆儿小，人家不害怕倒剐之有余啦！她把听阴阳说的话跟来的人一说，唯独这个传得快着哪，一个传十，十个传百，都知道这事儿了。所以在伴宿的晚饭后谁也不跟这儿熬夜啦。刚撂下筷儿，天还没黑哪："您这儿坐着，我跟您告假啦。""哟，二舅，您忙什么呀？您这儿多待会儿。""不，不，我还有事哪。"走啦！这个也站起来啦："大爷，我也跟您告假。""嗐，您忙什么呀，您这会儿给做做伴儿，等着吃夜宵儿。""不，不，我实在消不了啦。"也不知什么叫消不了啦？"啊，明儿早晨我误不了送殡，只要太阳一出来，我跟太阳一块就出来啦。"走啦！这个也告假，那个也有事，有的蔫溜儿，缕缕行行都走啦！老三这个乐呀！哎，趁早儿走，招呼殃打着！大奶奶二奶奶凑合到婆婆那屋里忍着去啦，大爷、二爷这几天累得真够呛，也找个地方睡啦。就有他们两个表兄弟不好意思走，扎挣着跟老三做伴儿。仨人饿啦，一喝酒，那俩后来也扎挣不住了，说我们眯一会儿再换班儿，在西屋里也睡啦。

棚里头就剩老三啦，正在十月初，哨子风儿刮得棚杆子悠悠儿的。就是胆儿大这会儿也觉着瘆得慌，老三在供桌旁边接碴儿喝，他一边喝一边想：怎么殃还能打着人？他越喝越高兴，有点儿喝大发啦。晃晃悠悠地到屋里把笔跟墨盒儿拿出来啦，得，我先扮个殃叫你们看看。他这是醉闹儿，拿笔往脸上画，他想画张飞，墨顺脸上往下流。他自己也乐了，就剩下牙是白的，"嘿嘿，别说没殃，要真有殃，也叫我给吓跑了。"夜里两三点钟了，觉着又困又冷，他心想：我找个地方避避风儿，在外间棺材旁边放着一个躺箱，为放衣裳的，七尺长三尺深，他找了根棍子，把箱盖掀开，跳里头一蹲，拿棍支上，箱盖露点缝儿，往外瞧着，瞧着瞧着就要冲盹儿，直扎挣着。

再说这狗阴阳，打那天回家就生气，直到伴宿这天夜里，他心老在金家这院里。他一想：造的谣言要是不灵，明儿这买卖还怎么做了？他一会儿蹬个凳子往这院里听听。到后半宿儿，听这院没声儿，他那段小墙正在金家棚口外边儿，他扒着墙一看棚里没人，哎，都吓跑啦？不能，总有一两个看棚的。有咧，我吓唬他们一下子！他到屋里穿上一件孝袍子，拿大白粉揉了个大白脸，弄张红纸粘嘴上一个大红舌头。他有个半截儿小梯子，立到墙根那儿，上了梯子，骑到墙头儿上，把梯子再放到这边儿，他下来到棚口这儿，冲着棚里头蹦，要是有熬夜的，一瞧见这个准得连嚷带跑，他再上小梯子回来，他说的出殃就算应验啦。哪知道蹦了两下，没人嚷，他一想，我白蹦啦？往里溜达溜达，直到供桌头里了，还没人儿，这阵儿老三正冲盹儿哪。阴阳心说：全走啦，得，我别白来呀，偷点什么吧，一上台阶儿就瞧见这躺箱了，还露点儿缝儿，甭说这是顶盖儿肥，紧走两步就掀盖儿，那掀得了吗？里头蹲着个黑锅底哪！老三刚一迷糊，他这儿一掀盖儿，冷风一吹，老三往起一站，两人正对脸儿，"哎！""哎！"老三坐到箱子里头，阴阳趴到箱子外头啦！阴阳觉得头晕眼黑，可是心里明白，缓了半天，知道在人家屋里哪，赶紧哆里哆嗦连滚带爬，拼着命地爬上墙去回家啦。第二天就没起来，病啦。老三呢，也是缓了半天才缓过来，打箱子里出来，就觉着浑身软，还得扎挣着，怕人说他胆儿小，给大嫂称愿，勉强坐到天亮。大家起来了，一瞧老三都吓一跳。那儿坐着个敬德。"你怎么这模样啦？""啊，我勾花脸来着。"弄水把脸洗了，瞧他愣愣磕磕的，就说冷。大伙儿说，着凉了。搀进屋里请大夫给他瞧病，连送殡都没叫他去，天天给他瞧病。老三养了一个月的病才能下地活动活动，狗阴阳也刚能趿拉着鞋遛遛。

　　这天，老三拄个棍儿到门口儿卖呆儿。狗阴阳也拄着拐棍在门口站着。瞧见老三，一扭脸，他恨着老三哪。老三瞧见他啦，想起那天晚上的事来了，始终不明白，他想：我倒跟他聊聊。"二大爷吃饭啦？"狗阴阳带理儿不理的："吃啦。"老三想问问他："这殃，有没有哇？""有。你说有没有呢？""我也说有。您说说殃什么样儿？""什么样呀，大黑脸。""不对啦您哪，大白脸。""黑脸。您瞧见过吗？""瞧见过。""您在哪儿瞧见的？""在你们外屋。你在哪瞧见过？""我也在我们外屋哇。""您瞧他在哪儿？""哼！我瞧在箱子外头。""您瞧他在哪儿？""我瞧在你们箱子里头。""噢！那天是你呀！"老三抡圆了就是一棍儿，"你就是殃。"狗阴阳也急啦："好小子敢打我！"他也给老三一棍儿。"你就是殃！""你就是殃！"俩人这一嚷，街坊也出来啦，老三的哥哥、嫂子也出来啦，不知道为什么。大爷说："老三可不许这样。"要过去揪老三，大奶奶把大爷揪住啦："哎哟，你可别去哟，招呼殃打着。"那是殃吗？

（谭伯如述）

借火儿

这回我说的这段单口相声，又叫《无鬼论》。"无鬼论"就是说根本没有鬼神。你要是说有鬼神，您见过？没有。过去有人家里供灶王爷，到了旧历的腊月二十三祭灶，给他买糖瓜儿上供，有这么副对联："上天言好事，回宫降吉祥。"这是什么意思呢？就是想让灶王爷上天净说好话。干吗给他买糖瓜儿呢？就是说你"吃人家的嘴短"哪，你接受了人家的供品，到了天上别说坏话。这是怕灶王爷在玉皇大帝那儿说坏话。还有人给灶王爷嘴上糊上很多的糖稀，为的是把他的嘴粘住，就说不了坏话啦。可是这人也糊涂哇，他好话也说不了啦。怎么？糖粘着嘴哪！

既然没有神鬼，为什么从前有人一听说鬼就害怕呢？这都是他小的时候听过鬼的故事，鬼的模样非常可怕，红头发绿眼珠儿，锯齿獠牙。其实这是根据庙里的泥胎木雕想象出来的。从前还有人迷信，说男子头上有三把"真火"，两个肩膀头有两盏灯。这位走黑胡同他害怕，咳嗽完了打脑袋，叭！叭！叭！你打它干吗呀？它老实巴交不招灾不惹祸的，你打它？这位认为脑袋一打一出火，就把鬼给吓跑了。这不是胡说八道嘛！脑袋哪儿能打出火来呀！可也别说，打脑袋要是真能出火，可有好处哇，您抽烟就甭买火柴了，在脑袋上就点了。"二哥，您抽烟这儿点。"（打头）啪！着了！能有这个事吗？

从前还有这种人，因为胆小害怕，疑神疑鬼，连走道都不自然了。怎么呢？他恐怕火着不起来，灯倒了，鬼来掐他。所以他走路身子、脑袋、肩膀都这个劲儿的，这走法你看着别扭。他这样走（学僵身移步姿势），您说谁这样儿走路哇？刚走到胡同的中间，打后边又来了一位，一看头里那个，吓一跳！心说：这是人是鬼呀？鬼吗？又不像；

人？哪儿有这么走的！心说，小子！不管是人是鬼，你往前走我也往前走，你站住我也站住；只要你一回头儿，我就拿砖头砍你。后边这个人也是慢慢跟着他走哇，他听见后边响动，心想：麻烦了，鬼跑到我身后头去了。他打算回头瞧瞧。像这样回头一瞧——是人，搭伴儿走不就完了嘛！不价，他怕快转身肩膀上灯灭了，回头鬼过来掐他。他是连身子带脑袋，还有脑袋上的"真火"、肩膀上的"神灯"，七零八碎一股脑儿转，就这么着一回头，把后边那个吓跑了。（学动作）"哎哟！是鬼！"砖头撒手了，叭！正打到这人的脑门子上，他也不那样走了，蹦起来就跑了。到家上了些药，拿纱布在那儿缠脑袋。他儿子打外边进来，说："可了不得啦，刚才我看见一个僵尸，我给了他一砖头。您这是……""噢！是你把我开啦！"那你怨谁呀？有这么走道的吗？

　　过去还有这么档子事，也是误会。在城外头河边有一棵小歪脖儿树，有一个人上吊自杀了。为什么呢？您想解放前那个年头儿，是人吃人的社会，一团黑暗，倒真是鬼世界。这个人生活困难，借了一点儿印子钱（就是高利贷），利滚利越来越多，还不了啦。债主子找他逼命。白天债主子对他说："你穷骨头打算赖账啊！甭说你活着，就算你死了，连你的魂儿都得还我的账！"这个人被债主逼得实在没路可走，就在河边上吊自杀了。这天天快黑了，地面上准备第二天再摘下来验尸，验尸以前应该是死尸不离寸地，这天晚上就归看街的王三看管。王三想：我得想个法，别让走路的不留神给撞下来。他就在附近的杂货铺儿要了一根鞭杆香，点着以后给死人插到手里，心说：这回没关系了，谁走到这儿一瞧，这儿有火亮儿，就不往他身上撞啦。王三自己弄了点酒，在对过儿一个大门道的台阶上一坐，手拿着酒壶自言自语："我说兄弟，咱们素常都不错，有什么事找找穷哥儿们哪，能叫你难住吗？你这么一来，谁心里好受？这才叫酒入愁肠啊！"吱儿！喝了一口。"您喝这个。啊，你不喝，我替你喝。"吱儿！又一口。王三把酒喝完了，也搭着心里烦，冲上盹儿啦。

　　打那边走来一个人，想抽烟，一摸，没带火柴。正好走到河边儿歪脖树跟前，看见火亮儿，他想跟这个人借个火儿使使。您看，借火儿抽烟也有个规矩。比方说，我要跟对方借火儿，先不瞧对方这人，多咱对着了以后，要拿烟让人啦，这才瞧对方哪："您抽我这个。"是不是这样？我说的这个人也是这样。他先没抬头，直奔火亮走过来。他当时也蒙住了，谁黑更半夜的拿着香头儿在这儿站着？"借光，我使使您的火儿。（学取过香火来点烟的动作，然后抬头）您抽我这个……（噤声，惊）啊？"心说：是你呀！一看那个人，敢情吊着哪，当时他的脑袋嗡一下子就大啦，头发刷一下子就立起来啦，腿奔儿一下子就直啦。为什么把他吓得这么厉害哪？原来这小子就是放印子钱的。心想：哎呀！他真让我给逼死了，这他还能饶得了我呀！他的烟也扔啦，那手的香攥死了把儿啦！敢情人要是真害了怕，你要跑都跑不动了，腿就沉了。他举着香"噔、噔、噔"往前走，这时候看街的王三迷迷糊糊睁眼一瞧，香火头儿"突、突、突"直往前走，心里说：哟！走了？你走了我怎么交差啊！这可不行。死尸不离寸地，你哪儿去我也得把你弄回来。王三在后头追，又正赶上他趿拉着两只鞋，在后边踢拉趿拉，头里那个一听更怕啦，心想：我的妈呀！他以为上吊的那个人下来了哪，更跑不动啦。王三追到这人身后一伸手，噗！抓住他的脖子啦！头里这人："嗷儿！"吓死了！那还不吓死！王三这手一托他后腰，把他举起来啦（学动作）："好小子，你跑到哪儿去，我也得把你弄回来，等着明天验尸，死尸不离寸地嘛！我还给挂这儿（学动作）。噢？这儿还有一个哪！"

（郭全宝整理）

抡弦子

这回呀，我给各位说一段单口相声，又叫《无鬼论》。那位问了：什么叫"无鬼论"哪？哎，就是说根本没有鬼。鬼什么模样？谁也没见过。就拿我父亲来说吧，死了好几年了，也没见他又找我来了！我刚一出门儿，碰见我爸爸跟我要钱："你怎么回事？啊？我死了，合着你就不承认我是怎么着？嗯？你不知道我没有钱花了吗？我在阴间那儿买什么也都得用钱哪！你想一想，三月清明佳节，人家都上坟烧纸，给死人捎俩钱儿去，你没上坟；七月十五烧法船，你也没有给我烧纸；十月一'鬼寒衣'，你也没理我这碴儿。你说到底你打算怎么办吧？"我说："您别生气，我不是买卖不好吗？等有了钱一定上坟给您烧纸。""好吧，可别忘了我呀！我走啦。""您上哪儿啊？""我回坟地。"有这个事吗？

没有鬼，为什么还有人说死以后会闹鬼呢？因为他是没能搞明白事情发生的真相，或者是阴错阳差，误会了，就以讹传讹，有枝添叶，越说越走样儿。有的人迷迷糊糊地就信以为真了。要不怎么说迷信哪。

有这么一回事，说起来很可笑。在过去咱们北京东城齐化门——就是朝阳门——外乡村里住着一个老头儿，跟前一儿一女，姑娘大了就嫁给城里头了，还剩下爷儿俩在乡村种着几亩地，凑合着过日子。这天老头儿得了急病儿，经大夫诊治无效死了。小伙子把他父亲停到铺板上，在死人身上盖了一张粉连纸，在死人头前供上一碗倒头饭；用面弄了三个圆饼儿叉在筷子上，说这叫"打狗棒"。给死人头里还摆几块肉祭奠祭奠。这小伙子心想："我父亲死了，后事怎么办呢？我呀，得进城找我姐姐去，跟她商量一下看是怎么办好，让她给出个主意。可是我走了以后光剩下我爸爸死尸在屋里停着，我不放心，有个猫狗儿的给伤了可怎么好哇？”后来一想：“对，我找隔壁二大爷去，让他来给看看，我走了就放心了。”在这爷儿俩住的旁边儿，有个老头儿，跟死去的那个老头儿很要好，没事经常在一起下棋呀，喝个酒哇。这小伙子来啦，进门给老头儿磕了头，说：“二大爷，我给您磕头。”老头儿一看：“哟，这是怎么回事呀？”“我父亲过去啦！”“哟！是呀？唉，昨天我们老哥俩还说话来着哪，你呀也别太着急，你打算怎么办呢？”“我打算进城找我姐姐要俩钱儿买棺材埋葬我父亲。你想，我一走剩下我父亲一个人那儿停着，我很不放心，求您老给照顾一下。”老头儿一听让他看死尸，心里有点儿害怕，可是嘴里没那么说：“孩子，你叫我看死人，可是这么着，你进城可得快去快来呀。千万可别等关了城啊，等关了城可就出不来了！”过去六七点钟城门就关了，就不能出入了。老头儿说：“我看一会儿行了，城门一关你回不来叫我看一宿可没那么大精神。”其实他就是胆儿小害怕。小伙子说：“您放心吧，我快去快来。”说完他走了。你想，他见着他姐姐哪能不说清楚了哇！老头儿得的什么病、吃的什么药、请的哪位大夫、临完怎么料理后事，这一说时间可就长了，天都黑了。合着把这小伙子给关到城里了。

家里光剩下那个老头儿看着死人，心里净剩嘀咕了：“唉，要不怎么说这个年轻人嘴巴子没毛，办事不牢！天都这么晚了，已经关城了，他一定回不来了。直嘱咐他让他快回来，结果还是得落到这儿。黑了，赶紧点上灯吧。”

您想乡下又没有电灯，再赶上刮小风。豆油灯一放绿火苗儿，忽闪忽闪的，老头儿更害怕了！他坐在死鬼旁边儿唠叨唠：“大哥，咱哥儿俩可不错，你死了可要死得仁义，千万不要吓唬我！你要是一起来我可就趴下了！你儿子进城找你姑娘要钱去了，好给你买棺材埋你呀！”心里越是害怕，越感觉这屋阴阴惨惨的，看什么都好像动弹似的。老头儿正在屋里害怕哪，这时候外边来个失目先生，抱着弦子唱小曲儿的，在乡下有这个，白天农民们下地干活儿，晚上吃完饭单有说大鼓唱小曲儿的，唱完你给点儿吃的或给俩钱儿都可以。这位先生抱着个弦子是自弹自唱，白天算卦晚上串乡村儿。噔哐噔哐……老头儿在屋里一听外边弹弦儿，老头儿乐了。“这可好啦，我把先生叫进来让他做个伴儿，省得我一个人这么担惊受怕的。”老头儿出来就喊：“先生过来，来给我唱两段儿。”先生耳音很好：“哎，二大爷！您怎么？想解解闷儿吗？好，您头前引路吧，您可老没听我唱了。”老头儿就把失目先生领到死人这屋里来了。先把先生的马杆儿给藏到门后头了，他怕先生知道这屋有死人不干，回头再走喽！心想：你没有马杆儿就走不了啦。

上年纪的人说话颠三倒四，说着说漏了！先生那儿问："二大爷，您听哪段儿？喜欢听什么您告诉我，我好给您唱。"老头儿说："嗐，先生甭着急，坐下先休息休息。"先生说："二大爷，我不累，您告诉我听什么，我给您唱。"老头儿说："你唱不唱的没关系，再者说死鬼活着的时候咱都不错！不然我干吗……""哟！"先生那儿一愣，"嗐！二大爷怎么回事？这屋有死鬼？"老头儿想：嗐，我怎么说出死鬼来了！得啦，既然说出来了，那就跟你说明白了吧："先生，这不是我的家，这是我们街坊，那老头儿死了，这是他的屋子。让我一个人看着死尸，您想我多害怕呀！再说这老头儿活着的时候就不老实，死了我也怕他闹哇！所以请您帮助我看一宿，做个伴儿，等天亮了我给您俩钱儿酬谢酬谢你，怎么样？"先生一听一哆嗦："怎么着您哪，叫我看死尸呀？我都没听说过！您这有眼睛的还害怕哪，我这瞎摸合眼的更害怕了。好嘛，听您这话就瘆得慌！怎么，活着的时候就不老实？对了，死了他一闹您跑了，我往哪儿撞啊！行啦，您给多少钱我也不唱，贵贱一分钟都不待！您给我马杆儿我走。"老头儿想：别让他走哇！他走了我还是害怕哪。嗬，老头儿这手儿可损了！往外一蹿，噌！到外边儿，稀里哗啦奔儿把门给锁上了！先生那儿更害怕了！"哎，您怎么把门锁上了，这回一有动静我出不去了！"老头儿说："您甭打算再出去了！这么着吧，你在里边唱，我在外边听吧。"先生说："我唱得下去吗？您快开门哪！"老头儿说："这屋我是不进去了，您看怎么办吧！"先生一想：我得变法儿把老头儿骗来。只要他一进门，我顺着声音就往外跑："那什么，二大爷，我不走，您给送点水来，我喝了就给您唱，给您做伴儿怎么样？"老头儿说："先生你要喝水屋里有。你拿手摸摸，就在你旁边儿哪。"先生也是有点儿渴，摸摸吧。这一摸可坏了，正摸在死鬼的鼻子上："哟！二大爷，这是什么软不拉蹋的？"哎，"还忘了告诉你了，你坐的那地方是死鬼的旁边儿！""哟，要命，您怎么搁到这儿了，这可怎么好哇！"心里想：害怕也是白害怕呀，干脆我唱两段儿给自己壮壮胆子。（学弹弦）嘡噔哐嘡噔哐……奔儿，弦也折了！他心全在死人身上哪。正在这时候可巧这屋里有个猫，猫看见死人脑袋头里那几片肉啦，顺着死人身上噌地一蹿，带得死人身上那粉连纸刷啦一响，先生差点儿没趴下。"嗨！（咳嗽壮胆）二大爷，可响了啊！"老头儿在外边儿直拦他，说："嗐，先生，你诈什么事啊！"先生听错了："啊？诈尸？哎哟我的妈呀！我就知道有这一手儿嘛！你快开门哪！"老头儿说："开什么门哪，钥匙让我锁在屋里了！先生，诈尸了你可别让他捉住哇，抱住你就活不了啦！这么办吧，你拿点儿东西瞧准了给他一下子。""啊？我瞧准喽？我瞧得见吗？这不是要命嘛，抱住就活不了！"后来一想："哎，我手里有弦子，干脆抡弦子！我把你抡躺下，我就活了！"拿着弦子一抡。啪！头一下就把油灯给抡地下去了，这屋里黢墨乌黑，这个失目先生折腾开了。"哎哟，炸尸哟。"乒乒乓乓稀里哗啦足这么一折腾。

　　老头儿在窗户外头也吓坏了："哎呀，俩人打起来了！"他认为打起来了呢。老头儿想：赶快报官去吧。黑更半夜的哪儿报官去，村外头瓜地有几个看瓜的。老头儿跑来了，见着这几位也没说明白究竟怎么回事，就说："哎呀，几位救命！了不得了，诈尸！""大哥，您见过诈尸的吗？"这个说："听说，没见过。""走，咱们瞧瞧去！拿着咱们的钩竿子。"钩竿子是为逮偷瓜的用的。几个人问："老头儿，在哪儿？领我们去。"老头儿把这几个小伙子领到死人这院里来了。噼里啪啦里边那儿还在抡哪。老头儿说："你们几位听听，里边儿闹得多厉害呀！""哎，闹得是可以，大哥咱们可别进去，咱们隔着窗户把钩竿子捅进去！稀里哗啦这么一和弄，把他钩躺下就得了。"噗、噗、噗、噗，四根儿钩竿子全捅进去了！稀里哗啦这么一和弄，里头那位还抡哪！他弦子鼓子冲外呀，钩竿子有钩儿，奔儿！搭到一块儿了！先生心想：哎，行了！这回可抱住了。外边儿的人想：嘿，行，钩住了！过来仨人帮助这个人往外拽，喀嚓！坏了！弦子脑头掉了，先生那儿拽空了，噔噔噔噔噗！正坐在痰盂上！先生说："哎哟妈呀！"外边几个人一听："奇怪，哎，老头儿，怎么死人还喊妈呀？"老头儿这才想起来："哎哟，几位留神，里边儿还有个瞎子哪！"

（郭全宝述）

八大棍儿

双槐树

在北京哈德门外有个喜鹊胡同，这条胡同特别宽，东西的胡同，坐南坐北的商店，一进胡同口有几家买卖，什么药材庄啊，杂货店啊！往胡同里头走，在坐北有个鞋局子，鞋局子是干什么的？绱鞋的，也叫鞋作坊。在鞋作坊旁边有个"容义斋"，这"容义斋"是干什么的？裱糊匠，又叫油漆作。专管糊个顶棚啊，扎个纸人纸马什么的。在"容义斋"斜对门儿，有个黄油漆的大门，三磴台阶石，磨砖对缝的房子，显着特别阔气。这正是十月中旬，北京的天气是风和日暖，这黄油漆大门敞着，门口车马盈门，院里面北房三间，一明两暗，子口的风门；往屋里瞧，迎面摆一张八仙桌，两旁边两把太师椅。上垂首坐着一位，看年纪在五十多岁，将近六十。头发已经黢白啦。站起来那个头儿啊，足有七尺，是个高个儿。重眉毛，大眼睛，通关鼻梁，四方海口，新刮的脸，青黢黢的胡子楂儿，穿着袍子马褂。下垂首坐着这位呢？看岁数也有五十多岁，是中等身材，圆方脸，虎头虎脑，特别精神。上垂首这位是这院的本家儿姓宋叫宋五；下垂首坐着这位叫庆六，两人有莫逆之交。这宋五从小的时候练了一身好武艺，十八般兵器样样精通，什么刀枪剑戟，斧钺钩叉，镋棍槊棒，鞭锏锤抓，什么带钩的，带链儿的他全懂，最拿手的功夫是一把鬼头刀。这个人的出身很贫寒，在走向社会以后，在那个时候指什么为业呢？他砸过粮店，夺过宝局；过去叫须子，到天津叫混混儿。就是出头露脸儿的那么个人物，在哈德门一带是很出名的。家里四口人，老公母俩，他媳妇娘家姓张，没有男孩儿只生下一个姑娘，小名叫银屏。除这三口外，还有一个奶妈姓周，从这姑娘几岁就在他们家里当佣人，这老太太脾气特别好，对这姑娘从心里特别爱，姑娘从小就聪明，长得又漂亮，比自己的孩子还疼爱。这周大妈在哈德门里头住，家里也没有什么人，就是一个姑娘已经出阁啦，她就住在宋家，在这儿吃在这儿睡，就跟一家子一样。宋五拿周大妈也不当底下人看，当成自己的老嫂子一样，跟这宋五奶奶关系也挺好。这院子里，一进门儿北房是一明两暗，南屋是个小单间的厨房，有个小后院，后院是南房两间，北房两间；这南房搁点没用的东西，在北房呢？周大妈跟银屏就住在那儿。还有个后门，这后门有个大铁锁锁着。这铁锁的个儿特别大，这门有十几年没开过，这锁全锈啦。今儿个是什么日子呢？今儿是宋五的生日，亲戚朋友都来啦，高朋满座，嘿！摆上酒席正要吃饭，宋五奶奶说了："我说周妈，把屏儿叫来，今儿是五爷的生日，给老爷子拜寿！""哎！"说着话周妈就奔后院，到后院跟姑娘说："屏儿，今儿是好日子，给你爹拜寿去！""哎。""把衣裳换上！"姑娘换好了衣服来到前院。亲戚朋友一看：嘿，这姑娘，真有沉鱼落雁之容，闭月羞花之貌啊！倾国倾城大美人似的，漆黑的一根大辫子，因为宋五在旗是旗人。这姑娘上身穿什么呢？玫瑰紫的坎肩，镶着青云子边；鸭蛋青的夹袍，粉红色的中衣，脚底下穿着花盆鞋。怎么叫花盆鞋呢？就像现在的高跟儿；现在的高跟儿鞋那跟儿在后边，这种鞋的高跟儿在中间。在清朝的时候旗人女的都穿这种鞋。姑娘这个漂亮就别提啦。亲戚朋友们一看：哎呀，银屏姑娘来了！没有一位不爱的。宋五爷一看自己的姑娘，貌似天仙啊，也打心眼儿里高兴。回头瞧瞧自己最知心的朋友庆六，两人是从小的弟兄，有生死的交情。庆六爷一看这银屏也很高兴，就特别这么爱，他心里想：自己就这么两口子没有孩子，没儿没女，我真不如宋五哥啊！这个时候周大妈一回手，把一个蒲团放在那儿了，说："屏儿啊，快给你爹拜寿！""哎！"姑娘一转身儿，打算跪地磕头。她没留神拿左边这脚踩住右边旗袍那角儿了，扑通，趴下了！宋五爷一看："哟！"爱如掌上明珠啊！就这么一个姑娘，赶紧过去把孩子扶起来，嘴里说："你忙什么呢？"宋五奶奶说："这孩子，你瞧平常挺稳当的，今儿个在广众之下给你爹拜寿，这是怎么啦？快进去吧！"大伙儿瞧着宋五爷的神气就不如刚才那么高兴啦，大伙儿也很纳闷。姑娘呢？羞得面红过耳，这么一低头，周大妈给搀到后院。吃完饭以后，把亲友都送走，天也擦黑儿啦，宋五爷坐在那儿看了看五奶奶说："睡觉吧！""哎！"五奶奶到里屋睡觉去了。宋五爷在屋里转来转去，心里就想："唉，这个事儿……这个事怎么办呢？嗯，对，就这么这么办！"说着话推风门来到院里想进后院，后院还没开门，啪啪一拍门说："我说周大妈睡了吗？""哎哟，五爷，没哪！""您到前院来一趟，我找你有点事！""噢，您前边去吧，我就来！"宋五爷一转身奔前院，周大妈跟姑娘说："你爹可能有事儿，我去瞧瞧。""哎，您去吧，慢点走啊，院子里黑。""不要紧的，你放心吧。"她拉开门扦关儿推门奔前院，来到屋里头："五爷，什么事？""噢，你坐下吧！"周大妈在下垂首坐下问："什么事？您说吧！""嗯，我问问你，咱们这孩子是您从小把她拉把大的，费尽了心血，叫您受累啦！""哟，五爷，您这是怎么说话呀，这不越说越远了吗？我跟您说吧，这孩子是您的孩子，您照顾不到我照顾到了，这也是应该的。比我那丫头我都爱！这孩子多好，又聪明又伶俐，没有不喜欢的，整个喜鹊胡同，连后边那胡同都算上，没有不爱的！脾气又柔和，手又巧，什么活儿不会做？明儿这孩子寻谁谁有造化……""是啊，这孩子今年多大啦？""哎哟，五爷，您怎么啦？您喝酒喝多啦？您自己的孩子的岁数怎么都忘了？十九啊！""噢，十九啦！那您来的那年这孩子呢？""嗬，那个时候还不到七岁，都十几年啦！""我再问你这孩子是个好孩子？还是坏孩子？""五爷，这您是怎么说话，这孩子多好？大门不出二门不迈的。""不对！这孩子到底是怎么回事？""啊？什么怎么回事？""她跟谁？""五爷，您……您怎么这么说话呀？""不对，你跟我说实话，说了实话善罢甘休，不说实话你可知道咱宋五在北京里九外七皇城四，回汉两教，僧道两门，做买的、做卖的、推车的、担担儿的；也不管是官私两面，提起来没有不知道我的！我的外号你也知道，鬼头刀宋五。如果你今儿个要是不说实话，我可对不起你！"说着话一回手由墙上摘下刀来，绿鲨鱼皮鞘，一按绷簧，刷！刀出来，这口刀锃光瓦亮，一伸手噗嗮抓住周大妈的衣襟，刀向前这么一要："瞧见了吗？不说实话，咱宋五就不客气啦！""哟……五爷……饶命！我说实话，我跟您全说，您把刀放下……我害怕……"五爷一回手，把刀立在桌子旁边。"我跟您说啊，是这么回事……"周大妈一害怕就把实话说了。

银屏姑娘平常没出过门儿，往远说也就是到前院，赶上年节，顶多也就在门口站会儿。门口有娶媳妇的，谁家办白事啦，也就在门口看看，看完了就回来，买什么东西都是叫周大妈去。那天姑娘想绣枕头，在绣牡丹花时短一色线，姑娘说："周大妈，你看这线不够啦，您给我买点线来！"说着话在抽屉里拿出钱来，递给周大妈，周大妈出去买线，不大会儿工夫就回来啦。姑娘一看，"哟，大妈？线买来啦？""嘻，我转悠了好几家，针线铺都走到了，没有这种色的！""您瞧，就剩这一朵花了，这朵花绣完喽，这枕头就齐了！""明天我再买去。啊，对，明天七月十五盂兰会，城隍庙热闹极了，卖什么的都有，卖刀枪的，卖鬼脸的，卖吃的，卖喝的，明儿个我去，早点儿起连串个门儿！"姑娘一听也很想去，就忙问："大妈，这盂兰会在哪儿？""就城隍庙啊，离咱家不老远的，我待的工夫大不了，连逛庙带买线一会儿就回来。""大妈，这样好不好，明儿您带我去，叫我逛逛庙，也开开眼。成天在家待着也怪闷气得慌！""哎哟，这可不成。孩子，你父亲那脾气你不知道吗？不让你出去。你出去万一磕着碰着的，出点沉重我可担不起！"姑娘说："大妈，您不许不叫我爹知道吗？""他怎么能不知道呢？成天在前院坐着！""您上了岁数脑筋差点；他天天出去喝茶，不到吃饭的时候他不回来，一出去起码得半天，咱们出去逛会买点东西就回来，您放心，不会担沉重。您要串门改个日子！"周大妈一想：这倒也行。忙说："对，我就没想到这儿，这孩子真有办法。不过咱娘俩走着去就麻烦了，咱们雇辆车。""嗯，您雇去吧。"在那个时候没有汽车，也没有三轮儿，得雇车坐。姑娘一伸手从抽屉里拿出两吊钱来说："大妈，您带着这个！""干吗？""雇车呀！""哎！"姑娘一回手又拿出两吊钱来，周大妈说："这个干吗？""您带着留着花个零钱！""哎哟！这怎么啦？你这孩子，我怎么能花你的钱呀？""我的钱，您的钱，不都一样吗？您带着吧！""我告诉你啊……这可下不为例！咱可就这一回。"说着话周大妈就把钱装兜里出去啦，不大会儿工夫就回来跟姑娘说："车雇好了，我怕明天叫你爹看见，我叫车停在胡同口上，咱们走几步到胡同口上车。""那太好啦。"娘俩说完话就休息了。这七月里连阴天，在半夜里一个响雷，哗——瓢泼大雨，姑娘睡不着了；周大妈也醒了："哎哟，你看看，明天好容易姑娘出门，下这么大的雨，去不了啦！""可不是吗？您歇着吧！"谁知道这雨没到天亮就不下了，雨过天晴，满天的星斗。天亮了娘儿俩起来，洗漱完毕，吃过早点，这时候周大妈来到前院，隔着门缝一看北屋，宋五爷走啦。她就过来跟五奶奶说："今天是七月十五，城隍庙有盂兰会，孩子跟我说长这么大没出过门，想去开开眼界，长点见识；做针线活儿缺个针头线脑的也去买点儿……""哎哟，五爷的脾气你不知道吗？他不叫姑娘出门，他要知道你们出去着急怎么办？""我们娘儿俩出去的时间长不了，买个针头线脑的，不等他喝茶回来，我们就回来啦。""嘿，这主意倒也行，娘儿俩可早点儿回来，别叫老爷子着急。""不会让他知道，赶紧回来我做饭。"就这样这娘儿俩很高兴地出了门，奔胡同口去找昨天雇好的那辆车。昨天下了一场大暴雨，这道上不是水就是泥。宋五爷爱起早，天儿要是好呢？早晨起来扫扫胡同，天要下雪呢？扫扫雪。昨天下了一阵暴雨，就扫扫水，垫上几块砖，上年纪人走那儿好走。今儿个周妈带着银屏出门，姑娘穿的是花盆鞋，就踩着砖头儿上向前迈，周妈在前头姑娘在后头，离着不远，快到胡同口了银屏一蹬这砖头儿，哗地一下子，怎么啦？姑娘把砖头蹬翻了，摔了个大屁股蹲儿，溅了一身泥。正在这时候由对面来了一位，看年纪有二十一二岁，中等身材，细眉圆目，鼻直口阔，白净净的脸盘，小伙子长得漂亮，漆黑的一条大辫子，穿着浅蓝色的大褂，里边是漂白的小褂，挽着白袖头，下边穿着青裤，脚上是白布袜子青缎鞋。姑娘摔在这儿他正走到跟前，飞起来的泥水溅了他一身，银屏当时不知说什么是好啦，周妈赶紧过来说："这孩子走路忙手忙脚的，你瞧瞧溅人家一身泥！"抬头一看，"哟！"认识，是斜对过儿"容义斋"的二掌柜，这人姓赵排行在二；家里就哥儿俩，哥哥叫赵大，还有个嫂子。这赵二呢？没结婚，一个人光棍儿汉，自己就住在"容义斋"后边有间小屋里。哥哥嫂子住的隔着两条胡同，离着也不远。这时周妈一看是赵二哥："哎哟喃，我当是谁哪，是你呀！"赵二抬头一看也认识，这是周妈呀，是宋家院里的。"哟，大妈，您起得这么早呀？""你瞧瞧，没留神弄了你一身泥……""没事，没事。""你脱下来我给你洗洗吧！""不用，不用。""啊，你们不认识吧？这是宋五爷的姑娘叫银屏；这是赵二哥！""噢，赵二哥。"姑娘抬头看看对方，有点儿不好意思，"二哥，真对不起您！""嘿，这没什么。"这赵二抬头一看姑娘，嘿，漂亮！这模样长得跟天仙似的，真有闭月羞花之貌。这小伙子挺规矩，跟姑娘说话还很害羞，脸一下子通红，低着头不知说什么好了："啊……没事，没事！"周妈说："脱下来吧，我拿院里给你洗洗，洗好了回头给你送去！""不用，不用！这也不是外人，五爷的姑娘，我的妹妹，回头我自己洗吧！"说着话赵二就走啦。姑娘一瞧自己也是一身泥，这样儿去不了，娘儿俩就回来啦。宋五奶奶问："怎么回来啦？"周妈这么说："嗐，别提了，刚一出门就摔了一身泥！"五奶奶就责备银屏："慌手慌脚的，怎么不留神呢？"说着话姑娘就回到后院去了。不一会儿周妈把饭做熟了，银屏姑娘这顿饭也没吃好，回到屋里两眼发直。周妈一看："怎么回事？""没事。大妈，我托您点事！""干吗还托我点事？你这孩子怎么这么客气，只要我办得到的，孩子你放心，说吧！"银屏从抽屉里取出钱来递过去说："大妈，您给我扯一丈多浅蓝色的布，要最好的；再给扯上七尺漂白。""这干什么？""我有用，您就买去吧！""哎！"周妈接过钱来扭头要走，姑娘又说："您等等。"一拉抽屉又取出来两吊钱来："您带着。""这干吗？""您带着花个零钱。""哎哟……这怎么又给钱呀！""就这一回，下不为例！""行啦，我告诉你下回再给我钱，我就跟你急啦！""行啦，就这一回！"周妈出去，一会儿把布扯来。姑娘这时把炕上拾掇利索了，赶紧把布铺好了，顺手拿剪子，把针线笸箩拿起来，量好了尺寸，用剪子刷刷刷一会儿把一件大褂铰得了，又拿白布剪了一个小褂。剪完以后，坐那儿穿针引线，连晚饭也没顾得吃，到天黑时把两件衣服做得了。这才叫周妈："大妈！""哎！""您给我跑一趟！"这时从抽屉里又拿出两吊钱来说："给您带着！""这又干吗？""咱下不为例！""怎么下不为例！你要再给我钱……""再给您钱您跟我急！""你要干什么吧？""这两件衣服都裹好了，您给赵二哥送去！""这为什么？""您想呀，我白天弄了人家一身泥，人家说回去洗去，他又没人……""那可不是吗？是没人……可是他有嫂子给洗呀！""您想呀，他嫂子一天到晚挺累的，又得做饭又得忙活家里，这是咱们给他做的！""噢！""您叫他穿上看看合适不合适？""好吧！"说着话周妈就出门啦，来到门口一看"容义斋"屋里还点着灯哪，来到门前啪啪一敲门："在家吗？赵二哥！""谁呀？""我！""您等着。"说着话把屋门打开一看是周大妈，把周大妈让到屋里坐下。"您还没睡啊？""没有，我找你有事！""噢，有什么事您言语，油个桌椅板凳啊，糊个顶棚啊……""不是那个事！白天呀，我们银屏姑娘弄了你一身泥……""嗐，没事！""哎呀，我们姑娘回去连饭都没吃，马上叫我扯布去，你看……试试这个！"赵二一听：这是怎么回事？说着话周大妈就把衣服拿出来了说："快穿上……""这……您看！""嗐！没有外人，我跟你妈那老姐儿俩好极了，都是老街坊啦，快穿上试试！"赵二也不知怎么好，就穿上啦，穿上小褂，套上大褂，一瞧：嘿，太合适了，周大妈就跟赵二说："你看这肥瘦长短，再看这领窝袖口……"赵二穿在身上也挺高兴。跟人家见面没多大工夫，裁得这么合适，这姑娘的手真巧呀！不但人长得漂亮，做的活儿还真好，就有了爱慕之心，说了几句赞扬的话，最后烦周大妈谢谢银屏姑娘。周大妈也说："这事你就别管啦，回去的事说交给我吧！"周大妈从赵二那回来，姑娘那儿还等着哪，忙问："大妈，合适吗？""穿上特别合适，连领窝袖口，肥瘦长短没有那么合适的啦，赵二哥特别高兴！""大妈，哪儿那么合适的，我不信！""你这孩子怎么这么说话呢？我还糊弄你吗？你不信，明天早起我给赵二哥送个信儿，叫他穿上从门口路过，你在院里看看，要是错了就算我不对，你罚我！""大妈，您得叫来让我瞧瞧，看看究竟合适不合适？""行，明天我给你叫来。""干吗明天，您今天去不行吗？""啊？黑更半夜的姑娘屋里来个大小伙子？你爹那脾气……""您别让他知道！""你爹就在前院，他怎么来呀？""叫他从后门进来，开后门神不知鬼不觉的。""什么，开后门？你说胡话呀！这后门锁了十几年了，大方锁都锈死啦，拿榔头都砸不开！""开开了。""开开了？我不信！""您不信瞧瞧去。"周大妈来到后门一看，这大方锁还真开开啦，锁就在那儿挂着。周大妈还不放心，把门闩拉开，拉开门往外一看通后街，又把门关上回到屋里一瞧，炕上放着两吊钱，姑娘一指说："您带着。""干吗，又下不为例是不是？你这孩子，真没办法，你麻烦到我了，我不给你办对不起你呀，也对不起你妈呀！"其实她妈连知道都不知道！她把钱装兜里跟姑娘说："咱丑话可说在前头，我把赵二哥找来，你看看穿的衣服合适不合适，马上叫人家回去！""叫您落不了包涵。""好啦。"这回周大妈就不敢走前院啦，怕惊动了宋五，她从后门出来绕到前街"容义斋"门口。赵二呢？躺在铺上正看书，看的是《凤仪亭》——"吕布戏貂蝉"，正看到吕布跟貂蝉见面了，就听有人敲门："赵二哥！""谁？""我！"赵二一听是周大妈，心想：又是什么事？赶紧站起来，下地把门开开："哟，大妈，您还没睡呀？""是这么回事，姑娘问那衣服穿着合适不合适？""您不是看了吗？挺合适，这活儿做得真好！""这孩子……她老不信，想叫你去瞧瞧！"赵二一听不像话，怎么？深更半夜我跑人家去？再说那后院没别人就他们娘俩，回头碰上宋五爷，我不死也得脱一层皮！当时说："明天吧！""明天可不行，你现在就得去！""现在深更半夜的……""没事，可以从后门进。"后门进去也不合适啊，"不行，不行！""你到屋里让我们姑娘瞧一瞧，后门进去蛮合适，你马上就回来！"赵二想推也推不开，周大妈在旁边一个劲儿地紧劝，赵二实在没办法，就跟周大妈出来，把门锁好了，俩人就来到宋家后门。一推门就开了，进到院里直奔北屋，周大妈来到门口轻轻把门推开，这是里外间的屋子，外间屋放着一张八仙桌，旁边有两把椅子，靠里屋那儿搭着一个小铺，铺上铺着凉席，那是周大妈睡的地方，姑娘住在里屋。这时周大妈把赵老二带进来以后，姑娘也出来了，周大妈拿手一指说："你看穿在身上多合适啊！"姑娘说："赵二哥，我做得不好，您看哪儿不合适我给您重做。""啊……合适，合适，都挺好！"周妈冲姑娘一努嘴使个眼色，心说：你看都合适，快叫人家走吧！这时姑娘说话了："赵二哥！""啊！""今儿个您甭回去了！""啊？……"周大妈一听："什么？不回去！我睡哪儿呀？""您还睡外屋，我想跟赵二哥说会儿话！"周大妈当时也没有办法，就这样从那天开始，这赵二隔三岔五地总到这儿来……

　　周妈今儿个对宋五爷从头至尾这么一说实话，宋五爷听完了点点头："好！"周妈吓坏了："您看这事呀……我办得也不对……您看怎么办呢？我真对不起您！"五爷一摇头对周妈说："没事，这些年我对你可不错，这个事既然已经这样了，你就不用声张啦！""您放心吧，我决不跟别人说，我要跟别人说天打五雷劈！""我问你，咱这个丫头今年十九啦，这赵二多大啦？""赵二今年二十二岁！""比银屏大三岁，都是老街坊，这个事往后好解决，我还有点事。""您说，我能办。""明天你把赵二给我叫来。""啊……干吗？""你叫他还到银屏那屋里去！""叫他到后院？""对！"周妈心里想，可能宋五这回顺水推舟，成全了他们青年人。忙问："叫他什么时刻来呢？""二更天吧！"周妈一听吓坏了，二更天叫赵二来？那能有好事吗？忙说："五爷，您别……""你也不用担心，明天把他给我找来就行啦！""他来了我怎么告诉您呢？""他来了你在后院对前院咳嗽一声，我就知道他来了！""哎，明天咱就这么办！"周大妈就这样回到后院，见着银屏姑娘也没敢说这事，随便说个瞎话，娘儿俩就睡觉啦。

　　到第二天，宋五爷有计划，有准备，该喝茶还喝茶去，天黑从外边夹着一卷白纸回来，五奶奶瞧见就问啦："你买白纸干吗？"五爷说："我打算糊屋子！"五奶奶也没上心里去，吃完晚饭就睡觉了，宋五爷自己到厨房打了一锅糨子，五奶奶也不知道，因为平时宋五爷睡得很晚，经常练练武什么的，所以谁也没注意宋五的这些行动。说话就已经接近二更天，外边梆锣齐鸣，哪哪喤喤……五爷一想：到时刻啦。来到院里站到后院门口，就听后院"啊哼"咳嗽一声，宋五爷就知道赵二来了，随着问了一句："还没睡啊？""啊！您怎么还没睡呀？""我也就睡！""您还到后院里来吗？""啊，我瞧瞧！"周大妈心说，坏啦！他要进来！也没有什么办法，就把门敞开。宋五爷来到后院进到北屋，站在外屋一瞧，屋里没有什么变样，就这工夫听里间屋吱扭一声合页门响，可是没撩门帘，随着姑娘从里屋出来了："爹，您还没睡呀？""没有，我刚练完一遍功，到后院瞧瞧。""您上屋里来吧！""哎！"五爷进到里屋，四下一瞧，炕上放着枕头、被卧，都很整齐，看不出什么可疑的迹象。宋五那多大的经验，他先看脚底下，合页门敞着，从门底下发现了一双青缎鞋。宋五爷急忙一关这合页门；嘿，赵老二穿着一个裤衩在那儿站着哪，赵老二一看宋五爷，吓得扑通跪下啦，嘴里喊着："五爷，饶命……饶我这一回！""赵二，站起来！""唉……您饶命！""站起来！"周妈吓坏了，心想，今儿个非得出人命不可。宋五爷瞧瞧赵二，一转脸叫周妈："周妈！"周妈吓得直哆嗦："哎……什么事？""你到厨房，把那捆白纸和糨子给我拿来！"这时姑娘低头不语。宋五爷说："赵二！""哎！""我宋五在北京里九外七皇城四，没有不知道的，今儿个你来我这儿做这种事，败坏了我的名声；你放心，我一不要你的命，二不把你送官司！""您饶我这条命吧！""我有一个条件。""唉，您说什么都行！""别嚷！街坊都睡觉啦！""是！""我叫你回家。""唉，谢谢您！"赵二站起来转身就要走。宋五爷说："站住！我放你走是放你走；但是，不能这样走。""啊，怎么走？"宋五爷一伸手把纸打开了，赵二一看这是干吗？他挺纳闷。宋五爷说："别动！""哎，没动！"宋五爷从炕上把笤帚拿起来，蘸上糨子向赵二身上这么一刷，赵二心里害怕也不敢言声，宋五爷从脖子往下刷，连胳膊带大腿，前心后心全刷满了；把白纸拿过来，左一道，右一道，就给赵二糊上啦。都糊完了，宋五爷冲赵二说："别动！"赵二哪儿敢动呀！五爷又把他的两只脚，两只手都用布带子给捆起来。赵二是浑身上下糊了一身白纸，而且还不能迈步；这时宋五由桌上拿起一个尖溜溜的大帽子，就给赵二扣在脑袋上了。赵二一愣：这是怎么回事？要干吗？说着话宋五又从桌上拿一团纸，对赵二说："把嘴张开！""唉，我张嘴……"宋五卡住他脖梗，把纸往赵二嘴里这么一塞，外边还奤拉着老长，有一尺多这么一个大红舌头。周妈一瞧：得，这回赵二好看啦！跟吊死鬼一样！这时宋五才跟赵二说："你放心，我现在就送你回家！"赵二一看自己，心里说：我这模样怎么跟家里人见面呀！一说话："呜！"怎么回事呀？那纸团里有个笛儿，一说话"呜""呜"地响。这时宋五爷扛着赵二出来，他先开开门瞧瞧左右没有什么人，就把赵二放在那儿，告诉赵二说："你可以走啦！"

赵二一迈步，走不了，脚手都捆着哪，只能往前蹦，这一蹦，哗！浑身纸响。赵二一想：我上哪去呢？临出来时我把门锁上了，现在脚手都捆着开不开门，自个儿进不去呀！到我嫂子那儿去吧，回哥哥家。他走不了只能蹦，一蹦，哗——哗响，他从后街往前街蹦，刚蹦到要拐弯的地方，从对面来了俩打更的。头一个姓张叫张大胆儿，后一个叫王二愣。张大胆儿打梆子，唢唢，后边王二愣敲锣，噎噎。"我说张大哥，咱俩这活儿真倒霉，深更半夜人家都睡觉了，咱这儿还得转悠着，我心里也犯嘀咕……尤其一进这喜鹊胡同，我就从脖子后头冒凉气，浑身全发炸……"张大胆儿说："嘿，兄弟，你还是年轻差远啦，知道哥哥为什么叫张大胆儿吗？听我跟你说，不论什么道儿哥哥都敢走；南下洼那个坟地晚上谁都不敢去吧，我敢在那儿睡觉，要不怎么叫张大胆儿呢？""我可不如你，我走黑道儿就害怕……"张大胆儿一边说着话，一边敲着梆子，唢唢，王二愣那儿敲锣，噎噎，两人说着走着，刚要拐胡同，就听对面，哗，哗！张大胆儿一瞧："哎哟……"扭头撒腿就跑，这时就听后边"呜""呜"直叫！王二愣一看："这……我的妈啊！"当时就闭过气去啦！赵二心说：宋五这法子可真损呀，这要是真碰上个大胆儿的，还不把我死啊！没法子还得往前蹦。哗——哗——转过胡同就来到哥哥家门口啦，心里高兴啦：这回到家了，吓死那俩我也甭管啦！叫门不行，手脚都捆着哪，喊嫂子吧，这一喊："呜！"院里赵大夫妻俩已经睡觉了，半夜翻身的工夫，就听外边："呜！""呜！"赵大说："这是什么叫啊，我出去瞧瞧！"赵大嫂也醒了说："也许是谁家的孩子讨厌，半夜学鬼叫，你别去了！""不对，都半夜啦孩子还有不睡觉的？要是孩子讨厌，回头谁一说什么不合适，都是街坊邻居的！""我出去瞧瞧，要真是谁家孩子叫他快回家就算啦！"赵大嫂起来到院里开门，就听外边："呜！"她忙问："这是谁家的孩子，怎么还不回家？"伸手把门开开，向外一探头，外边赵二一看嫂子来了，可见着亲人啦，要说话："呜！""哎哟！"咕咚一下子，赵大嫂吓晕过去了。赵大在屋里就听咕咚一声，这是怎么回事？急忙起身到门口一看，自己媳妇脑袋朝外趴下啦！再向外一看："啊！"门口站着那位穿一身白，嘴里奄拉着挺长的红舌头，"呜！"赵大当时喊："啊？有鬼……"这句话没说完也趴下啦。这两口子都吓得闭过气去啦。赵二一想回头再出来一位，还得叫我给吓死，我干脆快回屋去吧，他一蹦一蹦地回到了嫂子的屋里。院里邻居就听大门响，接着，"哎哟！"咕咚！怎么回事呀？也全起来啦，来到门口一看赵家两口子都躺下了，赶紧扶起来扑扑前胸，捶捶后背，赵大嫂慢慢地醒过来，长吁一口气说："哎呀，吊死鬼……"大伙儿不知道是怎么回事呀，也有的劝说："哪儿来的鬼呀？不定瞧什么瞧错啦！"这时赵大也醒过来，大伙儿扶起来，旁边有上年纪的人说："别害怕，是鬼就怕人！一开门他就跑了，都歇着吧！"赵大一琢磨也对，就跟大伙儿说："没什么事啦，都回去吧！"这两口子把街坊都送走了，回到屋里刚定定神儿，赵大嫂抬头一瞧炕上："哎哟……""怎么啦？""吊死鬼进屋里来了！"赵大回头一瞧，在屋里炕上倒着一个，身穿一身白，老长的舌头，往脚底下一看明白啦。叫自个儿老婆："别害怕，不是鬼，看见了没有，穿着鞋哪！"赵大嫂一瞧这鞋认得，是她给做的。"哟，这是老二啊！"赶紧的把灯捻了捻，屋里亮了，把赵二扶起来，把尖帽子给摘了，把嘴里的纸团给掏出来，把身上的白纸撕了撕，把脚手给解开，找出衣裳给换上，这时赵二才舒服。赶紧问明这是怎么回事，赵二从头至尾把经过这么一说，可把赵大给吓坏了。当时告诉兄弟："这事你可惹大了，在北京提起宋五爷没有不知道的，重者说得出人命，轻者说也得把咱'容义斋'给砸了……"这时天将大亮，赵大一想：我出去瞧瞧去吧！出了胡同拐过弯来，他先看看宋家的大门关着，来到"容义斋"门口，一看窗户关着，门也还锁着。正要开门，这时候，就听身后有脚步声，他回头一瞧，不是别人，正是鬼头刀宋五。赵大这回可害怕啦，不说话不礼貌，一说话嘴里拌蒜："啊？宋五爷……不是，是这么回事！"宋五一听，一嘴外国话。"不是……五爷，您干吗去？""我刚起来，喝茶去！"说着话宋五走了，宋五来到茶馆跟往常一样，喝茶聊天，回家吃饭。赵大观察了几天，一看宋五也没有什么动静，慢慢地也就放心啦。

又过了几天，宋五爷跟五奶奶说："我跟你说点儿事，咱们孩子出的这个事，在这门口不能住了，咱们赶紧得走！"五奶奶说："咱得把房子卖了，另找房这得费多大事呀？""不费事，房子也不用卖；咱南下洼坟地有几间平屋，咱们先在那儿住几天，等姑娘把孩子生下来，咱们再回来，神不知鬼不觉就行啦！"五奶奶没别的办法，也只好如此吧！特别是周大妈心里也高兴，她为什么高兴？这样这件事也就算过去了。再说宋五爷当天做准备，第二天大早晨雇好车，把铺盖衣服和所用的炊具、粮食、蔬菜都搬到车上，来到哈德门外南下洼。看坟地的姓王，叫王老二，这人是东边人，一看宋五爷来了，赶紧迎出来说："哟，五爷来了，我这几天就惦着您，请您也不来，您赶快进来吧！"赶紧搀五奶奶下车，姑娘也下车遘奔里边。这王老二把车上的东西都给搬下来，把车打发走啦。跟宋五爷说："这回您得住些日子，您看连被卧褥子都带来了，您来了好呀！"宋五爷说："在这儿住几天，你也不要声张。""好啦，我不满市街说去，您住着吧！"晚上宋五奶奶和周大妈守着姑娘，怕出事呀！一宿没睡。第二天趁宋五出去办事，五奶奶跟周大妈说："咱们总这么熬着也受不了啊，咱们俩一个前半夜，一个后半夜吧。"周妈说："行啊。"结果前半夜是宋五奶奶，后半夜是周妈。周妈是后半夜顶着，这前半夜没事就先睡去了。宋五奶奶折腾两天没睡啦，也够累的，坐那儿就迷糊了。一会儿呼噜呼噜也睡着啦。宋五爷从外边进来一看姑娘还没睡，轻轻地一拍肩膀头儿，姑娘回头瞧瞧宋五没说话，宋五冲她一点手告诉她：出来。姑娘下地跟宋五爷来到外边，宋五爷在前头，姑娘在后头，来到宋家坟地。坟地门口有个石头牌坊，在牌坊右手二丈多远宋五站住了，姑娘也站住了，五爷回过头来跟姑娘说："孩子，这是咱家坟地，我从小爱你如掌上明珠，这些年可不容易啊，没想到你做的这事给爸爸脸上抹灰。"姑娘低头不语，宋五接着说："是我的孩子听我的话……"拿手一指："你瞧瞧！"姑娘低头一瞧，已经挖好了四四方方一个坑，当时两眼发黑。宋五说："你要是我姓宋的孩子，有骨头……"拿手一指这坑，"别让我费事，下去！"姑娘点点头，一转身跳下去了，躺在那里斜着身儿脸冲上，宋五爷瞧瞧自己的姑娘，一回手从坑边抄起一把铁锨，刨土就埋，等把土填平了又用脚踩踩，把锨拿起来，回到院里放下，进到屋里一嚷："啊！姑娘呢？"宋五奶奶激灵醒了，一看姑娘没了，宋五奶奶可吓坏了："屏儿，我的孩子……"连嚷带闹。看坟地的老王赶紧进来啦："您，怎么啦？""姑娘没啦……""这么大的活人怎么能没啦？找去吧！"宋五奶奶大哭，宋五就劝："慢慢找吧！"其实哪儿找去？宋五不过是拿这话应付。

不说宋五。再说赵二，由打那天回来之后，染病在炕，一病病了三四天，请了许多大夫，吃了许多药都不见效。后来精神失常，经常笑起来没完，笑着笑着又哭起来没完，有时吃着半截饭就哭起来，嘴里还胡乱喊乱闹："银屏妹妹，银屏妹妹……"一会儿又笑起来："你上哪儿去啦？"成天到晚就这样。赵大夫妻也没有办法。这天忽然傍饭口的时候，由打外边飞进来一只玉鸟，特别漂亮，就落在桌上一只古瓶上，叫得特别好听：鸣！这时赵二一看："哎呀，银屏妹妹来了，我可看见你啦！"这下儿可把赵大夫妻给吓坏了。"这是怎么回事？"赶紧逮这只鸟，拿掸子赶啊，一赶这鸟就飞啦。赵二饭也没吃，抱头大哭。从这鸟飞走以后，赵二的病越来越重，病入膏肓。请了大夫没法医治。这天天刚黑儿，赵二对赵大说："我对不起哥哥。嫂子从小疼我，我也未能孝敬嫂子。现在我不行啦！那天飞进来的玉鸟就是银屏妹妹，她跟我说：她已经死啦！埋在南下洼宋家坟地石头牌坊右手二丈多远，我死后托哥哥嫂子把我也埋在那儿，虽然说我们活着没成亲，死了以后也要作为夫妻……"说完之后就咽气啦。赵大嫂就哭啦："哎呀，我的兄弟……"赵大说："别哭，兄弟死了咱们料理，咱们买寿衣棺材办理后事吧！从小你把他拉扯大，兄弟说啦要埋在南下洼，就依着他把他埋南下洼吧！"第二天办事，把兄弟成殓起来，找几个人帮忙，趁夜间抬到南下洼，找来找去看见石头牌坊啦。离右手两丈多远的地方，看得出来这儿埋人啦，怎么呢？这乱尸岗子遍地杂草，这一块地方是新土呀，赵大在挨着的旁边刨新土坑把兄弟埋了，感谢大伙儿帮忙，就回家啦。赵大时常想念兄弟还经常到这坟地来。这一天一瞧，嗬！变样儿啦，原来这儿什么都没有，今儿一看长出两棵槐树来，左边一棵，右边一棵，两棵树都不粗，可是都向一个方向长，上边都搭到一块啦。赵大心说："没有这两棵树呀？"他正纳闷儿，看坟地的老王来了问他："大白天你在这儿干吗？""我今儿个走着看见这两棵树啦，原来没有呀？""是呀，我天天在这儿也没注意是多咱长出来的！""这是怎么回事？""谁知道这是怎么回事？"

这是怎么回事？右边这棵树就是银屏姑娘，左边这棵树就是赵老二，他们两人活着的时候没能成为夫妻，死后结为姻缘，两树同搭一起，这就叫"双槐树"。

（于宝林述　倪钟之　王文玉记录）

解学士

这是在明朝时候发生的事。

在南京水西门大街，有一座豆腐坊。掌柜的姓解，叫沛然，山东人，五十多岁。只有一个老伴儿，没儿没女。

有一天，这老两口子全病了。也没人推磨了，也不能做买卖了。老解就跟老婆说：

"你看看，有个闺女就有半子之劳，我都五十多了，还没儿没女，以后可怎么办呢？你不会赌气养一个吗！"

这事儿哪有赌气的。

赶到老解五十五岁，竟然得了个又白又胖的儿子。老两口子这份儿高兴就不用说了。对这孩子爱如掌上明珠。时间过得快，一晃儿就到了六岁。孩子倒是透着机灵，看见人家念书他就看，看见人家写信他也瞧。可有一桩，这孩子不会说话。老解可烦了，心想：命中没儿别强求，有了儿子是哑巴。

这天，老解请人帮着算豆腐账，这孩子照例过来看个没完，老解急了，给这孩子一个嘴巴，啪！

"瞧什么呀？"

孩子一着急，张了嘴了：

"我瞧人家写字儿。"

老解一听：怪哉，怪哉，孩子说话了。

"嗯，好！你喜欢念书，我给你买书，送你上学去！"

一高兴，账也不算了，挑起两个豆腐桶就走。怎么？送这孩子上学带卖豆腐。路上买了三本书，是《三字经》《千字文》《百家姓》。直奔书房去了。书房的老师姓罗。到罗老师的门口，老解就叫门，可又怕耽误做买卖，他一边吆喝，一边叫门：

"豆腐老师，豆腐老师……"

老师一听：怎么，我成了豆腐老师了。开开门一看，是老解。

"老解，我短你的豆腐钱哪？"

"不短，我送孩子上学来了。"

老师一看这小孩五官清秀，看样子还挺聪明，就很爱惜。

"好吧，进来吧！"

老解把豆腐桶挑到院里头放下，跟着也进了书房。老师说：

"这孩子叫什么名字？"

"叫哑巴。"

"人有叫哑巴的？"

"他不会说话可不就叫哑巴。"

"这不是起哄吗！哑巴能念书吗？你快领走。"本来嘛，那时候又没有聋哑学校。

"他现在会说话了。""好！我问问。你叫什么名字？"

"我爸爸没念过书，没给起名字。"

老师一听，这孩子不但不哑，说话还挺合情合理，就高兴了："我给你起个名字，叫解缙，大号叫鸿魁。"

老解在旁边急了："先生，别让这孩子泄了劲哪！"

"什么呀，你走你的吧！到月头儿，你给送两吊束脩钱来。""先生，咱是个穷人，交不起那么多的学钱。""那么，我就白教吧。"老师还是真喜欢这孩子，愿意白教。"那也不能叫您白教，这孩子在您这儿念一天书，我给您送两块豆腐来。"

老师一听，我这教学都换豆腐吃了："你呀，别在这儿捣乱了，我什么也不要，三节两寿，你来看看我，就全有了。"老解高高兴兴地走了。

老师叫小孩："解缙，你过来，我给你上书。"

头一本念《百家姓》。老师说："上三趟，赵钱孙李，周吴郑王，冯陈褚魏，蒋沈韩杨，朱秦尤许，何吕施张。念去吧！"

解缙说："您给上三趟，我不念。""那上两趟吧！""两趟我也不念。""上一趟啊？！""一趟我也不念。""那你甭上学了，回家去吧！""老师，让我在您这儿上学，为什么又让我走哇？""是呀！一趟才八个字，你都不肯学，难道说你还上半趟？""不！老师，您给上得太少了，多了我才念呢。"

老师一听：我教了这些年的书，还没遇到这样儿一开头就嫌少的呢。"少，好办。我给你上四趟。""四趟我也不念。""那就上半篇，八趟了！""半篇我也不念。""依你呢？"老师有点纳闷儿。"您给我上一本儿，我才念。""一本儿？回头你还得背哪？"

那时候念书就是念、背、打，念完了背，也不讲，背不上来就打。老师怕小孩儿不知道，还直给提醒。小孩儿说："背不上来，老师打我，我不埋怨。""好，给你上一本儿！过来：赵钱孙李，周吴郑王……司徒司空，百家姓终。念去吧。"

那位说，怎么这么快呀？不快，我在这背一本儿《百家姓》，大家全睡着了。

这孩子拿着书本儿，回到自己书桌那儿，把书本儿往桌上一放，他不念——那时候小孩念书，上身得晃，这叫"忙其身，忘其累"。怎么呢？那时候念书不知道怎么讲，一个劲死背。念的时候，上身儿要不动，俩眼睛死盯着书，念着念着就听不见了。怎么？睡着了。——这孩子，拿个手指头，蘸点水在桌子上写。先写赵、后写钱，就这么一个字一个字往下写。

旁边的小学生一看，嗯？这家伙怎么不念呢？就偷偷叫他："解缙，快念，背不下来，一会儿老师可打你。"

解缙也不理他。这个小学生就叫那个小学生，"哎！师哥，你瞧，他也不念。""哎！师弟，你瞧，他不念。"

这个叫那个瞧，那个叫这个看。不一会儿，书房里六十多个学生，全不念了，都瞧他一个人儿了。老师正在那儿看《诗经》，看着看着，一听书房里鸦雀无声，抬头一看：怎么？全不念了！好，不管你们念不念，到时候背书，背不下来，就打。过了一会儿，小学生们还在瞧解缙，老师把戒尺往桌上一拍："背书！"

小孩儿吓了一跳，背什么，一句还没念会哪。老师不管，这儿叫："王文元，过来背书。"

这孩子已经念《三字经》了。就上了三行。是："人之初，性本善，性相近，习相远，苟不教，性乃迁。"他呀，净顾了看解缙了，就记住头两句，往下全忘了。他想了个主意：书不合上，就放在老师面前，露着他念的那个地方，背不下来，好偷着回头看。哪知道，他一转身，老师就把书给合上了。他还不知道哪，就背："人之初，性本善，翻过去，看不见。""往下背。""翻过去，看不见，不能背，没有念。"

他这儿找辙来了。

老师这个气呀："去！跪那儿念去！""苟不教，性乃迁……"早干吗来着？

简断截说，六十来个小孩子，全都没背下来。老师想：今天解缙一来，大伙儿都没背下书来，他要再背不下来，罪魁祸首，我就重重打他："解缙，快来背书！"

小孩拿着书本，冲圣人牌儿作了个揖，冲老师一作揖，把书本往桌上一放，转过身去："赵钱孙李……百家姓终。"他背下来了。

老师说："你这孩子要是不说实话，我打你，你在别处念过书吧？""老师，我刚会说话，实在没念过。"

天下爹娘爱好的，老师一看这孩子那么聪明，特别高兴："你们大伙儿净看他了，全没背下来，他可背下来了。都回家吃饭去吧，下午好好念，背不上来，我可要挨个儿打。"

到下午上学以后，解缙把《千字文》拿过来了，到老师跟前："老师，您给我上这本儿。""啊，一天念两本呀！我没法教，念得多忘得快，贪多嚼不烂。你还背你上午学的吧。"

打这儿起，老师教这孩子念书，总比别的孩子细致，上的书比别人多。这孩子不知道怎么讲就来问。念到一年，这孩子就念《诗经》了。到第二年，这孩子就开笔做文章，能作诗，对对子了。

他这作诗净惹祸。有一天下雨，他下学回家，正走到曹丞相的府门口，他想上门洞去避避雨，一上台阶，滑了个大跟头。府门洞里两边懒凳上坐着曹丞相府的家丁、佣人，一看，大伙儿全笑了。小孩儿一想：我摔倒了，你们怎么还笑？上台阶冲大伙儿一作揖："众位叔叔大爷，你们都在这儿凉快哪。""可不是嘛。""那你们笑什么呢？"

大伙儿一听，这话没法儿回答，怎么说呢？你摔倒了，我们笑了，不像话。就说："你摔倒了，没哭，我们笑了。"其实这也不像话。"各位叔叔大爷，你们闷得慌吗？""闷得慌怎么样呢？""我给你们作一首诗，好不好？""这么大孩子能作诗，好，你说说！"

小孩儿张嘴就来："春雨贵如油，下得满街流，跌倒解学士，笑煞一群牛。"

"这孩子骂咱们大伙儿哪！""这是谁家的孩子？""咱们后花园对过豆腐坊老解家的。""走，找他们家大人去！"

揪着这孩子到了豆腐坊。"老解，你们这孩子骂人。"

老解出来一瞧，丞相府的，不敢惹——宰相门前七品官。就问这孩子："你为什么骂人呢？"

"爹，我没骂。""你没骂？把你刚才作的那首诗，念出来让你爸爸听听！"

刚才我作的是："春雨贵如油，下得满街流，跌倒解学士，笑坏众朋友。"

"嘿！你这孩子，真能编瞎话，你不是说笑煞一群牛吗？""爹，我说'笑坏众朋友'，我是拿他们当朋友。他们自己愿意当牛，咱们管不着。""我们怎么那么倒霉呀！老解，这孩子你要是不管，明儿可要惹大祸。"

又有一天，老解卖完豆腐回家，半道上正碰见解缙，爷俩一块儿走。走过一家粮食店门口的时候，看见有两个和尚，都披枷戴锁，有俩公差押着，找粮食店要茶喝。解缙一瞧：这俩和尚怎么会犯罪的呢？出家人应当"跳出三界外，不在五行中"啊！嗯，不是好人！小孩儿一生气就过来了，向和尚一抱拳："二位大师父，你们脖子上戴的这个叫什么呀？"

和尚说："不知道。""我知道，这叫枷。""知道你还问！""我给你们作首诗好吗？""这么点小孩儿会作诗，好，你说吧。"

小孩用手一指，说："出家又戴枷，落发还犯法，两块无情木，夹着大西瓜。"

"这是谁家的孩子？怎么这么讨厌！"

老解赶紧过来："大师父别生气，这孩子不会说话，脑袋怎么会像西瓜呢。西瓜什么颜色，脑袋又是什么颜色？"

俩公差怕他们吵："行了，行了，你也走吧。"

老解到家，就说这孩子："我再听你作诗，我可打你呀。"

可是这孩子习惯了，张嘴就来。老解让这孩子扫地："你把这地扫扫。"小孩说："慢扫庭前地。""你把鸡罩上，鸡都跑了。"小孩说："轻罩笼内鸡。""怎么回事，你又来劲儿，又作上了！""分明是说话，又道我吟诗。"好！一句诗也没少说呀。

这孩子念书念到了九岁，到了腊月二十六这一天。老师说："放学了，明年初六开学。"

解缙说："老师，我明年初二来吧。"老师说："都来，你别来了。""老师，您怎么不让我来了？""废话，明年来了，是我教给你呀，是你教我呀！""您教我。""我教你什么呀！凡是我念的书，你都念了。我就问你这么一句吧，你如有发达之日，把为师我放在什么地方？"

这孩子多会说话："老师，弟子倘然发迹，绝不忘我师教养之恩。""好！明年你愿意什么时候来，就什么时候来，没事咱们爷俩就吟个诗答个对儿的。给你两吊钱，回家过年去吧。"白念三年书，还拿两吊钱。

这孩子夹着书包儿、拿着书桌儿就回家去了（这书桌子就是三块板儿，用合页一钉，比小板凳大不了多少。那时候上学，自己就带这么个小桌儿）。到家一瞧，正在炸豆腐呢。因为到年下了，做素菜的多，就添上炸豆腐卖。小孩进门叫了一声："爹，我帮您烧火吧。"

老解一瞧："你怎么把书桌子拿回来啦？""放年假了。""明年还得去，拿书桌子干吗？""明年老师不让我去了。""为什么？""老师说：明年去了，是他教给我呀，还是我教他呀。""别胡扯了，只要你能写两块豆腐账就得了。等着，咱把豆腐炸得了，我领你上街，给你妈买两朵花，给你买点炮放，再买点儿鱼，买点儿肉，好好地过个年。再买两副对子贴上，像个过年的样儿。""贴对子，不用买了。""不买怎么着？""您买纸来，孩儿我写得了。""怎么着？你都会写对子了！哎呀！咱们家里头，连我这辈子已经是八辈子没有认识字的了。轮到小子你这儿，会写对子了，小儿呀，小儿呀！你简直是开水浇坟——你欺（沏）了祖了。"

他还净是俏皮话儿。"好！我买纸去。你写得好好的，贴到大门上让人看看，是老子我的光荣，也是小子你的脸面。"

不一会儿就买回来了。"小儿，你写吧，我去买菜去。"

这孩子一想：我要写，得写一副像样儿的对子。不能又写什么"汉瓦当文延年益寿，周铜盘铭富贵吉祥"，什么"洪范九畴先言富，大学十章半理财"的，这多俗气。对，出去找个题去。

出了大门一看，对过儿是曹丞相府的后花园，丞相好养竹子，一片青竹茂盛，长得挺高，由墙外往里看，真好看。小孩儿一瞧这个题挺好哇，回到屋里提笔就写：上联是"门对千棵竹"，下联是"家藏万卷书"，横批是"大块文章"。字写得苍老有劲。写完了就打糨子。到外边就贴上了，回到屋里。坐那儿又写屋门对儿、财神对儿、灶王对儿、福字儿、横批、斗方、出门见喜、抬头见喜、春条儿……这孩子可就折腾上了。

他哪知道，贴上大门对子，惹了祸了。

他刚贴上对子，正赶上曹丞相下朝回家。坐着个八抬轿，他的管家曹安在前边当引马，轰散闲人。丞相让曹安把轿帘儿打开，要看看过年街上的热闹景象，特意绕到后街来看两边儿的匾额，买卖铺的对子。一看这副对子是"生意兴隆通四海，财源茂盛达三江"。哦，油盐店，俗气。再看另一副对子是："苏季子当金钗六国封相，张公芝还宝带五世其昌"，横批是"裕国便民"。哦，当铺，俗气！再看："进门来乌衣秀士，出户去白面书生"，这是剃头棚，俗气。再看："驮山宝换国宝宝归宝地，以乌金卖黄金金满金门"。这是煤铺哇，老套子。

丞相为什么注意这个呢？因为他是南书房的御老师（南书房就是皇上念书的地方）。这朝的皇上就是跟他念的书，很有学问，所以，他要瞧匾看对子，瞧人家写得好坏。

瞧着瞧着，就到豆腐坊这儿了。因为豆腐坊这副对子是五言的门心对儿，字儿大，所以丞相老远就看见豆腐坊贴了对子了。他可还没瞧见什么词儿就乐了，心里说：怎么豆腐坊又贴上对子了，听说豆腐坊八辈子没有一个认识字的，还年年要贴对子。那年贴那副对子多叫人乐呀！上联是"生意兴隆通四海"，人家写对子的知道他不认识字，下联就给他写了个"财源茂盛打三枪"，他呢，也不知道，就给贴上了，而且是上联贴到下边儿了，下联贴到上边儿了，横批倒着就贴上了。今年又这么早就贴上了，不知又成什么笑话了。

轿子到豆腐坊门口不远，丞相将着胡须就预备乐，可是字也看明白了。上联是"门对千棵竹"，哟！改词儿了。将着胡须一看下联"家藏万卷书"，"啊！"一着急，胡子揪下四根儿来。豆腐坊出了能人了！"门对千棵竹"是拿我竹子为题，这下联儿可不像话，"家藏万卷书"。小小的豆腐坊敢说家藏万卷书！我是南书房御老师。当今万岁跟我念书，这么大的丞相府也没敢写家藏万卷书哇！岂有此理！再一看横批，更火儿了，"大块文章"？胡说！豆腐坊应当写"大块豆腐"。

丞相越想越生气，就叫管家：

"曹安，去问问豆腐坊，这副对子是何人所写，把他抓来见我！"

"是！"

曹安刚一转身儿要走。丞相心里一想：不对，我要是把人抓来，把他对子给撕下来，人家说我以大压小，以官欺民。也罢，回家再说。他就改了话了："曹安，回家再说。"

丞相回家，坐在自己书房一想：有了，这对子他怎么写的，怎么贴的，我让他自己怎么撕下来。上联不是"门对千棵竹"吗，我让你"门对墙头儿"。"曹安，来呀！到花园子，找着花把式王三，挑水的赵四，门房的老刘，加上你，你们四个人，把后花园的竹子削下半截去，光留下半截，竹子帽儿给我隔墙头扔出去，要让外边一棵竹子都看不见，快去！""是！"

曹安到后花园找到了王三、赵四、老刘，四个人就削竹子。曹安这个不愿意呀，大年下的歇会儿多好，没事儿给竹子剃头玩儿。都削完了，稀里哗啦就往墙外扔，都扔完了，就去回复丞相："跟爷回，竹子帽儿都扔出去了。""外边一点儿都看不见啦？""看不见了。""去，到豆腐坊看看去，看门上那副对子撕了没有？"

丞相是想这个：你"门对千棵竹"才好"家藏万卷书"哇，你这"门对墙头儿"，还要"家藏万卷书"，就对不上了，他一定会把这副对子撕了。

曹安出了相府，直奔豆腐坊。快到豆腐坊，老远一看，对子还在那儿贴着哪。临近一瞧：嗯？相爷说是五言对，怎么这副对子是六言的啦？

这是怎么回子事情呢？

小孩子不是还在屋里写着吗，写着写着一想：我那副大门对多好，现在外头一定有很多人看，外头瞧瞧去。到门口一看，一个人儿都没有，再抬头往对面一看：哟！竹子都哪儿去了？正在这儿纳闷儿，就听稀里哗啦，稀里哗啦，从墙里头往外扔竹子帽儿哪。这么好的竹子怎么给削下半截来？多可惜！这是怎么回事？小孩一转眼珠儿，明白了，心说：哦！为我这副对子呀。常言道：宰相肚内能撑船，可是这个宰相的肚子呀，甭说撑船，连扎个猛子也不行。一琢磨，一准是为我这下联生气了。本来嘛，我这么个豆腐坊，敢写家藏万卷书，那他那丞相府多难看哪。他把我这对子撕了呢，怕落个仗势欺人，所以把竹子削下半截儿，让我这对子不落实地，要我把对子撕了。好，你度量小，不怨我，气气你。对子呀，不但不撕，再添俩字。丞相，我要不让你这竹子连根刨，那才怪呢。这孩子回到屋里，裁了两块纸，写了个"短"字，写了个"长"字，刷上糨子，到外边就贴上了。

贴完一看，地上扔着好些竹子，到里头叫他爸爸："爹爹，丞相知道咱们年下做的豆腐多，怕咱们柴火不够用的，把竹子帽儿都削下来，给咱们当柴火烧，赶紧往里捡吧。""别胡说了，丞相那么好的竹子，他舍得给人吗？""不信您跟我看看去。"

老解到外边一瞧："真给咱们啦！"爷俩往院儿里就抱，堆了小半堆子。老解说："丞相对咱们可太好了。"小孩心说：您也不知道我这祸惹得多大哪。捡完了把门关上，曹安可就来了。

曹安一瞧：呦，没撕！好嘞。抹头往回就跑，跑回相府书房："跟爷回，小人奉命到豆腐坊看对子……""对子没了吧？""有，不但有，好像又长出一块来。""胡说，对子有往外长的吗？""可不是，六言了。""什么词儿？""上联是'门对千棵竹短'，下联是'家藏万卷书长'。"

"上联多了个'短'字，下联多了个'长'字。好哇！我这竹子短了，他那书倒长了，实在可气！曹安，到后花园，找上王三他们，还是你们四个人，把竹子连根刨了，隔墙给我扔出去。""是！"

曹安到花园里，四个人就刨竹子。一边刨一边埋怨，大年下的，刚给竹子剃完头，又给竹子修脚来了。把竹子刨完了，都扔到墙外去了。

曹安跑到书房："跟爷回，竹子可连根儿刨了。""一点儿没剩吗？""一棵都没剩。""那好，你到豆腐坊瞧瞧去吧，那副对子许没了。""是。"

曹安出了丞相府，来到了豆腐坊门口一瞧：哟，怎么又多出俩字来，丞相，看你这回怎么办？竹子您是连根刨了，对子没撕下去，再要跟他怄气，就该拆房了。

这又是怎么回事儿呢？

小孩子不是跟老解把竹子帽捡进去了吗，就又回屋写福字什么的去了。这孩子正写着，就听街上，稀里哗啦，稀里哗啦，小孩子就明白了。就叫老解："爹爹，丞相怕咱们柴火还不够烧的，竹子连根刨了又扔出来了。"

"不能吧！""不信您瞧瞧去。"

爷儿俩出来一看，可不是嘛。小孩儿连他妈也叫出来，仨人就往院子里抱竹子，小院儿都堆满了。老解说："相爷心眼真好，从来没这么大方过。"小孩儿心说：这回祸惹大了，现在要把对子撕下去，也就什么事没有了，不撕，就是一场是非。又一想，这么大人跟我斗，偏不撕。小孩斗上气儿了。回到屋里，又裁了两块纸，写了一个"无"字，一个"有"字，写完就贴到大门对子底下了。刚贴完，曹安正好来了，一瞧：嘿！有意思。抹过头来往回就跑，来到书房："跟爷回，豆腐坊那副对子呀……""撕啦！"还贴着哪。"没撕？"不但没撕，又长出一块来。是"门对千棵竹短无，家藏万卷书长有"。

"好哇！我这竹子短了，没了，他这书还长有，实在可气！这可不能怪我仗势欺人。曹安！赶紧到豆腐坊，先撕对子，然后把写对子的人拿锁链子锁来见我！""是！"

宰相门前七品官，主人多大，奴才多大。曹安也火儿了，大年底下的，因为一副对子我跑了八趟豆腐坊。倒要问问这副对子是谁写的，我一定得出出气。到豆腐坊门口，啪啪一叫门，老解出来开门，一瞧："我当谁呢，原来是相府管家大人，管家到此，一定有事。"

"当然有事。""我猜着了，年下了，相爷要做点素菜，打算照顾照顾我。您说吧，来多少块豆腐，多少块豆腐干儿，多少豆腐丝儿，您来多少炸豆腐？"

"你全卖给我啦！我问你，这门口儿这副对子是谁写的？""我儿子写的。""好！""管家大人太夸奖了。"

"谁夸了。你知道他写这副对子惹多大的祸吗？我家丞相因为这副对子，连去青竹两次，要他撕对子，他不但不撕，反而三番两次地添字，耍笑我家相爷。我家相爷恼了，让我来撕对子，锁写对子的人！明白了吗？叫他去！"

老解一听吓得直哆嗦："管家大人，您受点儿累，回去跟相爷说就提他没在家。""不行，没在家他上哪儿去了？""在屋里写对子哪。""废话，别麻烦，赶快叫出来。""是。"

老解进了大门，把大门咣当关上了，一插，又把门闩也上上了。跑到屋里一瞧，这孩子还写呢。老解这个急呀，又急又气，过来就给这孩子一嘴巴："你还写哪！我说的相爷哪能这么好心眼呢！挺好的竹子给咱烧火！闹了半天，是你写对子写的，丞相恼了，让管家上这儿锁人来了！你赶紧跳墙跑吧！""爹爹不用害怕，他发来多少人马？""净人，没马！就来一个管家，咱们也受不了哇！""您甭管了，我把他打发回去。""怎么着，你一打发，他就回去！我看你怎么打发！"

小孩儿往外就走。外头曹安因为老解插上了门，气更大了，一个劲儿砸门："快开！快开！"小孩儿不慌不忙："门外何人喧闹？"曹安一听：怎么这么酸哪？"快开门，是我。"

小孩儿把门开开，见了曹安，深打一躬："我当何人，原来是相府管家大人驾到，学生未曾远迎，还请恕罪。"

"我家丞相因为你这副对子，连去青竹两次，你不但不撕，反倒一再添字，耍笑我家相爷，我家相爷恼了，派我用锁链子锁你来了。来，上锁！"

"哦，不得无理！下去。"

曹安叫小孩这么一喊，给唬住了："啊——怎么回事？"

"管家大人，我来问你，我学生可是杀人的凶犯？""不是呀。""可是响马强盗？""也不是。""还是的！""别说我学生不是杀人凶犯，即便是杀人凶犯，响马强盗，还有本地父母官，碍不着你家相爷。你家相爷要看我这副对子词句佳，字体妙，想跟我讨教，可以拿拜匣，下请帖，我学生以文会友，可以进府一谈，怎么，锁我？你这大胆的奴才，可恶的东西，在我这豆腐坊门前，大声喧哗，无理取闹，真是可恶之至！你怎么来的？"

"我走着来的。""走来的，滚回去，混账东西！"

曹安叫他骂得晕了，赌气回头就跑。心想：好哇，我让豆腐渣骂了我一顿。一进书房："跟爷回，混账东西！""骂谁？""这是豆腐渣骂我。""谁是豆腐渣？""豆腐坊少掌柜的不就是豆腐渣吗？""该！人家豆腐坊少掌柜的，你愿意叫他少掌柜的就叫一声，不愿叫他少掌柜，叫他声学生，无缘无故叫人家豆腐渣，那还不骂？""嗨！真倒霉！您听我说。我不是一见面就管他叫豆腐渣。我到豆腐坊一叫门，老解先出来跟我耍一套贫嘴，问我买多少豆腐干儿、豆腐丝儿。我照您的话说了，他回头就关上门了，我又一叫门，就听里面有人间：'门外何人喧闹？'我说：'你开门吧，是我。'开门一瞧，出来个孩子，他说：'我当何人，原来是相府管家大人驾到，学生未曾远迎，还请恕罪。'""这是骂你呀？""您听着，骂我的话在后头呢！""别啰唆，快讲！"

曹安把小孩的问话和要丞相拿拜匣请帖的话都照说了一遍。丞相一听：这孩子够厉害！不善，好！"曹安，拿我的拜匣，搁一张请帖，请他去！"

曹安一听鼻子都气歪了，"跟爷回，您要吃豆腐，咱到油盐店去也赊得出来……"

"谁赊豆腐？""不赊，干吗拿请帖请豆腐渣呀？""你知道什么，他是一个白丁儿，我是当朝一品，拿请帖去请，他要是收下，就叫以小犯上，轻者是'发'罪，重一重就活不了，懂吗？"

"哦，这么回事！我去。"曹安赶紧拿拜匣，装了一张请帖就奔豆腐坊了，老远看见豆腐坊，心里就直哆嗦。心说：这回我可得留点神了，别再挨顿骂。到门口不敢叫门，俩手捧着拜匣，喊"回事"："回事！回事！"

"回事"是官府互拜的礼节。过路人一看，这家伙是疯子吧？官府门外有喊"回事"的，豆腐坊门外你喊什么？老解在屋里一听也急了："怎么啦！吃饱了撑的！拿我们豆腐坊开什么心哪？"

小孩儿一听就明白了："爹爹，这是相府管家下请帖请我，不信您跟我看看去。"

爷儿俩开开大门一看，果然，曹安托着拜匣在那儿站着哪。小孩过去说："管家为何去而复返？""哎呀，学生！不对，豆腐坊少掌柜的。我都吓出毛病来了。跟您回，刚才我去回复相爷，相爷申斥了我一顿，说我不会讲话，把您招惹了，我家相爷要我给您赔礼来了。一来是赔礼，二来是我家相爷爱惜你的文才，命我下拜帖来请您，您可以赏脸过府一谈吗？""拿来我看。"

曹安把拜匣递了过去，心里这个乐呀：我说点儿好话，你接了拜匣，不杀也得发。哪知道小孩子打开拜匣看了看又给了曹安，他只怕用空拜匣把他冤了去。一看有，就说："多谢管家，跟丞相回，就说我学生原帖璧回，现在我衣帽不整，即时更衣过府拜会。""学生，你把帖子留下吧，不然丞相说我没来。""管家，你家丞相乃是当朝一品大员，我学生身无寸职，岂敢留他的请帖，以小犯上，那我不就发了吗！"

曹安一听，白说了半天好话，这回发不了啦，他全懂。只好说："学生，您可快点来呀。"

曹安赌气往回就走，到书房把拜匣往桌上一扔："发不了人家！""怎么？"

"回相爷，他全懂呀。他说了，'原帖璧回，衣帽不整，即时更衣过府拜会'。我再让他留请帖，他说他怕以小犯上。我没主意了。只好回来了。"丞相一听，这孩子可真是什么都懂。"好！你到门口等他去吧，回头来了，就把他领进来。"

曹安来到大门洞，一屁股坐在懒凳上：我可歇会儿了，半天的工夫，豆腐坊就跑了足够七趟。等着吧！哎！左等也不来，右等还没来，唉！还不如来回跑哪，这么待着冻脚哇。站起来直溜达。刚下台阶，往东一看，这孩子来了。临近了一瞧，曹安这个乐呀。一看这孩子这个穿着打扮太可笑了：绿裤子、绿袍子、绿靴子、绿帽子。这不成了蛤蟆崽子了吗。不过可不敢笑出来，赶紧上前迎接："学生，您来了。相爷叫您进去，您跟我去吧！"

曹安头里就走，到二门口这儿回头一看，嗯？人没了。赶紧又回来，一看这孩子正往回走哪。曹安就嚷："学生！不对，豆腐坊少掌柜的，您怎么又走啦？"

小孩一回头："管家，你家丞相叫我进去吗？""是啊！""你家丞相既然拿拜匣下请帖，把我学生请来，就该大敞仪门，吹三通，打三通，出府迎接。就这么一叫就算了，我学生不那么听话，咱们再见吧。""您先别走，我再给您问一声去行不行？您等会儿。"

曹安跑到书房，"跟爷回，他来了。""叫他进来。""他又要走了。""为什么？""挑眼了。他说'既然用帖请了，就该出府迎接'。要不是我挡他，他就走了，现在他在那儿等着呢，爷，您说怎么办呢？"

"哦！这孩子多大岁数了？""也就是八九岁。"

丞相正在看书，书中夹着一张纸条儿。他抽出来交给曹安："曹安，你把这张纸条拿出去。这是个对子上联，如果他能对上下联，我就出府迎接，他要是对不上来，叫他自己走进来。"

丞相这个上联是早上写的，书童扫地弄了一屋子土，信手写了上联，可下联没想出来，等上朝回来就忘了，这会儿想起来，想难难小孩子。

曹安拿着纸条往外就跑，把丞相的话告诉小孩儿，又把纸条递了过去，小孩儿接过一看，上头写着七个字，是"小孩扬土土飞空"。小孩儿一想，哦，拿我当抓土扬（ráng）烟儿的小毛孩子，好，让你知道我是怎么回事儿。"管家，笔墨伺候！"

"这……忘了拿了。"赶紧往回跑，到书房拿了笔墨，往外就跑，"给您。""纸哪？""哟，再来一趟。"曹安又回去把纸拿出来："您不用别的了吧？"

小孩儿也不理他，拿笔就写，三笔两笔，写完了交给曹安："管家，拿进去，让你家相爷咂着滋味看。"

曹安心想：看对子咂滋味干吗？跑到书房："爷，对上了，还叫您咂着滋味看。""这都是新鲜事儿，干吗咂着滋味儿看？拿来！"接过来一瞧，写的是"大人有气气难生"。"嗯，我这气是没法生。曹安，他怎么个穿章①打扮？""哈！您别提了。穿了件绿棉袄，还戴顶绿帽子，您说多可乐。"

相爷一听，提笔就写，写完了交给曹安："曹安，拿出去，再对上这个下联，马上出府迎接。可有一节，到他那儿可别多说话，他要问我穿什么衣服，更不许说，如果要说了的话，回头我把你的狗腿砸折了。"

曹安直嘟囔："人嘛，狗腿。"到了外边："学生，这儿还有个上联，您要是对上来，丞相马上出府迎接。"

小孩儿接过来一看："管家，你怎么那么爱多说话呀！""我哪儿多说话啦。"

"你家相爷没问我的穿戴吗？""问了。我说你穿的是绿袄，戴一顶绿帽子。""你这不是多说话吗！你瞧这上联：'出水蛤蟆穿绿袄'。""那我不知道。""你家丞相穿什么衣服？""我家丞相穿……嗯，不知道。""你说吧，不要紧。""你不要紧，我狗腿要紧。告诉了你，丞相把我的狗腿砸折！"

"管家大人……""甭'大人'了。告诉你，我不知道。"

小孩一笑："其实呀，你不说，我学生早已知道。""知道？你说，我家丞相穿什么？""他是当朝宰相，不就是一品官儿吗，还不就是穿个金镶边儿呀、花裤腿呀……""别胡说了，那是女的穿的。""要不就是凤冠霞帔、石榴裙……""那也是女人穿的！你不懂，是乌纱帽、大红袍！"

"是喽，下联有了。"马上就写，写完了交给曹安："管家，让你家相爷出府迎接，我这下联儿可对上了。"曹安心想，这回我可没多说话。

他还没多说话哪！

一进书房："给您下联。"

丞相接过来一瞧："大胆的奴才，你这么爱多说话！""我没多说话呀？"

"没多说，他怎么对上这下联的？""不知道。"

"胡说，他问你什么了？""他……问我您穿什么衣服，我不说。后来他说：'你不说，我学生早已知道。你家丞相官居一品，也就是金镶边儿，花裤腿儿，要不就是凤冠霞帔，石榴裙。'我说：'你还是学生呢？什么都不懂，宰相都穿大红袍。'爷，我就说了这么一句，没多说。"

---

① 穿衣长短，颜色。服饰之配合变化，即穿衣的章法，谓之穿章。

"无用的奴才！你还没多说话哪？让他给骗了去了。你看这下联写得多厉害！'落汤螃蟹披红袍'，我拿他比蛤蟆，它倒是活的呀！他拿我当螃蟹，还给煮了！"

"那……那怎么办呢？""废话！出府迎接吧！"

曹安往外就跑，到大门洞儿这儿："学生，我家相爷出府迎接你来了。"解缙一看，丞相真出来了，眼珠一转，憋了个坏主意。想着，赶紧往前走了一步，说："哎呀，学生有何德能，敢劳动老相爷出府迎接。"

相爷心说，废话，我不迎接行吗！你挤对的！事已至此，只好说："不知学生驾到，未曾远迎，还请原谅。""老相爷这样看重学生，岂不折杀小人，待我大礼参拜。"

说着话，一撩袍，那个意思是要跪下磕头。丞相一想：他要磕头，我还得往起搀。可是，搀吧，还得跪一条腿；不搀吧，显得我堂堂宰相不懂礼节。搀吧！一边搀，一边嘴里说："免！"话说完，腿也跪了，可是没搀着。就听小孩儿那儿说："相爷，免礼。"

嘿！把我给冤了！我倒给他跪了一下。

"啊！这……学生到此，学生请。"

"不，相爷请。""学生先行。""还是相爷先行。""如此说，我不恭了。""好，头前带路。"

丞相一听，好，我成了丫鬟了。

走到二门，一看，四扇屏风就开了一扇。小孩儿抹头就走，曹安在后面赶紧拦住："哎，学生，您怎么又走哇？""既蒙相请，想是大敞仪门，为何这屏风门只开一扇？"

曹安一听：得，又挑了眼了。丞相也听见了，赶紧问曹安："混账，为何不大敞仪门？"

曹安一听，心想，你多咱让我敞啦？丞相说："学生请。""相爷请。""如此说，不恭了！"

"好，头前带路。"

丞相一听：合着我非当丫鬟不可。可恶，令人生气。哎！有了。

"学生，我这儿有个对子上联儿，请你对个下联儿。是'小犬乍行嫌路窄'。"

小孩儿一听，这是说我哪，我让他敞屏风，这就拿我当小狗了。好，嫌路窄，我还嫌天低哪！"有下联儿，我对'大鹏展翅恨天低'。"

丞相没话，往里走。走穿廊，过游廊。丞相府，能不漂亮吗，小孩直抬头看橡子上的花卉图。丞相一看，说："我这儿还有个上联，是'童子看橡，一二三四五六七八九十'。"

"我对'先生讲命，甲乙丙丁戊己庚辛壬癸'。""我这儿还有个对子上联儿：'童子打桐子，桐子落，童子乐。'"

"我对：'丫头啃鸭头，鸭头咸，丫头嫌'。"丞相一听：真行啊！一看鱼缸缸沿上还留着头两天的雪没化，见景生情，说："有上联请对：'雪落缸沿，天赐一条白玉带'。""有对：'烟熏火判，地产半幅皂罗袍'。"

丞相说："这怎么讲啊？""我家门口不远有个城隍庙。破庙。庙里住着个要饭的，天天抱着个小砂锅，里头烧的是锯末，老在这判官底下烤火，把判官下半截儿都熏黑了。这就叫'烟熏火判，地产半幅皂罗袍'。"

绕着弯儿来的。"这儿还有个上联，是'蒲叶桃叶葡萄叶，草本木本'。"曹安在旁边搭了碴儿："爷，我对这下联吧！"相爷一听，这份儿高兴啊。心想，曹安说得是时候，小孩儿你甭逞能，连我的佣人都能对出来下联。"好！你说，你说。"

"相爷，小人对'干箐水箐泔水箐，您倒我倒'。好不好？""出去！快滚！""喳！""岂有此理，让我跟你倒泔水箐去！岂有此理。学生，还是你对吧！"

"有对：'梅花桂花玫瑰花，春香秋香'。"

说着话，过了大厅，来到书房门口，丞相说："我这书房门口想贴一副对子，有上联没下联，请对：是'闲人免进贤人进'。""有对，是'盗者休来道者来'。"

刚要进书房，丞相想起他那竹子来了："学生，这儿还有一副对子，是'庭前种竹先生笋'。""有对，'庙后栽花长老枝'。"

"我这上联的意思是说：庭院前面种上竹子，竹子没出来，先生出笋来啦。""我这下联是说，庙后头栽上花，已经长出老枝子来了。"

"我这上联另有批语。""我这下联别有讲意。"

"我这庭前种上竹子，竹子长得不好，教书的先生把它撅折了，就是把它给损坏了。""我这庙后栽上花，风把花儿刮倒了，庙里的长老看见了，拿棍儿给支起来啦。这就叫'庙后栽花长老支'"。

"嗯！我另有批语。""嗯！我还有讲意。"

"我这庭前种上竹子啦，竹子长得不好，教书的先生：'你怎么长的？'这是拿话损它哪！所以说'庭前种竹先生损'。""我这庙后栽上花了，小和尚告诉长老去了，长老说'我知道了'，这就是'庙后栽花长老知'。""知道？好！"

到书房里边，小孩儿一看：迎面摆着丈八的架几案。案前摆着一张紫檀的八仙桌子，镶石心，配螺钿。左右两把花梨太师椅。架几案上摆着碧玺的酒陶，珊瑚的盆景，风磨铜的金钟，翡翠的玉磬，旁边多宝桶上摆着周鼎、商彝、秦砖、汉瓦等等。桌上摆着文房四宝——纸、笔、墨、砚，是宣纸、端砚、湖笔、徽墨。墙上挂着许多名人字画，当中是宋宣和年间的御笔鹰，两边配一副对联，是岳飞亲笔所写；还有四扇屏风、一副挑山；还有什么《夏景图》，画的是雨打荷叶，很清秀；《行更图》画的是两个更夫，也是惟妙惟肖。正看着，就听丞相说："学生请坐。""相府哪有学生的座位。""不必客气。"

二人落座，曹安献茶，茶罢。相爷说："学生，你很聪明。有这么个上联，是'书童磨墨墨抹书童一脉墨'。这就是前天的事，我让书童磨墨，墨溅到他胳膊腕儿上了。"

小孩儿这回可为了难了。正没词儿哪，曹安叫丫鬟添煤："梅香，炉子不旺了，该添煤了！"梅香端了一簸箕煤来，往火里一倒。小孩儿一看，说："有了！我对的下联是'梅香添煤煤爆梅香两眉煤'。"嘿！巧劲儿。

"我这儿还有上联儿，是'铜盆冻冰金镶玉'。"小孩儿现找词儿，看墙上的名人字画，看到《夏景图》，就说了："我对下联儿'荷叶洒雨翠叠珠'。"

"我还有上联，是'一盏灯四个字，酒酒酒酒'，酒铺的幌子不是四面都有个酒字吗。"小孩儿还是现找题，看画儿。看到《行更图》，就说："下联对'二更鼓两面锣，喤喤喤喤'。"

丞相难不住他，又有点儿急了，下不了台阶儿，怎么好叫他走。想了半天：噢，你看东西找词儿，好吧！"曹安，找王三、赵四、老刘，再叫几个丫鬟，把客厅里这些东西全给我搬出去！"这不是吃饱了撑的吗？"快！墙上的画儿也都摘。不过，西墙上那四扇屏和挑山留下不动，不许剩一点儿别的东西！学生，请这边儿坐。"

两个人坐到屋子当中两把小椅子上，中间留了个小茶几儿。曹安和几个人忙着抬东西，东西都搬完了。丞相一指留下的画儿：

"学生，你看过这四张小画儿好不好？是风、雷、雨、雪。你再看这挑山，是刘海戏金蟾。这就是一副对子上联儿，是'风不摇，雨不扫，蟾不叫，钱不掉，一大仙张嘴笑'。对吧！"

小孩儿要对下联儿，得找词儿呀！刚才有《夏景图》《行更图》可抓，这回，屋里东西全搬光了。就剩下这四扇屏和一幅挑山了，又叫丞相都说了。可急出汗来了。你说，这曹安也是倒霉催的，他忽然看见茶几底下有个棋盘，想起丞相说不许剩一点儿东西，赶紧过去拿了就走。小孩儿一看说："有啦！我对'车无轮，马无鞍，相无权，炮无烟，二人走红占先'。"

丞相这个气呀！心说：曹安哪曹安，这阵儿你可显的什么魂哪！一气又想起来了，"还有上联：'墙头芦苇，头重脚轻根底浅'。""我对，'山中竹笋，嘴尖皮厚腹中空'。"

丞相一听：噢，我说他人小不懂事，他倒骂我腹中空，合着我是草包。好！"听这上联：'二猿断木深山中，小猴子也敢对锯'。"锯是句的谐音。学生也沉不住气了，张口就说："我对：'一马失足淤泥内，老畜生怎能出蹄'。"蹄是题的谐音。

丞相一听：我说他是小猴子，也不为过；他骂我是老畜生，这孩子可损透了。没词儿。忽然听见外边铜锣开道，鞭炮齐鸣，门口在过娶媳妇的。丞相说："学生，我这儿有首诗，你给酬答一下：'忽听门外一声叭，花红小轿把人搭，今晚洞房花烛夜，明日双方做亲家。'怎么样？学生，请对。"小孩想：这叫什么诗呀！可是还是真难应答。正这时候，曹安端着茶盘子来了。曹安看到丞相下不来台了，想给丞相解围，来个端茶送客，把小孩儿送走就算了，要不丞相非气死不成，刚才连丈八条案都搬了，待会儿还不得把房子拆了。一番好意，他小小心心地端着茶进来，也不是怎么着没留神，啪嚓一下，茶盘子掉地下了。小孩儿一看："相爷，学生酬答：'忽听屋内一声叭，原是曹安来端茶，茶盘掉地茶水洒，当时气坏老冤家。'相爷，怎么样？"

"送客！走！"

（刘宝瑞整理）

对口相声

满汉全席

甲　要说您伺候各位可有年头儿了。

乙　承蒙诸位的抬爱。

甲　您在各位驾前有人缘儿。

乙　不！不！主要是您的人缘儿好。

甲　客气，客气，您是高山上点灯——

乙　这话怎么讲？

甲　名（明）头儿大。

乙　哪里哪里。

甲　大海里栽花——

乙　什么意思？

甲　根基深。

乙　不敢，不敢。

甲　隔着门缝儿吹喇叭——

乙　什么话儿？

甲　名（鸣）声在外呀！

乙　过奖，过奖。

甲　隔年的兔儿爷——

乙　这是？

甲　老陈人儿啦。

乙　什么俏皮话啊？

甲　王母娘娘夸寿星——

乙　这？

甲　老宝贝儿啦！

乙　嘻！

甲　大海里漂来的木拉鱼儿——

乙　嗯？

甲　闯荡江湖的老梆子。

乙　不像话。

甲　我是说您见多识广。

乙　行了，您甭捧啦！

甲　不是我捧您，您说谁不喜欢听您的相声？

乙　其实大伙儿主要是爱听您说的相声。

甲　我自己也有这么个感觉。

乙　嘿！真有这种人哪。

甲　不管听谁的，反正来的都是听相声的。

乙　多新鲜哪，要是买白菜的都奔菜场啦。

甲　所以咱们给各位说相声要卖力气。

乙　要不对不起各位。

甲　今儿个不但说相声要卖力气，为了报答各位多年的捧场，我想请
　　请各位。

乙　请什么？

甲　听完了相声请吃饭。

乙　好！

甲　我请客。

乙　对。

甲　你掏钱。

乙　当然……不行！

甲　我请客，当然是我掏钱啦。

乙　您打算请我们吃什么呀？

甲　您打算吃什么呀。

乙　我喜欢吃烤鸭。

甲　到全聚德。

乙　涮羊肉也行。

甲　东来顺。

乙　还有炒肝儿。

甲　便宜坊。

乙　那个……

甲　行了，行了，说了半天还是找小店儿小吃儿。

乙　这还小哇？

甲　谁请客？

乙　您请客。

甲　对呀，我请客，能请各位吃这个吗？

乙　这怎么啦！

甲　太小气啦！这要是叫别人知道了，得当作笑谈，说咱吹牛说大话，我要落这么个名声还有何面目在各位面前献演？

乙　现眼？

甲　献演，就是献艺演出。

乙　那按照您的意思您打算请我们吃什么？

甲　先别说吃什么，您就听听吃的这个场面儿，您就知道吃得怎么样了。

乙　吃要什么样场面儿？

甲　先要顶礼焚香。

乙　是啊！

甲　然后吹箫抚琴。

乙　噢。

甲　摆好金杯玉筷。

乙　嗬。

甲　然后钟鸣鼎食。

乙　够场面儿的。

甲　舞女们分两队出现，一个个婀娜多姿，轻舒长袖，移莲步如出水芙蓉，展身形似莺歌燕舞。

乙　怎么还有歌舞表演呢？

甲　这就先由满族的习俗说起啦。

乙　您给介绍介绍。

甲　满族的祖先生活在白山黑水一带。

乙　我国的东北地区。

甲　清朝入关后，宫廷里有了专门的厨师和御膳房。

乙　哎。

甲　各种宴席名目繁多，有太和宫筵宴、乾清宫家宴、皇太后圣寿宴、皇后千秋宴、皇子成婚宴，以及康熙、乾隆时期的千叟宴。

乙　囖！

甲　各种筵宴又有各种的礼仪。

乙　嘿！

甲　每宴开始，都是鼓乐喧天，笙管齐鸣。

乙　真有排场。

甲　先给您端上来的是头号五簋①饭十件。

乙　够阔气的。

甲　顺序给您端上来的是二号五簋碗十件，细白羹饭十件，毛鱼盘二十件，洋碟二十件，热吃劝酒二十味，小菜碟二十件，枯果十撤桌，鲜果十撤桌……

乙　甭说吃了，就连这个吃法我都没瞧见过。

甲　不单你没瞧见过，就连你爸爸也没瞧见过。

乙　你提我爸爸干吗呀。

甲　这叫满汉全席。

乙　什么叫满汉全席？

甲　你不懂？

乙　我不懂。

甲　别说你不懂，就连你爸爸也不懂。

乙　又来啦！

甲　满汉全席起于清朝乾隆年间，特别是乾隆皇帝六次南巡发展到了全盛时期，满汉全席就正式定型了。

乙　真有年头儿啦。

甲　所谓满汉全席，也就是满族以烧、烤、煮、炖、蒸、炒见长的菜肴与汉族各地大宴席菜肴互相融合，共同促进的盛大宴会，也就相当于现在的"国宴"。

乙　您别说，咱还真没听说过。

甲　别说你没听说过——

乙　就连我爸爸也没听说过。

甲　这话你怎么说了？

乙　我不说你也得说。

甲　刚才给您介绍的是满席开宴。

----

① 簋（guǐ）：古代盛食物的器具，圆口，有两耳。

乙　好!

甲　撤下去以后要给您换换口味儿。

乙　换什么?

甲　上汉席。

乙　汉席先上什么?

甲　四干、四鲜、四蜜饯、四冷荤、三甜碗、四点心。

乙　四干?

甲　黑瓜子、白瓜子、花生蘸、甜杏仁儿。

乙　四鲜?

甲　北山苹果、深州蜜桃、桂林马蹄、广东荔枝。

乙　四蜜饯?

甲　青梅橘饼、桂花八珍、冰糖山楂、圆肉瓜条。

乙　四冷荤?

甲　全羊肝儿、熘蟹腿儿、白斩鸡、烧排骨。

乙　三甜碗?

甲　莲子粥、杏仁茶、糖蒸八宝饭。

乙　四点心?

甲　芙蓉糕、喇嘛糕、油炸烩子、炸元宵。

乙　这是汉席?

甲　你忙什么哪? 这是开头儿。

乙　后边儿还有?

甲　这叫老鼠拉木锨——

乙　我知道大头儿在后头哪!

甲　汉族历史悠久，菜肴更丰富。

乙　那是。

甲　操作中讲究炒、炸、爆、烩、烧、炖、煨、焖、熘、扒、蒸、烤、
　　焗、塌等厨艺，各种菜讲究色、香、味、形，百菜百味。

乙　哎。

甲　这回让你开开眼。

乙　好!

甲　满汉全席全给你上。

乙　我听听。

甲　蒸羊羔、蒸熊掌、蒸鹿尾儿、烧花鸭、烧雏鸡儿、烧子鹅、卤煮

咸鸭、酱鸡、腊肉、松花、小肚儿、晾肉、香肠、什锦苏盘、熏鸡、白肚儿、清蒸八宝猪、江米酿鸭子、罐儿野鸡、罐儿鹌鹑、卤什锦、卤子鹅、卤虾、烩虾、炝虾仁儿、山鸡、兔脯、菜蟒、银鱼、清蒸哈什蚂、烩鸭腰儿、烩鸭条儿、清拌鸭丝儿、黄心管儿、焖白鳝、焖黄鳝、豆豉鲇鱼、锅烧鲇鱼、烀皮甲鱼、锅烧鲤鱼、抓炒鲤鱼、软炸里脊、软炸鸡、什锦套肠、麻酥油卷儿、熘鲜蘑、熘鱼脯儿、熘鱼片儿、熘鱼肚儿、醋熘肉片儿、熘白蘑、烩三鲜、炒银鱼、烩鳗鱼、清蒸火腿、炒白虾、炝青蛤、炒面鱼、炝芦笋、芙蓉燕菜、炒肝尖儿、南炒肝尖儿、油爆肚仁儿、汤爆肚领儿、炒金丝、烩银丝、糖熘饹馇儿、糖熘荸荠、蜜丝山药、拔丝鲜桃、熘南贝、炒南贝、烩鸭丝、烩散丹、清蒸鸡、黄焖鸡、大炒鸡、熘碎鸡、香酥鸡、炒鸡丁儿、熘鸡块儿、三鲜丁儿、八宝丁儿、清蒸玉兰片、炒虾仁儿、炒腰花儿、炒蹄筋儿、锅烧海参、锅烧白菜、炸海耳、烧田鸡、桂花翅子、清蒸翅子、炸飞禽、炸葱、炸排骨、烩鸡肠肚儿、烩南荠、盐水肘花儿、拌瓤子、炖吊子、锅烧猪蹄儿、烧鸳鸯、烧百合、烧苹果、酿果藕、酿江米、余大甲、什锦葛仙米、石鱼、带鱼、黄花鱼、油泼肉、酱泼肉、红肉锅子、白肉锅子、菊花锅子、野鸡锅子、元宵锅子、杂面锅子、荸荠一品锅子、软炸飞禽、龙虎鸡蛋、猩唇、驼峰、鹿茸、熊掌、奶猪、奶鸭子、杠猪、挂炉羊、清蒸江瑶柱、糖熘鸡头米、拌鸡丝儿、拌肚丝儿、什锦豆腐、什锦丁儿、糟虾、糟蟹、糟鱼、糟熘鱼片儿、熘蟹肉、炒蟹肉、清拌蟹肉、蒸南瓜、酿倭瓜、炒丝瓜、焖冬瓜、焖鸡掌、焖鸭掌、焖笋、熘荬白、茄干儿晒卤肉、鸭羹、蟹肉羹、三鲜木樨汤、红丸子、白丸子、熘丸子、炸丸子、三鲜丸子、四喜丸子、余丸子、葵花丸子、饹馇丸子、豆腐丸子、红炖肉、白炖肉、松肉、扣肉、烤肉、酱肉、荷叶肉、一品肉、樱桃肉、马牙肉、酱豆腐肉、坛子肉、罐儿肉、元宝肉、福禄肉、红肘子、白肘子、水晶肘子、蜜蜡肘子、烧烀肘子、扒肘条儿、蒸羊肉、烧羊肉、五香羊肉、酱羊肉、余三样儿、爆三样儿、烧紫盖儿、炖鸭杂儿、熘白杂碎、三鲜鱼翅、栗子鸡、尖余活鲤鱼、板鸭、筒子鸡。

乙 好家伙！

甲 好吃不好吃？

乙　好吃。

甲　您想不想吃？

乙　想吃。

甲　爱吃不爱吃？

乙　爱吃。

甲　走——

乙　咱们吃去。

甲　咱俩参观去。

乙　光看啊！

（韩子康述　薛永年整理）

菜单子

甲　咱们哥儿俩老没见。我听说您最近出趟门儿，您多咱回来的？

乙　我上礼拜回来的。

甲　今天您没事吧？

乙　没事。

甲　我请您吃个便饭。一半儿给您接风，一半儿咱们哥儿俩谈会子。

乙　那何必叫您花钱呢？

甲　无所谓。咱们哥儿俩啊，老没见了，聊会子，"小肚子上弦——弹弹（谈谈）心"。

乙　好吧。

甲　您说咱们哪儿吃去好？

乙　客随主便，您说哪儿，咱们就哪儿。

甲　请您上我家吃去怎么样？

乙　"要饱家常饭，要暖粗布衣"，家里有什么吃什么，好。

甲　您想吃什么？

乙　随便，吃什么全行。

甲　咱们吃炖肉吧。

乙　炖肉解馋哪。

甲　给您炖点儿猪的，要二道臀尖，五花三层，有肥有瘦，加里头一只肥母鸡，再搁上点儿栗子，随便再配几个凉菜就酒，烙点儿萝卜丝饼，焖点儿大米饭，吃完了给您来杯糖水，去去油腻，怎么样？

乙　太好啦！

甲　那么，明天早晨吧，请您到我家，您可千万赏脸。我走啦。（做掏钱状）您这儿哪儿有钱铺啊？

乙　您找钱铺干什么呀？

甲　我换俩零钱儿，我这儿净是两块五一张的。

乙　哪有两块五一张的？

甲　噢，那是当票儿，我净是五块一张的，把它破开，我好坐车。

乙　嗐，您换钱干什么呀，我这儿有两块零的，您拿走。够不够？

甲　那我可不能拿。我这儿刚说请您吃饭，还没吃哪，我先拿您两块钱走，让人一想，我这不是要您便宜么？

乙　没关系，就是您不请我吃饭，您把这两块钱拿走，也没什么啊。

甲　好吧，等明儿您到我家的时候，我再还您。

乙　没关系。您不是还在那儿住吗？

甲　您不是上我那儿去过么？××胡同。

乙　明天我什么时候去？

甲　早十点，怎么样？

乙　行。我十点以前准到。

甲　那我就走了，明天您可一准去，啊，您要是有事，预先通知我一个话儿，我就不等您了，咱们改天再吃。

乙　好吧，我要是没事一准去。

甲　再见吧。（做欲下状）

乙　这回我给您说一段单口相声……

甲　（回来）先生，咱们甭吃炖肉啦。

乙　怎么不吃炖肉啦？

甲　炖肉哇，恐怕一时半会儿炖不烂，这肉您要是不炖烂了，它不好吃啊。

乙　不要紧哪，咱们多炖会儿啊。多会儿烂了，咱们多会儿吃。

甲　那多耽误时间哪，为吃这顿饭，回头再把您事儿给耽误喽。咱们吃包饺子吧。

乙　包饺子啦？

甲　咱们包点儿羊肉白菜的，猪肉韭黄的，再包点儿三鲜馅的，薄薄的皮儿，大大的馅儿，煮得了饺子咱们躺着吃。

乙　干吗呀？

甲　有这么句话嘛："好吃不过饺子，舒服不过倒着。"倒着吃饺子，又好吃又舒服。

乙　没这么吃过。

甲　咱们是吃十个煮十个，饺子就酒，没饱没醉。随便炒几个菜，咱们是一边儿吃着，一边儿聊着，吃完了给您来碗饺子汤，"原汤化原食"。怎么样？

乙　好吧，咱们就饺子啦。

甲　还是明天早十点。您可千万去啊。（做欲下状）

乙　（自言自语）饺子我也吃他一顿。

甲　（回来）先生，咱们甭吃饺子了。

乙　您不是说好吃不过饺子吗，怎么又不吃了？

甲　饺子费事啊。

乙　我看要是不吃还省事。

甲　有这么句话么："好厨子还怕包饺子呢。"又和面，又剁馅儿，又擀皮儿，又包，多费事啊。

乙　那咱们吃什么呢？

甲　咱吃面吧。

乙　又面啦？好嘛，这回连肉都没了。

甲　给您炸点儿八宝榛子酱，再给您打点儿三鲜卤，卤、酱您随便用，来点儿菜码儿，黄瓜、豌豆、豆芽菜、青蒜末儿、香椿，炒几个菜就酒，咱们就吃面啦。

乙　好吧；咱就吃面吧。

甲
　（合）先生，咱们甭吃面啦！
乙

乙　我就知道又吹了么。咱们吃什么呀？

甲　咱们吃窝头吧。

乙　吃什么？

甲　窝头啊。

乙　要是吃窝头，您就甭请我啦，您到我家吃去吧！我那儿每天两顿儿，不改样儿。

甲　您吃那窝头是什么样儿的？

乙　什么样儿啊，上头一个尖儿，底下一窟窿儿。

甲　您跟我吃的不一样。我那儿的窝头，是底下一个尖儿啊，上头一个窟窿儿。

乙　嘿，掉过来啦？您这不是拿人开心吗？有拿窝头请客的吗？

甲　我这个窝头啊，有个别名儿，叫八宝儿小窝窝头，伏地大糟糕。

是拿棒子面儿、小米面儿、糜子面儿、栗子面儿四样儿面，拿糖水把它和在一块儿，里边儿搁上瓜子仁儿、榛子仁儿、核桃仁儿、杏仁儿、花生仁儿、青丝、玫瑰、木樨，搁点儿"起子"往起一发，蒸得了，又暄腾，又软和，咱们再来一碗八宝粥。换换口味，咱们吃甜的啦，您说怎么样？

乙　好哇，这么一说，比炖肉、饺子可好吃多了。那咱们就窝头了。

甲　窝头了。咱们明天见。（做欲下状）

乙　（自言自语）窝头，我看还不准怎么样呢。

甲乙　（合）先生，咱们甭吃窝头啦。

乙　我就知道么！那咱们吃什么呀？

甲　咱们喝点儿煤油吧。

乙　去你的吧。你把那两块钱还我！闹了半天你这儿拿我开心哪，又吃这个又吃那个的。

甲　我这是啊拿您打哈哈。我真请您吃饭，甭上我家吃去了，我请你下馆子。

乙　下哪馆子呀？自来水管子呀——拿凉水灌我。

甲　干吗自来水管子呀，要不我请您下庄子。

乙　噢，下桩子（指兽医生）给我灌点黄连，拿我当牲口？

甲　您这叫什么话呀？我请您下饭庄子。

乙　下饭庄子！咱们到饭庄子门口，咱们先迈哪条腿进去呀？是先迈左腿呀，是先迈右腿呀？是两条腿儿一块儿迈呀？到里头咱们吃什么呀？

甲　我请您吃满汉全席。

乙　什么？满汉全席？你给我来领炕席怎么样？满汉全席里头有烤白薯吗？

甲　你这是看不起人，你以为我没吃过哪。

乙　这么样儿吧，你先说一说，满汉全席里有什么菜，你只要说对了几样儿，你甭请我，就只当我吃了。

甲　好吧。我要是没吃过，我说不上来。

乙　那您就说吧，都是什么菜。

甲　有蒸羊羔儿没有？

乙　有，真有，再往下说。

有蒸羊羔儿、蒸熊掌、蒸鹿尾儿、烧花鸭、烧雏鸡、烧子鹅、卤猪、炉鸭、酱鸡、腊肉、松花、小肚儿、晾肉、香肠儿、什锦苏盘儿、熏鸡白肚儿、清蒸八宝猪、江米酿鸭子、罐儿野鸡、罐儿鹌鹑、卤什件儿、卤子鹅、山鸡、兔脯、菜蟒、银鱼、清蒸哈什蚂、卤鸭腰儿、烩鸭条、清拌腰丝儿、黄心管儿、卤白鳝、焖黄鳝、豆豉鲇鱼、锅烧鲤鱼、卤烂甲鱼、抓炒鲤鱼、抓炒对虾、软炸里脊、软炸鸡、什锦套肠儿、卤煮寒鸦儿、麻酥油卷儿、卤鲜蘑、熘鱼脯、熘鱼肚、熘鱼片儿、醋熘肉片儿、熘三鲜儿、熘鸽子蛋、熘白蘑、熘什件儿、炒银丝儿、熘刀鱼、清蒸火腿、炒白虾、卤青蛤、炒面鱼、炝竹笋、芙蓉燕菜、炒虾仁儿、熘腰花儿、烩海参、炒蹄筋儿、锅烧海参、锅烧白菜、卤木耳、炒肝尖儿、桂花翅子、清蒸翅子、炸飞禽、炸汁儿、炸排骨、清蒸江瑶柱、糖熘芡仁米、拌鸡丝、卤肚丝、什锦豆腐、什锦丁儿、糟鸭、糟熘鱼片、熘蟹肉、炒蟹肉、烩蟹肉、清拌蟹肉、蒸南瓜、酿倭瓜、炒丝瓜、酿冬瓜、熘鸭掌儿、焖鸭掌儿、焖笋、炝茭白、茄干晒炉肉、鸭羹、蟹肉羹、鸡血汤、三鲜木樨汤、红丸子、白丸子、南煎丸子、四喜丸子、三鲜丸子、氽丸子、鲜虾丸子、鱼脯丸子、饹馇丸子、豆腐丸子、樱桃肉、马牙肉、米粉肉、一品肉、栗子肉、坛子肉、红焖肉、黄焖肉、酱豆腐肉、晒炉肉、炖肉、黏糊肉、烀肉、扣肉、松肉、罐儿肉、烧肉、大肉、烤肉、白肉、红肘子、白肘子、锅肘子、水晶肘子、蜜蜡肘子、锅烧肘子、扒肘条、炖羊肉、酱羊肉、烧羊肉、烤羊肉、清蒸羊肉、五香羊肉、氽三样儿、爆三样儿、炸卷果儿、烩散丹、烩酸燕儿、烩银丝儿、烩白杂碎、氽节子、烩节子、炸绣球、三鲜鱼翅、栗子鸡、氽鲤鱼、酱汁鲫鱼、活钻鲤鱼、板鸭、筒子鸡、烩脐肚、烩南荠、爆肚仁儿、盐水肘花儿、锅烧猪蹄儿、拌稂子、炖吊子、烧肝尖儿、烧肥肠儿、烧心、烧肺、烧紫盖儿、烧连帖、烧宝盖儿、油炸肺、酱瓜丝儿、山鸡丁儿、拌海蜇、龙须菜、炝冬笋、玉兰片、烧鸳鸯、烧鱼头、烧槟子、烧百合、炸豆腐、炸面筋、炸软筋、糖熘饹馇儿、拔丝山药、糖焖莲子、酿山药、杏仁儿酪、小炒螃蟹、氽大甲、炒荤素儿、什锦葛仙米、鳎目鱼、八代鱼、海鲫鱼、黄花鱼、鲥鱼、带鱼、扒海参、扒燕窝、扒鸡腿儿、扒鸡块儿、扒肉、扒面筋、扒三样儿、油泼肉、酱泼肉、炒虾黄、熘蟹黄、炒子蟹、炸子蟹、佛手海参、炸烹儿、炒芡子米、奶汤、翅子汤、三丝汤、熏斑鸠、卤斑鸠、海白米、烩腰丁儿、火烧茨菰、炸鹿尾儿、焖鱼头、拌皮渣儿、汆肥肠儿、炸紫盖儿、鸡丝豆苗、十二台菜、^①汤羊、鹿肉、驼峰、鹿大哈、插根儿、炸花件儿、清拌粉皮儿、炝莴笋、烹芽韭、木樨菜、烹丁香、烹大肉、烹白肉、麻辣野鸡、烩酸蕾、熘脊髓、咸肉丝儿、白肉丝儿、荸荠一品锅、素炝春不老、清焖莲子、酸黄菜、烧萝卜、脂油雪花儿菜、烩银耳、炒银枝儿、八宝榛子酱、黄鱼锅子、白菜锅子、什锦锅子、汤圆锅子、菊花锅子、杂烩锅子、煮饽饽锅子、肉丁辣酱、炒肉丝、炒肉片儿、烩酸菜、烩白菜、烩豌豆、焖扁豆、汆毛豆、炒豇豆，外加腌苤蓝丝儿。

乙　嘀，这菜可真不少。

甲　你爱吃不爱吃啊？

乙　爱吃啊。

甲　好吃不好吃啊？

乙　好吃啊。

甲　我也得有钱啊！

（郭启儒述）

---

① 原按口述记录的菜名。

夸住宅

甲　先生，您是哪儿的人啊？

乙　我是北京人。

甲　瞎说八道，北京城哪儿有人呢！

乙　没人？您到大栅栏瞧瞧去，人山人海的。

甲　您说现在哪？

乙　啊。

甲　我说早先。倒退五六百年前，北京是一片苦海，除去山就是树，由打明朝天子日封十王，四弟燕王扫北，军师姚广孝制造北京城，修得是里九外七皇城四，九门八点一口钟。里九门是：前、哈、齐、东、安、德、西、平、顺；外七门是：东便门、西便门、广渠门、广安门、左安门、右安门、永定门；皇城四门是：天安、地安、东安、西安。吴三桂下沈阳请清兵，头代皇上年号顺治，大清国的皇上老家也不是北京人，你敢说你是北京人？

乙　嗬，这位知道的还真不少。您说的那是大清进关，随龙伴驾过来的旗人，我不在旗。

甲　噢，您在畦埂儿上。

乙　对，你在地边儿上。

甲　噢，您是大萝卜的儿子。

乙　哎，你是莛蓝的孙子。我在萝卜畦啊？我不是旗人。

甲　是啊，骑人咬大腿。

乙　骑活人哪？跟您这么说吧，我是市民。

甲　世民？噢，李渊的儿子。

乙　哎，你是唐童的孙子。我是白人儿。

甲　噢，矾做的。

乙　你是碱倒的。干脆，我是老百姓。

甲　天下二十四省都归老百姓，您归哪一省？

乙　我是直隶省，现在叫河北省。

甲　直隶省代管十府，正、承、广、大、天，永、顺、保、河、宣，您是"永顺"家的，是"宝和轩"的？

乙　我是"天宝楼"的，您买肉馒头来了？

甲　我问您是哪一府？

乙　我是顺天府。

甲　顺天府是四路飞虎厅，代管二十四州县，由通州说起，通、三、武、宝、蓟、香、宁、霸、保、文、大、固、永、东、大、宛、涿、良、房，昌、顺、密、怀、平，但不知您是什么县儿的呢？

乙　我是猪肉白菜馅儿的，您这儿买包子哪？

甲　我问您是哪一县？

乙　我呀是京南束鹿。

甲　唤，您是酥炉（烧饼）。那咱们是乡亲哪。

乙　您也是酥炉？

甲　我是吊炉？

乙　噢，我是焖炉。

甲　我是缸炉。

乙　好，回炉烧饼。我是束鹿县代管牛头镇。

甲　什么镇？

乙　牛头。

甲　那咱们对门儿的街坊。

乙　您也牛头。

甲　我马面。

乙　哎，我是判官，咱们城隍庙站班去啦！我是牛头镇代管 × 家营。

甲　嘻，您那地方我到过。说大不大，说小不小，村子里头有个十来户人家儿？

乙　那么大镇就十来户人家？

甲　别看人少，净出高人哪？

乙　那倒是。

甲　小偷儿多。

乙　小偷儿多？

甲　土匪也不少哇。你们那地方是十年的年成，五年旱五年涝。

乙　得，没好儿。

甲　不偷不抢你们那儿没法儿活呀。那地方太穷了，盖房子没砖、没瓦，就拿那臭黑泥往起堆，晴天也有塌房的，阴天也有塌房的。一场大雨以后，房子都得重新往起堆；最惨是你们那个地方没有木头，拿木头就当宝贝，你算吧，你们那儿知县出来，才戴着木头顶子，后头还跟着四个"救火会"，端着水，唧筒保着。

乙　干吗呀？

甲　怕顶子着火呀，烧了没地儿趸去。

乙　我说你这嘴怎么缺德呀？我们那儿净出土匪小偷？告诉你：我们那儿还有做官的呢。

甲　人家做官与你何干哪？

乙　人家做官我说个什么劲儿呀，我们家就有做官的。

甲　谁呀？

乙　我们家严。

甲　"家严"是什么东西？

乙　什么东西？家严哪，就是爸爸。

甲　噢！我明白了。

乙　是啊，我糊涂了。

甲　唏，你爸爸就你爸爸得了，好好的爸爸还给加把盐，噢，天儿热，怕你爸爸臭喽？

乙　去，给你爸爸揣点儿碱，怕你爸爸馊喽。什么都不懂。干脆，就是我爸爸做官。

甲　你爸爸，是亲的吗？

乙　多新鲜哪。

甲　那么是早先那位呀，是现在这位呀？

乙　就是早……不不，现在这位……唏，现在也不像话呀。归里包堆，就这一位。

甲　噢，就留了这么一位。

乙　哎，那些都给轰出去了。我说你会说人话不会？

甲　我还得问，你爸爸做官，是前清为官，是民国为官？是军功、效力？捐班儿、行伍？实缺、候补？是替别人当，还是冒充呢？

乙　冒充还活得了哇？他是行伍的底子，军功。

甲　那么他带过兵吗？

乙　带过。

甲　带过几趟兵？

乙　三趟呢！

甲　头一趟呢？

乙　连镇防堵。

甲　二一趟呢？

乙　攻打廊坊。

甲　三趟兵听说不太好啊？

乙　可不是嘛，他岁数也大了。

甲　是啊，出兵的时候又赶上天气了。路也滑，上坡没上去，一个大筋斗，冰镩也丢了，扁担也折了，跑回来了。

乙　我爸爸卖冰核儿去啦？带的是人马之兵。

甲　现在他还做官吗？

乙　告退了。

甲　这就不对了。国家正在多事之秋，内忧外患，不替国家出力报效，怎么倒退归林下，偷闲躲懒乎呢？

乙　就甭乎了。他是我爸爸……

甲　啊！

乙　啊！就这机灵。年老目花，新章不懂，办事善忘，故此退归林下，纳享清福。

甲　也剩俩钱儿回来呀？

乙　敢情！

甲　剩多少钱？

乙　（伸五个手指）这个大数儿。

甲　五分钱？

乙　还是卖冰核儿的？剩银子五百来万。

甲　嚯！（对观众）看不出来这位这模样儿，家里还趁五百来万呢。（对乙）那什么，您现在八口人还住那半间破草房哪？吃饭还用一口锅哪——炒菜、焖饭、洗脸、漱口、你媳妇洗脚、孩子洗裤子？

乙　我说你这嘴怎么这么损哪？应该把它割下来，晒干喽，用阴阳瓦一焙，轧成面儿，给人上痔疮正合适。

甲　嗯，你这嘴也够损的。

乙　对，把咱俩人的全割下来。半间破草房？我爸爸有钱没干别的，全置了房产啦。

甲　都哪儿有您的房子？

乙　北京、上海。

甲　嗬！

乙　浙江绍兴。

甲　嗬嗬！

乙　广东、四川。

甲　嗬嗬嗬！

乙　嗬嗬嗬，嗬嗬嗬！你打算把我们这点儿房子都给"嗬嗬"出去呀？

甲　别净拿您开玩笑了。（对观众）提起他们这点儿家底儿来，别位不知道，瞒不了我。别处房子我没瞧见，不谈；说说北京您现在身底下住着这所儿宅子，我看见过。

乙　那您替我说说。

甲　替他说说。就在东城干面胡同。路北喽，广梁的大门，上有门灯，下有懒凳，有回事房、管事处，进了大门有二门，二门四扇屏风，绿油漆洒金星，四个红斗方，写的是"斋庄中正"，背面是"严肃整齐"。进二门方砖墁地，海墁的院子，夏景天儿高搭凉棚三丈六；四个红堵头是"吉星高照"。院子里有对对花盆儿，石榴树，茶叶末色的养鱼缸，三叉九顶的夹竹桃，北房五间为上，前出廊后出厦，东西厢房，东西配房，东西耳房，倒座儿五间为待客厅，明支夜阖的窗户，可扇儿的大玻璃，夏景天虾米须的帘子，冬景天儿子口的风门儿，进屋您一看，画露天机，别有洞天，迎面摆丈八条案，上摆尊窑瓶、郎窑罐、碧玺酒陶、珊瑚的盆景、风磨铜金钟儿、翡翠的玉磬，当中摆二尺多高广座钟，案前摆着一张紫檀的八仙桌，镶石心、挂螺钿、一对花梨太师椅，桌上放文房四宝，端砚、湖笔、宣纸、徽墨，通鉴、天文地理，颜、柳、欧、赵名人字帖，墙上挂着许多名人字画，有唐伯虎的美人儿、米元章的山水、刘石庵的扇面儿、铁宝的对子、郑板桥的竹子、郎世宁的洋狗，道光皇帝钦赐镇宅宝剑，袁大总统亲赐的条幅寿字儿。屋子里头有座钟、挂钟、自鸣钟、子儿表、对儿表、寒暑表……

嗬，您家这表可多呀。

乙　可不是嘛，我爸爸最讲究玩儿钟表。

甲　不但您家里表多，你爸爸出门儿的时候，戴起表来也讲究啊。

乙　那当然啦。

甲　有钱的主儿讲究戴，揣个怀表，还往哪儿说！

乙　那么我爸爸呢？

甲　你爸爸戴表上谱。未曾出门儿，腰里头系根儿褡包，要打这边儿戴，戴金壳套、银壳套、铜壳套、钢壳套、秒一分、秒二分、乌利文、亨得利、三道梁儿、半铺炕、人头狗、把儿上弦、有威、利威、怡威、播威、马表、手表、怀表、电表，头上顶着大座钟，脖子上套着大挂表，左手拿着提梁子，右手拿着八音盒儿，背后背着可咕钟，嘴里叼着小闹表儿，未曾走道儿是叮当乱响。

乙　这是我爸爸戴表啊？

甲　他给钟表铺搬家哪。

（刘宝瑞述）

夸住宅

甲　您说相声年头儿不少啦。

乙　也就十几年。

甲　您的事瞒不了我，您上辈不是说相声的。

乙　对啦。

甲　你们老家在通州离北京四十里。到通州一打听 × 百万就是你父亲，称百万之富。你有个大爷叫 × 千顷；你叔叫 × 半城，趁半城买卖。你父亲老哥仨，跟前就你这么一个儿。真疼爱你，老哥仨爱你拿你当眼珠儿看待。

乙　不假。

甲　老哥仨就一个眼珠儿。

乙　俩瞎子，一个一只眼！

甲　不是。老哥仨就是你这么一个儿，拿你当眼珠儿。

乙　嗳，疼我就是啦。

甲　你们家那时称得起良田千顷，树木成林，米面成仓，煤炭成垛，金银成笸，票子成刀，现钱成堆，骡马成群，鸡鸭成栅，鱼虾成池，锦衣成套，彩缎成箱，簪环成对，好物成抬，美食成品，妯娌成恨，兄弟们成仇。

乙　都打起来啦？兄弟们和美。

甲　到北京一打听有个沈万三，外号叫"活财神"，跟你们一比也差点儿。你们家要不趁钱能住那么阔的房子？

乙　你说说。

甲　你们家的房子门口有一片槐树，真是古槐蠹天，浓荫洒地，门庭壮丽，金匾高悬，大有官宦之风。前有高楼大厦，后有小院泥轩，金碧辉煌，千门万户，左龙右凤，横搭二桥，以通来往，操练水军，有意征南。

乙　这是我们家？

甲　这是"三国"曹操大宴铜雀台。

乙　你是怎么回事，你不是说我们家吗？

甲　是啊，铜雀台也没有你们家殿座儿高哇。

乙　你说吧。

甲　殿宇重重，高阶银钎，七步一阁，八行一宫，外有千山万景，内有锦绣华堂。宫内摆设精奇：真是象牙为床，锦绫为幔，走穗提钩，绣金花帐。内有美女充庭，一个个霞帔霓裳，云鬟珠翠，貌美无双，粉水如渠，呵气成云，一阵阵香风扑面，翠滴滴娇音贯耳。

乙　嗳——这是我们家？

甲　这是秦始皇的阿房宫。

乙　又来啦？

甲　想当初，秦始皇南修五岭，北筑长城，东填大海，西建阿房。阿房宫比您家哪儿？阿房宫都不如您家花园阔。

乙　对啦，你说说我们家的花园吧。

甲　你们家是"绝地"。

乙　你们家是死地！

甲　那地方"绝"了。

乙　那叫绝妙之地。

甲　是啊。山不高而青，水不深而秀，花不多而艳，竹不密而屏，室不宽而雅，朋友不多而俊，行同管鲍，义似关张，未出茅庐先定三分天下，真乃武侯发祥之地。

乙　这是我们家的花园？

甲　这是卧龙岗。

乙　你还说我们家不说？

甲　说呀，卧龙岗的景致也赶不上您家的好哇。山石高耸，细水盘流。上有楼台殿阁，下有水榭凉亭，左右是爬山转角，超手游廊。玉砌铜镶，花石为路，山虎爬墙，藤萝绕树。玉带桥竹栏护岸，月牙河碧水沉流，一望无边，恰似"水晶世界"，大有"仙府之风"。

乙　这是我们家？

甲　这是《红楼梦》的大观园。

乙　你别理我啦！

甲　怎么啦？恼啦？这头里先说的这些都不如您家，这是比一比。这回我准说您家的住宅。

乙　你要不说呢？

甲　我要不说您家，我不好价。

乙　什么叫不好价？

甲　要不我好价。

乙　好价也不像话呀！

甲　我要是不说您家呀，叫我撞气球儿上！

乙　撞气球儿上管什么用？

甲　怎么办呢？

乙　叫你撞汽车上！

甲　对，我不说您家叫我坐汽车上！

乙　坐汽车上！干脆你说我们家不说吧？

甲　说。您家住宅真是远瞧雾气沼沼，瓦窑四溣，就跟一块砖抠的一样。门口有四棵门槐，有上马石下马石，拴马的桩子。对过儿是磨砖对缝八字影壁；路北广梁大门，上有电灯，下有懒凳。内有回事房、管事处、传达处。二门四扇绿屏风洒金星，四个斗方写的是"斋庄中正"；背面是"严肃整齐"。进二门方砖墁地，海墁的院子，夏景天高搭天棚三丈六，四个堵头写的是"吉星高照"。院里有对对花盆，石榴树，茶叶末色养鱼缸，九尺多高夹竹桃，迎春、探春、栀子、翠柏、梧桐树，各样鲜花，各样洋花，真有四时不谢之花，八节长春之草。正房五间为上，前出廊，后出厦，东西厢房，东西配房，东西耳房。东跨院是厨房，西跨院是茅房，倒座儿书房五间为待客厅。明摘合页的窗户，可扇的大玻璃，夏景天虾米须的帘子，冬景天子口的风门儿。往屋里一看，真是画露天机，别有洞天。

乙　您再说说屋里的摆设。

甲　迎面摆丈八条案，上有尊窑瓶、郎窑罐、宣窑盖碗儿，案前摆：硬木八仙桌，一边一把花梨太师椅。桌上有文房四宝：纸、笔、墨、砚，宣纸、端砚、湖笔、徽墨，《通鉴》、天文、地理、欧、柳、颜、赵名人字帖。墙上挂着许多名人字画，有唐伯虎的美人儿，米元章的山水儿，刘石庵的扇面儿，铁宝的对子，板桥的竹子，松中堂的一笔"虎"字，闹龙金匾，镇宅宝剑，绿鲨鱼皮鞘，金什件、金吞口，上挂黄绒丝绦。有一丈二的穿衣镜，一丈二的架几案，五尺多高的八音盒儿，珊瑚盆景儿，碧玺酒陶，风磨铜的金钟，翡翠玉磬，有座钟、挂钟、带刻钟、子儿表、对儿表、寒暑表……

乙　光表就那么些样儿。

甲　你爸爸的表最多，要讲究戴表，戴不过你爸爸。

乙　那是啊。

甲　你爸爸戴表上谱，腰里系个褡包从左边戴起：要戴浪琴、欧美咖、爱尔近、埋个那、金壳套、银壳套、铜壳套、铁壳套、金三针、银三针、乌利文、亨得利、人头狗、把儿上弦、双卡子、单卡子、有威、利威、播威、博地，左手拿提梁子，右手提溜八音盒，头顶大座钟，怀揣小闹表。未曾走道儿是叮当乱响。

乙　这是我爸爸戴表？

甲　这是给钟表铺搬家！

乙　搬家呀！

（马敬伯　王宝童整理）

白事会

甲　您不认识我了吧？

乙　您恕我眼拙。

甲　我还认识我哪。

乙　废话，我还认识我！自己要是不认识自己，那还活什么劲儿啦！

甲　不，我还认识您哪。

乙　认识我的居多。

甲　您姓 ×，叫 ×××。

乙　对。

甲　小名叫 ××。

乙　您提小名儿干吗呀？

甲　您还在那儿住着哪？

乙　没搬家。

甲　在哪儿住着哪？

乙　噢，不知道哇？

甲　我把那地址忘了。

乙　南锣鼓巷 ×× 胡同。

甲　家里都好！

乙　都好。

甲　都谁好？

乙　问谁谁好。

甲　噢，不问谁谁倒霉？

乙　那也不至于呀，问也好，不问也好。

甲　老爷子好？

乙　我父亲？

甲　对。

乙　别提啦。

甲　怎么？

乙　他过去了。

甲　过去啦？

乙　对了。

甲　往哪边去了？

乙　往那边去了。

甲　您把他请回来，我还跟他有事哪。（向门外叫乙方的父亲）××大爷！

乙　别叫了？

甲　不是过去了吗？

乙　不是走过去了，我爸爸下世啦。

甲　噢，卖菜去了？

乙　噢，上菜市了。

甲　好呀，帮着您抓挠抓挠，省得您一人儿挣钱着急呀。

乙　什么呀？他呀，黄金入柜啦。

甲　噢，攒起来了？

乙　我攒爸爸干吗呀？

甲　多攒点儿好哇，过节过年省得着急啦。

乙　我这儿存款哪？您哪！白气冲空啦。

甲　噢，变汗包啦？

乙　你爸爸变夜猫子啦！

甲　少给他捂。

乙　什么呀？入土啦！

甲　噢，种起来了！

乙　我种爸爸干吗呀？

甲　好哇！春种秋收，这会儿正是种的时候，头伏萝卜二伏菜，三伏里头种爸爸。

乙　没听说过！

甲　到了秋后，一滋叶儿，一甩蔓儿，一开花儿，一结籽，结一地的欢蹦乱跳的小爸爸儿，都这么高儿，多有玩意儿呀。

乙　我全把它摔死！

甲　别弄死呀，留着它绿化环境也是好的呀。

乙　种树哪！

甲　不是入土了吗？

乙　入土都不懂？就是归西啦。

甲　喂鸡啦？

乙　你爸爸都喂兔子啦？他呀，没啦。

甲　找找！

乙　找？

甲　那么大东西没了就没啦？

乙　东西？

甲　找找。

乙　找？那怎么找哇？

甲　登报声明，写个寻人启事。

乙　这怎么写呀？

甲　不会写呀？我给你写，你多大岁数？

乙　三十八岁。

甲　原籍是哪儿的人？

乙　京北昌平县。

甲　职业就写说相声啦？

乙　对。

甲　行啦，您听词儿吧。上边儿写四个大字："寻人启事"。那个"人"字要倒着写。

乙　那干吗？

甲　为的是"人到了人到了"的。

乙　噢，为吉祥？

甲　上写："窃闻忠不顾身，孝不顾耻，忠当尽命，孝当竭诚。鄙人×××，年三十八岁，原籍京北昌平县人，因谋生而至北京，以说相声为业，因昨日堂会回家至晚，偶不留神走失亲爹"——几个？

乙　几个？

甲　或者是多少。

乙　什么多少？一个。

甲　"走失亲爹一名，除经呈报公安局通报查找外，特登报端，望求四方仁人君子如有知其下落者，前来送信，酬金大洋五元，有将全爹一份儿送回者……"

乙　什么叫一份儿呀？

甲　就是不缺须短尾儿的。

乙　蛐蛐儿？

甲　"送回者，酬金大洋十元，酬款已备，决不食言。×××谨启。"

乙　我听着都新鲜。

甲　底下还得写上一行小字儿。

乙　干吗呀？

甲　写清楚了呀，你爸爸是什么模样儿，什么长相儿，什么穿章儿，什么打扮儿，多高身量儿，多大岁数儿，有胡子没胡子，有麻子没麻子，你爸爸是什么脸膛儿，是红脸膛儿，是白脸膛儿，是蓝脸膛儿，还是绿脸膛哪？

乙　得，我爸爸成窦尔敦啦。

甲　最好是印一个铜板相片。

乙　那干吗？

甲　好认得清楚呀！

乙　啊！

甲　你要是马马虎虎地写："今有×××丢失爸爸一名，年六十多岁，黝白胡儿，如有送回者，酬金多少。"坏了！

乙　怎么？

甲　谁不帮你的忙儿呀？您的人缘儿又好，谁没有六七十岁的老朋友哇？这位走到街上就给你找，一看由对面儿走过来一个老头儿，年貌相当，也不管是不是，雇辆车就给您送家去了。您家马虎虎地就给留下了。这位送人的刚走，门口儿又叫门，出来一看，好！又给送俩来。一会儿的工夫儿，又给送来十七个。又送二十四个。片刻之间，您是富贵满堂！

乙　怎么？

甲　一屋子老头儿！你说！留谁不留谁呀？

乙　我谁也不留，都送你们家去！

甲　我要那个干吗呀？

乙　你什么都不懂！没了，你以为是走丢了哪？我爸爸他死啦。

甲　死了你就说死了不就完了吗？你跟我转什么文哪？

乙　这叫转文哪？我爸爸死你知道不知道？

甲　知道知道。

乙　知道你干吗拿我起哄啊？

甲　我爱说笑话儿。

乙　有这么开玩笑的吗？

甲　说实在的，你爸爸要不死，你现在能说相声吗？

乙　我爸爸要是活着，他也不让我干这行呀。

甲　就是呀，你爸爸做过官哪，你也是宦门之后唉。

乙　也不敢说是宦门之后，反正是我爸爸做过几任官，那会儿家里有钱。

甲　当然有钱啦，常言说得好，三年清知府，十万雪花银。就你爸爸做这几任官，就发了老财啦，你们家可以说有"敌国之富"。

乙　也不敢说有"敌国之富"，反正家里够过儿。

甲　就由打你爸爸这么一死，就你们家那些财产，是一年不如一年，一月不如一月，一天不如一天，一时不如一时，一会儿不如一会儿，是一阵儿不如一阵儿。

乙　好嘛，这就要完！

甲　生生儿是你爸爸死的时候办那通儿丧事，办大发了。

乙　谁说不是哪。

甲　可是您要是在家，也就没这事了。

乙　那年我出外了。

甲　对，您被枪毙了嘛。

乙　啊！什么？

甲　不是，您被请去演戏啦。

乙　我干吗单去演戏去呀？

甲　您不是爱唱戏吗？

乙　哎，对。

甲　你爸爸死的时候，我正在您家哪。

乙　我听说了。

甲　你爸爸病至垂危，知道自己不行了，当着诸亲贵友，就把你哥哥跟你兄弟都叫过去了。（向观众指乙方）他们一共是哥儿仨。

乙　对，我行二。

甲　（学乙父临死时留遗言）"你们都过来。"那哥儿俩往这儿一站："爸爸，有什么遗言您留下吧。""爸爸我可不行了。"

乙　我爸爸不行了。

甲　我不行了。

乙　我爸爸要完。

甲　我要完。

乙　我爸爸要死。

甲　我要死。

乙　（向甲）你早就该死！这里有你什么呀？

甲　我这不是学你爸爸哪吗？

乙　你这么一学，我就吃亏了。

甲　（继续学乙父临死）"我死之后，没有别的挂念，咱们家这点儿财产，是趁二百多万，我在大陆银行还存了二十万块钱现大洋，你们把它取出来是一样儿一半，十万块钱发送我。十万块钱留着你们过日子。咱们是死的也得顾，活的也得顾。"多疼你们哥儿仨啊！

乙　我爸爸就疼我们兄弟仨。

甲　你爸爸说完这句话，可就坏了！

乙　怎么？

甲　这口痰上来了，牙也紧了，抬头纹也开了，大眼角犄角儿也散了，耳朵边儿也焦了，鼻翅儿也扇了，下巴颏儿也抖了，蹬蹬腿儿，咧咧嘴儿，你爸爸就西方接引了，西方正路了，鸣呼哀哉，伏惟尚飨，身归那世，嗝儿屁着凉，吹灯拔蜡，俩六一个幺——

乙　怎么讲？

甲　眼儿猴了！

乙　你就说死了不就完了吗？

甲　你爸爸这么一死，老三这个哭哇。

乙　那是呀，父子连心哪？

甲　（学哭）"老宝贝儿……"

乙　有哭老宝贝儿的吗？

甲　应当怎么哭哇？

乙　（学哭）"爸爸呀……"

甲　（学哭声）"唉……"

乙　你这儿干吗哪？

甲　我也哭哪？

乙　（向观众）您听这份儿乱。

甲　大伙儿全哭了，你猜你哥哥怎么样？

甲　也得哭。

乙　他一个眼泪也没有？

甲　他动了真急了。

乙　别人哭，他也不让哭。

甲　他嫌乱。

乙　老三那儿正哭着哪，你哥哥过去给拦住了，叫着你们老三的小名儿："三儿！你哭什么哪你？""（哭声）爸爸死了。""不是这个爸爸死了吗？等那个来了再说！"

甲　哪个呀？

乙　说等您回来再说。

甲　我回得来吗？

乙　"人，死了死了，你能给哭活了吗？你得想主意办事？"

甲　这话也对。可着家当给老爷子办丧事。

乙　"老爷子死了，得对得起您。"

甲　这纯粹是大晕头。

乙　老三这地方慎重，把你哥哥给拦住了："大哥，这可不行，爸爸临死的时候留下的话，让咱们是一样儿一半儿，你都发送他了，日后咱们还过不过了？大哥，这可不能听您的。"

甲　老三说得对。

乙　你哥哥一听火儿啦！因为这句话跟老三吵起来了。

甲　我哥哥那个人他脾气暴。

乙　也搭着那天他又喝了点儿酒，叫着你们老三的小名儿："三儿，听我告诉你，有父从父，无父从和尚！"

甲　你们家都从老道哇？

乙　你哥哥小名儿不是叫和尚吗？

甲　怎么单起这么个名字呀？

乙　"爸爸活着，听爸爸的，爸爸一死，我就是……"

甲　什么呀？

乙　"当家人！"

甲　吓我一跳，我当他要篡位哪！

乙　"都得听我的！"其实老三要是不言语，也就没事了。老三又跟他顶："我就不能听你的！""不听我的就不行！""不行你能把我怎么样喽？"俩人吵起来啦。

乙　你在旁边倒是给劝劝哪？

甲　那是呀，我不能坐山瞧虎斗，我得给他们解这个围。

乙　这就对了。

甲　我说："大哥，老三，死丧在地的别吵哇！老爷子刚死，你们这儿闹丧啊是怎么着？我这儿听半天了，听谁的？大哥、老三，我也不是看不起你们，就说把钱都给你们，你们也办不出漂亮事来。办事你得有人！光有钱不行。"

乙　这话对。

甲　"这不是××没在家吗？不要紧，我替他尽尽孝，老爷子在世的时候，也没短疼了我。这么办，大哥，你给我拿出十万块钱来，我给你办二十万块钱的事。你看怎么样？"大哥这地方不错，给我磕了个头："得了，二兄弟，你多帮忙吧。"我说没关系。结果您家这个事，还是我给办的。

乙　谁给办的？

甲　我呀。

乙　噢，你给办的？

甲　啊！

乙　得啦，我这儿谢谢你了。

甲　没关系，哥儿俩有交情。

乙　这十万块钱全给你了，等这个事办完喽，小起码儿，你也得赚两所四合房儿呀？

甲　你这是怎么说话哪？咱们哥儿俩这样的交情，我能从中赚钱吗？

乙　你还管那个？什么钱你不捞一把呀？

甲　你这人说话可真气死人！这么办，当着各位，我说说你爸爸死的时候我是怎么给办的，让您听听这十万块钱够不够。

乙　好！那今天你就在这儿说一说，我爸爸死的时候你是怎么给办的，当着各位也明明你的心。

甲　好！那我就说一说。你爸爸咽气以后，做的什么装裹，买的什么棺材，搁了多少天，念了几棚经，怎么个预备，那先甭说，就说你爸爸出殡这个举动儿，让您听听这十万块钱够不够。

乙　好！您说吧。

甲　你爸爸这殡，未曾出殡前三天，可着北京大小报馆给你爸爸登蓝色的专刊。

乙　这是谁给办的？

甲　我办的呀。

乙　罢了！我算佩服您了。

甲　你光有钱行吗？

乙　不行，得有人。

甲　各要路口儿搭路祭棚，出殡那天是黄土垫道，净水泼街，有警察厅、公安局、保安队、游击队、侦缉队、五营、二十三巡加岗巡逻。有拱卫军、近卫军、荷枪实弹，弹压地面。在殡前头，有两丈四明镜一架，御赐金锹玉镐一份，有催押旗，开道锣，红官衔牌三十六对，白官衔牌一百二十八对，有开路鬼，打路鬼，显道神，夜游神，伯夷、叔齐、羊角衰、左伯桃名为四贤。有神荼、郁垒、秦琼、敬德四大门神。纸糊的烧活，金山、银山、尺头、元宝，四季纸花儿，有喷钱兽，喷云兽，镇海牛，英雄斗志百鹤图，上八仙，中八仙，下八仙，九尊无量寿佛，十八尊罗汉，五堂幡伞，分为五色，十六对大刀，二十四对金执事，真是云、罗、伞、盖、花、罐、鱼、长，八对清道旗，二十四孝骨牌旗，有飞龙旗，飞凤旗，飞虎旗，飞豹旗，飞熊旗，飞鱼旗，飞鳌旗。八对香幡，四对香伞，三架黄亭子，五把座伞，竹弓、胆箭，黄鹰、细狗、骅马、鹰鞲、鸟枪、骆驼。有龙头皮榘、凤尾鞭，戈林粉棍，龙凤羽扇，二十四对檀香炉。有松狮子，松象，松幡，松伞，松亭，松轿，松鹤，松鹿，八对松人儿。大十番儿，小堂名儿，笙，管，笛，箫。细声音乐七班，军乐队八班，马步号无数，花圈挽联无数。黑红帽子四对、刽子手四对手持兵符、令箭、鞭、牌、锁、棍。雍和宫、旛坛寺黄衣喇嘛经四棚。贤良寺、龙泉寺、青衣和尚经四棚。三清观、白云观真君道士经四棚。白云庵儿、瑞云庵儿尼姑经四棚。前呼后拥，六十个小男儿。一百二十八杠，杠夫是红帽翎，绿驾衣，经剃头穿靴子。猩猩红的棺罩，上绣寸蟒，赤金的宝顶，四个犄角儿安着八宝黄绒灯笼穗儿。茵陈木的棺材，琥珀带星①的盖儿，内有陀罗经被，全部的《金刚经》。在棺材头里，有四大名旦彩扮的童男童女。国务卿段祺瑞点主，陆军次长陆谨打着引马，在棺材前头有一副对联，一块横匾，乃是

---

① 指棺材的子盖（内盖）漆成琥珀色，饰以金箔贴星。

北洋大臣王士珍所写。

乙　这副对子上一联儿?

甲　"民间将有出头日。"

乙　下一联儿?

甲　"国家不幸丧栋梁。"

乙　这块匾?

甲　为国捐躯!

乙　嘿!

甲　这殡! 由北平新华门、出正阳门、前门西火车站上火车, 棺材运
　　到河南项城择吉安葬!

乙　这是我爸爸出殡?

甲　袁世凯发丧!

乙　走! 你这不是起哄吗? 我让你说我爸爸出殡, 你提袁世凯干吗呀?

甲　我正说你爸爸这殡哪, 我想起袁世凯来了。

乙　你提人家干什么呀?

甲　那天你爸爸这殡, 跟袁世凯那个殡走到一块啦。

乙　怎么那么寸哪?

甲　不要紧哪, 我再说说你爸爸这殡。

乙　得了得了, 甭说啦, 我们家这殡不值一提, 一个字儿, "惨"!

甲　也不能说惨, 您家这殡也不含糊。但得要不好, 我能跟袁世凯这
　　殡说到一块吗!

乙　那倒是。

甲　您家这殡, 可不能使一百二十八个人杠。

乙　咱也使不起。

甲　你们家这殡是三十二人杠。

乙　这还要怎么样? 这叫"太平杠"。

甲　还告诉您哪, 这三十二人杠抬出去, 特别。

乙　底盘大。

甲　那三十人没去。

乙　噢, 俩人儿, 穿心杠。

甲　不不, 去了去了。我说的那俩是打香尺的。这叫"对尺穿孝"。

乙　你倒说清楚了哇?

甲　五半堂的执事。这还要怎么样啊?

乙　这就可以的了。

甲　您家这殡，有个特点。

乙　什么特点？

甲　送殡的人多。

乙　对，我爸爸好交。

甲　你说，那天送殡有多少人？

乙　有二百多人。

甲　二百多人？两万人也多呀。

乙　我们家没有那么大的交往。

甲　不管认识不认识，听说是你爸爸死了，都要给送送殡。

乙　这是人缘儿，

甲　上岁数的，是你爸爸交往的。年轻的，是你们哥儿几个维持的。至顶到小孩儿，都是跟您家的小孩儿同学。

乙　对。

甲　那时候你爸爸跟谁最相好哪？

乙　这我知道，王怀庆。

甲　对，他的官衔是步军统领，卫戍司令部的司令，庆威上将军跟你爸爸最相好，听说你爸爸死了，要亲自给你爸爸送殡。

乙　多大的面子呀。

甲　你哥哥这地方开窍儿，给拦了："哎呀！您这么大岁数了，我们可实在是不敢当。您请回吧，千万可别送了。"

乙　应该拦。

甲　这么一拦不要紧，闹得王将军很为难，你说是送，还是不送？送吧，孝子拦，不送吧，又对不起你父亲。一想怎么办哪？得了，干脆，把司令部"大令"派去吧。

乙　派"大令"干吗呀？

甲　给送送殡哪？

乙　送殡派"大令"干什么呀？

甲　代表王将军到啦。

乙　殡前头弄个大令，这玩意儿看着它多别扭哇？

甲　这不是脸面吗？

乙　我是没在家，我要在家，连派"大令"我都拦了。

甲　又一想光派大令去不好看哪，再派点儿弟兄，前边派了二百马队骑着马。原定有份儿乐队，那天乐队人不齐了，就剩下四个号兵了，在前边二龙出水式，吹着号，哒哒哒嘀嘀哒哒……

乙　这号声听着别扭？

甲　后边哪？是二百步队扛着枪，上着刺刀，压着顶门子儿。

乙　嗳嗳嗳，送殡扛着枪，上刺刀干什么？

甲　这不是威风吗？

乙　干吗上顶门子儿呀？

甲　空枪扛它干吗呀？

乙　你说这玩意儿够多玄。

甲　在出殡以前，先出告示。

乙　出告示？

甲　啊，写上在哪儿起杠，走哪儿，奔哪儿，在哪儿下葬。

乙　那叫路引！不叫告示！

甲　对，路引，起杠在哪儿呢？后门（地安门）外帽儿胡同。

乙　帽儿胡同？那是提督衙门，又是司令部。

甲　司令部干吗？我说的是在帽儿胡同口儿上大杠。

乙　废话，我们住家在南锣鼓巷里黑芝麻胡同，应该在交道口上大杠。

甲　交道口走不了。

乙　怎么走不了呀？

甲　那儿正修理马路哪！

乙　怎么那么巧哇？

甲　帽儿胡同上了大杠，出太平仓西口，走西四，西单，宣武门，菜市口，往东走虎坊桥，珠市口，往南奔天桥儿。

乙　啊！上天桥儿干吗去？

甲　您家那坟地不是在永定门外大沙土口儿吗？它得由天桥儿路过呀？

乙　你那叫废话，我们家的坟地在德胜门外土城儿。

甲　您说那是老坟地，这是新坟地，想拿你爸爸立祖。

乙　嘿！我连我们家坟地都不知道在哪儿啦！

甲　那天我不知道你爸爸出来。

乙　啊！出来？什么出来？

甲　这个殡哪，出来！

乙　你把那个殡字儿说出来！

甲　那天我上南城外办事去了，回来正走到珠市口的南边儿，我一看，嗬！怎么这么多人哪？成了人山人海了，马路两旁的人，全站满啦，看热闹的都上房了。我心里说：今儿有什么事呀？找个熟人打听打听："我说大哥，您这儿瞧什么哪？""哟！你还不知道哪？一会儿×××他爸爸过来。"

乙　过来？

甲　这个殡哪，过来。

乙　你把那殡字儿带出来！

甲　我一想：不对呀，我记得是搁五七呀？怎么今儿个就出来了？

乙　出来？

甲　这个殡哪！

乙　（面向观众指甲）他老把这殡字儿丢了！

甲　后来我才听说，说那个日子不好，改了三七了。我一想：怎么办哪？就甭往您家赶了，再赶也来不及啦。干脆就在这儿等着得了。一会儿的工夫，我一看，你爸爸由北边儿过来了！坐在敞车上，俩人搀着，穿着"白号坎儿"，脑袋可耷拉了。

乙　噢！枪毙的！你拿我爸爸当出大差的啦？

甲　这话说得不对呀？咱们哥儿俩这样的交情，我要说老爷子枪毙啦，我又怎么好看哪？你听我哪句话像枪毙的，你给挑出来？

乙　哪句话？就由打帽儿胡同一上杠，我就不乐意听！你让各位听听，我爸爸坐在敞车上俩人搀着，穿着白号坎儿，脑袋也耷拉了，这不是枪毙这是什么？

甲　你没听清楚怨谁呀？我说的是你爸爸放大那相片儿，就是那个"影"。

乙　"影"，有影亭！

甲　影亭轿竿折啦，现雇来不及了，就搁在拉像的那大敞车上啦。

乙　那干吗还用俩人搀着呀？

甲　得扶着呀？不扶着趴下了，玻璃碎了。

乙　白号坎儿？

甲　照相时闪了光啦？

乙　脑袋也耷拉了？

甲　它不是快咽气时候照的吗？

乙　早干吗去啦？

甲　这看热闹的可就嚷上了！"二哥，过来啦！"

乙　什么过来啦？

甲　这个殡哪，过来啦！

乙　你怎么老把这殡字儿给落下呀？

甲　"几个呀？"

乙　几个？

甲　几个孝子？

乙　唉！

甲　"仨，嗨！"

乙　仨？

甲　你们不是哥儿仨吗？

乙　对！

甲　"哪个是呀？"

乙　哪个是正凶？

甲　"哪个是×××哇？"

乙　打听我干吗呀？

甲　您不是名望大吗？都想要看看您本人。

乙　看看我管什么呀？

甲　"当间儿那个，嗨！"

乙　对，我是正凶嘛！

甲　你是老二，不得在当间儿吗？

乙　嗳，对！

甲　"这小子真横。"

乙　是呀，还直骂街哪？

甲　说您没钱办这么大的事，可真横。

乙　这挨着横什么啦？

甲　"罢了，颜色没变。"

乙　是呀，我胆子大嘛！

甲　说你熬好几宿了，颜色没变！

乙　这是谁这么爱多管闲事呀？

甲　到了天桥儿，连生意场子都给搅了。

乙　怎么？

甲　全瞧你爸爸这殡来了。你爸爸到了天桥儿往西，奔二道坛门。

乙　对，那是刑场嘛！

甲　什么刑场？坛门口那儿有个茶桌儿，不得打那儿过呀？

乙　这茶桌怎么单摆到那儿啦？

甲　就是那木厂子给摆的嘛！

乙　明天我就给它放火去！

甲　到了坛门口哪，给搀下车来。

乙　下车！

甲　送殡的下车喝碗水呀！

乙　对！

甲　下车叫跪下。

乙　跪下好领刑啊！

甲　孝子道谢！

乙　哎，对！

甲　刚跪好，就听脑袋后头，啪啪！

乙　开枪啦？

甲　摔俩茶碗！

乙　怎么那么寸哪！

（罗荣寿述）

文章会

甲　我们祖国的艺术真是丰富多彩呀。

乙　哎，多种多样。

甲　除去舞台艺术以外，我们中国还有手工艺品。

乙　哦，您提的就是工艺品。

甲　对，对对。这个质量很高啊。您像"风筝魏"糊的风筝；"泥人儿张"塑造的泥人儿，那在国际市场上颇受好评。

乙　享有盛名啊。

甲　就是嘛。再有就是雕刻，雕刻那可太吃功夫了。

乙　是啊！

甲　我们能在芝麻粒儿大点儿地方刻字。

乙　噢？

甲　能在一根头发粗细的地方，刻一首诗。

乙　要我这眼神儿还麻烦啦。

甲　要欣赏这种艺术啊，必须得拿五百倍的显微镜来欣赏。

乙　肉眼看不见？

甲　对，对。再有就是我们祖国的书画。我们的墨笔字在世界上占一绝。

乙　书法嘛。

甲　对。我们天津写好墨笔字的不少。

乙　对。

甲　大家都知道，天津有五大家。这五大家呀……

乙　您先等会儿！

甲　啊？

乙　天津写好字的几大家？

甲　啊，五大家。

乙　嘿嘿，四大名写家。

甲　不，您遗漏了一位。

乙　华、孟、严、赵啊。

甲　不，华、孟、严、赵、苏！

乙　"苏"是谁呀？

甲　华世奎、孟广慧、严修、赵元礼、苏文茂，五大家。

乙　啊，您也是一位名写家？

甲　当然啦。

乙　怎么没见您写过字啊？

甲　我写的字很少。你要是到天津，和平路那是最热闹、最繁华的地方，两侧商店林立。您一看这个匾：噢！这个是华世奎写的，这是孟广慧写的，净是他们写的！

乙　对呀！

甲　全天津市您找去，哪块匾是我苏文茂写的？

乙　还真没有。

甲　它值钱就值在这儿呢。

乙　啊？怎么哪？

甲　它缺者为贵。

乙　嘀！这叫"缺者为贵"呀？

甲　你看要是市场上堆积如山的东西，小白菜儿就五分钱一堆啦。

乙　您这是值钱的？

甲　当然是了。我不但能写，我还能画。

乙　画什么呢！

甲　国画呀！

乙　国画家！

甲　我们中国的国画家很多，像古代的画家唐伯虎、米元章、郑板桥、赵子昂，这全是古代的画家。我们近代的画家，像齐白石老先生。

乙　对。

甲　张大千、溥心畬。

乙　"南张北溥"嘛！

甲　哎，这全是名画家。他们是各有所长。唐伯虎的美人儿画得最好！

乙　对。

甲　米元章的山水，最佳！郑板桥的竹子，一绝！

乙　各有特点。

甲　对啦，他们是各抱一角，我跟他们比，我比他们强。

乙　您呢？强在哪儿？

甲　我全行！

乙　全能画？

甲　对啦。您说是山水儿、人物、草虫、花卉、工笔的、写意的，甚至梅、兰、竹、菊，没有我不能画的。

乙　全才呀！

甲　这就是我最大的优点。

乙　不简单。

甲　可……但是我也有缺点。

乙　一个人的缺点总是难免的。

甲　不过，我的缺点……我认为还是很小喽！

乙　您的缺点是？

甲　画什么，不像什么。

乙　不会呀？夸了半天自己，不会画！

甲　这个人敢情不懂得客气。这不是客气吗？

乙　这是客气话？

甲　哪能是画什么真不像什么？有时候我画个美人儿，让您这么一看……

乙　像个美人儿？

甲　像周仓！

乙　还是不会呀？

甲　这是说个笑话。我从小就喜欢画画儿。

乙　您哪？

甲　我过去是美术系的学生，后来由于条件的关系呀，又给我转到中文系去了。

乙　您还是个学生？

甲　啊，学生。

乙　在哪儿上学呀？

甲　我呀？北大。

乙　北大照相馆？

甲　照……照相馆干吗？

乙　不是北大吗？

甲　北大！北京大学。

乙　谁呀？

甲　我呀。

乙　您是"北京大学"的学生？我先问问您吧，这个"北京大学"在哪儿啊？

甲　这位对我还抱有怀疑的态度。

乙　不是这意思，跟您打听打听！

甲　其实在哪儿我还不知道吗？"北京大学"在北京啊。

乙　你这不都废话嘛！"天津大学"还在天津呢。我问你具体地点。

甲　具体地点？北京，离后门不远，这个地名儿叫"沙滩儿"。

乙　这地方说得倒对。

甲　这是我的母校。

乙　啊，您这个……北京大学的校长是哪位呀？

甲　校长？这我不能提。

乙　为什么呢？

甲　因为徒不言师，说出来太不尊重。

乙　没有那么多规矩，您不提出来，别人不知道。你可以提提这个北大校长。

甲　我们校长姓周，名德山，号叫"蛤蟆"（演出时念陆 hǎ mò）。

乙　蛤蟆？哪俩字呀？

甲　"蛤"就是"虫"字边儿，一个"人一口"的"合"字儿，蛤。

乙　蟆哪？

甲　"蟆"就是"虫"字边儿，一个"莫"名其妙的"莫"。周蛤蟆。

乙　周蛤蟆呀？要命嘛。

甲　周校长。

乙　别……别！还鞠躬哪？礼节还够深的。别说啦！人家各位老观众都知道，周蛤蟆是我们说相声的。北大校长姓蔡，叫蔡元培。

甲　啊，您说那是前任校长；我说是我上学的时候，我们校长就是周德山，周蛤蟆。

乙　周蛤蟆还当过校长？

甲　那没错。

乙　那可能是同名同姓。

甲　嘿。我在我们学校是高才生。

乙　您哪？

甲　啊，我给我们全学校都露过脸。

乙　这是什么时候呢？

甲　哎呀，提起这话可早啦！您知道有一位著名的文学家，姓康，叫康有为，听说过吗？

乙　太听说过啦！人称"康圣人"。

甲　对，我就在这位老先生面前露的脸。

乙　露过什么脸呢？

甲　康有为先生由打日本回来，回到中国要到各都市、各学校参观。明则参观，暗含着是检阅，就来到北京大学。我们校长一听康有为来了，要亲身迎接，让到里边，分宾主落座。这时候，开始跟我们校长谈话。

乙　康有为是怎么谈的呢？

甲　康先生说："贵校校长，一共有多少名高足？"

乙　这"高足"是什么？

甲　就是有多少学生。

乙　你就说有多少学生就得啦！

甲　我们校长回答："共有五百六十名蠢徒。"

乙　这"蠢徒"还不少哪。

甲　"他们每天全有什么功课呢？""每天除去专门功课以外，每到星期六的下午，还要让他们各位学生做一篇八股文章。"康圣人一听，很不满意。

乙　为什么呢？

甲　废除八股文章那是康有为的主意。

乙　对呀。

甲　现在我校又提倡八股，这好像在学术上跟康先生有点儿反对。

乙　那个……康先生是怎么表示的呢？

甲　康圣人虽然心里不乐意，但是脸上并没有带出来。

乙　有学问的人。

甲　还是满面带笑。"哦，贵校校长，既然你说到这儿，康某不才，要在贵校献丑。我出个题目，让他们各位学生做一篇八股文章，是否可以？”

乙　康圣人要出题？

甲　应当呢，我们校长给拦下了。

乙　为什么呢？

甲　康圣人？那是多大的学问！

乙　就是啊。

甲　他出的题目我们准做不上来呀！可是我们校长没拦，就坡下啦。

乙　你看看。

甲　“好，那就请康先生出题吧！”康圣人很不满意。

乙　那是啊。

甲　拿起粉笔在黑板上，“唰唰唰”，如插柳塞花一般，我们各位学生定睛一看——就愣啦！

乙　怎么呢？

甲　题目太深。

乙　什么题目啊？

甲　春秋题。

乙　真是够难的。

甲　春秋题是最难的。还甭说我们，那在清朝的时候，那赶考的举子最怕春秋题。

乙　就是。

甲　您算这橘子（举子）要怕春秋题，何况我这酸梨啦！

乙　我这菠萝蜜就更不行啦！什么橘子啊？赶考的举子。

甲　对。进贡院的文武举子。

乙　对。

甲　不但是春秋题，其中还有三个要求。

乙　提出哪三个要求啊？

甲　第一，要二十五分钟交卷。

乙　时间可够紧的。

甲　第二，不准交头接耳。

乙　怕你们作弊呀。

甲　对。第三，作文的时节，不能使铅笔，不能使钢笔。

乙　使什么？

甲　利用毛笔作文。

乙　为什么呢？

甲　刚才我说了，墨笔字最吃功夫。你写文章如果滴答上墨点儿，文章写多好，这也不行，这叫“黵卷儿”。

乙　多严肃啊！

甲　不但要看看我们写的文章好坏，还要看看我们笔法如何。说话把卷子撒出去，开始作文。到了二十五分钟一收卷儿。

乙　怎么样？

甲　发出去是五百六十张卷子，收回来的才八十二张。

乙　其余那些个呢？

甲　全是白卷儿。

乙　没敢写？

甲　没敢动笔。

乙　多难哪！

甲　题目太深。可是这八十二张呢，我们校长还要挑选一下。

乙　挑什么呢？

甲　有哪个不及格的，不能给外人看。

乙　怕人笑话。

甲　校长拿过这篇这么一看，这篇词句不佳。

乙　词儿不怎么样。

甲　这篇字体不妙。

乙　字写得不好。

甲　哎，这篇不错。哎呀，可惜，美中不足啊！

乙　怎么呢？

甲　有一个字落一笔！

乙　哪个字落一笔呀？

甲　“人”字儿短一捺。

乙　嗬！哎哟，一共两笔还落了一笔。什么学生这是？

甲　哎？这谁画一小王八哎？

乙　啊？卷子上画王八？

甲　这位一忙把图画交上来啦。

乙　瞧这帮学生。

甲　选来选去呀，八十二张卷子只选拔五张比较好的，您可听明白啦，五张之内可有敝人。

乙 “敝人”是谁？

甲 就是我。

乙 噢，你毙过一回？

甲 什么叫“毙过一回”呀？敝人，这是跟你客气。就是我。

乙 这不胡来吗？你跟我客气，我哪儿懂啊？那天我在马路上看布告，问人什么事儿，人说：“毙人。”我还以为是你哪。

甲 嗐，你说那叫枪决。敝人——这是客气。

乙 是，是。

甲 五张之内有我。这五张嘛，要选拔三张好的，三张之内又有我苏文茂。

乙 那是。

甲 三张要选拔一张最好的，也就是全校的代表作。一看这张，词句也佳，字体也妙，也没黵卷，一瞧下款是——苏文茂！

乙 我就知道得是你！哈哈！

甲 我们校长拿着这篇卷子，非常爱护，双手递给康老夫子，“请康先生过目。”

乙 噢，让康圣人看看。

甲 康圣人接过卷子一看，当时就大吃一惊。

乙 是啊？

甲 就这个意思——呜呼呀！

乙 这是吃惊哪。

甲 大惊。当时拍案称奇：“文章奇哉！”

乙 嘿。

甲 “文章妙哉！文章奇妙而绝哉！”

乙 先来“三灾”，就短“八难”啦！

甲 “校长，请看令高足这篇大作。康某平生闻所未闻，见所未见。由始至终一气贯通，笔力之精神，行如游云，倏如闪电，下笔之处，一笔不拖，恰似凤舞龙飞一般；文中之妙句，并无半言抄袭前人，寻章摘句。字字乃珠玉之价，可称千金难易一字矣。常云：‘唐诗、晋字、汉朝文章’，公有高足一人，三代兼全矣。我国文章，史有唐宋八家，至今诗文之人无不效仿，无不羡慕。今有令高足后起之秀这篇盖世之奇文，空前绝后之奇才，我恐那唐、宋两代古人，身价落千万丈矣！”

乙　这都什么乱七八糟的。

甲　好，我白费劲啦！

乙　您说这什么呀？

甲　嘿！这就是康先生夸我这篇文章写得好！

乙　他是怎么夸的呢？

甲　我们作古文嘛，必须得学"唐宋八家"。

乙　哪八家？

甲　唐朝有韩愈、柳宗元；宋朝有欧阳修、苏辙、苏轼、苏老泉、曾巩、王安石。

乙　对。

甲　这是古文专家。作古文嘛，必须得学这八家。

乙　就是啊。

甲　可是那是过去！我苏文茂写的这篇文章以后，后人再有作古文的，就不学"唐宋八家"了！

乙　那学谁呢？

甲　那就得学我苏文茂啦！

乙　那……那"八家"就算完啦！

甲　当然，这是康先生夸奖。我们校长一定要客气。

乙　那是啊！

甲　校长说："康先生过奖！小徒这篇陋文，词句不佳，字体不妙，难登大雅之堂，实不足污高人之目。先生过奖，我师生惭愧无地也。"

乙　这周蛤蟆还够酸的。

甲　说我比不了的意思。

乙　是，是。

甲　康先生说："不然，不然！非也，非也！"

乙　开枪，开枪！

甲　开枪干吗？

乙　你飞个什么劲儿啊？

甲　嗐，这个"非也"就是不对。

乙　你就说"不对"就得啦！

甲　"据我康某看来，不但那唐、宋两代古人不及，就是那后汉诸葛孔明老先生，前、后《出师表》可称盖世之奇文。那武侯《出师表》中之妙句，也不过如此尔！"

乙　这又是什么意思啊？

甲　后汉诸葛亮的《出师表》怎么样？

乙　好啊！

甲　好的地方跟我一样。

乙　不好的地方呢？

甲　诸葛亮不如苏文茂。

乙　诸葛亮也完啦。

甲　当然，我们校长更要客气。

乙　是。

甲　"康老先生越发过奖，小徒蠢材，既不敢比唐、宋两代古人，焉敢妄比后汉诸葛孔明老先生？那孔明先生身居卧龙岗，有'卧龙'之美称，孔明乃一龙，小徒草蛇不如，草蛇焉能与卧龙为伍？再一说孔明先生官拜'武乡侯'，后人以'武侯'称之。孔明乃'武侯'，小徒乃'眼儿猴'。"

乙　"眼儿猴？"

甲　"一二三等类。'眼儿猴'一二三，焉能搂'武侯'之注，岂能赢钱乎？"

乙　掷色子？噢，说这套话康圣人愣懂？

甲　当然懂啦！圣人嘛，圣人全得懂！这叫一事不知，是知耻也！

乙　甭问，康圣人也爱要钱。

甲　康先生说："今天幸会奇人之文，未会奇人之面。今日康某欲与高足一会，不知校长肯其赐教否？"

乙　康圣人还要见见你？

甲　我们校长给拦下了。

乙　怎么？

甲　"本应当命小徒专程拜谒，恐其礼貌不周，所以未敢造次。"

乙　不让见。

甲　"哎，焉有造次之理乎？如果大才子苏君文茂，若不见的话，康某就自杀而已。"

乙　这康圣人也是，一个苏文茂见不见有什么关系呀？

甲　我们校长一听要出人命，赶快见见吧！

乙　你得赶紧救他一条命啊。

甲　叫我："苏文茂！"我说："有！"冲我们校长一鞠躬。校长给我介绍："见过康老夫子！""哦！康老夫子！"鞠完躬，抬起头来，跟康先生一对面，康圣人一瞧我，他又吃一惊。

乙　前后"二更"，离天亮差不远啦！

甲　"哎呀呀！这位就是令高足苏君文茂？"

乙　这康有为也没见过这么"瘆"的人？

甲　这叫什么话？这是康先生见到本文的作者感到惊奇。

乙　啊，是啊！

甲　不是看到我"嘴瘪"而惊奇。这"嘴"是生理上的缺欠，不可污辱。

乙　还不可污辱！

甲　"这位就是令高足苏君文茂？"校长说："正是蠢徒！"康先生又跟我谈话。

乙　跟你是怎么谈的呢？

甲　"方才那篇大作可是阁下大笔否？"

乙　问是你写的不是！

甲　我说："蛐蛐儿不才，然也！"

乙　蛐蛐儿啊？还油葫芦哪！区区不才！

甲　哦，对，我爱走小辙。

乙　你说的不是地方。

甲　"不错，是我做的。""你能否按原文再做一篇？"

乙　这什么意思啊？

甲　这个？怕有第二者参加。怕不是我一个人写的。

乙　那你敢写吗？

甲　那有何难？拿起笔来不假思索，挥笔而就。写完了，康先生拿这张跟那张一对，分毫不差。是我一个人写的，怎么会差呢？

乙　就是。

甲　就是题目太深——春秋题。

乙　我说，打刚才你就说题目太深，也仗着我不懂这玩意儿。

甲　什么叫"这玩意儿"啊？这个人对古文还是不够尊重。

乙　不，您说这个题目深，您这样好不好？把你写的那个文章啊，在这儿给我们念一念、读一读，大家欣赏一下。你看怎么样？

甲　在哪儿读啊？

乙　就在这儿啊。

甲　在这儿？

155

乙　啊!

甲　我想不必。

乙　怎么呢?

甲　知道这是什么地方?

乙　演出剧场啊。

甲　此乃是娱乐场所,念书的居多,识字的居广,知道我们哪一位老先生是前清的翰林?

乙　这您放心! 翰林没工夫往这儿来。

甲　也许在座的有进士。

乙　进士没有。备不住有近视眼。

甲　说现在嘛,就是某学校的教授、文学家、艺术家。

乙　这难免。

甲　我在这儿还甭说把文章读错啦,就是我把字音念倒了,各位一摇头与我无妨啊,与我们周校长脸面上,不太好看。

乙　看来这爷儿俩还都够酸的。你呀,放心念,有错我给你担着。再说也没有笑话人的啦!

甲　那好,既然这样的话,我就在这儿读一读。

乙　可以在这儿念一念。

甲　春秋题啊。我读可是读啊,你哪点要是不懂的话,马上提问。

乙　那是当然。

甲　千万不要不懂装懂。

乙　我哪能那样!

甲　我……这个,不但是你喽,在座的各位观众……当然,如果说您是学文学专科的程度,您许理解我这文章的意义。如果说您是初中、高中的程度,这恐怕是理解不深。

乙　那我算完了,我才小学三年。

甲　这么办吧,哪一位听着要是有不懂的地方,您可以举手,提出来以后咱们互相研究。

乙　行行!

甲　各位您要原谅我。非是我学生话大,这是康圣人出的题目,太深——春秋题。

乙　是,是。

甲　这个"春"嘛,就是以正月为春。

乙　怎么还"正月"呀？

甲　"春正月"嘛。

乙　啊？是是是。

甲　有这么几句。

乙　那您念念，我听听。

甲　"正月里来正月正。"

乙　嘿，哈哈！

甲　请我们大家要保持严肃！

乙　不不！没法儿严肃！还严肃呢？

甲　"我请小妹逛花灯。"

乙　嘿！

甲　"花灯是假的，妹子是真情！妹子妹子依呼呀呼嘿！"

乙　嗬！

甲　哪一位要是不懂的话，您举手！

乙　去去！还甭各位，连我都懂！就冲这"妹子妹子"，我就明白了。

甲　这个"秋"嘛，就是以"八月"为秋。

乙　怎么写的呢？

甲　有这么几句——"八月秋风阵阵凉，一场白露一场霜，小严霜单打独根草，挂大扁儿甩籽荞麦梗儿上，也！"

乙　怎么还"也"呀？

甲　无"也"不成章啊。

乙　这是您的大作呀？

甲　不，这我跟她们唱大鼓的学的。

乙　哪段啊？

甲　《王二姐思夫》。

乙　《摔镜架》。康有为愣不懂这个？

甲　他哪儿见过这样的文章啊？康先生拿着我这篇文章，那真是爱如珍宝，赞不绝口。最后他夸我，说了一句满洲话。

乙　哎？不对呀！康有为是汉人，怎么说满洲话呀？

甲　他在清朝的时候做过官哪。

乙　是啊？

甲　啊，啊！

乙　这满洲话我懂两句。

甲　是吗?

乙　康有为怎么夸你的?

甲　他说:"哎呀,这样的学生能做如此的文章,可称'叭胡噜'。"

乙　好,康有为这是夸你哪。

甲　是啊?

乙　"巴格卢"就是好的意思。

甲　不,您说那"巴格卢"是好的意思,他说我可称"叭胡噜!"

乙　叭胡噜?

甲　那"叭"是"叭","胡噜"是"胡噜",两个意思。

乙　怎么讲法呢?

甲　康圣人过来照我这个地方,啊,"叭"!疼得我这么一"胡噜",这不是"叭胡噜"吗?

乙　打上啦?

甲　然也!

乙　还转哪!

(苏文茂　马志存演出本)

大保镖

甲　你看我往这儿一站，像干什么的？

乙　我看不出来。

甲　我是个练武的。

乙　练武的有你这么瘦的吗？

甲　这么一说你就外行啦！练武的就应当胖啦？

乙　那你也太瘦了！

甲　我这叫缩、小、绵、软、巧，懂吗？

乙　那你都练过什么？

甲　我练过兵刃和拳脚。

乙　你练过什么兵刃？

甲　兵刃有刀、枪、剑、戟、斧、钺、钩、叉、鞭、锏、锤、抓、镋、棍、槊、棒、拐子、流星，什么带钩的、带刃的、头尖的、带刺的、带峨眉针的，十八般兵刃我是样样……

乙　精通？

甲　稀松。

乙　稀松啊？

甲　稀松是他们，我是精通。十八般兵刃列摆在我的眼前，我一样一样都能把它……

乙　练喽？

甲　卖喽。

乙　卖喽啊？

甲　卖弄卖弄，拿得起来搁得下。

乙　拳脚你练过什么？

甲　拳脚分内家拳、外家拳。

乙　内家拳是什么？

甲　是无极、有极、太极、两仪、四象、形意、八卦。

乙　外家拳呢？

甲　少林寺弹腿、花拳、大红拳、小红拳、八仙拳、地趟拳、通背拳、罗汉拳。远了长拳，近了短打，小架子猴拳。

乙　嘿！

甲　练武讲究投名师访高友，要提起我的师父，他那家乡住处净是练武的！

乙　在哪儿？

甲　北京的西边，京西虎岭。

乙　哪儿？

甲　虎岭。

乙　虎岭啊？那地方净是卖粽子的，端阳节吃的粽子。

甲　噢，我们那儿净是卖粽子的？

乙　唉。

甲　请问你是哪儿的人？

乙　北京人。

甲　北京那儿净是说相声的。

乙　净是说相声的谁听啊？

甲　我们那儿净是卖粽子的，谁吃啊？

乙　他这儿等着我呢！

甲　就提我师父那是无人不知，无人不晓。

乙　你师父是……

甲　外号叫"江湖元老，武林圣杰"。

乙　名字呢？

甲　叫姜天龙。教了我们哥儿俩，我跟我哥哥。

乙　你们哥儿俩叫什么？

甲　我哥哥叫白糖的，我叫馅的。

乙　好嘛，俩小粽子！

甲　学三年满徒了，有一天，我师父闷坐前庭，叫我们哥儿俩："呀呀大徒弟，呀呀二徒弟……"

乙　叫徒弟干吗？

甲　我师父说："你们哥儿俩的功夫如何？"

乙　你呢？

甲　我说："师父，我们行啦！"

乙　行了？

甲　我师父一听："怎么着？行了？小小年纪，乳毛未褪，黄嘴牙子未干，就敢说行啦，我都没说行！"

乙　好嘛，你师父生气了！

甲　"你不是行了吗，我不教啦！"我师父要走，临走的时候，送我们哥儿俩每人一个雅号。

乙　你哥哥的雅号叫什么？

甲　"赛子龙"！

乙　好啊，把他比作赵子龙啦。你的雅号是什么？

甲　"赛狗熊"！

乙　这可不怎么样。

甲　我师父看我平时学习不用功，生气时说的。

乙　那是激发你今后应努力学习。

甲　我师父还嘱咐我们三件事。

乙　哪三件事？

甲　第一不准拦路打抢。

乙　第二呢？

甲　不准偷盗窃取。

乙　第三？

甲　不准给贪官污吏保镖护院。

乙　什么叫保镖？

甲　当初交通不便，有钱的人出门，带的金银财宝怕被人抢走，就得花钱请会武艺的壮士给护送，这就叫保镖。

乙　噢。

甲　我师父嘱咐完了我们，他是一溜火光，直奔东南……

乙　狐仙爷啊？

甲　这不是形容我师父有功夫嘛！

乙　干脆，你别形容啦！

甲　我师父走了，我们的功夫可不能搁下，天天照样儿练。有一天我们哥儿俩正练着呢，有人叫门，开开大门一看，这个人手拿拜匣跟我打听："请问这儿有姜武圣高徒赛子龙、赛狗熊吗？"

乙　你这"赛狗熊"也名声在外了。

甲　我接过拜匣一看，里边有一请帖，北京前门外会友镖店李掌柜，请我们哥儿俩保趟镖，你说去不去？

乙　去呀！

甲　当时我说："你先行一步，我们哥儿俩随后就去。"我们哥儿俩商量好了，转天收拾行囊包裹，带着随身家伙，直奔北京前门外。来到镖局子门口一看，老少英雄都出来迎接我们哥儿俩，都是三山五岳的英雄，四面八方的好汉，那真叫穿红的红似血，穿白的白似雪，穿黄的黄似蟹，穿黑的黑似铁，真叫梗脖梗，大脑瓜，梗腿肚子大脚丫，咳嗽都带二踢脚^①的——喷儿，叭！

乙　嚯！

甲　当中闪出一位老达官，须发皆白，年过七旬，看见我们哥儿俩来了，赶步上前抱拳拱手："不知二位壮士驾到，未曾远迎，当面恕罪！"

乙　你怎么说的？

甲　我说（学京剧花脸道白）："岂敢岂敢，咱家来得鲁莽，田大人你就恕个罪儿吧！"

乙　要唱《黄金台》啊！

甲　我们叙过客套，穿过二道门儿，迎面五间待客厅，八十三磴汉白玉台阶，老达官没走楼梯，冲我们哥儿俩一抱拳："二位壮士，请楼上饮酒。"说完此话，再看这位老达官，一撩衣裳襟儿，使个"燕子钻云"——噌！上去啦！

乙　嘿！

甲　这叫抻练我们，我们要是再走楼梯上去，那就栽跟头啦！

乙　是啊。

甲　我哥哥站那儿没动，冲我一使眼色，那意思是叫我准备，他来个"旱地拔葱"，噌！也上去啦！

乙　就看你的啦！

甲　蹿高纵矮，我没拿这个搁在心上，当时我往后倒了三步，叭，叭，叭！打任旋风脚，嗖，噌！劲大上房啦！

_____

①　二踢脚，双响爆竹。

乙　人上房啦？

甲　我鞋上房啦！

乙　鞋上房啦？

甲　那鞋没钉鞋带儿。

乙　钉鞋带儿成大傻小子啦！

甲　我说："来人哪！搬梯子够鞋！"

乙　搬梯子？

甲　没人理我！结果我自己搬个梯子上去啦！进屋一看，摆了一桌全羊大菜。

乙　他净惦着吃呢！

甲　酒过三巡，菜过五味，老达官抱拳拱手："二位壮士，我有句话不知当讲不当讲？"我说："你有话请讲当面。"老达官说："这次把你们哥儿俩请来，还有趟镖没走，现今有东路镖、南路镖、北路镖都有人敢保，唯独西路镖，贼人太多，匪人太广，不知二位壮士可敢保否？"我说："你且住口，什么叫敢否？休长贼人威风，灭我们弟兄锐气，不就西边有贼吗？"

乙　啊！

甲　打东边走！

乙　打东边走啊！

甲　啊，打东往西走。

乙　那叫迎贼前往！

甲　说完此话，临下楼的时候，这老达官还抻练我们，他使个燕子三抄水——刷，刷，刷，就跟四两棉花似的下去啦。我哥哥也不含糊，站在楼窗上，脸朝里，背朝外，头朝下，脚朝上，使个"燕子投井"，离地三尺，来个"云里翻"的跟头，脚踏实地，上身不摇，下身不晃。

乙　这是功夫。

甲　我打上边一抱脑袋，叽里咕噜叭嚓！

乙　怎么啦？

甲　打楼梯上折下来啦！

乙　折下来啦？

甲　我这叫就地十八滚，燕青十八翻，全凭腕胯肘膝间。

乙　他老有词儿！

甲　下了楼，老达官说："请二位过过汗儿吧！"

乙　什么叫过过汗儿？

甲　就是看看我们武艺高低，当时我哥哥一看院子当中摆着十八般兵刃，他伸手拿起一杆大枪，可不能全叫枪，七尺为枪，齐眉为棍，大枪一丈零八寸，一寸长一寸强，一寸小一寸巧，大枪为百兵刃之祖，大刀为百兵刃之母，花枪为百兵刃之贼，单刀为百兵刃之胆，宝剑为百兵刃之帅，护手钩占四个字：挎、架、遮、拦。我哥哥练了一趟六合枪。

乙　什么叫六合枪？

甲　分内三合外三合。

乙　内三合？

甲　心、气、胆。

乙　外三合？

甲　手、脚、眼。

乙　嗯。

甲　有赞为证：一点眉间二向心，三扎脐肚四撩阴，五扎磕膝六点脚，七扎肩井左右分。扎者为枪，涮者为棒，前把为枪，后把为舵，大杆子占六个字：崩、拨、压、盖、挑、扎。练完之后，大家是拍掌赞贺！他练完了，看我的，我不能再练枪啦。

乙　怎么呢？

甲　我要再练枪，那叫"千人吃面"。

乙　啊？千人吃面，那得多大锅呀？那叫"千人一面"。

甲　对。我不练枪，伸手拿起一口单刀。单刀看手，双刀看肘，大刀看滚手。我来个夜战八方藏刀式（动作）。我这儿一拉架势。

乙　怎么样？

甲　该着我露脸。

乙　怎么？

甲　打头里来块云彩，刷，刷，下起雨来啦！

乙　那就别练了，黄土地儿，一沾雨水特别滑，你要滑个跟头怎么办呢？

甲　滑个跟头就没功夫啦，我有功夫。再说，练刀讲究风雨不透，我这趟刀练得行上就下，行左就右，光见刀不见人。我练得就跟刀山似的，顺着刀"哗哗"往下流水，再看我衣裳，连个雨点儿都没有！

乙　你在院里练刀哪？

甲　我在屋里避雨呢！

乙　避雨呢？刀呢？

甲　刀我扔院里啦！

乙　怪不得光见刀不见人呢！

甲　这样，大伙儿直叫好："好——"

乙　好刀法！

甲　"好避雨！"

乙　嘻！这是损你呢！

甲　我倒不理会！

乙　都损皮啦！

甲　练完刀，老达官说："请二位验验镖吧！"

乙　验验镖是什么？

甲　就是看看我们保的是什么。把我们让到后跨院，就看北房檐底下码着二十四垛黄澄澄的都这么大个儿（双手比划直径一尺左右的样子）。

乙　金坨子？

甲　老倭瓜。

乙　倭瓜呀！不用你们保，我挑着去。

甲　你看着是倭瓜，细瞧瞧这倭瓜是什么的？

乙　金的？

甲　面的。

乙　面的！水的不好吃。

甲　你看着是倭瓜，拿刀切开往里看——

乙　有金银珠宝？

甲　有倭瓜子。

乙　还有瓤儿呢！

甲　你连籽带瓤儿都挖出去，再往里看——

乙　有金银珠宝啦！

甲　空倭瓜。

乙　废话！

甲　空倭瓜有用，拿珍珠、玛瑙、翡翠、钻石，最次的是金货，用红绵纸包好了，放在倭瓜里头，拿竹签对上，黄土泥在外边腻了缝儿，这就叫倭瓜镖，这是暗镖的一种。知道的，我们是保镖的，不知道的，我们是卖倭瓜的。

乙　是啊。

甲　押镖车出彰仪门，下吊桥，走养济院、三义庙、五显财神庙、小井、大井、肥城、卢沟桥、长辛店、良乡、小十三、大十三、洪恩寺、窦店、琉璃河、宣平坡、下坎儿到涿州，天可就黑了，依着我哥哥打尖住店；我说，不行，头一次保镖，要落个好名声。

乙　干吗？

甲　连夜而行。出去涿州四十多里地，就看前边一带黄沙岗，有一片密松林，就听：嘡叭！一声响箭，吱喽！一声呼哨，呛啷啷一棒铜锣响，可了不得啦！

乙　怎么啦？

甲　有了贼人劫镖车啦！

乙　那怎么办？

甲　落驮子打盘，趟子手看住镖车，我们哥儿俩越众当先。再看对面树林里，噌，噌，噌，蹿出四十多名喽啰兵，个个花布手巾缠头，十字袢，英雄带，兜裆滚裤，手拿短刀，当中为首的黑大个儿坐骑乌骓马，头如麦斗，膀大腰圆，手拿镔铁大棍，口念山歌。

乙　怎么说的？

甲　"呔！此山是我开，此树是我栽，有人从此过，留下买路财，牙崩半个说不字，一棍一个打死不管埋！"

乙　真厉害呀！

甲　他厉害？再看我哥哥坐骑白龙马，双脚点镫，手持亮银枪迎上去了。

乙　你哥哥行吗？

甲　不行能叫"赛子龙"吗？他套路会长拳、太极、南拳、剑术、枪术、棍术；对抗会散手、推手、长兵、短兵样样精通。

乙　好！

甲　我哥哥与黑大个儿大战三百回合，那黑大个儿只有招架之功，并无还手之力。

乙　好功夫。

甲　我哥哥见时机已到，用枪向他右侧一晃，黑大个儿用棍往右一挡；我哥哥随手变招刺向他的左肩，将他挑落马下。

乙　好枪法。

甲　这时又上来一个黑小个儿。

乙　你哥哥还得跟他交手。

甲　我说："有事弟弟服其劳，杀鸡焉用宰牛刀？哥哥你为我观阵，看我'赛狗熊'的。"

乙　就别提你那"赛狗熊"啦。

甲　对，"拉过我的牛来……"

乙　唉，上阵骑马还嫌慢呢，你怎么骑牛哇？

甲　我骑牛比古，前七国孙庞斗智，孙膑不就是骑牛吗？

乙　人家那是什么牛？

甲　什么牛？

乙　那是神牛。

甲　我这是宝牛。

乙　怎么个宝牛？

甲　我把它喂饱啦。

乙　喂饱啦？

甲　"抬过我的扁担！"

乙　抬扁担干吗？上阵使刀、使枪。

甲　我使扁担又比古，《水浒》里的拼命三郎石秀，上阵不是使扁担吗？

乙　人家那扁担里有枪。

甲　我这扁担里也有枪。

乙　人家那里是亮银枪。

甲　我这里是火药枪。

乙　火药枪啊！

甲　我这里是一杆花枪。

乙　噢。

甲　我是骑着扁担拿着牛。

乙　啊？那叫拿牛骑扁担……我也说错啦！那叫骑牛拿着扁担。

甲　对，我来到两军阵前，抖丹田一声喝喊："贼呀！瞧爷爷与你大战三百回合！"

甲　这个狠心贼，不问名姓，劈面就给我一棍！

乙　你呢？

甲　当时我这扁担往上一架，来个"横上铁门栓"，就听"喀嚓"！

乙　你把棍磕出去啦!

甲　我扁担折了!

乙　坏了!

甲　好了,扁担折了,兵刃露出来了,花枪在手,跟贼人牛马一错镫……

乙　那叫二马一错镫!

甲　我不是骑着牛呢吗?

乙　啊,对!

甲　我们牛马一错镫,我就给他来个"回牛枪"。

乙　那叫回马枪……啊,你骑着牛哪!

甲　这个贼人久经大敌,是个惯手,他一回手让过枪头把我枪杆给攥住了,他往他那儿夺,我往我这儿抢,他说:"拿来!"我说:"给你!"

乙　怎么给他啦?

甲　我没他劲大!

乙　好嘛!

甲　我没兵器了,快跑吧!

乙　对!

甲　跑不了啦!贼人赶到了,搂头又是一棍,我一抱脑袋:"唉,我命休矣!"

乙　等死啦!

甲　我又乐了!

乙　怎么?

甲　我背后还背着护背双刀呢,我一抱脑袋,正摸在刀把上,当时是双刀出鞘。倒了霉的贼,他没看见,我左手刀封住贼人棍,右手刀来个"海底捞月"。贼人一见不好,转身就跑。

乙　他怕你的双刀?

甲　我哥哥催马提枪上来了。

乙　怕你哥哥呀!

（马敬伯回忆整理　转载时略作改动）

倭瓜镖

甲　我也习过文，我也练过武。

乙　（看甲一眼）您要说习过文，真话、假话我还能信，您要说练过
　　武，我可不信。

甲　怎么哪？

乙　练武的人都是精神百倍。就您这一身囊肉，您甭练就喘了。

甲　（冷笑）可见你是蜀犬吠日，井底之蛙，没开过眼！这练武啊，
　　不在相貌上，你瞧我这一身肉？这是练的！

乙　我倒要打听打听，您都练过什么武？

甲　这个武啊，包括太广。练力气也是练武；拧棒子、抖麻辫子，扔
　　沙袋子，举石锁，举礅子，弓刀石，马步箭，也是练武；摔跤讲
　　究崩、拱、揣、豁、倒、爬、拿、捋、搭、勾，这也是练武；兵
　　刃：刀、枪、剑、戟、斧、钺、钩，叉、鞭、铜、锤、抓、镋、
　　棍、槊、棒、拐子，流星，一十八般兵刃，带钩儿的，带尖儿的，
　　带刃儿的，带刺儿的，带环儿的，带链儿的，全都要拿得起，放
　　得下。拳脚分内家拳，外家拳。

乙　什么叫内家拳？

甲　分无极，有极，皇极，太极，两仪，四象，形意，八卦。

乙　什么叫外家拳呢？

甲　少林门、弹腿门、各门的拳脚；要练大红拳，小红拳，八仙拳，
　　罗汉拳，地躺拳，小架子猴拳；远了长拳，近了短打，挨、帮、
　　挤、靠、肩、肘、胯、膝、闪、展、腾、挪，蹿高，纵矮；要练
　　猫蹿、狗闪、兔滚、鹰翻、蛤蟆蹦、骆驼纵！

乙　我都没见过。

甲　此外还有硬功夫。

乙　什么硬功夫？

甲　要练金钟罩、铁布衫、铁裆、蛤蟆气；铁砂掌、朱砂掌、鹰爪力、重手法，还有绵砂掌。

乙　嗬，今天我算遇见高人了，您练的这功夫可太多了。

甲　哪个功夫？

乙　您刚才说的这些功夫啊！

甲　我说的这些个，我全都不练。

乙　你这个全不练，练什么呢？

甲　我练的功夫，您就是把武圣人请出来，达摩重生，也练不了这功夫。

乙　您这功夫在哪儿呢？

甲　（用手指脑门子）我练的功夫全在这儿了。

乙　噢，不错！我见过，"油锤贯顶"。

甲　什么叫油锤贯顶？

乙　脑袋上顶着个小磨子，两个人，一个人拿着一个大铁锤，把小磨子打碎了，头皮纹丝不动。等成功之后，就不要小磨子了，拿着铁锤砸脑袋全不怕。您练的这功夫也够瞧的。

甲　什么功夫啊？

乙　油锤贯顶啊！

甲　（冷笑）说你没开过眼，你还是没开过眼。油锤贯顶那算什么功夫哇？那个有练的。我刚才说的，连武圣人都办不到，达摩重生都办不了，那才叫功夫。

乙　那么您练什么呢？

甲　贯顶倒是贯顶，可不是油锤贯顶。

乙　您练什么贯顶呢？

甲　我练"火车贯顶"。

乙　"火车"怎么贯顶？

甲　拿火车撞脑袋。

乙　您这功夫我明白了，您一定在车站上有朋友，这个车呀洗炉子的时候，您到车房里头，拿您的脑袋磨火车头去。

甲　那多费事啊。要那么练，在家里来块铁板，不是一样的练吗？

乙　那您怎么贯顶呢？

甲　火车正走的时候，迎头撞！

乙　（瞪眼咧嘴）迎——头——撞——火——车？

甲　要不怎么叫功夫哪！还告诉您，不能全撞，有撞的，有不撞的。

乙　那就是。（回头向观众）这里许有什么分别。（对甲）您撞什么火车呢？

甲　快车撞，慢车不撞。

乙　（瞪眼咧嘴）迎——头——撞——快——车？

甲　欸！要不怎么叫功夫哪！

乙　我今天长点儿见识，您说说怎么个撞法。

甲　大快车打北京向天津开，当中间儿各站全不停，我在杨村那儿等着它。在杨村站里头撞，那不算功夫。

乙　怎么讲呢？

甲　别看快车在杨村不站，它一进站就闷了气了，速度慢了，力量就小了，显不出功夫来。

乙　那么您在哪儿撞呢？

甲　杨村车站两道扬旗外头，在那儿撞。

乙　嗬！好大功夫！

甲　火车由北往南来，我站在铁道当间儿，两边儿是铁道，脸冲北，骑马蹲裆式这么一站，把气功由打丹田往上一要，浑身的力量全运在脑门子上，火车来了，离老远的就拉笛儿。

乙　那是让你躲开呀！

甲　（一乐，看乙一眼）躲开？

乙　（着急地）你不躲开怎么着？

甲　我干吗去啦？我躲开！它响它的，我冲那火车头一撇嘴，说："你来吧！你瞧瞧我这功夫。"火车可就来到了，我这么一悠荡身子，拿脑袋对着它，当！这么一撞，火车过去了，（伸出大拇指）您再瞧我这脑袋……

乙　照旧？

甲　碎了！

乙　那还不碎呀！我瞧连你这个人都找不着了。您这是什么功夫？

甲　这叫自杀。

乙　那还不自杀，铁的也给撞碎了！您说自杀干什么呢？

甲　你没听明白。撞火车是撞火车，脑袋可不能挨上火车，要拿这"气功"撞火车。

乙　这怎么撞法？

甲　你先跟人打听打听，凡是练太极、八卦、形意的老师父，练到炉火纯青的功夫上就有这手儿，叫"八步打灯"。

乙　什么叫"八步打灯"？

甲　在大厅里，没有风的地方，你点上一支蜡，或一个灯，从这个点灯的地方往哪儿走全行，行八步，站正了，把气功运在手掌上，冲灯头一掌，灯头忽地灭了！这名字叫"八步打灯"。

乙　这个我倒听说过；您说的不是八步打灯，您说的是撞火车头啊。

甲　哎！这叫各施其艺，我把它运在脑门上，叫"八步撞火车"。

乙　这怎么撞法？

甲　南北的火车道，我在东边西边都成，离火车道四丈远。

乙　这好，四丈远，危险没有了。

甲　我骑马蹲裆式这么一站，把气功运在头顶上，冲着火车这么一撞，眼瞧着火车，噌！出去好几里地。

乙　你在车前头这么一撞，你就是撞机车！

甲　不，撞守车！

乙　守车是最后边那辆，你不撞，它不是也出去好几里地嘛！我要是去了一撞，还能撞出去一站呢！你既有功夫，您得撞机车，把车顶回去三四里地，那才是您的功夫。

甲　啊？您说在头里撞，叫它往回退三四里地去？

乙　啊！

甲　要把车头拿气功顶回去三四里地，那是胡说，没那么大功夫。

乙　那么说了半天怎么样呢？

甲　要是把气功运在脑门子上，冲着火车头用气功一撞往回退，这一列车可退不了，可是往前走也走不了，登时嘎噔停住了。坐车的在车里一晃悠。可不能工夫大了，您要是瞧表，也就是一秒多钟两秒来钟。

乙　哎呀！这功夫可就够瞧的了。

甲　我倒是想着这样儿能成，只是一回还没试验过。

乙　（作色）说了半天，全是废话！

甲　练武不易，投名师，访高友，提起我××来无名无誉，你们知道我是说相声的，要是说我会武术，谁也不信；哪知道我也投过名师，访过高友。我可是个"无名白"①，提起我师父来，在全中国各省各县各处，可以说无人不知，无人不晓。

乙　噢，您老师仙乡何处？贵姓大名？

甲　嘀，不用说我师父的名姓，就说我师父那个住处，您就得佩服，净出把式匠。

乙　他老人家是哪儿的人哪？

甲　离北京彰仪门一百多地，涿县北边，小地名叫虎岭。

乙　您师父是虎岭的？那儿没有什么练把式的呀？那年我上涿州正走那儿，净是卖粽子的。五月节前后，在北京推小车卖黄米粽子，也有白米的，里头都是带虫的大酸枣。一吆喝，胆小的不敢吃！（学叫卖声）"筋道呗（的哟），瓷实呗（的哟），江米呗（的哟），黄米呗（的哟）。"这"四呗"的粽子谁敢吃？

甲　你这人说话多缺德。我师父那一个村，就全都卖粽子？

乙　反正那个村儿卖粽子的多。

甲　这人说话多讨厌，冲我师父那名字、姓氏，也不至于卖粽子。

乙　那么他老人家的尊姓大名？

甲　我师父姓江，江老师。

乙　那么他的上下字呢？怎么称呼？

甲　我可不敢提，徒不言师。

乙　我这儿恕个罪儿，您说吧。

甲　他老人家姓江名米字叫小枣儿。

乙　"江米小枣儿"？合着你师父就是粽子。

甲　江湖之中还有个外号儿。

乙　怎么称呼呢？

甲　人称"筋道瓷实"。

乙　还是粽子！

甲　我们亲哥儿俩跟我师父练的功夫，师父都给我们起了名字。

乙　都叫什么呢？

甲　我哥哥叫"白糖的"，我叫"澄沙馅儿的"。

乙　对。明天我要是学徒去，就叫"实轴（zhòu）儿的"了。全是粽子啊！

---

①　无名白，即没有名气的白丁。明代刘若愚《明官史》"混堂司"条："凡内官皆于皇城外有堂之佛寺内沐浴，有专选中的净身男子，俗称无名白者，即古之私白者，为之擦澡讨赏。"

甲　这一天我师父坐在我们家"过凉亭"。

乙　得啦，得啦！你越说这话越大。您家只住一间房，还过凉亭哪？

甲　不错，那一间房就叫过凉亭。

乙　那怎么叫过凉亭呢？

甲　后房山塌了，西边山墙接着也倒了，索性我把窗户起下来卖了，就剩下四根柱子，支着上边小灰棚儿，哪边来风都打这儿过，到夏景天，过凉亭凉快着哪！

乙　夏景天真凉快，要是到了冬景天呢？

甲　也就是冷。我师父坐在炕上，把我们哥儿俩叫过来啦。我师父问："你们两人这武术练得怎么样啦？"我哥哥慎重，没说话。我那年才二十来岁，说话不打草稿，我说："您放心吧，给您栽不了跟头，武术练成了。"我师父当时就恼了。

乙　那是，话太大啦。

甲　我师父说："天不言自高，地不言自厚。能人背后有能人。你敢说成了？师父江米小枣儿全国各省的人就算没吃过，他也听见吆喝过。"

乙　得啦得啦，谁没吃过粽子！

甲　"师父都不敢说成了，就你们俩一个白糖的，一个澄沙馅儿的，敢说成了？不用说你们两人，就连你们两人的师大爷黄米的也不能说成！"

乙　别提啦，别提。你们这一锅粽子夏景天搁馊了，卖不出去了！

甲　"既然成了，希望你们给我露脸，别给我砸招牌。我到北京各镖局给你们挂上号，你们各处保几趟镖，到外边闯练闯练。"我师父边说边要走，我们哥儿俩怎么挽留也留不住，还是我哥哥想得周到："师父！你老人家到各镖局给我们挂号，我们两人要是现了眼，让师父脸上不好看，于师父的名誉不好听。可是啊，离北京三五百里地都知道师父您的名姓，我们两人是江米小枣的门徒，一定有个照应。"

乙　对，离北京几里地都爱吃粽子！

甲　"要是出去三千两千里，人家要是没吃过粽子怎么办呢？"

乙　算了算了，全中国哪儿都有粽子。

甲　我师父点了点头，说："好，你比你兄弟明白。我给你一样儿东西。"我师父从屋里给我们拿来一样儿东西。

乙　什么呀？

甲　是二尺多长一根藤子杆儿，一个小黄旗子，可是卷着，旗箭上到杆儿上，锁着扣儿。"这个小旗子在门口不许打开，出去保镖，遇见敌人，你们俩武艺能胜过他就不必提啦！要是胜不过人家，败在人家手里，这时节再把小旗子打开，冲敌人一亮，能逢凶化吉，遇难成祥。无论是谁，必然要帮着你们弟兄把镖送到。"

乙　嗬，这小黄旗子是宝贝呀！

甲　可说是宝贝呀，我们也没拿它在意，把小黄旗子收起来了。过了整整七天，外边有人叫门，说："有个白糖的跟澄沙馅儿的在这儿住吗？"我说："要买粽子可得过两天来。"开门一看，站着一个人，拿着名片还有一封信。我一看原来是北京会友镖店掌柜的王占鳌请我们去保镖。商量好了，这天掌柜的派车接我们哥儿俩，我们把零碎东西带好，上车到了镖店。

乙　镖店在哪儿？

甲　前门外粮食店儿，路西的大门，门口儿站着四十多位，迎接我们兄弟，当中是王掌柜的王占鳌，白胡子老头儿，七十多岁，精神百倍，说话客气。

乙　说什么呢？

甲　"不知二位老师驾到，未曾远迎，当面恕罪。"

乙　你说什么呢？

甲　我说（京剧道白）："岂敢岂敢，咱家来得鲁莽，田大人，您就恕个罪儿吧！"

乙　您这是哪一出？

甲　《黄金台》。掌柜的说："往里请。"掌柜的要抻量抻量我。

乙　怎么抻量？

甲　您上镖店去过么？

乙　倒是没上里边去过。

甲　进大门一直往西，进屏风，穿过厅，到后楼。掌柜的同着我们哥儿俩进大门往北啦，走一个角门，打箭道一直往西，直奔后院儿，后楼的后边。三层楼，窗户开着，梯子没有，楼梯在里边哪。

乙　那怎么上楼哇？

甲　要往上蹿，蹿得上去再保镖，蹿不上去多寒碜。掌柜的说："咱们楼上说话。"说完了一抱拳，一哈腰，提溜起大褂，使了一个"八步赶蝉"，到楼底下一跺脚，腰上一使劲，往上一纵，噌！就是两丈多高，二股劲，把左脚一踩右脚面，上楼了！

乙　好功夫。

甲　这功夫没十五年练不了。

乙　你哥哥怎么样？

甲　我哥哥那人多慎重，回头瞧了我一眼。

乙　瞧你干什么？

甲　干什么？这是嘱咐我哪。我哥哥的意思是说：兄弟，瞧见了没有？人家可上楼了，咱们要是上不去，连师父江米小枣儿都不好看。

乙　就别提他老人家了！

甲　我哥哥这功夫比掌柜的又难了，站在楼底下使了个"旱地拔葱"，噌！

乙　怎么样？

甲　也上楼啦。

乙　这回瞧你的啦！

甲　嗨，我是艺高人胆大，没拿这个当事。楼底下一站，我来个"双响旋风脚"，一抬脚，日——劲大了，上了房啦！

乙　您上了房啦？

甲　鞋！

乙　怎么您的鞋上房啦？

甲　我没钉鞋带儿。

乙　啊，你这么大了还钉鞋带儿，寒碜不寒碜？

甲　我说："来人哪，搬梯子够鞋。"

乙　要是我呀，管不着！

甲　就在他们搬梯子的当儿，我借着梯子也上去了。

乙　多泄气。

甲　到上边说了会子话，喝完几杯茶，由打元兴堂预备了一桌酒席。吃完了饭，说："二位老师，咱们楼底下过过招儿。"掌柜的说完话，双手抱拳，说："楼下见。"一转身到了窗口，说了声："二位师父我先走一步！"使了个"燕子三抄水"，噌！下楼了。

乙　嗬，瞧你们的啦！

甲　我哥哥一转身，到楼窗，脸朝外，背朝后，头朝下，脚朝上，这个名字叫"燕子投井"，三丈多高，欻的一声，下来啦！离着地还有六七尺，使了个云里翻，"鲤鱼打挺"，转身，脚扎实地，上身不摇，底身不晃。

乙　好功夫！瞧你的啦！

甲　我一抱脑袋，咕噜噜……

乙　您蹲下来了？

甲　哪儿呀，我一抱脑袋，从里边楼梯骨碌下来了，绕个弯儿再上后院儿。

乙　好现眼。

甲　掌柜的说："你们哥儿俩亮亮镖。"我哥哥打兵刃架子上拿下一杆大枪。

乙　怎么还有大枪？

甲　七尺为枪，五尺为棍，大枪一丈零八寸。有道是一寸长，一寸强；一寸小，一寸巧。讲的是手、眼、身、法、步，扎了一趟六合枪。

乙　什么叫六合枪？

甲　外有手、脚、眼，内凭心、气、胆。有赞为证。

乙　你说说。

甲　一挑眉攒二刺心，三扎脐肚四撩阴，五扎磕膝六驱脚，七扎肩井左右分。夹枪代棒，白蟒翻身。扎完这趟枪，面不更色，气不涌出。大家齐声喝彩。

乙　好功夫！这回该瞧你的啦。

甲　我把单刀拿起来了。单刀不好练，单刀为百兵之贼，我比个架子你瞧瞧。拿这扇子好比单刀，往这儿一站，您瞧这姿势，眼观鼻，鼻观口，口问心，鼻对胸，耳对肩，沉心伏气。这就好比刀把儿，这就好比护手盘，前瞧刀刃，后瞧刀把儿，上看刀尖儿，下看绸子穗儿。——往前走半步，往后退一步，作了个罗圈儿揖。

乙　这是干什么？

甲　人讲礼仪为先，树将枝叶为缘。未曾学艺先学礼，礼多人不怪。让过诸位老师父，说："众位都是老师，我是个学生，哪一招练得不对，请您指正。"

乙　对么！礼仪嘛！

甲　行完了礼，左手刀换到右手，来个捋背塌腰，"夜战八方藏刀式"。

乙　嗬，还有架势。

甲　把式把式，全凭架势，没有架势，算不了把式。净练不说傻把式，净说不练嘴把式……

乙　我说你要卖大力丸是怎么着？

甲　该当我成名。

乙　怎么哪？

甲　练了没有五六手儿，西北上一块黑云，唰唰唰……下起雨来了。

乙　您就收式吧，别练了。

甲　别练了？这才显功夫哪！借着这点儿雨我就露脸了！

乙　这怎么讲呢？

甲　当院铺着半尺多厚的黄土，黄土见了雨水就是滑的，上边下了雨，脚底下一滑，步眼一乱，摔个跟头，刀也出了手了，再闹我一身泥，寒碜不寒碜？

乙　那一定寒碜！

甲　这地方就显功夫了！脚底下滑，步眼不乱，要把刀练完了。没有十年的纯功夫可练不下来，这个名字叫"登萍渡水"，"走鼓沾棉"！

乙　好功夫！

甲　雨下大了，我这刀练欢了，精神也来了，越练越高兴，我练得风不透雨不漏，净见刀不见人，刀都淋湿了，我的身上连个雨点儿也没有。

乙　您在当院里练刀？

甲　我在屋里避雨。

乙　您避雨呀？不对呀，避雨怎么净见刀不见人哪？

甲　我把刀扔在当院了，我跑屋里待着去啦。

乙　嘿，这倒好，淋刀不淋人。

甲　掌柜的说："好！"

乙　好什么？

甲　"好避雨。"

乙　这是损您哪！

甲　我倒不理会。

乙　合着是没羞没臊。

甲　掌柜的说："请到这边儿验验镖。"

乙　对。这我倒懂，验镖是瞧瞧保什么。

甲　跟掌柜的一同来到树下面一看，嗬！也就是请我们弟兄保，别人不敢保。价值连城，十六张八仙桌子上面摆满了二尺多厚，一个一个（用手一比）全是这么大个儿，黄澄澄——

乙　金元宝。

甲　老倭瓜。

乙　老倭瓜保什么劲儿呀？

甲　你不开眼哪，你得细瞧。

乙　黄玉的老倭瓜？

甲　面淡的老倭瓜。

乙　对呀，水头儿大的没人吃。

甲　你瞧着是老倭瓜，我看着也是老倭瓜，你拿刀把它切开了，瞧里头——

乙　有什么好东西？

甲　里头有倭瓜子儿。

乙　我明白，还有倭瓜瓤儿。

甲　把倭瓜子儿、倭瓜瓤儿挖空了，里边下的是红货。

乙　什么红货？

甲　珠宝钻石，绵纸包，一包包着多少件，往倭瓜里边那么一下，装满了，两半个倭瓜一合，外边用签扦好，黄土泥一封口，倭瓜皮实，它又长上了，不烂。上头底下都是好倭瓜，当中是夹馅的倭瓜。对好了账，客人带着一本，镖店留一本，这叫暗镖。

乙　什么叫暗镖？

甲　有明镖，有暗镖。明镖是写镖旗子，喊镖趟子，丢了镖啦，达官[1]受重伤，赔人家一半儿；暗镖丢了，达官丧了命，也得全赔人家。

乙　嗬，这么些事儿。

甲　喊镖趟子出店。

乙　您会喊镖趟子么？

甲　会喊哪。你听过么？

乙　我听街上练把式的卖膏药的常喊。

甲　你还是不懂。街口卖膏药、练把式的他也未必保过镖。里头带蒙事的，喊出来你也不懂。

乙　不全是那个味儿么？喊出来听着差不了多少。

甲　不成啊，你不懂。"行家伸伸手，便知有没有"，"隔行如隔山"。

---

　① 达官，保镖的镖师称为达官。

你听着一样，并不一样，里边有分别。出城、进城，出店、进店，出村、入镇应当怎么喊；走在半路上前面来了车了，应当喊什么；来的是一个人是两三个人，是十几个人，来的是一群人，是骑着马，是步下走，是拿着家伙，是空着手，都得喊出来；走孤坟，走孤庙，过三岔路口，过夹沟子，过桥、过摆渡，应当怎么喊，都分得出来。

乙　嗬，这怎么分呢？

甲　怎么分？里边有字儿。

乙　这么一说，今天我长长见识，跟你学学，您喊两声镖趟子我们听听。

甲　好。喊哪样儿？

乙　好比你走在半路上，两边是山道。前边来了人啦，有五六十口子，也有骑着马的，也有步下走的，可都拿着家伙，那个意思是要劫镖，您得预备迎敌。应该怎么喊？

甲　好！你开眼吧，喊两句你听听。

乙　今天我真长见识了！

甲　（拉长声）哦——哦——全丢了！

乙　啊！"全丢了"是怎么档子事？

甲　我保着镖，要是遇见这些人一定是全丢了。

乙　那还保什么劲儿呀！

甲　是那么着，我要是告诉他"全丢了"，不是就不劫了嘛！——起镖动身，出北京齐化门，过东岳庙，走关东店、小朱店、八里桥到通州，进西门出东门，里河、外河、燕郊、夏店、三河县、邦均、蓟州，过遵化州，出喜峰口。这一天依着我哥哥要住喜峰口，我说咱们初次保镖，口里好走，白天走，晚上住店；出了口啦，不好走了，连着夜往下赶，给咱师父江米小枣露露脸。

乙　你倒不必提他老人家了。

甲　又走了三十多里地，太阳压山，上不着村，下不着店，前面有一片树林子，就听见吱的一声嗖哨，仓啷啷锣声响亮，原来是有了贼（zé）了！

乙　你上口干什么？

甲　由打树林里面出来二百多喽啰兵，各人擎着棍棒刀枪，当中一个为首的黑大个儿，他跳下马来比我高三分之一，真正是奓脖梗儿，大脑袋瓜儿，奓腿肚子，大脚巴丫儿，肚大腰圆，大屁股蛋，奓手指头，骑着一匹乌黑马，拿着一条铁棍，口念山歌："此山是我开，此树是我栽；打我的山前过，留下买路财。"

乙　好厉害！有了劫道的了。

甲　我哥哥那个脾气，性如烈火，一见有劫道的，我哥哥的脾气搂不住了，裆里一使劲，噗噜啦！

乙　出马了？

甲　拉了屎了！

乙　拉了！（一撇嘴）你怎么办？

甲　我说："哥哥，小小的毛贼，会气得你老人家拉屎？"

乙　气的？那是吓的！

甲　是啊，不是这么说着好听么！再说，气大发劲儿了也能拉屎。

乙　别对付了。

甲　我说："有事弟子服其劳，兄长退后，小弟前去送命。"

乙　这倒好！一个拉屎一个送命。

甲　拉过我的牛来。

乙　您怎么骑牛啊？骑马呀！

甲　我这个牛比马快，跟古人学的。《封神演义》里有个黄飞虎骑着牛，孙庞斗智孙膑也骑牛。

乙　人家那不是平常的牛。

甲　我这也是特别的牛。

乙　您这是黄飞虎的牛哇，还是孙膑的牛哇？

甲　这是我们门口儿牛奶房那个小牛儿。

乙　那小牛儿有什么出奇的？

甲　我这小牛儿会蹦。

乙　蹦？还不如走快呢！

甲　我这牛蹦得快，一蹦六十里地。

乙　你买了几年啦？

甲　买了三年啦。

乙　蹦了几回了？

甲　（掐指乱算）嗯——到如今哪，一回也没蹦。

乙　这不是废话嘛！它没蹦，你怎么知道是蹦六十？

甲　它蹦过。

乙　多咱蹦的？

甲　就是我买牛的第二天。那时候我们家住天津，我母亲想吃杨村糕干，本地买怕糕干不真；上杨村买去，我得早车去，晚车回来，什么事全耽误了。杨村离天津六十，我这一蹦就六十，正合适，骑着牛一蹦就到杨村，买完了糕干，回头一蹦，回家来了，连早饭也误不了吃。

乙　这正好儿。

甲　我在家把钱带好了，抱着小牛雇胶皮①上北大关。

甲　你这不是费事吗？抱着小牛坐胶皮去北大关干什么？你骑上叫它蹦啊！

甲　蹦啊？这算盘你没打好，杨村离天津六十里，天津地方儿大啦，离哪儿六十里知道吗？离北浮桥六十里。我在老西开住，离北门还有十多里地，打我们门口蹦差个十来里地，到不了杨村。

乙　再蹦啊！

甲　再蹦？再蹦过拴了，三蹦到北京了，我哪儿买糕干去？

乙　您这牛就蹦六十里地？多了少了全不行，这是废物牛！

甲　怎么废物？我抱着小牛儿上了胶皮，雇到北大关，下了车不就是北浮桥吗？我骑上牛再蹦不是正合适嘛！

乙　这也对。

甲　在北浮桥上头，我一骗腿上了牛，左手攥住牛犄角，两腿一夹牛肚子，右手拿着小鞭子，回手就啪的一鞭子，牛噌的就这么一蹦。我就觉着周身冰凉，北大关一下子瞧不见了！

乙　到杨村啦！

甲　掉河里啦！

乙　怎么掉在河里啦？

甲　它横着蹦，怎么不掉在河里！——这会儿我跟贼人打仗，骑上牛，又抬过一根扁担来。

乙　这倒好，骑着牛耍扁担，多寒碜！您是使刀哇，是使枪啊？

甲　使扁担打仗有古人。

乙　又是谁？

甲　石秀。三打祝家庄，石秀扮樵夫探庄，交手打仗就用扁担。

乙　人家石秀那个扁担是空筒扁担，里头藏着一条花枪。

---

①　胶皮，即人力车。

甲 我也藏着一条枪。

乙 也是花枪？

甲 不，是我那杆烟枪。

乙 烟枪你要它干什么？

甲 也是一条花枪。——骑着扁担抱着牛我就出去了。

乙 吓迷糊啦。扁担怎么骑啊？骑着牛抱着扁担。

甲 对。骑着这个抱着那个。

乙 这份儿乱。

甲 我跟贼一对脸儿。我说："好贼呀，好贼大爷！"

乙 你怎么叫大爷？

甲 论个爷儿们不是便宜嘛！央告央告叫我过去，这不就完了嘛！

乙 没那个事！

甲 这贼不听那套，他跟我要镖，我是一定不能给他。我们俩就交了手啦。他用铁棍搂头盖顶冲我脑袋打来，我用扁担往上一架，就听喀嚓一声。

乙 你把棍磕飞了？

甲 我的扁担折了。

乙 这可坏了，扁担折了拿什么打？

甲 我为的是让它折了。

乙 有什么用处呢？

甲 我扁担里头有一杆蜡杆枪。他知道我扁担折了，没有兵刃了。他一大意，我就得手啦！

乙 这也对。

甲 两半截折扁担一扔，枪到手了。他的马到我脊梁后头，我是正得手给他一个回牛枪。

乙 回马枪！

甲 嗜，我骑的是牛。

乙 我还把这碴儿忘了。

甲 对准敌人后心，噗的一枪。

乙 扎上了！

甲 万没想到这个贼手疾眼快，一回手把我枪头攥住了。他往他那边拽，我往我这边拽，他的劲大，我的劲小，他那儿一使劲，说"你拿来"，我这儿一松手，我说"给你"。

甲　得！枪也没了！

乙　枪没了，我这儿还带着一对双刀哪！

甲　这也可以。

乙　我把刀拉出了匣，两把刀，左右手一擎，这阵儿他的马又圈回来了，用棍又打下来。我左手往上一迎，把他的棍磕开了，右手刀我使了一个海底捞月（用手一比），这么大的脑袋砍下来了！

甲　你把贼杀了？

乙　哪儿您哪！我把牛宰啦！

甲　对，海底捞月么，正是牛脖子那儿！

乙　牛也躺下了，我也趴下了，爬起来往镖车那儿就跑，这个贼他不放我呀，后边就追，我跑到镖车那儿，灵机一动，把我师父江米小枣儿想起来啦。

甲　你想起他来有什么用？

乙　我师父临走的时候，给了我们一个小黄旗子，说，武艺要是敌不住人家，可以把小黄旗子打开，能够逢凶化吉，遇难成祥。今天到什么地步啦，我怎么不露一露？

甲　这对。

乙　跑到我的镖车跟前，直奔我的铺盖卷儿，把小黄旗子掏出来，揪开系着的扣儿，冲着敌人这么一亮。这个贼正追着我，一瞧我拿着的小黄旗子，这个贼勒住马一看，旗子上有字。

甲　写的什么字呀？

乙　贼人这么一念（用手一指，好像看见旗子上的字）："江米小枣的门徒：白糖的，澄沙馅儿的！"嗬！吓得这个贼浑身乱颤，拨马就跑。

甲　你师父这个名姓可真大呀！

乙　哪儿！倒不在名姓上。

甲　那为什么这个贼吓跑了呢？

乙　这个贼呀，头年五月节赊了我师父一百个粽子，到那天还没给钱呢！

甲　要账去啦！

（张寿臣述　张立林记　李磊整理）

论捧逗

甲 曲艺的特点就是短小精悍，一段儿一个内容，一场一个形式，我们这场形式比较简单，也不用什么道具，两个人往这一站就说起来。虽然是两个人，但是观众要听主要得听我。

乙 那么我呢？

甲 你呀？你只不过是聋子的耳朵。

乙 怎么讲？

甲 配搭儿。娶媳妇打幡儿，跟着凑热闹。

乙 这叫什么话呀，对口相声嘛，你是逗的，我是捧的，这场好坏得咱负责。

甲 你负什么责呀？责任全在我这儿，你看我往这儿一站，嘴里滔滔不断老得说，捧哏的有什么呀，站那儿就说几个词儿，嗯，啊，是，哎，哟，噢，嘿，最后说一句"别挨骂啦"，下台鞠躬，就算你胜利完成任务了。

乙 啊！你说的那"别挨骂啦"是旧的表演方法，现在不适用啦。

甲 你不就是老一套吗？有什么新鲜的。

乙 噢，合算我说了这么些年相声，就会一句"别挨骂啦"。

甲 那可不。捧哏的还有什么了不起的。

乙 有什么了不起的，咱俩这场相声就好比一只船，你是那个拨船的，我是那个掌舵的，我叫你往哪儿走，你就得往哪儿走，没有我这个掌舵的，你就打转悠去吧。

甲 你这个例子举得很恰当，咱们这场相声好比是一只船，我是那个拨船的，你是那个掌舵的。

乙 对啦。

甲　那么你说是拨船的主要，还是掌舵的主要呢？

乙　当然是掌舵的主要了。

甲　不见得。我认为，还是拨船的主要，有这么一出戏，可以说明这个问题。

乙　什么戏？

甲　《打渔杀家》，你看那老英雄萧恩站在那儿拨船，他女儿桂英在那儿掌舵，你说谁主要？

乙　你说的那个是什么船哪？那是打鱼小舟啊，真要是河驳，对槽，大船，桂英那小女孩可就掌握不了啦，掌舵的得要有丰富的经验。换句话说，我这捧哏的得有高度的艺术修养。

甲　哟……就会一句"别挨骂啦"还修养哪？要谈到艺术修养的话，得说我这逗哏的。

乙　可是我也不是不会逗哏哪。

甲　你是会逗，一学徒的时候你不也学逗哏么？可是为什么又捧哏了呢？因为逗哏的要求条件高，学了好几年啦，他不够这逗哏的条件，怎么办呢？让他改行卖耗子药去，怪对不住他的。得啦，就把他列入捧哏吧。反正这么说，凡是捧哏的，全是不够材料。

乙　捧哏的不够材料？哎哟，老先生说的话你全忘啦。

甲　老先生说什么来着？

乙　三分逗七分捧。你占三成，我这捧哏的占七成。

甲　我不同意这种说法，要按比重来说，我这个逗哏的占百分之九十九点九。

乙　那么我这捧哏的呢？

甲　占百分之零点一……弱！

乙　还弱？

甲　捧哏的除去蒸馏水就没嘛儿了。

乙　你要是这么说，我占百分之百，你连点儿蒸馏水全没有！

甲　你着急干吗？

乙　不是我着急，我没见过你这么说话的。

甲　也难说，你是得说捧哏的重要，你不是就会捧？你能逗吗？

乙　谁说我不能逗啊？一个相声演员能捧就能逗，没有逗哏的基础，他也捧不了。

甲　我打认识你那天，也没看见你逗过哏。

乙　咱们说话可要实事求是，我准没逗过哏吗？过去的事咱甭提。前年在天津人民剧场，我没逗过一段吗？你想想。

甲　嗯！你要不提我还真忘啦。日记本上记上了吗？

乙　我记那干吗？

甲　唉！得记上点儿。这是在你历史上光荣的一页。一辈子就逗过这么一次哏，能不记上点儿吗？将来好往家谱上誊写呀。你们的子孙后代长大了，打开家谱一看哪，嗬！我们老祖先说相声，敢情还逗过一次哏哪。感到骄傲自豪。

乙　也不至于呀！这逗哏我就光宗耀祖啦。

甲　再者说，你逗那次哏也不露脸哪。

乙　那现眼啦？

甲　那天的惨状你全忘啦？

乙　什么惨状？

甲　那天你往逗哏这儿一站，当时脸也白啦，嘴唇也青啦，说话也不利落了，浑身这哆嗦，就跟踩电门上一样，观众看着这个别扭。你说走吧，还等着听下一场；不走吧，看着他难受。观众也有主意，有的出去凉快去啦，有的到吸烟室吸烟去啦，也别说，前排坐着一位没走。

乙　怎么？

甲　这位有严重的精神衰弱症，夜里睡不着觉，大夫给安眠药片，一顿吃三十片全睡不着。那天他一逗哏，那位打上呼噜啦，催眠的相声，这叫什么艺术哇！

乙　嘿！你说话可太损啦，我也不跟你辩白，我今儿在这儿再逗一回。

甲　您千万可别逗。

乙　怎么？

甲　待会儿您往这一站观众全走了，怎么办？

乙　敢！

甲　啊！

乙　有一位走的，当时我自杀！

甲　行啦，那就没人走啦。你想谁能忍心看你死到这儿，再说你大小也是个性命吧。

乙　甭废话，我逗哏，你站那儿，给我捧！

甲　你非逗不可啦？

乙　当然啦。

甲　可是一切后果归你负责！

乙　有什么后果呀？

甲　你逗可是逗，可得把观众说乐了。

乙　多新鲜哪？说不乐人，那叫什么相声！

甲　您说这段儿可得有内容！

乙　当然啦！

甲　可得说那对口的！

乙　对口相声嘛，我说一人一句的。

甲　可是让我说话多了也不行。

乙　你现在话就不少，你有什么话，一块儿全说出来，趁着明白。

甲　干吗？我要死呀！

乙　没什么说的啦，我可要逗啦。

甲　逗吧。

乙　您辛苦？

甲　嗯！

乙　昨天我到您家啦！

甲　啊？

乙　到您家一打门，从里面出来一个人。

甲　噢！

乙　我一瞧不是外人。

甲　唉！

乙　是您媳妇，我大嫂子。

甲　嗯！

乙　问你，说你没在家。

甲　噢！

乙　我可就走啦！

甲　嗯！

乙　我走啦！

甲　你走吧。

乙　你也走吧！

甲　哎！你怎么不逗啦！

乙　我没法儿逗，你这儿全要出殃啦！我跟死鬼一块儿说相声，谁能乐呀！

甲　捧哏的不就是这个吗？嗯，唉，噢，是，别挨骂啦！

乙　就这个？捧哏的非常重要。捧哏的往那儿一站，全神贯注，两只眼睛时刻得盯着逗哏的，根据逗哏的叙述故事的起、承、转、合，来配合不同的感情。捧哏的虽然说话少，得起到画龙点睛的作用，你不信我要是给你这样捧，你也说不乐观众！

甲　同志呀，你还是没能耐！

乙　那么要是有能耐呢？

甲　不在捧哏的好坏，我要是逗哏，还甭说旁边有个活人给我捧，就是有根电线杆子，我也能把观众说乐了。

乙　噢！那么我比那电线杆子怎么样？

甲　干吗还比呀！你就是电线杆子！

乙　好！我捧你逗，我先问问你说哪段儿？

甲　还是这段儿，得把观众说乐了。

乙　好，我看你这乐由哪儿来！

甲　您辛苦？

乙　嗯！

甲　昨天我到您家了。

乙　啊！

甲　一打门从里边出来个人。

乙　噢！

甲　我一瞧不是外人。

乙　是。

甲　是你媳妇，我大嫂子。

乙　唉。

甲　问你，说你没在家。

乙　噢！

甲　我就走啦。

乙　你别挨骂啦！（鞠躬）

甲　哎……你怎么走啦？

乙　我完成任务啦。

甲　哪儿你就完成任务啦？

乙　"别挨骂啦"，我说完啦！你不是刚说的吗？捧哏的说完"别挨骂

甲　你完成任务啦，我这儿还没完哪！

乙　我管你干吗！

甲　这叫什么话呀！你虽然就会一句"别挨骂啦"，也不能逮哪儿哪儿用啊？我这儿说了没两句，你来句"别挨骂啦"，让各位听听，这像话吗？

乙　那怎么办呢？

甲　你还得继续给我捧啊！

乙　再捧还是"别挨骂啦"，我不会别的呀！

甲　你不能总说这一句呀，我有上句，你得有下句，起码你回答我的话得像话才行！

乙　噢！光说这一句"别挨骂啦"不行？

甲　那当然啦！

乙　好，你逗吧。

甲　你没在家，我就走啦。

乙　你走，走吧！

甲　我就拐弯啦。

乙　拐弯儿，拐弯儿吧！

甲　我碰见你爸爸啦。

乙　不能！

甲　怎么？

乙　我爸爸死啦！

甲　死……死啦？死啦，我也碰见啦！

乙　你碰见死尸啦！

甲　不！我不是现在碰见的。

乙　多咱碰见的？

甲　在两月以前我碰见的。

乙　我爸爸死了一百多天啦！

甲　你怎么记得这么清？

乙　我今天早上刚上完坟。

甲　噢！我碰见的不是你爸爸。

乙　谁呀？

甲　你大爷。

乙　噢！我说的呢？大高个儿？

甲　哎！

乙　两小眼，坐哪儿冲盹儿，会弹琵琶。您说"我大爷"？

甲　对！就是他！

乙　我爸爸行大。

甲　你没大爷？

乙　没有。

甲　那你刚才说得这么热闹，那是谁呀？

乙　那是侯宝林他大爷！

甲　噢！我碰见的是你叔叔。

乙　我爸爸哥儿一个。

甲　你舅舅！

乙　我妈妈娘家没人！

甲　你岳父！

乙　我还没结婚哪！

甲　你姑父。

乙　没有！

甲　你姨夫。

乙　没有！

甲　唉……是你干老儿。

乙　我没事认干老儿干吗！

甲　那就是你哥哥啦！

乙　我没哥哥！

甲　你有哥哥。

乙　没有！

甲　你假装说有。

乙　这叫什么话！没哥哥我说有，一查户口，我们家短口儿人，我虚报户口！

甲　人家全说你有哥哥嘛！

乙　他们全跟我开玩笑。

甲　哎！反正你们家得有人哪！

乙　没人，我们家三亲六故全没有，养活一个黄雀，前天还飞啦！

甲　噢，我碰见谁没谁？

乙　没有。

甲　你听这像话吗？

乙　怎么不像话？

甲　想办法，你得给我拆兑一个！

乙　我哪儿给你拆兑去？

甲　碰见谁没谁，我怎么逗哇！

乙　你不是有能耐吗？

甲　多大能耐也不行啊！

乙　那怎么办哪？

甲　我碰见谁，你得说有谁！那才行哪，你得顺着我说。

乙　噢！得顺着你说？

甲　对了，你只要顺着我说，我就能把观众说乐了。

乙　好……我顺着你说。

甲　我碰见你兄弟啦，你有兄弟对不对？

乙　我还真有个兄弟。

甲　啊！我碰见你兄弟啦。

乙　你光说碰见啦不行，你得说得上来我兄弟什么模样儿，什么长相，穿什么衣裳，多大岁数，说对了，才算你碰见了。

甲　碰见了，不就完啦吗？

乙　完啦，不行！

甲　啊！既然碰见，我就说得上来！

乙　好，你先说说我兄弟什么模样儿？

甲　你兄弟这模样，反正他有模样儿！

乙　多新鲜哪，人么，没模样儿！

甲　你兄弟他是长方脸。

乙　啊？

甲　不，那个圆方脸！

乙　嗯！

甲　那个……长圆……

乙　长圆？鸭蛋哪！我兄弟脑袋跟鸭蛋一样，这像话吗？

甲　反正他那脸膛我知道！

乙　什么脸膛？

甲　黑脸膛。

乙　嗯？

甲　那个……白净子……

乙　啊？

甲　那个……蓝不几几的……黄不几几的……

乙　噢！外国鸡呀！我兄弟坐那儿没事变颜色！

甲　不是……你兄弟反正是……他有麻子……

乙　啊！

甲　可没长着！

乙　这不是废话吗？

甲　你兄弟他有脑袋！

乙　多新鲜哪！没脑袋，有满街跑腔子的吗？

甲　废话！你兄弟前边走，我看个后影，我知道他是什么模样儿？

乙　噢！没看清楚。

甲　对了。

乙　你说说我兄弟穿什么衣裳？

甲　穿着一个拷纱皮猴。

乙　啊！

甲　有穿拷纱皮猴的吗？

乙　谁说的呀？

甲　穿着一件拷纱大褂，可也不是大褂……反正挺短的……跟夏威夷式一样……又像西服……反正跟中山服差不多……那个……他披着毛巾被，哎，对了……他没穿衣裳。

乙　啊！

甲　我在澡堂子里碰见的！

乙　嘿！没词儿他跑澡堂子去啦！

甲　他那儿正洗着澡，我知道他穿什么衣裳？

乙　您瞧这寸劲！你说说我兄弟多大岁数？

甲　七十多岁。

乙　啊？

甲　旁边那老头儿七十多岁。

乙　我问那头儿干吗！

甲　你问谁呀？

乙　问我兄弟！

甲　你兄弟他……二十七……

乙　嗯。

甲　不，三十八……他七八不要九。

乙　还天地跨虎头哪！

甲　嗨，虎头！

乙　什么虎头！

甲　他长得虎头虎脑的。

乙　我问他岁数！

甲　你多大啦？

乙　你问我干吗？

甲　你兄弟比你小！

乙　多新鲜哪，比我大是我哥哥。行啦，你别胡说八道啦，我有个兄弟，你碰不见！

甲　我怎么碰不见？

乙　他才八个月，还不会走道儿，你上哪儿碰见去！

甲　这你就不对啦！

乙　怎么？

甲　既然你兄弟不会走道儿。你让我碰见他干吗？

乙　谁叫你碰见的！

甲　你这不是成心窝人吗？我开头没说两句，你来个"别挨骂啦"，我碰见谁没谁，好容易碰见你兄弟啦，你又告诉不会走道儿，有你这么捧眼的吗？照你这样捧哏，我这逗哏的，活得了活不了？

乙　是呀！有你那么轻视我的吗？你这么轻视我，我活得了活不了？

甲　怎么轻视你了？

乙　你说我是聋子耳朵配搭儿，娶媳妇打幡儿跟着凑热闹，合算我天天跟着你就凑热闹？啊！你占百分之九十九点九，我这连点儿蒸馏水都没有？我就会一句"别挨骂啦"，我最恼你的就是拿我比电线杆子，电线杆子是木头。

甲　那不是跟你闹着玩吗？

乙　有这么闹着玩的吗？

甲　我哪儿知道你这人不识逗啊，我要知道你这样，以后咱们别闹啦！

乙　我跟你闹吗？

甲　再者说啦，我说两句笑话，能把您的艺术成就给抹杀了吗？

乙　当然是不能啦。

甲　要谈到艺术，他们谁能比得了您哪！

乙　这话倒对。

甲　您的艺术可以说是炉火纯青，自成一家。

乙　这可不敢。

甲　具体的来说，您的语音清脆，口齿伶俐，表演生动，捧逗俱佳，说学逗唱，无所不好，您可称得起是一位全才的相声艺术家！

乙　您可太捧我啦！

甲　不是捧您，全国的相声演员谁不尊重您哪，您是相声界的权威。

乙　哪里哪里。

甲　您是相声泰斗！

乙　不行不行！

甲　幽默大师！

乙　好嘛！

甲　滑稽大王，现在您的艺术就这么高，您要是很好地肯定优点，克服缺点，发扬您艺术上的独特风格，甭多了，再有三年……

乙　怎么样？

甲　你就赶上我啦！

乙　噢！还不如你呀！

（苏文茂　朱相臣　纪希整理）

找堂会

甲　（学怯口，下同）这回又该着您老说了？

乙　啊，这回是我表演啦。

甲　您这个说相声的也做个堂会嘛的呗？

乙　哎，我们倒是常做堂会。

甲　那我找您老去个堂会不知您老可曾愿往否？

乙　嘻，还否哪，可以。

甲　那么，您就去呗。

乙　您那儿办什么事？

甲　小孩子办满月。

乙　噢，少爷办满月。

甲　你们一共去二十人，变戏法儿的、唱大鼓的上哪里找去？

乙　您找我就行了，其他的我全找。

甲　那太好了，那你们就去呗。

乙　价钱还谈谈吗？

甲　怎么，还要钱哪？

乙　多新鲜哪！

甲　钱可不好说，太少了！反正您老多帮忙吧。

乙　帮忙是可以的，光我自己没关系，还有别人哪！

甲　那让他们也帮帮忙吧！

乙　噢，合算我们都帮忙啊！

甲　我也是给别人办事。

乙　那您是一手托两家，那儿打算花多少钱，您告诉我，我合计合计，反正让您省钱。

甲　这怎么说呢？

乙　嘿，您就说吧，打算花多少呀？

甲　实在是太少啦，打算花这个数儿。（伸两个手指）

乙　多少哇？

甲　两千块钱！太少了！多帮忙吧！

乙　不少，您多帮忙啦。

甲　虽然钱少点儿呀，据我知道，本家还打算给俩赏钱儿，可也没多少……

乙　噢，还有赏钱？

甲　才三千块钱！您老多帮忙吧。

乙　嗳，哪里哪里。

甲　你们这里有卖水的吗？给我弄点儿茶来，我有钱。

乙　嘿！这儿有茶，您喝这个。（乙递茶给甲）

甲　好。（甲向乙做喝茶的动作）

乙　啧！看这位还真渴了。请问您那儿是多咱的日子呀？

甲　小孩子办满月，日子还不忙哪！

乙　哎，别不忙啊！您得告诉我们，再有旁处的堂会我们别应重了日子！

甲　重不了。有别的堂会你应着，咱这个不忙。

乙　别价，您把日子得说准了。

甲　准日子那谁说得准，对吧？

乙　不是给小孩子办满月吗？

甲　是啊！您知道那孩子什么时候养活啊？

乙　噢！还没养活哪！

甲　啊！（喝水）

乙　别喝了，拿我们开玩笑，孩子还没养活哪，您就找堂会啊！

甲　这不先定规下嘛！

乙　您定规得也太早了，养活下来再找我们也不晚。

甲　怎么不晚？今天养活，明天一天，后天一天就到了——办满月了。

乙　啥！那不是满月，那叫洗三！

甲　是啊！办洗三，你们不去吗？

乙　那您干吗提满月啊！

甲　我是这么想，洗三找你们，办满月不还得找你们吗！

乙　那是后话啦。办洗三是不是？

甲　你们去吧？

乙　去！

甲　去呀！我还喝点儿吧！

乙　对！您喝。（递水）噢！我们后天就去了。

甲　别后天哪！

乙　不是洗三吗？

甲　是啊，今天养活了，你们后天去；要是明天养活，那你们大后天去；要是后天养活那你们大、大……

乙　行，我知道了，养活再等三天。

甲　对！你们盼着吧。

乙　对！我们盼着养活吧。

甲　先别盼着养活啊！

乙　不是小孩子办洗三吗？

甲　是啊！你盼着小孩子他妈妈出了门子那就快啦！

乙　噢！小孩子他妈还没出门子哪！拿来！（抢水）走！

甲　怎么啦？

乙　还怎么啦？小孩子他妈妈还没出门子哪，就找洗三的堂会？

甲　这不先定规下嘛！

乙　你定规得也太早啦，出了门子我知道什么时候有孩子啊！

甲　我问你，是闺女出门子事情大呀？还是办满月事情大呀？

乙　那当然是闺女出门子事情大。

甲　还是的！我们那儿闺女出门子，找你们堂会，你们不去吗？

乙　你到底找什么堂会？

甲　我们老爷让我来的时候说闺女出门子。

乙　那你干吗说洗三，满月啊！

甲　我是这么想，闺女出门子，有了孩子，办洗三，办满月不还得找你们吗！

乙　那是以后的事，你甭提，就说现在你找什么堂会！

甲　闺女出门子，去不去？

乙　去呀！

甲　我还喝点儿。（拿水）

乙　行！闺女出门子是哪天的日子？

甲　快啦，这就要娶了。

乙　噢！

甲　姑娘老大不小的啦！

乙　今年多大啦？

甲　四岁啦。

乙　这……走！我们不去了！

甲　怎么又不去了？

乙　废话！十八岁出门子我们还得等十四年哪！

甲　十四年干吗？

乙　姑娘才四岁……

甲　你这个人没听清楚就胡搅哇。

乙　不是四岁吗。

甲　零四岁。

乙　零……噢！二十四？

甲　零四岁。

乙　老闺女三十四？

甲　零四岁。

乙　是啊，不是零四岁吗？

乙　啊！姑娘小名叫零，今年四岁。

乙　这……还是四岁，你走吧，再来我拿茶杯打你！

甲　拿你开个玩笑就急了？

乙　我没法不急。

甲　真有事，懂吗！无事能跟你开玩笑吗？真找你们堂会，我们是买卖开张。

乙　买卖开张？本钱凑够了吗？

甲　这就开张啦！

乙　在哪儿啊？

甲　北京。

乙　北京地方大了，哪城啊？

甲　东城，王府井大街有个东安市场啊！

乙　噢！这买卖在东安市场里头？

甲　外头！

乙　外……

甲　有个凤翔鞋帽店。

乙　噢！这买卖就是凤翔鞋帽店？

甲　旁边，有个三友实业社。

乙　三友实业社？

甲　街北，茶叶铺。

乙　噢！茶叶铺！

甲　对过儿！

乙　我就知道嘛。

甲　对过儿有个小胡同，开了个买卖！

乙　什么买卖？

甲　中华全球豆腐大公司。

乙　嘻！就是豆腐坊。

甲　甭管什么啦，找堂会给你们钱不就完了嘛！

乙　行！我们不管了。

甲　你们去二十个人连说带唱一白（读成百）天，多少钱？

乙　嘻！这么多天干吗呀？

甲　拿你们宣传，做广告。

乙　一百天你给五万块钱吧！

甲　多少钱？

乙　五万！

甲　行！你们去吧。

乙　我们去了。

甲　你们去我们就搬出来，这买卖归你们啦！

乙　干吗？我们接收去啦？

甲　什么事要五万块钱？

乙　你这日子在这儿呢！

甲　日子怎么啦？

乙　仨多月。

甲　你论月干吗呀，一白天。

乙　是啊！一百天，两个五十天。

甲　一白天啊！

乙　是啊！不是一百天吗？

甲　你这个人，一白天，晚上没有，一个白天。

乙　一个白天啊？这舌头谁受得了。

甲　要五万块钱吗？

乙　那用不了，五百块钱。

甲　行了！车钱我们不管了。

乙　那没关系，哎！你们可得管饭。

甲　管饭！叫你们吃席。

乙　好哇！

甲　你们二十个人分两下落座。

乙　噢！十个人一桌。

甲　不！十个人一领，不够喂加俩草帘子。

乙　喂驴哪！我们吃酒席。

甲　行！

乙　有酒吗？

甲　有！一桌上一壶。

乙　才一壶。

甲　有大有小，这是大壶。

乙　噢！二斤一壶？

甲　二两！

乙　二两太少了，

甲　酒少哇？你糊涂，酒是二两还没对水哪！

乙　是啊！你给我们四桶凉水喝好不好！

甲　也行啊！

乙　什么也行啊！嗐，酒有没有没关系，我们还得演出哪！吃什么
　　菜呀？

甲　你们吃过八大碗吧？

乙　吃过。

甲　九大件呢？

乙　吃过。

甲　你没吃过咱这十大件！

乙　十大件？

甲　这么大盘子四盘；这么大碗五碗；还有一个大炝盘！

乙　好！这四盘儿头一盘儿是？

甲　头一盘儿小葱拌豆腐。那真是一青二白呀，通气养神的，点上一点儿香油儿，吃到嘴里是那么香扑扑儿的！

乙　行，行，行，别说了！怎么头一盘儿先来个豆腐哇？二盘儿呢？

甲　二盘是就酒的凉菜儿，夹一筷子吃到嘴里是咯吱咯吱的！

乙　拌海蜇？

甲　萝卜皮拌豆腐。

乙　又是豆腐。三盘儿？

甲　韭菜花儿拌豆腐。

乙　好嘛。四盘儿？

甲　上了洞子货了，绿油油的吃到嘴里是特有风味！

乙　拼盘儿？

甲　黄瓜丝儿拌豆腐。

乙　嘿！这四盘儿全是豆腐哇？

甲　这四盘儿谁吃呀？

乙　不是给我们上的吗？

甲　就凭你们说相声的吃我这四盘拌豆腐？你们长齐牙了吗？

乙　哟，噢，这不是给我们吃的？

甲　俺们是豆腐大公司开张，先上四盘豆腐祭豆腐神的，你们想吃也不给你们吃呀。

乙　那我们吃什么呀？

甲　你要吃，吃那五碗，五碗大菜。

乙　大菜许错不了。头一碗什么？

甲　大白菜熬豆腐！

乙　哼，又熬豆腐了！二碗哪？

甲　小白菜儿炖豆腐。

乙　三碗？

甲　有红的有白的你拿调羹舀着吃！

乙　什锦丁儿？

甲　猪血烩豆腐！

乙　还是豆腐哇！四碗？

甲　四碗端上来你看吧，浮头儿一层黄油哇！

乙　黄焖栗子鸡？

甲　卤煮素豆腐！

乙　噢！素的了！五碗？

甲　五碗可好了，未曾端上来先喊一声："哇，借光借光，给他们说相声的上了海味啦呀！"

乙　扒海参？

甲　小虾米儿咕嘟豆腐，那里边儿还有小螃蟹儿哪！

乙　这份儿贫骨头，行了行了，合算这五碗还是豆腐哇！算了吧，这堂会您找别人吧。好嘛，吃完了腿都软了，拿我们当喜鹊啦？

甲　干吗？这五碗你们想吃也不给你们吃呀，你们长齐了牙吗？

乙　你见过什么呀？太瞧不起我们了，不就是拌豆腐、熬豆腐吗？

甲　你们要解馋，吃那个大炝盘。

乙　大炝盘还是豆腐哇？

甲　没有。大炝盘再有豆腐就算我不对了。

乙　这回可没豆腐了？

甲　没有。我要说说大炝盘的这个东西怎么做呀，就得馋得你流口水呀。

乙　我干吗那么没出息呀？

甲　要是吃这种东西你得起早点儿呀，在四更多不到五更天，到市上买，四斤多一块儿或五六斤一块的都有哇，把它买回来，找口大柴锅倒上两挑子水，把它放在锅里边连煮带炖，点锯末拉风箱，那个风箱拉得呼嗒嗒，呼嗒嗒；那个水呀，开得是咕嘟嘟，咕嘟嘟！见那么五六个开儿，拿铁钩子把这玩意儿搭出来，用镊子给它那毛都择干净了；可不能下水桶啊，你们肚份软哪，放到案板上给它晾凉了。得用刀子切，是切了片，片了切，切了片，片了切，切个五花三层啊，拿过大炝盘来把碎的码到底下，整的码到上头，倚仗着咱这佐料儿刚着得了，有香菜末儿、韭菜花儿、酱油、辣椒油、糖蒜、料酒、大蒜瓣儿，拌好了佐料，你拿着筷子扒拉着吃呀……

乙　白煮肉？

甲　豆腐渣呀！

乙　嗐，豆腐渣呀！

（刘宝瑞　郭全宝述）

窝头论[*]

甲　回头我请您吃饭。

乙　好！咱哥儿俩哪儿吃？

甲　我请您上我们门口那家饭馆，那菜全得味。

乙　您府上哪？

甲　小地名南大道。

乙　南大道？

甲　西南角下电车。

乙　您给介绍，我问哪个饭馆？

甲　字号没有，反正菜都好吃。

乙　全有什么菜？

甲　炒辣豆、咸菜丝、熬小鱼、白菜帮加辣子。

乙　啊！还有炒麻豆腐。

甲　对！

乙　就什么吃哪？

甲　窝头。

乙　就窝头呀？

甲　还有贴饼子，吃完了您再来点儿小米粥。

乙　算了，算了！请客吃窝头呀？您甭请啦，我家常吃，请客得吃好的。

甲　好的有哇。

乙　好的吃什么？

甲　现蒸出来的热窝头。

＊　《窝头论》，张寿臣创作。

乙　就是烫嘴的窝头，不也是窝头吗？我全吃伤口啦！

甲　这么一说您不吃窝头？

乙　对，有白面就不吃窝头。

甲　你为什么爱吃白面哪？

乙　当然爱吃白面啦，是好的我就爱吃。

甲　它怎么好哪？

乙　是好的下去得快，滑溜。

甲　噢，您爱吃滑溜的？

乙　爱吃滑溜的。

甲　鼻涕滑溜您吃吗？

乙　不吃，那多脏呀！

甲　您这人可有点儿太骄傲啦，竟敢说不吃窝头，这句话谁也不敢说，说出来过分。

乙　什么过分！我吃伤啦。

甲　您这话有点儿忘本，人生一世，随遇而安，什么全好吃。吃什么老吃就腻啦？比方说吧，您生在沿海一带，吃海味鱼虾不算什么，您要是生在西藏，想吃黄花鱼、对虾，哪儿给您找去？就是交通便利，鱼虾到那儿也没海边儿新鲜。到那儿吃牛肉，喝牛奶，吃藏青果、炒面多；吃苹果，大连、熊岳多，到咱们这儿多少钱一个？大白菜到广东卖多少钱一棵？可是吃香蕉、蜜柑就方便了，南鲜嘛；生在长江一带，两顿饭全是米；在河南、山西白面是主食；山东、东北粗粮棒子面多，就是以粗粮为主，您说吃伤啦不是忘本吗？

乙　这……我不是忘本，一天吃两顿差点儿事。

甲　窝头吃絮烦了，可以给您换换样儿。

乙　吃什么？

甲　盆儿里、金荷叶、碰碑，大喇嘛逛青儿、猴儿打伞、猴儿钻被窝儿。

乙　盆儿里碰是什么？

甲　就是煮嘎嘎。

乙　金荷叶哪？

甲　小米面、棒子面摊煎饼，黄的不像金荷叶吗？

乙　碰碑？

甲　贴饼子。

乙　大喇嘛逛青儿哪？

甲　煮嘎嘎俏点儿菠菜。

乙　猴儿钻被窝哪？

甲　和棒子面俏上小葱儿。

乙　猴打伞？

甲　煮小饼子俏韭菜花。

乙　嘿，说了半天也没变色，还全是棒子面。

甲　对，没变颜色是棒子面，我一定要提它。

乙　怎么？

甲　它对我一家八口好处，帮助很大，每天至少要吃一次，有时候两次，日本侵占我国八年沦陷时期，那时我每天吃三次还不算，还变颜色哪！

乙　变什么色？

甲　混合面！

乙　对，我也吃过，还掺锯末哪！

甲　所以棒子面对我的感情很厚，沦陷八年，国民党反动派捣乱三年，前后十一年没离开它，解放后，常吃到米、面、油、肉，那我每天也要吃它一顿窝头。

乙　为什么？

甲　皆因十一年内我和窝头建立了深厚之感情。现在生活好啦，我也不能忘本。在古代的时候有很多人，在不得志的时候都得过窝窝的济。在宋朝岳武穆小时候家中贫寒，老吃豆腐渣，以后做了太尉，举行多大的宴会，无论多丰盛的酒席，当中都有一盘豆腐渣，先把它吃了。

乙　这为什么？

甲　表示不忘本，起名叫雪花菜。还有孔子，绝粮陈蔡，也是贫寒，有的时候连棒子面都没有，叫颜回到面铺赊面去。

乙　您这不是胡说吗？哪儿有这事！

甲　怎么没有？书上写着哪。

乙　什么书？

甲　《论语》。

乙　《论语》哪儿有赊棒子面的？

甲　《论语》有这么一句，子曰："君子无所争，必也射乎。"君子就指着孔子，无所争，没有面蒸窝头；必也射乎，必须要到面铺去赊面去。

乙　行，您甭讲啦，《论语》我念过，子曰就是孔子说啦，君子无所争，就是有涵养的君子，心平气和，没有争竞的时候；必也射乎，可是在射箭的时候，要争胜，这个字是射箭的射不是赊。

甲　哎，你没念过《五方元音》，赊、蛇、舍、射。

乙　没听说过。

甲　在先前有位寒士不得意的时候，窝窝给他帮了不少的忙，后来出将入相，他这么一想，我在困难的时候，谁帮我的忙最大哪？一想：嗯，窝窝帮了不少忙，他写了一篇《窝窝赋》。

乙　您还记得不记得？

甲　记得。

乙　您能不能把《窝窝赋》给念念？

甲　可以。"美哉，窝窝兮为物最妙，天地之所产，兼人力之所造，玉米为之主体。"

乙　棒子面嘛。

甲　"黄豆为之掺搅。"

乙　掺点豆面。

甲　"观其形为将军之帽。"

乙　窝窝有个尖嘛。

甲　"察其色似帝王之袍。"

乙　对，黄的嘛。

甲　"里一外九兮……"

乙　什么是"里一外九"？

甲　蒸窝窝时，（用手势）不是里一个外九个吗？

乙　这么个"里一外九"哇！

甲　"合遁甲之象；黄色为中央之气兮。"

乙　怎么讲？

甲　中央戊己土，土是黄的嘛。

乙　噢。

甲　"依坎离而合造。"

乙　"坎离"？

甲　就是水火，没有水火能蒸熟吗？

乙　干面熟不了。

甲　"供终日之饱兮，力能耐久。"

乙　扛时候。

甲　"一日三餐胜似美酒羊羔。"

乙　不见得。

甲　"遇稀粥而亲密，配葱酱而逍遥，兑卤虾而合好，配腐乳而绝妙。"

乙　腐乳？

甲　就是臭豆腐。

乙　嘻，臭豆腐。

甲　"孔子得之何愁陈蔡。"

乙　陈蔡绝粮嘛。

甲　"颜子得之何必瓢饮。"

乙　一箪食一瓢饮。

甲　"淮阴侯少年无缺何乞漂母，梁武帝台城巡狩焉能饿倒，富翁言粗糙难咽，吾爱如骨肉至交。田舍翁言常食之穷，贫家子谓胜似佳肴，意在延年益寿，何必身居蓬岛，但尝其中滋味，吾愿终身偕老。"

乙　这是什么意思呢？

甲　就是一辈子他也不能离开窝头。

乙　窝头？

甲　古时叫窝窝不叫窝头。

乙　为什么改的名？

甲　在专制的时候受过皇封。

乙　什么年？

甲　光绪二十六年，公元 1900 年，八国联军进北京，光绪逃难奔西安，跑到半道儿了。在北京宫里吃饭，御宴，厨房叫御膳房，吃一看二眼观三，那得六桌，穷奢极欲。逃难，哪儿有御膳房，叫御前找老百姓要吃的，老百姓拿来窝窝，吃吃挺好，挺香挺饱。寻思着没有这窝窝吃，他走不动啦，有这个吃饱啦，加紧一走，联军没追上。光绪感念窝窝的功劳，这窝窝它要是人能封官晋爵，窝窝是吃的怎么封它？加封一个美名就叫窝窝头吧。

乙　这怎么讲？

甲　窝头嘛，食物里一个领头的，是吃的全属它管，它是个头。

乙　嘿，您说得有来带去儿的。

甲　当然啦，这窝窝头与我也有深厚之感情，沦陷八年，国民党反动派捣乱三年，这十一年我没它也坏啦。可是现在生活好啦，为了不忘过去之艰苦，我也给它做一点东西，就算文章吧。

乙　噢，您也做的《窝窝赋》？

甲　这我可不敢，人家那篇文章这么好，我再写也是画蛇添足，狗尾续貂。

乙　那您写的什么哪？

甲　我写的是《窝头论》，这里边包括吃窝头有什么要点，有什么纲要。

乙　那有什么要点哪？把面和得了，团巴团巴杵一个窟窿，搁锅里盖上屉得了嘛！

甲　不是这么简单，你要是读过我这《窝头论》，按我这法子蒸，蒸得了，一揭屉，黄金一色，油汪汪一层亮皮儿，拿到手里温温和和，利利索索，用手一掰开，真是碴儿，沙沙楞楞，吃到嘴里，这么甜丝丝的，往下一咽，到嗓子里顺顺溜溜下去。吃窝头的时候，蘸点黄酱，臭豆腐，暴腌萝卜，白菜帮儿，再喝碗稀粥，准保八小时不饿，一日三餐二十四个钟头正合适。

乙　好算盘。

甲　您要是不按我这法子蒸，人家二十分钟蒸熟了，您俩钟头也蒸不熟，火也要灭，添劈柴弄一屋子烟，赶紧揭屉吧，揭开屉俩字考语——堵心。

乙　怎么啦？

甲　一瞧这窝头灰不唧的，带水汽，用手一拿，粘手指头，用手掰开一瞧，这碴儿黏黏糊糊，搁嘴里粘牙糊上膛，拿舌头舔不下来。

乙　这怎么办哪？

甲　再蒸也不行啦，蒸屉蒸包子，生了再蒸还行，独单窝头生了重新蒸，一辈子也熟不了。

乙　那怎么办？

甲　不吃，吃什么？扔了怪可惜的，吃了，拉稀。只可切片烤。上年纪人没牙了，烤着吃咬不动，就搓碎了拿锅煮，到吃的时节一锅糨子。

乙　好嘛，蒸窝头干吗，熬粥好不好？您这是夸大其词，窝头谁不会蒸！

甲　哎，你要是不读《窝头论》，十回就得蒸坏九回，蒸好了那是蒙的，甭说你，就是当初古代有一位圣人就不会蒸窝头。

乙　哪位圣人？

甲　曾子不会蒸窝头。

乙　噢，宗圣曾子不会蒸窝头。

甲　曾子家贫，吃不起白面，就吃棒子面。曾子就不会蒸窝头，曾老太太蒸窝头老蒸不熟，曾子放学回家吃生窝头，半道儿拉稀去晚了，圣人抱怨他：“你怎么又迟到？”曾子说：“我走半道儿拉稀了。”圣人问：“你吃冰棍儿了？”

乙　您先等等，那时候有冰棍吗？

甲　您甭管，我就这么说，你爱信不信。曾子说：“我没吃冰棍儿。”圣人问：“为什么拉稀？”曾子说：“我母亲蒸窝头老蒸不好，老蒸生的，还得跟老师请教这窝窝怎么蒸。”圣人说：“你怎么没记性，头年夏景天你母亲蒸生窝头你拉稀啦，你问过我呀，我也告诉了，那是走了汽，你怎么没跟你母亲说呀，那你母亲蒸不熟，你吃生窝头，赖谁？”

乙　得了，得了，满不像话。你这叫信口雌黄，哪儿的事！

甲　这书上有。

乙　什么书？

甲　《论语》。

乙　《论语》还有蒸生窝窝这档事儿？

甲　你念过《论语》吗？

乙　念过。

甲　我背两句你听听。

乙　好。

甲　曾参问于孔子曰，窝窝因甚不熟乎？

乙　这句我听着耳生。

甲　耳生，下句就不耳生啦。

乙　下句什么？

甲　“子曰：‘夏礼吾能言之，杞不足征也。’”夏景天我告诉你窝头没蒸好，走了汽了。

乙　算了，不对。这句我懂。你把字念错啦，挨不着蒸窝窝。“子曰”就是孔子说话了：“夏礼吾能言之”，就是夏朝的礼仪制度，我能

说，"杞不足征也"是夏朝后代杞国没有人证明我的话。那字念
杞，不念汽。

甲 你不懂啊，你还是没念过《五方元音》。

甲
乙 七、齐、起、汽。

乙 行啦行啦，我不管这个，您给念念《窝头论》吧。

甲 那好，听着："夫窝窝头……"

乙 这窝头不是蒸的吗？您怎么孵呀，俩大窝头搁一块儿，一会儿孵
出俩小窝头来？

甲 我说话您怎么全不懂？

乙 懂与不懂也没有孵窝头的，有孵鸡孵鸭子的。

甲 这夫不是孵鸡孵鸭子的孵，这夫是发语词，就是头行儿，千言万
语在它以后，您念过古文？

乙 念过。

甲 有段儿《春夜宴桃李园序》你知道吗？

乙 知道。

甲 你背两句。

乙 好。"夫天地者万物之逆旅，光阴者百代之过客。"

甲 怎么讲？

乙 不知道。

甲 "夫天地者"，就是这个天地之间，"万物之逆旅"，就好比一个大
旅舍，我这"夫窝窝头"就是我这窝头。

乙 明白了，你还接着"夫"，说吧。

甲 "夫窝窝头者，黄豆、玉米为主，下配群粮，共为细末，而成棒
子面也。"

乙 嘿。

甲 "上尖而下圆。"

乙 是这个形状。

甲 "外实而中空。"

乙 不错。

甲 "观颜色之轻重，察水汽之盈虚……"

乙 嗯。

甲 "若……"

乙　啊。

甲　"……火旺水盛，屉严汽足，一气而蒸熟者……"

乙　啊，啊。

甲　"此物滋味美，颜色焦，金黄光润，可谓美餐也。"

乙　是，是。

甲　"若火微水欠屉漏气虚，不容熟而揭屉者……"

乙　啊。

甲　"此物……"

乙　怎么样？

甲　"一辈子不能熟也！"

（赵连甲供稿）

第二卷　◆　对口相声

家庭论

甲　演员上台要向观众鞠躬。

乙　对！这是一种礼节。

甲　向观众问好嘛！可也有的同志他误会。

乙　怎么误会？

甲　"嗯，这是给我赔不是呢。"

乙　我们多晚儿得罪的您啊！

甲　其实这一敬礼，沟通了演员跟观众的关系。

乙　那咱们再给观众敬个礼。

甲　好，一鞠躬，二鞠躬。

乙　怎么还鞠躬？

甲　谢谢各位来宾。

乙　对。

甲　三鞠躬。

乙　怎么……

甲　谢谢主婚人！

乙　噢，咱俩结婚来啦！

甲　演习演习。

乙　这能随便演习吗？

甲　别着急，你真嫁给我，我也不要你。

乙　我也不跟你啊！

甲　别开玩笑。我是父母包办的婚姻，看见人家由恋爱而结婚，由结
　　婚而建立美好家庭，我从心眼儿里那么羡慕。

乙　看着眼热啊！

甲　所以啊，要搞好家庭关系，男同志挣了钱顶好都交给爱人，合理地安排生活开支。有人说：把钱都交给她，那不显着我怕老婆了吗？说白话是怕老婆，文言叫"季常癖"。

乙　这是怎么回事？

甲　宋朝有个文人陈季常，特别怕老婆，时常挨打罚跪。后来大文豪苏东坡定了计，他到陈家对陈夫人说："你要再打陈季常，他可就要变羊了……"这就是昆曲里的《变羊记》，苟慧生先生演的《狮吼记》也是根据这个故事改编的。

乙　好嘛，这是怕老婆的典故。

甲　别说漂亮话，你怕不怕？

乙　你怎么冲我来啦！

甲　别不好意思，不单是你，包括今天在场的各位观众，是不是怕老婆我都瞧得出来。

乙　你是怎么看出来的呢？

甲　凡是怕老婆的主儿，嘴唇都发干。

乙　啊！

甲　你看，那几位正舔呢。

乙　是啊？

甲　说实在的，作为夫妻，谁也别让谁怕，还是互相尊重的好。

乙　怎么才能互相尊重呢？

甲　那就看有没有感情基础了。夫妻应当互相了解，互相帮助，婚前就建立了正确的感情，婚后更是蜜里调油，谁也离不开谁，谁看不见谁就想谁，就好比我要一会儿看不见您就吃不下去饭。

乙　你别拿我比好不好！

甲　正确的感情就是能够同甘共苦，经得住考验，不能是热起来就进了炉灶，凉起来又进了冰窖。

乙　怎么呢？

甲　我就见过这样的夫妻，刚结婚甭提多好啦。燕尔新婚，相见恨晚，早晨上班一块儿走，晚上下班一块儿回家，一块儿看电影，一块儿上图书馆查资料，一块儿轧马路，一块儿吃冰激凌。

乙　公休也在一天吗？

甲　不在一天也没关系，女同志在家做饭，等着男同志回来。男同志中午休息一个小时也赶回家来吃饭。吃完饭刚走，不一会儿又跑回来啦!

乙　落下东西啦!

甲　是啊,女同志也纳闷儿:"你怎么刚走就回来啦,有事吗?""嗯,没事。"

乙　没事你回来干吗?

甲　"我瞧瞧你!"

乙　真热乎!

甲　可是时间一长,就难免有个抬杠拌嘴的。

乙　居家过日子,没个马勺不碰锅沿的。

甲　怎么呢?

乙　有这么句话:两口子打架不用劝,放下桌子就吃饭。

甲　那也得分怨谁,凡是吵架都是有矛盾,得解决矛盾。

乙　都有什么矛盾呢?

甲　那可多了,一般地说,男的怕女的向着娘家,怕女的爱串门子,不好好料理家务。

乙　女的怕男的什么?

甲　女的最怕男的有外心。

乙　吃醋啊!男的真有外心了吗?

甲　这事也半真半假,男的对她热着热着只要一冷淡,女的就容易往这上边想。要真有这事还行,就小两口没事"逗闷子",这男的对女的说:"你干吗?瘦高个儿,一脸茶叶末儿,别认为自己挺不错!我们单位有个女同志,嘿!头是头,脚是脚,要哪儿有哪儿,不是有你这个破车碍好道的话,我非跟她搞搞不可!"你虽然是说着玩儿,她打这儿就算多了心了,有个抬杠拌嘴的,准给你翻腾出来:"看不上我,干脆,咱俩离婚,找你们单位那个好的去!""嘻!这都是哪儿的事呀!根本就没那么个人!"

乙　谁叫你说来着?

甲　你再解释她也不听了!以后她对你处处留神看,你几点回来,情绪怎样,等你睡着了,她还要翻你衣服口袋儿。

乙　那干吗?

甲　看看有没有女人送给你的东西,什么小手绢,小镜子,小梳子,小荷包啦。

乙　噢,都是纪念品。

甲 特别是看你身上有没有小相片儿，相片可也得分谁的，周蛤蟆①的相片有一打也没关系，就怕有年轻女人的相片儿。

乙 也不应该有。

甲 那也保不齐，我身上就有好几张女同志的相片儿。

乙 哪儿来的？

甲 工会会员登记交上来的！

乙 瞧这寸劲。

甲 日子长了她还要数你的钱，看看十万（元）的有几张，五万（元）的，一万（元）的有几张。数完了记个数，她也不拿你的；转天晚上你睡着了——她接着还数。

乙 这是为什么？

甲 看你花了多少。一万的短一张没关系，可能是推头洗澡花了，五万的短一张也没说的，可能是同着朋友吃饭花了，要是五万的、十万的一短就是好几张——

乙 怎么样？

甲 由这儿就跟你揭盖儿！

乙 这是爆发点！

甲 她还留心男的口袋有没有戏票、电影票，有一张电影票没关系，你一个人儿看了也就看了；有四五张也没关系，跟同事的一块儿看的，就怕有两张，你就是同着男的一块儿看也不行，"哼！我说这一阵子不跟我去看电影儿了呢，敢情陪着别的女人去了！"你看，生气了！

乙 那还不生气。

甲 所以我奉劝各位男同志，您在外边看完电影儿，一出电影院就把票扔了，省得找麻烦。要不怎么说，听常宝堃的相声对您有帮助呢。

乙 就这帮助啊！

甲 赶上你回去再晚点儿，她更多心了。本来你六点下班，六点半就到家了。要是七点半、八点半才到家，这还没什么，你一说开会学习，给大舅买皮袄，送二大爷上火车也就过去了。要是九点半、十点半还不回去，她就什么也干不下去了。一会儿坐下，一会儿又站起来，一会儿站起来，一会儿又坐下。本来还给男的打毛衣

---

① 周蛤蟆，即著名相声演员周德山。二十世纪四十年代中与张寿臣搭档献艺。

呢，一赌气，嘎，把签子撅折了！

乙　心里有事嘛。

甲　一晃十一点了，这才听见门响，她本来站在屋里盯着给你开门哪，真听见门响倒坐下了——不理你！

乙　给蹲在外边儿啦！

甲　蹲不了！对自己的家都熟悉，男同志拿出小刀来拨开了院子里的大门，女同志一听：把门拨开了，没等他进来，啪！把灯关了，站起来往门后边一站。男同志一推屋门，黑咕隆咚。"这是怎么啦！"自己找着电门把灯开开："人呢？噢，在这儿哪！"女同志从门后边走出来，背靠着门柜，俩眼瞪着房顶，半天没说话。男的一看，这下儿是土地爷扑蚂蚱——慌神儿了；"你怎么啦？不舒服。"女的还不言语。"到底怎么啦！别让我着急。"女的还不言语。"哎哟？你别病了吧！晚上凉，快穿上点衣服。"就看见女同志这眼泪一对儿一对儿地流了下来，她掏出手绢来一边擦着，一边抽抽搭搭地说了话。

乙　说什么啦？

甲　（学）"去！不用你管我，我凉啊，我的心早就凉了！我谢谢你对我的关心，我死了才好呢。省得我这个破车碍好道。我有病啊，我这是心病，好不了啦！""你干吗这么多闲话，到底怎么回事，你说说。""这还用我说，我不说你自己心里也明白。""我明白什么？""你自己做的事你还不明白？我问你，你为什么这么晚才回来？谁把你的魂勾去了！""噢，敢情为这个，这算什么事呀！""这还不够吗，你还要怎么着？我问你，这么晚才回来，你上哪儿去啦？"

乙　对，上哪儿去啦！

甲　真把男同志挤对急啦："上哪儿去啦，我……我不就上赵佩茹①那儿——"

乙　噢，找我来啦！

甲　这位男同志爱听曲艺，听完您的相声又到后台聊了会子，他那意思想说："我刚听完赵佩茹的相声，又找他……"可没容他说出这话，女同志更误会啦。

---

① 赵佩茹，著名相声演员，长期与常宝堃搭档演出。

乙　为什么呢?

甲　这位女同志不爱听曲艺,平常她也没注意有个相声演员赵佩茹,又是在气头上,她一听赵佩茹这仨字就如同火上浇油。

乙　我招她啦!

甲　不行啊!您这名字容易发生误会,这位想:反正逢是带"茹"字的都是女的。什么秀茹、桂茹、玉茹、佩茹……

乙　您别搁一块儿说好不好!

甲　(哭)"你说什么,赵佩茹?""是啊,我跟赵佩茹在一块儿怎么啦?""你还说,你成心气我,你找赵佩茹我管不着,可那你还回来干什么?你看着赵佩茹好,从今往后你就永远也别回来啦!""你这叫什么话,我的家么,我不回来?你干吗生这么大的气?快给我弄点吃的吧!"

乙　对。

甲　"噢,饿了?你找赵佩茹去!"

乙　嘻!

甲　"我找人家干吗,没吃的不要紧,给我弄点水喝吧?"

乙　对。

甲　"什么?渴了,你找赵佩茹去!"

乙　啧!

甲　"我找得着人家吗?得,不吃不喝啦,咱们歇着吧!"

乙　该休息啦!

甲　"干吗?要睡觉了!你找赵佩茹去!"

乙　我啊!

(常宝堃　赵佩茹演出稿　颂华整理)

当行论

甲　这回是您表演？

乙　哎，我表演。

甲　要说像您这说相声的也很不容易呀？

乙　不单是说相声，你无论干哪行也得下苦功夫研究才能成功哪。

甲　这话对，俗话说得好，"干什么说什么，卖什么吆喝什么"。您就拿做买卖的来说吧，就有多少种多少样。

乙　对，做买卖是三百六十行嘛！哪行也不容易。

甲　我跟您研究研究，您说什么买卖让人，什么买卖不让人？

乙　怎么还有让人、不让人的买卖吗？

甲　有哇。

乙　我对这方面还真没研究过，你说什么买卖让人哪？

甲　让人的买卖有两三种哪，比如估衣铺，只要你往门口一站，他就往屋里让你："买什么里边儿瞧，买什么衣服都便宜啊？"饭馆儿也让人啊："吃什么？里边请，喝酒有酒，爆肚儿、大烧饼！"

乙　对，到天桥的饭馆儿是这样让人。您说不让人的买卖是什么？

甲　棺材铺不让人。

乙　废话！那怎么让人？

甲　他就连一年不开张也不敢让人。你就算在门口站仨钟头也不能让你。

乙　多新鲜哪！

甲　一让那非麻烦了不可。这位刚往门儿那儿一站，掌柜的往屋里让："买什么您哪？买棺材吗？帮儿厚底儿瓷实呀！不信您躺里试试怎么样？"

乙　啊？这样做买卖非挨揍不可。

甲　告诉您吧，做买卖还有和气、不和气的哪。

乙　是呀！您说都有什么买卖和气？

甲　鞋店、布铺、澡堂子，这都是很和气的买卖。

乙　什么买卖不和气？

甲　有三大行。是，"钱""粮""当"。

乙　哦，"钱"是哪行呀？

甲　"钱"是银行、号，您上哪儿存款去了，存多少人家就给你写多少。

乙　嗯，不给多写。"粮"哪？

甲　粮食店哪。您上哪儿买面去了，多少钱一袋面给人家多少钱，少给钱人家不让搬。

乙　废话。

甲　再有，就是当铺，这种买卖做得店大欺客，派头儿太大。你这当的人多着急，他也不着急。没有一回能叫当当的人满意的时候。他总是不给你当的那个价儿，老得差着点儿。

乙　你怎么知道这么详细哪？

甲　因为我常当当。有一次我给我爸爸当皮袄，让当铺二掌柜的给我气坏啦！

乙　怎么回事？

甲　我把皮袄拿去了，往柜台上一放，我说："您给我瞧瞧这个。"

乙　他瞧吧？

甲　我去的不是时候，正赶上他那儿抽烟呢，他一听我说，赶紧把烟袋撂了。

乙　给您瞧货？

甲　没有，又装上一袋。

乙　怎么不瞧货呀？

甲　敢情人家这个抽烟都有规矩，不抽烟是不抽。

乙　若抽哪？

甲　最少得抽半窝儿。

乙　半窝儿是多少？

甲　四袋。

乙　怎么？

甲　"一窝儿八袋"嘛，就起他那儿兴的。

乙　没听说过。

甲　到我这儿还算不错，抽了两袋不抽了，然后不慌不忙地把我的皮袄拿起来了。瞧得这个仔细呀就别提啦。翻过来掉过去地看嘛，我这东西要是来路不明啊，就得叫他给看破了案。瞧瞧这皮袄，又瞧瞧我这人，瞧瞧我，又瞧瞧皮袄，瞧得我直嘀咕，然后说：（学当行人拉长音的语调，下同）"当多少？"我没敢多说："您给写四块钱吧？""四块钱干脆……"

乙　"留下啦！"

甲　"不要！"

乙　啊？不要哇！

甲　"别人的不要，说相声的要。"

乙　这不是开玩笑吗？

甲　"两块……"我说："您给写三块五得啦。""多了不要。"我说："不然您给写三块钱吧？"他不理我啦！把烟袋拿起来啦。我一瞧要坏，又得抽半窝儿。

乙　人家不要，你怎么办哪？

甲　我一想：两块就两块吧，少当少赎，还少花利钱哪。我说："您给写吧，我当啦。"他拿起我的皮袄先褒贬。哎！听说这也是他们这行的规矩，新绸子也说旧的，新大褂也告诉你是旧布。他这一褒贬哪……

乙　怎么褒贬的？

甲　拿起皮袄来先喊："写——"这儿喊"写"呢，那儿写票的先生把笔准备好了，净等写什么东西和号头儿。"写！老羊皮袄一件……"我一听，不对呀，我爸爸那件皮袄是二毛剪茬儿呀，得咧，老羊就老羊，反正赎的时候得给我这件东西。他往下一褒贬可难啦。"老羊皮袄一件，虫吃鼠咬，缺襟短袖，少纽无扣，没底襟儿，没下摆，没领子，没袖头儿！"我说："你拿回来吧，我赎出来成尿布啦！""这是跟你开玩笑，两块，你这件皮袄没带包袱皮儿得包纸。"我说："多少钱一张啊？""两毛一张"，好，您给包一张吧。"一张太少包四刀！"

乙　啊？四刀！

甲　我皮袄给他还得找给他钱哪！

乙　这不像话。他干吗说话老是拉长音儿呀？

甲　这也是人家的习惯，无论在哪儿说话，也是这样儿拉长音儿说，有一回我在前门大街看见有一位雇车，我一听就知道他是当铺的。

乙　怎么哪？

甲　他说话挂韵啦。"这辆三轮车谁的？"把拉车的吓一跳。"我的，怎么？我这车要入号哇？"

乙　好嘛。

甲　"拉我四牌楼要多少？"拉车的心想：怎么这味儿呀？"您给四毛吧？"他一看这车子的车带太老啦，又不打算坐了。"两毛。""您给三毛，我走快着点儿？""多了不要，胶皮不好，回头放炮！"

乙　嘿！还这味儿哪？

甲　我对当铺怎么熟悉呢。因为我有个二大爷就在当铺里做事，那年我二大爷打老家上来找我，叫我给找个事情做。

乙　你给介绍哪儿去啦？

甲　当时哪儿介绍去呀？后来我给介绍到西单有一家"同仁当"，那个经理跟我不错，看着我长大的，我就找他去啦。经理问我："你二大爷都会干什么？"我说干点儿什么零碎活儿都行，什么扫个地呀，刷个痰盂呀，擦个地板什么的是这些个活儿什么都行。人家听错了："什么都行。"好哇，内行啊，叫他站拦柜吧。

乙　好嘛，站拦柜可不容易呀。你二大爷会吗？

甲　谁说会呀？可是站柜台也分头二三柜。头柜的经验大责任重。收细致东西，像什么珍珠哇，玛瑙哇，二柜就收一些个衣服什么的，三柜就收比较一般的东西啦，人家把我二大爷安排在三柜的手底下啦！

乙　是呀。

甲　这天有一位先生当当。正赶上是叫我二大爷给看的。

乙　当的什么东西哪？

甲　这位是票房里的票友儿。手拿着一对场面上的那个铙钹，正递到我二大爷跟前："先生您受累给我写这个。"

乙　那就给人家写吧。

甲　我这位二大爷连铙钹都没见过，像那个你不知道问问人哪，他还要装多知多懂，拿起来仔细端详，看了半天，心想：这是什么东西？坏啦。这叫什么名儿呀？我若叫不上名儿来，先生怎么写票呀？

乙　就瞧你二大爷怎么办吧？

甲　嗨！他也有意思！心想：我少给你写，你若不当准拿走，我省得丢人。他也学会人家说的那种声音啦："当多少？"这位倒是没有多说："您给写两块钱吧？""两块不值，一块。"心想怎么着他也不能当。

乙　是呀。

甲　这位一听，才一块："啧，我等着用钱，得了一块一块吧。"

乙　唉，当啦？

甲　我二大爷想："坏啦，这怎么办呢。"他倒会出主意，他胡给起名儿。

乙　他到底怎么喊的。

甲　我二大爷那儿说："写！"先生把笔拿起来等着写票儿。"缺箍短裆儿铜草帽儿一对！"先生那儿一听一愣，心想：怎么铜草帽儿也要哇。自打我来到这儿还没收过这路东西哪。新鲜！"多少钱哪？""一块！""哎！倒真不贵。"写好了递给那位啦，当当的这位也乐啦："哟！这位掌柜的有点儿意思。我自己的东西都不知道它叫铜草帽儿。得！明天我就赎我这铜草帽儿吧。"

乙　这个人也够幽默的。

甲　第二天这位又来了，拿着一个场面上用的单皮。进来一瞧我二大爷没在，他还不当，专等我二大爷。"噢，铜草帽那位先生没在啊。我再听听这个叫什么名儿？"

乙　好嘛。

甲　一会儿我二大爷回来啦，这位把单皮往上一举："先生您给我看看这个？"我二大爷一看还是昨天的那个人。心想：干吗单找我呀？哼，成心押量我，好，给你看看。拿起一瞧，问："要多少？""您还给两块吧。""一块！"

乙　认准了一块。

甲　这位说："一块钱就一块，我听听这叫什么名儿。"我二大爷想这叫什么名儿呀，一转悠脑筋，又给编了一个名儿："写！"先生拿起笔来等着："嗯，这回不定又是什么东西。""乱钉攒紧碎木头儿不少，木头皮盒儿一个！"先生那儿一听："嘿！木头皮盒也要哇？多少钱哪？""一块。"写完交给那位当当的了。

乙　当当的那位说什么？

甲　"嗬！真押量不短你啊。行了，明儿见！"第三天这位又来了。

乙　噢！这回又拿什么来了？

甲　一个大帽镜，玻璃砖，硬木座，搬着就来了，进门口一瞧，我二大爷在柜台那儿坐着哪！"好，先生您再看看吧？"我二大爷一看，熟人。"又找我？行了。"拿起来一看，这是什么呀？这位往那儿一放，镜子面儿冲外，木头板儿冲我二大爷，所以我二大爷也没理会是什么东西。

乙　这回又给起什么名字？

甲　我二大爷那儿一问："当多少？""哎呀，这个可贵啦，您给写四块吧？""两块。"

乙　嘿，人家长钱，他也长钱啊。

甲　这位一想：好，我听听这个叫什么？我二大爷心说：知道你就得当。"写！"这儿提写，先生那儿把笔拿起来，抬头一瞧是我二大爷喊哪，先生特别注意啦："哎，得！这不定又是什么东西哪？自从这位上工以后，我们这儿什么都收。"

乙　好劲，你说这回他怎么说的。

甲　我二大爷说："缺砖短瓦木头小影壁儿一个……"先生那儿一听："怎么木头小影壁儿也要？过两天四合房也得抬来，哈……有意思。"刚要问多少钱，二大爷这么一转，可坏了。

乙　怎么？

甲　他把镜子面儿转到里边来了，把柜台里边的东西都给照进去了，他还当是一事哪，又把先生拦住了："别忙还有，内有八仙桌子一张，椅子两把，胆瓶一个；内有一人好像是我，我怎么瞧他，他怎么瞧我！"先生说："这……这我写不了！"

乙　嘿！

（郭全宝述）

哭当票

甲　您是说相声的啊？

乙　对，我是个相声演员。

甲　好哇，干您这行整天乐乐呵呵，观众心里多烦，您一说相声能把
　　人家说喜欢了。

乙　对呀，相声原本就是逗乐嘛。

甲　要不怎么大多数人都爱听相声哪。您还没说哪，人家一看见您就
　　觉得您可乐："哎，大哥，你看这说相声的是×××，他说的有意
　　思，可乐之极啦，哈哈哈……"这就乐了。等你说完了，人家还
　　有要求："哈哈哈好！"热情地鼓掌，"咱还得让他说，今儿咱们
　　得乐够喽，哈哈哈。"

乙　这说明人家是相声爱好者，喜欢相声。

甲　主要是听相声它逗乐呀。

乙　哎。

甲　没听说相声不逗乐儿，逗哭的——那位本来很高兴，一听相声惨
　　了。眼圈也红了，鼻子也酸了，眼泪也下来了，听完了以后哇哇
　　地大哭——有这个本事吗？

乙　没看见过。

甲　这几位上您这儿听相声来了。"大哥，今儿咱们不是挺高兴吗？
　　咱们得找×××（相声演员），让他给咱们说委屈了，听完了
　　好大哭一场。走！"听着听着就难过了："唉，是让人心里惨得
　　慌。二哥把手绢给我吧，我眼泪流下来啦。说相声的你说吧，
　　你已经把我们逗哭了。啊……好，咱听完这段还得让他说，今儿咱们
　　得哭够喽！"

乙　没听说过。

甲　您看哭的模样儿就是没有乐的模样儿好看。

乙　多新鲜哪。

甲　俗话说得好，俗语说……俗语说什么来着？

乙　噢，俗语说这个："牙疼不算病，疼起来真要命。"

甲　这挨得上吗？

乙　不是，俗语说："人不伤心不掉泪，树不扒皮不会死。"

甲　不，人家说："不见棺材不掉泪，不到黄河不死心。"

乙　"不见棺材不掉泪？"像话吗？那棺材铺掌柜的怎么办啊？整天守着棺材整天老哭，做得新棺材啦，把伙计叫到一块儿冲着棺材"哇……"哭啦！没有这个事啊。

甲　噢！"人不伤心不掉泪"。

甲　当然了，人真正有伤心的事，越想越难过才哭哪。

乙　啊。

甲　你看哭跟哭可不同啊。

乙　怎么？

甲　分三个字。

乙　哪三个字？

甲　哭，嚎，泣。

乙　哭哪？

甲　有声有泪谓之哭。

乙　嚎？

甲　有声无泪谓之嚎。

乙　泣？

甲　无声无泪谓之泣。想着难过，有泪还不让它掉下来，抽搭，长出气。

乙　噢，分这么三个字。

甲　哭，一般妇女哭的多，男人哭的少，所谓"丈夫有泪不轻弹"嘛！

乙　是呀！

甲　您听过去有的妇女哭了，她不是哼儿哼儿干哭，她里边儿有字儿，一边儿哭一边数落。

乙　你给学学。

甲　比方说，这家有个女的正做早饭哪，她的娘家兄弟给姐姐送信来了，说她娘家妈死了，让她去一趟，等她到了娘家，哭的时候是一边数落一边儿哭。

乙　怎么哭呢？

甲　"姐姐，咱妈过去了，你赶快家去一趟，就要给她老入殓了。""好，你先头走一步儿，我收拾收拾就去。"她得把饭菜都做好了，把火添上封好了，给孩子们洗完了脸穿上件新衣裳，再托街坊们给照顾着门儿，把门锁上，把钥匙交给对门的二婶儿，说："二婶儿，您受累，给我们看着点门儿，柱儿他爸爸回来，您告诉他饭都做好了，搁在柜橱里啦，火我封上啦。暖壶里有开水，我出去一趟一会儿就回来。钥匙交给您。回头柱儿他爸爸回来，让他上您这屋拿来。我走了，您看家……柱儿来妈妈领着，三儿，妈抱着。"出门就："三轮儿。"

乙　我说她怎么那么麻烦哪！

甲　她得安排好了，坐车到了娘家，让二舅给车钱，这回头哭的时候你听吧，她全想起来啦，连做什么饭，雇车是多少钱都有。

乙　噢，连雇车花了多少钱都有？

甲　有。这就要哭了啊。

乙　哭吧。

甲　（学哭）"我的妈呀，你怎么会死了哇？"

乙　那谁能拦得住哇。

甲　（学哭）"今儿早晨哪，我在家呀，正做早饭哪，烙大饼啊，炒豆芽，兄弟送信呀，说你死了哇，我雇三轮儿呀，六毛五哇，亲娘嗳！"——他亲娘才六毛五，咱也不知后娘多少钱？

乙　好嘛，全想起来了。

甲　谁问她啦，连吃什么饭，炒什么菜，雇车都告诉你了。若是自己的丈夫死了，她哭的时候不哭她丈夫。

乙　那哭什么呀？

甲　哭天儿。

乙　哭天儿？

甲　过去说自己的丈夫是一层天，因为丈夫的"夫"字把头儿去了就成"天"啦。

乙　噢，那应该哭头儿呀？

甲　哭头儿难听，她总是哭天儿。哭起来是这样。

乙　怎么哭？

甲　（学哭）"只顾你一死，甩下了我，撂下了他，不管我……"也不知道都是谁？

乙　我哪儿知道！

甲　"我的天儿……哈哈哈嗷儿……"

乙　这是干吗呀？

甲　哭完了有三哈哈零一钩儿。

乙　若没有这三哈哈零一钩儿不行吗？

甲　干蹾儿？那多难听啊。这么哭："只顾了你一死，甩下了我，撂下了他，不管我，我的天！"——你"大天"我"对地"，又要上啦——必须有这三哈哈零一钩配搭着，哭起来听着还好点儿，哈哈还不能多了，多了也不像哭啦。

乙　你来试试？

甲　"只顾你一死，甩下了我，撂下了他，不管我，我的天嗳，嗳嗳嗳嗳嗨！"

乙　干吗，你要唱啊？

甲　是不是这样哭？

乙　对，有这样哭的。

甲　男人死了，女的可以这样哭，你怎么哭都没关系，没人笑话你；可是女的死了，夫妻两人感情再好，男的也只能在背地里掉泪去，当着人不能哭，怕人笑话。

乙　瞧瞧，自己的老婆死了当着人还不能哭，还怕笑话。面子问题。

甲　比方说。家里是小两口，跟前一个小孩儿，这孩子六七岁，这小伙子的媳妇死了，棺材在里屋停着，屋里弄得乱七八糟，孩子在哭着喊着要找他妈，你说他心里能不难过吗？

乙　当然是够难过的。

甲　这位小伙子的同事、朋友上这儿来了，人家可以大哭，进门口就哭起来了："嫂子你好狠心啊，你死了，我们大哥、侄子可怎么办哪……"别看人家哭，他还得劝朋友："得啦，兄弟们别哭了，不但你们难过，你想谁不难过，你嫂子跟着我东奔西走没享过一天儿福，苦熬苦曳把孩子拉扯到六七岁啦，合着刚有这么个破事情做，好吧赖吧不至于整日挨饿，凑合着半碗粥喝。如今她这一死，是有些让人心酸。""不是别的哟，嫂子这个人太好了，对待我们就像亲兄弟一样，没少让嫂子为我们受累呀，涮涮洗洗什么的，总是抢着给我们弄哇。""唉，我们俩结婚这些年从未抬过杠，她对任何人也是那么热心，有什么法子呢，死了，死了，人死不能复生，兄弟们来看看你们这小侄儿吧，今后只有多多地疼爱这孩子啦！"

乙　哎，说明两口子感情好。

甲　若是人家朋友还没有那么哭，你先大哭了就不行啦。这样，人家刚进门儿："嫂子，你怎么死了哇！""兄弟呀！（学大哭）哎哟，要了我的命了，我活不了哇！"人家朋友一看得劝劝他吧："大哥，别哭了，嫂子既然死了，你再哭她也活不了啦。"这位还是一个劲儿的这样儿：（学哭腔）"哎哟，要了我的命了，我活不了哇！只顾了你一死，甩下了我，撂下了他，我的天儿唉，哈哈哈嗷儿！"

乙　不是味儿。

甲　还有一种哭，就是姑爷哭丈母娘。就那么回事儿。

乙　怎么哪？

甲　他岳母死了与他没什么大关系，原本不愿意去，自己妈妈催着让他去。妈妈给他出主意："你岳母死了你哪儿能不去呀？人人两层父母，你得到那儿一趟，哪怕待会儿就回来哪，也得去。""不是别的，您想我到那儿哭哇，我哭不出来。""唉，你这孩子真糊涂，拿块手绢儿蒙着脸，进门就哭，哼哼两句，人一拦就行啦。"没法子，去吧！到了他岳母住的那胡同，进门捂着脸就哭，哼哼两句，打里边儿出来一个人："哎！你干什么呢？"他一瞧："哟，走错了门儿啦！"

乙　嘻！

甲　还有儿媳妇哭婆婆。

乙　那是真哭吗？

甲　那要看婆媳之间如何了，感情要是好，是一种哭法，不好又是一种哭法。

乙　感情好的怎么哭哇？

甲　"我的妈呀，你老人家一死，甩下了我们可怎么过呀！我的妈呀，哈哈哈嗷儿。"就完了。这是感情好的。

乙　不好的哪？

甲　那一哭你就听得出来。

乙　怎么哭哇？

甲　"我的妈呀，你可死了。"哼，她嫌她死晚了！

乙　好嘛。

甲　她为了让别人看，到哭到高潮时还跟棺材碰头哪。

乙　是呀？

甲　她让别人一看："嘿！你看××家儿媳妇多贤惠呀！"其实完全是假的。那天她跟棺材碰头，正赶上这棺材帮上有个欠碴儿，她这么一撞哪，来回一蹭把头发挂住了，拽了两下没拽回来，吓得赶紧说了实话了，正哭到这点儿："你有灵有圣也把我叫了去吧。啊？我可不去呀！"她又不去啦。

乙　嘿，吓出实话来了。

甲　你说可乐不可乐？

乙　真可乐。

甲　还有的没闹清人家死的是谁。上那儿去进门就哭："二大爷，啊啊……"本家出来问："你知道谁死了吗？""知道，我们爷儿俩昨天还在一块喝酒哪！""这是我妈死了。""哎哟，那我记错了。"让人家给撵出来了。

乙　这好，没问明白进门儿就哭哇。

甲　他不是为哭死人去了。过去讲究办红白大事，娶媳妇是红事，死了人哪，叫办白事，这种人就为到那儿吃一顿。

乙　跟人家有交情吗？

甲　没交情也去，到那儿是连吃带拿。我们那边儿有这么个人，谁家要办什么红白事他全知道。

乙　为了吃人家一顿儿，专门打听这个。

甲　他不是打听，谁家办事不是都搭棚吗。如果谁家要办白事，门外挂着挑纸钱儿。这回头打听明白这家是谁死了，他家都什么人，预备的是什么吃的，回头多少随俩钱儿，进门儿就吃上啦。

乙　好嘛，心眼儿全用到这上了。

甲　他全打听好啦，这家是亲哥儿仨给死去的父亲办白事，预备的燕窝席。这哪能不去呀！现把自己被卧当了一块钱去随份子。

乙　这叫什么事，跟人家没交情，现当当就为了这顿饭。

甲　你忘了，他这一次把三天的挑费找回来啦。

乙　是呀？

甲　他连吃带拿嘛，当了一块钱，把当票往袖口上一掖，买了串儿烧纸，上那家去了。在门口儿跟门吹儿充熟："几位今天这儿有事啊，您受累给我点下儿鼓。"

乙　点下儿鼓是怎么回事？

甲　门吹儿一打鼓，就表示来出份子的了。进门就哭："二大爷……"本家的哥仨都出来了，陪灵啊。大爷以为是二爷的朋友，二爷以为是三爷的朋友，三爷以为是大哥的朋友呢。其实满不是那么回事。你看他，嚯！哭得那恸啊，谁都劝不住他。就有一个人不用劝他，在那儿喊了一嗓子，他立刻就不哭了。

乙　谁呀，喊了什么？

甲　茶房。（学茶房喊话）"少回身，蹭油了您哪。这边让座了您哪，这儿还缺一位。""哎，我就这儿吧。"

乙　是呀，他净惦记吃了嘛！

甲　这一坐下可坏了。

乙　怎么？

甲　刚才哭的时候，假装疯癫的，把他袖口里的当票儿掉在炭火盆里给烧了。

乙　好嘛，等于把他的被卧给烧了。

甲　啊，他还不知道哪，心里净惦记吃和拿的事哪。茶房那儿喊让座儿所以他赶紧就抢席坐了，等他坐下以后，你看吧，嘴呀，手哇，都不闲着，跟他旁边坐着的那位闲聊天儿："大哥，我真没想到二爷他死得那么快，我们爷儿俩没好够。"（边说边做擦筷子擦碟子的动作）

乙　这是干吗哪？

甲　擦碟儿哪。

乙　这个哪？

甲　擦筷子哪。

乙　嘿，紧忙活。

甲　他净跟旁边那位聊天啦，那位茶房端上一碟儿熘丸子来，没言语放在桌上了，那几位也没客气全给吃了。按理说茶房端上来都得喊一嗓子，"留福留福。"大伙儿就吃啦，这下他落了空了，说着话回头要吃，一看丸子都让别人吃完了，光剩下点儿菜汤了，他又哭了："哎哟……"旁边那个人还以为想着死鬼难过哪！"得了，这位大哥，别净想碴儿难过了。""不是的，那没喽。"拿手一指碟子。

乙　噢，丸子全没啦。

甲　他多咱落过这空儿啊，你瞧他这通吃啊，恨不能这一桌都归他才合适哪。吃得肚里实在没地方装了，才站起来，端起漱口水漱口，漱完了掏出手绢儿一擦嘴，这么一抬胳膊，可了不得了。

乙　怎么啦？

甲　这才发现当票儿没了。

乙　当票儿不是掉在棺材旁边炭火盆里烧了吗？

甲　是呀，当时他不是不知道嘛！哎哟，这回他可急坏了，脑袋也大了，眼睛也直了，眼泪刷一下子就下来了，这回可真哭了："哎哟，二大爷，你哪儿去喽！"

乙　找什么哪？

甲　找当票哪。"哎哟，要命噢，活不了喽。（边说边找，做拿纸审视又扔掉状）你在这儿……这不是啊。"本家这哥儿几个暗想：这人跟死老头儿不定多好哪，要不怎么他又哭了。

乙　是啊，哪儿知道他是在找当票哪。

甲　人家反倒直劝他："得了大哥别哭了。""不价呀，见不着他我连觉都睡不着喽！"

乙　是呀，没被卧你睡什么呀。

甲　"行了大哥，您少恸吧，看太热的天儿把您热着。""不热噢，夜里还冷哪。"

乙　没被卧是冷。

甲　"您光哭也没用啊，他已经死了。""没死啊，我刚才当的！"

乙　还是当票哇！

（郭全宝述）

送 妆

甲　您感觉新社会是不是温暖？

乙　当然温暖。

甲　在旧社会的时候，我们挣多少钱都不够。为什么哪？每一个月人
情份子来往太多。尤其是在天津，那会儿酒席卖两块钱一桌，坐
六个人；可是每一个人送礼至少一块钱。请六个人，准赚四块钱。
后来有的流氓、地痞、伪警察，家里没有事也撒帖，一年他家得
办几十回事情。帖上是父母寿辰，本人贱辰，本人结婚，小儿弥
月，小儿百岁，小儿周岁，小儿订婚，小儿接三。其实没这么回
事，假事真办，他撒帖，我们就得送礼。你不去还不行，你不去，
行了！下次在园子里揍你。没办法，得了，去吧！有时候我们这
么想：送一块钱，我们不是还吃一顿吗？得！倒霉了！你到那儿
一看，他们这群飞帖打网的人都在一块儿哪。一看你去了，他又
给你四份请帖，你还得去，你要是不去，就打你。所以每一个月
挣多少钱也不够，老得当当。有一次我给人家送礼，最多送过
一百块钱。

乙　哎呀！那可太多了。在那阵儿我送礼一两块钱，最多也不能超过
十块钱去。怎么你给人家送一百哪？

甲　礼尚往来呀。当初我父亲过生日，我也没撒帖，我也没办事，人
家知道了，给送了一百块钱。当时我收这一百块钱份子，我痛快
了，那一个多月我富富余余。后来人家办喜事——姑娘出门子，
您说我怎么办哪？我能装不知道吗？不能！我要送礼，我给人家
送少了行吗？应当送一百块钱礼，给姑娘买点填箱的东西，我哪
儿有钱哪，就连十块钱礼我都没有。没办法了，当当吧！您说得

什么东西才能当一百块钱呀？

乙　那得值个千儿八百的才能当一百块钱。

甲　旧的不行，我卷了一卷新的。我当去了。到了当铺，不要。

乙　什么？

甲　炕席！

乙　是不要。

甲　我想：还有什么哪，我没有值钱的东西。上我们姑奶奶那儿借去
　　了。到她那儿也没钱，她说："我这儿有点东西你拿去吧，皮货。"

乙　哎，皮货值钱，分什么筒子。

甲　灰鼠！那真是三性鼠，有这么长的毛头儿，库缎的面儿，没上身
　　儿啊，有十成新。我一想：这行。拿到当铺，我说："您给我瞧这
　　个。"他接过去也没细看："不要！"我说："您给少写！""不要！"
　　多气人呀！

乙　真可气！这么好的皮袄他不要？

甲　不是，要是皮袄他就要了。

乙　噢，皮马褂？

甲　不是！

乙　噢，斗篷？

甲　不对！

乙　什么呀？

甲　耳朵帽儿！

乙　耳朵帽儿呀？人家是不要。

甲　新的！

乙　没听说过上当铺当耳朵帽儿去的。

甲　没办法了，托人找放钱的借一笔印子。

乙　吃多大亏呀，借印子送礼。

甲　把钱借着，我派别人把礼送过去，我本人没去。

乙　你有了钱，你怎么没去哪？

甲　您想，人家是财主，所以送礼的人穿的衣服都阔，都讲究。我就
　　趁一件蓝布大褂，跟人家站在一块儿多寒碜呀！得了！我来个礼
　　到人不到。本家儿很不高兴，说："我俩这样的交情，送礼不送礼
　　没关系，你人应当来呀！"赶紧找人催请，请了我两趟。我一想：
　　不去不合适，去吧！到门口儿我可没进去。我站在门口儿看着。

乙　那你看什么呀？

甲　我看看所来的人，要有跟我穿得差不离儿的，我就进去。到那儿一看，没有！穿西服的多，就是有穿便服的也都阔，可是我看见有几个老头儿穿衣裳新鲜，跟《四郎探母》里国舅穿的衣裳一样。

乙　噢，您说那是：顶子，袍子，褂子，靴子。这几位老者在前清一定做过大官，后来回家纳福了，赶上老亲老友办事，他穿上这个好看。

甲　这衣裳不穷啊？

乙　咦！穷人哪儿有穿这个的。

甲　我一想：西服我没有，这我有，我也穿啊。

乙　您在前清也做过官呀？

甲　我哪儿赶上啦！

乙　您上辈有做官的？

甲　哪儿呀！我们三辈子说相声。

乙　那您哪儿有这东西呀？

甲　我凑合呀。

乙　那可不能凑合，短一样儿都不好办！

甲　成！凑合得了，一样不短。

乙　那这袍子褂子，您先没有。

甲　有！我这蓝布大褂，穿在里边是袍子。把我媳妇那件旗袍套在外边，是外褂子。

乙　是青的吗？

甲　是呀，蓝袍子，青褂子，那多好看呀！

乙　不行！外褂子是对襟儿的！你媳妇的旗袍有大襟儿！

甲　有主意，我把大襟往里一缅，胸前钉几个纽扣儿，把后边的开气拆开一点儿。

乙　前后有补子？

甲　我买了两张煎饼，拿剪子铰四方了。

乙　那上边儿有飞禽走兽？

甲　我拿笔瞎划啦划啦，找几个绷针，一绷！

乙　您脖子上还缺一挂朝珠哪？

甲　我买了几挂脆枣儿，拿手巾把它擦干净了，串在一块儿跟紫玛瑙一样。

乙　是一百零八颗吗？

甲　不！六十多个就到我磕膝盖儿这儿了。

乙　对！它是长圆的嘛。还得有四个佛头哪？

甲　安上四个荸荠。

乙　还有一个节珠儿哪？

甲　我拿胡萝卜做的节珠儿。

乙　那您没有帽子？

甲　我父亲会抽烟，我把熬大烟的烟滤子扣在脑袋上了。

乙　没有顶子。

甲　买了个大个儿山里红。

乙　嗬！这还是红顶。没有翎管儿呀？

甲　我母亲那个烟袋嘴，拿铁丝把它缠上。

乙　上边没翎子？

甲　在卖柴火那儿，拣了几根柳毛子插上了。

乙　你真能就合。你脚底下没靴子也不好看呀？

甲　在我们门口杠房借了一双靴子。

乙　那穿着合适吗？

甲　穿着大，拿草纸包点炉灰，往里一楦。

乙　您穿这衣裳就得有拜匣。

甲　有！找两个鞋匣子盖儿，拿红绵纸一糊。

乙　这应当是您的佣人给拿着。

甲　我哪有佣人啊，我自个儿拿着吧。穿好喽，托着拜匣，走道儿不能快喽，得迈方步，迈方步，亮鞋底。刚一出胡同，把走道儿的吓趴下了好几个。那个说，"哎哟！诈尸！"

乙　您这可不是像诈尸吗！

甲　有人认识我呀，"这是赵大人出门拜客。"那个人一听说我是赵大人，他不服气，过来拿胳膊一撞我，照我肩上就是两口。

乙　咬了您啦？

甲　吃了我俩脆枣儿！我一想：这要一嚷叫人瞧见多难看呀，吃俩吃俩吧！我到了本家儿，就得找这几个老头儿，我们得站到一块儿去。

乙　那干吗呀？

甲　对啦！我跟穿西服的站在一块儿，我这是什么相儿呀？找了半天，看见了，都在走廊下站着哪，我往旁边儿一站，那个老头儿回头看了看我，也搭着上年岁啦，眼睛花了，还直夸我："哎呀！这个衣裳保存得多好，就是补子叫烟熏了！"

乙　是吗？

甲　嗯！煎饼火大，摊煳了！我想着是谁也看不出来，有一个老头儿领着一个小孩儿，我倒霉倒这孩子身上了，小孩儿有这么五六岁，他瞧瞧我，叫老头儿："爷爷，我吃煎饼。"我一听要坏！别让瞧了。我一转脸儿，冲那边去吧；不行！后边儿还有一张哪。"爷爷，我吃煎饼。"老头儿哄他："别闹！等卖煎饼的过来给你买。""嗯！过来了！"老头儿问："哪儿哪？"小孩说："他这儿有两张哪！"我一想：给他吃吧，这要是不给他，他要是一哭，棚口里的人过来一问，人家都知道是煎饼啦。揭下来，吃去！别哭呀？他一吃倒更哭啦。

乙　怎么哪？

甲　绷针把他嘴扎了！他一边哭着，还瞧我。"爷爷，我吃红果。"我说："把顶子给你。"他接过来，他还瞧我，我赶忙躲开他啦。

乙　您干吗躲开他呀？

甲　我要不躲开他，这挂朝珠也没啦！我已经来了，跟本家儿见个面儿就走吧，本家儿不叫我走。本家儿说："咱们这样儿的交情，别走啊，你给我帮帮忙。"您说我在棚口里能干点儿什么？

乙　像您这个精神，能说能道，在棚门里当当知客，让让席。

甲　对！当知客可不容易，你让坐席的时候，你眼睛得有活儿，把年轻的跟年轻的让在一个桌上，把年长的让到年长的一桌儿上。

乙　这是为什么哪？

甲　你把会喝酒的跟在礼儿的让到一块儿，他吃着别扭。你把爱说话的跟不爱说话的让到一块儿，他吃着也不痛快。我的眼力好，我一看我就知道，这位是在哪界做事的人。

乙　那您当知客太好啦。

甲　不行！我有一种性格不太好。我说，你可别笑话我，我可有点儿势利眼，我不管这位跟本家儿亲戚远近，我看他的穿戴好坏，穿好的我就往上让。因为这个，我现过一回眼。有一次，在城里，也是我朋友办事，请我当知客，来的亲友都挺阔。有一个人，三十来岁，穿得阔，狐腿皮褥子，大维呢的面儿，还套着一个毛绒的坎肩，鹅绒的帽子，礼服呢大衣水獭领子。手上戴着钻石戒指，到坐席的时候一脱大衣呀，坎肩上有个表兜儿，金链子，翠表杠，还有两个翠坠儿，我一看这个绿呀！我就在他身上注了意嘛！

乙　干吗？你要绑票呀？

甲　我绑票干吗？到了让座的时候，我先让他首座："您这儿坐。"我把手巾掏出来，擦擦凳子："您坐这儿。"这人还挺客气："不！我年轻！您让旁人吧。""这不在乎年轻，他们有您这表杠吗？"我这儿正让他哪，回头一看，我这气大了。有一个人，四十来岁穿着灰布棉袄，挺长头发，也没刮脸，他坐在上边了。我过来把他揪下来了，我说："嗳……起来！谁让你啦？你也不看看你这一堆儿坐那儿寒碜不寒碜呀？像您这个样，找哪儿加个座儿就完了。送五毛钱礼，您还往上摆，厨房吃去，弄点儿杂和菜一吃多香啊！"

乙　这位站起来吧？

甲　站起来？冲我一点头，啪！就给我一个嘴巴！打完了我，就把桌子掀了。本家儿过来，这个央告呀！

乙　这是谁呀？这么厉害？

甲　我这么一问，好！是本家儿的姑爷。

乙　那怎么他穿衣裳不讲究哪？

甲　他那儿穿着孝哪！我就这一次，以后我再也不当知客了。

乙　那您的学问挺好，您可以给管账。

甲　管账可不容易。头一样儿说，字得熟，挨着个儿现问，那您就别写了；二一样儿说，本家儿的亲戚朋友得认识多一半，到那儿一交钱，甭问，啪……就写上了。

乙　那您就来吧。

甲　不行！提起管账来我都伤心了。有一次我有个盟兄弟，他们家办喜事，我是管账的，他还请了一个帮账的，我一看那个人不行啊，我说："您走吧，这要是出了错是算你的？算我的？"我是一手写，一手算，进来的钱，票子跟票子摞一块儿，现洋摞一块儿，出账的钱清清楚楚，一笔也不叫它错，两天两宿我没合上眼，你说我这交朋友的怎么样？

乙　好啊！

甲　结果我一算，收了顶两千块钱。

乙　嚯！可真不少。

甲　凭咱的良心。咱给他八百少吗？

乙　啊？收两千给人家八百，余下那个钱哪？

甲　我带起来了。

乙　像话吗？人家的钱你带起来了？

甲　是啊！我带起来，你要我还给你哪。

乙　不给人家也得行啊。

甲　没要！

乙　那算完了。

甲　完？到法院把我告下来了。还没过堂，有朋友出来了事，让我把钱拿出来，我说："拿出来也行，我得叫他本人上我这儿来。"

乙　上你那儿干吗呀？

甲　我看他有什么脸见我。

乙　废话！人家怎么不能见你哪？

甲　他真来了。当着大伙儿我寒碜寒碜他！我把钱往地上一摔："我看你怎么拿！"他靦着个脸还真拿起来了！

乙　多新鲜呀，人家的钱，人家不拿起来。

甲　真没羞没臊。下回再有事谁还帮你呀！

乙　下回有事谁还敢找你呀！

甲　我可不容易啊！两天两宿没睡觉，人家送礼十块我改五块，五块改两块，两块改内收。我容易吗？

乙　您给人改账还不容易。

甲　从那回起，只要一提给人家管账我脑仁儿就疼！

乙　那您可以干点儿别的？厨房您给料理料理。

甲　干吗料理啊，我造厨都行，我小时候学过那个，我跟父亲学的，您知道酒席处有一位赵师傅，那就是我父亲。

乙　我知道那儿有好几位赵师傅哪。

甲　不，就一位是，就那高个儿是。

乙　那几位哪？

甲　跟我父亲是师兄弟。我打小时候跟我父亲做下手活儿。

乙　噢，您刷家伙洗碗？

甲　那叫"油伙"！我做下手。

乙　噢，切肉，切菜？

甲　那叫"剁墩儿"。

乙　剥葱，剥蒜？

甲　那叫零碎儿活儿啊，我做下手活儿。

乙　什么下手？

甲　就是我父亲偷了东西，我往外带。

乙　那是下手呀？那是偷！

甲　对！凡是厨子都偷，过去有这么句话："厨子不偷，五谷不收。"偷不能叫偷，有行话，叫"俘（fǒu）"。比如：要偷什么东西吧，师傅告诉徒弟："你把什么偷起来。"让人家本家听见啦。要说"俘"起来哪，人家不知道，偷完带走。叫"脚行"。

乙　那偷的这东西都搁哪儿呀！噢！您挑着两个大提盒进去，完事您再挑出来？

甲　那可不行，人家本家儿要是说："您打开我看看。"那多麻烦？

乙　那搁哪儿呀？

甲　满在身上哪。您看那变戏法儿的身上带好些盘子、碗，那是跟我们厨子学的。有一年冬天，在河东，我跟着我父亲造厨。本家儿办喜事，买的这调和这个多呀。我一看，"俘"呀。我那天穿的棉袄，有这两个肥。

乙　您穿那么肥的棉袄干吗呀？

甲　就为多带东西。把猪肉贴在前心，牛羊肉贴在后心，香子油贴两肋，大肠灌香油，围在腰里当褡包系。我穿着套裤，这套裤筒儿里装满了大米，这套裤筒儿里装的是：黄花、木耳、口蘑、虾米，我把粉条儿泡软了往脖子上一围。

乙　那不是看见了吗？

甲　不，外边还有围脖儿哪。我一看，篮儿里有二斤多团粉……

乙　那就别要啦！

甲　别要？二斤多哪！我把水澄出去，拿手拍成一个大饼子似的，往脑袋上一顶，拿帽子一扣。我一看，还有一个火锅子，里边一锅子肉菜。"俘"！

乙　那搁哪儿呀？

甲　我裤腰带上有两根绳儿，上边有两个铁钩，往锅子环上一搭。我也全"俘"完了，我也动弹不了啦！

乙　怎么？

甲　我身上分量太重了，一百多斤！我父亲一看，"脚行！"

乙　你怎么走道儿这样儿啊？

甲　我这儿挂着锅子迈不开腿呀！我头里走，我父亲后边跟着。刚一拐二门，墙根儿那儿立着一把铁锹，我父亲没留神给人家碰躺下了，像你就给人家立起来吧，懒得哈腰，叫我："你给扶起来。"我听错了，我听说"俘起来"。我一想："俘"不少了，"俘"这玩意儿干吗呀？我父亲叫我"俘"，一定是有用，可是我没地方搁呀，我一想：铁锹把儿不值钱，我把铁锹把儿拔下来，光要那铁锹头儿。那上头的钉子挺难卸，我正在那儿晃悠着哪，主家儿送客，看见了，问我："哎！你这是干吗哪？"我说："这个……""什么？""啊，这铁锹坏了，我给您修理修理。"

乙　噢，你跑那儿修理铁锹去了。

甲　本家儿问："你是干吗的？""我是厨房的徒弟。""厨房的徒弟？我怎么没看见过你呀？"我说："我是跟赵师傅来的，那是我父亲。""不对呀，你来的时候没有这么胖呀？你怎么这会儿这么胖了？"

乙　是啊，身上的东西太多了。

甲　我说："我来的时候没吃饭，我吃了一顿饭，胖了！"

乙　噢，一顿饭就胖得这么快？

甲　他说："你哪块儿都胖，怎么脑袋不胖哪？"这里没"俘"东西嘛！我父亲过来啦："二爷，这是我小徒弟。"本家儿一看，"噢，赵师傅，摆多少桌？""三十五桌。""调和哪？""都用完啦！"本家说："不对吧？我预备的那是四十多桌的东西，那东西都哪儿去了？"我心里说："全在我身上哪。"我父亲说："您放心，咱这儿全有账，回头我跟先生我们算算。"本家说："不用，咱们算吧。"我父亲说："好，徒弟你先回去。"

乙　干吗叫你先走啊？

甲　东西都在我身上挂着哪，我一走就完了。本家儿一把手就把我逮着了："别价呀，徒弟受了一早晨累啦，来……屋里暖和暖和！"我一想：跟他进去。

乙　哎！你怎么跟他进去了？

甲　对啦！他一揪我，我一较劲，大肠一断，香油全洒出来了！到屋里算账。这屋里这个热呀，又是暖气，又是洋炉子。我站的这个地方，还正挨着这炉子，这本家儿损德，他扒拉扒拉算盘，他瞧瞧我，我心里又害怕，又着急！这一害怕可坏了，脸袋一出汗，团粉化了，顺着脸直往下流白道儿！本家儿看见了："咱们这账先别算了。赵师傅你徒弟这脑袋怎么啦？怎么流白的呀？"我父亲说："你别管他，这孩子是白面儿①抽多啦！"

（赵佩茹述）

---

① 俗称毒品海洛因为白面儿。

吃元宵

甲　你念过书没有？

乙　我念过几年书。

甲　您知道这书是谁留下的呢？

乙　仓颉造字，圣人留书。

甲　对！圣人不但留书，圣人的武术还好，他是文武双全。

乙　没听说过呀？

甲　噢，您不知道啊？圣人是三支金镖压绿林，甩头一子定乾坤，一口鱼鳞紫金刀纵横于天下，扬子江心倒汰八百里。

乙　啊？您这是圣人啊？您这是《三侠剑》里的胜英。

甲　是啊！胜英不就是圣人吗？

乙　什么乱七八糟的？胜英是康熙年间的人，圣人是什么年头儿的人？这差得太远啦。

甲　嗳！我知道啊！圣人在什么年头？

乙　那我可说不上来。

甲　圣人在鲁襄公二十一年十月降生，生于鲁国昌平乡，昌平是个山名，在曲阜县的东南。因为山得的这个名字，他是姓孔名丘字仲尼，他活到七十三岁死的。孟子是活到八十四岁死的。您常听说："七十三、八十四，阎王不叫自己去。"就是他们两人。在鲁定公即位以后，孔子为中都宰，由五十六岁起周游天下十四年，哪儿都去，开始先到印度去。

乙　他上印度干吗去？

甲　他就为看朋友。

乙　谁是他的朋友？

甲　释迦牟尼跟圣人是把兄弟呀。

乙　噢，如来佛会跟圣人是把兄弟？

甲　那没错儿啊，圣人降生到现在，是两千五百零五年，释迦牟尼降生到现在，是两千五百零十一年。当初如来佛到鲁国来传佛教，跟圣人在一块听戏、洗澡、吃饭、听相声、看电影。

乙　这都有吗您哪？

甲　有啊！圣人不爱听戏啊，书上有啊，"戏无益"，他感觉听戏没有意思。他爱听相声，书上有："性相近"——我应该要跟相声接近。

乙　我还真不懂这个。

甲　后来如来佛回去没给圣人来信，圣人有点儿不乐意：这次我先到你那儿，我看你有什么脸见我？圣人说："回呀！咱们找佛爷去！"

乙　回是谁呀？

甲　回是孔子的徒弟，姓颜名回字子渊。子路也是孔子的徒弟，姓仲名由字子路。圣人带着俩徒弟到了那儿，一下火车，如来佛在站台那儿迎接哪，见着圣人一抱拳："不知孔子驾到，未曾远迎，当面恕罪。"圣人说："岂敢！岂敢！咱家来得鲁莽，田大人你恕个罪儿吧！"

乙　怎么《黄金台》也上来了？

甲　这戏圣人也听过。一块儿上汽车，到了禅堂落座，如来佛问："孔子驾到必有所为？"圣人说："我一来为参见我佛，二来我有一事不明，要跟佛爷领教一二。"如来佛一听这话茬儿满不对呀，把兄把弟的过不着说这个呀。"噢，你有什么事情你说吧！"圣人说："我的文字各处都用，我听说你拿我的字破我的道，你不应该把我的字念错了！"如来佛说："那没有，你的字我怎么给念错了哪？"圣人说："有了错字又当如何哪？"如来佛说："有错字我认罚呀。"圣人说："罚你钱？显着我小气，我罚你吃喝，我用不着。这么着吧，有一个错字我罚你一个脑弹儿。"（用手弹脑门子）如来佛一想：也好，这是个游戏。圣人说："你搬过经卷你念吧。"如来佛还很慎重，没敢叫徒弟念，自己念。《吉祥经》头一句："南无（读拿摩）阿弥陀佛……"圣人说："行了，别念了，头一句就错了。'拿摩'那俩字单念念什么？""这是南北的南，无有的无。"圣人说："'南无'为什么念成'拿摩'？"如来佛说："我们念经卷就这么念。"圣人说："不行！我不在这儿行，我在这儿你把我的字念错了不行！我弹你！"如来佛一想：叫人家弹吧。一闭眼睛："弹吧！"其实圣人弹一下儿也没关系，这时候子路看出便宜来了，一揪圣人衣襟，一指自己："我来！"子路是个练家子，子路好勇啊！"乘桴浮于海"，"暴虎冯（píng）河"，那胳膊根儿这么粗，那手指头跟擀面棍儿似的，在如来佛的脑门儿上，哪！哪！就是两下儿！如来佛吓一跳，心里说："圣人行啊，劲头儿长啦！"这两下儿弹得火烧火燎的，当时那儿就起了一个包儿！睁眼一看，圣人在那儿坐着，子路在眼前站着哪。如来佛很不痛快，心想：咱们哥儿俩这是游戏，你不该叫你徒弟报仇弹我呀！"哎！孔老二！"

乙　怎么又孔老二啦？

甲　弹急啦。"那么你有错字没有？"圣人说："我识字不多，用字不错。"如来佛说："你要是有错字又当如何哪？"圣人说："君子往来，你也弹我。"如来佛说："好！我问你个字，火字旁，上边儿一个甘字，底下一个木字念什么？"圣人说："这念'煤'呀。"如来佛说："山底下一个灰字念什么？"圣人说："这念'炭'呀。"如来佛说："不对！这俩字您给弄错了，山灰应该念煤，煤是不是矿产呀？煤是打山里刨出来的。这个甘（干）木头用火烧完了是不是成为炭呀？"圣人说："这个……嗐！当初就这么留下的。"如来佛说："当初就那么留下的？那么你念错了，是不是你要往下教，别人也念错了？这我得弹。"圣人一想：别跟人家矫情了。如来佛心里说：我要是也叫我徒弟弹你呀，那显着我小气了。我拘点法术弹你，我这一个脑弹儿能把你这脑袋弹出一千里地去。

乙　有那么大劲头儿吗？

甲　有！他弹过，如来佛的俗家的名字叫什么？你知道吗？

乙　不知道。

甲　他叫释（诗）云，圣人作书时写着哪。

乙　哪本书呀？

甲　《大学》："诗云：邦畿千里。"哪叽一个脑弹儿，把脑袋弹出一千里地去！

乙　下面还有一句"为（惟）民所止"哪？

甲　哎！叫当地的人民给挡住了，要不然还得骨碌出几百里地去。如来佛在那儿掐诀念咒，颜回一看要坏，过来一揪圣人说："师父赶紧跑吧。"爷儿仨就跑了，等如来佛掐完诀，念完咒，睁眼一看，没人啦，问徒弟："他们哪儿去了？"徒弟说："他们跑了。"如来佛说："嗬！"（做如来佛像状）要不你看庙里的如来佛这像儿哪！那就是弹圣人没弹着受了慢急了。脑袋上有个包儿吧？

乙　舍利子。

甲　那是子路弹的。

乙　这都哪儿的事情啊！

甲　爷儿仨就跑了。不敢在人家这地方待着了，赶紧坐车回去吧，买车票的时候，圣人又把皮包丢了。下了火车没钱啊，被困于陈、蔡。

乙　孔子在陈、蔡绝粮嘛。

甲　陈在哪儿啊？

乙　河南陈州。

甲　蔡哪？

乙　河南上蔡县。

甲　哼！陈是陈家沟子。

乙　那蔡呢？

甲　河北蔡家桥子。在被困的时候，爷儿仨连住旅馆再吃、再喝、再抽，这是多少钱哪。

乙　圣人抽什么？

甲　白面儿啊。

乙　圣人多咱抽过白面儿啊？

甲　抽过，圣人不抽白面儿，那书上不能写着。

乙　哪本书上写着哪？

甲　《论语》呀，不是有这么一句吗："二三子以吾为隐乎？吾无隐乎矣！"那就是圣人跟徒弟说的："你们以为我有瘾了，我抽着玩儿哪。"没钱怎么办哪？只好当当吧。圣人说，君子常当当（坦荡荡）。有的东西人家当铺不收，只好卖，连自己心爱的话匣子——留声机都卖了。

乙　那时候就有话匣子？

甲　怎么没有啊？要是没有话匣子，书上也没有啊。

乙　又哪本书上有啊？

甲　下《论语》，不是有这么两句吗："吾闻其语矣，未见其人也。"就是我净听他说话，我没见他人，那就是话匣子。

乙　话匣子不是外国人留下的吗？

甲　哪个外国人？那是圣人留下的，打他那儿往下传，一代，一代……传到一百代，这才有百代公司。

乙　我越听越新鲜。

甲　圣人最苦的时候，爷儿仨一饿几顿饭，什么都没有吃，饿得圣人直咳嗽。子路饿得净睡觉，睡不着忍着。还是颜回，就是这么饿，人家也没含糊过，还是那样，要怎么圣人后来夸颜回哪："一箪食，一瓢饮，在陋巷人不堪其忧，回也不改其乐，贤哉！回也。"圣人又说过，（用天津语音）子曰：颜回是耗子啃脚面——老实巴交。

乙　这也是圣人说的？

甲　圣人爱说俏皮话。圣人说："徒弟，走吧，咱们出去，外边活动活动！"子路说："师父，还不留点儿劲，家里躺会儿吧，饿着肚子遛什么？"圣人说："你在旅馆里糗个什么劲儿，咱们出去活动活动，遇见熟人咱们理根儿理根儿，有那跟咱们过点儿吗儿的给咱们打上车票，咱就回去了，普通的朋友他也得请咱们吃顿饭呀。"子路一想：也对，老躺着不是也饿吗？"走！"爷儿仨出来了。走在街上，瞧什么什么好吃，瞧见卖烧饼馃子的，圣人馋得咽了一口唾沫。这要是吃吃多香，就是没钱，唉！子曰：有钱瞧不见烧饼大，没钱瞧见大烧饼。

乙　这在哪本书上有？

甲　这书你没念过。走在大街上，有这么一个茶食店，卖各种的点心，五月节有粽子，八月节有月饼，这会儿正在春节，卖元宵，不但有生的，还卖熟的。那儿有锅煮着，门口立着牌子，上边贴着一张报子，写得很清楚，"本号新添江米元宵桂花果馅一文钱一个。"圣人一看元宵煮得跟小馒头儿似的，这要吃几个多香啊。问子路："有钱吗？"子路说："没有！向来财政不经我手，您问我师哥。"问颜回："有钱吗？"颜回说："哪儿有啊，我要有钱，哪能饿好几顿呀？"圣人一摸自己腰里也是没钱，只有笔袋上拴着一个老钱。那会儿人使毛笔，用布做一个小口袋，把笔往里一搁，口上有一根线，线上拴着一个老钱，好往腰带上掖。圣人一想：爷儿仨怎么吃一个元宵哪？圣人一看就乐了，他那报子上写的字露着空哪，"一文钱一个"，他写的是一道儿的一，圣人叫子路："你往那边儿瞧着。"告诉颜回："你往那边儿瞧着，他们屋里出来人，你可冲我咳嗽一声。"圣人把笔拿出来蘸点儿唾沫,在指甲盖儿上捺了捺笔。他不是一横儿吗,圣人又添了一竖儿,你要再念:"一文钱十个。"圣人字写得又好,你看不出来是后添的。圣人把笔带起来,把钱解下来:"走!"爷儿仨进来了。伙计一擦桌子:"先生您吃什么?是秫米饭呀?八宝粥啊?"圣人说:"吃元宵。"伙计说:"给您盛三碗啊?"圣人说:"不!十个。"伙计说:"十个我们怎么给您盛啊?我们是五个一碗,你要一人吃仨,我们给您盛九个也行。"圣人说:"不!十个!"伙计说:"没法儿盛啊?"圣人说:"我的四个!他们通通的三个!"

乙 怎么圣人这个味儿啊?

甲 对啦,圣人说"仨"呀?那是别字。盛过来一吃,越吃越香,您想子路那饭量,仨元宵不但没解饿,倒把饿劲儿给勾上来了,再吃没钱了。子路说:"伙计,元宵汤怎么卖?"伙计说:"汤是白喝不要钱。"子路一想:黏黏糊糊的跟杏仁茶一样:"给盛三碗汤。"圣人喝着好:"伙计盛汤。"一人喝了三十几碗元宵汤,圣人还叫哪:"伙计盛汤。"伙计说:"您别喝了,我们的元宵都成了锅贴了,你们三位找地方喝茶去吧。"圣人说:"不喝了。走!"扔下一个老钱就走,把伙计气坏了:"先生您留步,您吃多少?""十个。""您给多少钱?""一个钱哪。"伙计说:"我们这是一文钱一个。"圣人说:"胡说!噢!你们本地人吃嘛,就一文钱十个,我们远方人来吃嘛,就一文钱一个,你们这是什么道理?"圣人这么一嚷,掌柜的过来了:"先生,你要没带着钱,算您白吃,你要说远方人本地人呀,就是谁吃都是一文钱一个。"圣人说:"有什么凭据?"掌柜的说:"门口上有报子。"圣人说:"好!走!看报子去。"

乙 圣人干吗哪?

甲 他给人添了一竖呀。到门口掌柜的一指:"您念吧。"圣人说:"我不识字。"

乙 圣人怎么不认字啊?

甲 圣人就为叫他念,就为拿大馒头堵他自己的嘴,掌柜的一听不认字,上损啦:"三位穿得这么干净,不认字?怨不得白吃东西哪。我念,你要听着不公平,咱们请过路的人念,要是一文钱十个,那算您白吃;要是一文钱一个,您给我们找补钱。你听着:本号新添江米元宵桂花果馅一文钱……是十个。"一脑门子气，当时换个笑脸给圣人作揖："先生您请吧，这是我们写报子先生写错了，也许谁跟我们开玩笑，给我们添了一竖儿，好在你们三位吃，我们也赔不了多少钱，你们三位请吧。"像这样儿，圣人你就走吧，圣人不走，好！得理不饶人："是一文钱十个呀？不是我们远方人到你们这儿蒙嘴吃呀？我告诉你，这是我们念书的人笔下留情。"

乙　那要不留情哪？

甲　十字头上添一撇儿，我吃一千！

乙　要包圆儿啊？

（赵佩茹述）

吃元宵

赶　考

乙　这回呀，我们来说段儿相声。

甲　哎，你说的相声挺好哇。

乙　马虎吧。

甲　别马虎，现在做什么工作也不能马虎。

乙　我们不敢说好。

甲　据说您这个人文化水平还很高嘛？

乙　倒是念过几年书。

甲　哎，请问您一句话。

乙　什么话？

甲　您说过去的古人在念书的时候，头悬梁，锥刺股，这是怎么回事情？

乙　这是列国典故呀！苏秦小的时候念书，就是这样念的。

甲　噢。

乙　头悬梁，锥刺股嘛！

甲　那是念书吗？

乙　那不是念书，那是干吗呀？

甲　让我看，那是自杀。

乙　怎么会是自杀？

甲　头悬梁，悬梁还念书？悬梁者自尽也。

乙　嗯，您就甭带这也了。不是那个意思，头悬梁就是说：苏秦小时候念书呀，有一根绳子，那头拴在房梁上，这头拴在自己的头发上，念着念着一冲盹，一困了，他一低头，那个绳子就拽他一下。这叫头悬梁。

甲　就算头悬梁行了，那锥刺股就太不像话了。

乙　怎么了？

甲　念书念困了，拿锥子扎踝子骨？

乙　不是扎踝子骨？

甲　扎哪儿呀？

乙　扎腿肚子，扎腿肚子，您听明白了吗？

甲　扎腿肚子也受不了哇。

乙　怎么哪？

甲　你看，一天不知扎多少下子，比如说十年寒窗，书也念成了，再一看腿肚子，成丝瓜瓤子了。

乙　好嘛！您怎么老咂滋味儿呀！

甲　不是咂滋味儿，我说过去旧社会，封建时代，念书没有用。

乙　怎么哪？

甲　就算您念成了，论学问，口吐珠玑，笔扫千军，学富五车，可是你没有金钱势力，你是该挨饿还得挨饿。

乙　哎，古时代念书的人，不是能够进京赶考吗？

甲　您拿这个当出路哇？

乙　啊，赶考嘛。

甲　还是那句话呀，赶考，您还得有金钱势力呀。因为在那个时候，掌握政权的都是些个王公大臣，他们就认得金钱势力。

乙　对。

甲　有钱的，你可以花钱买头名，穷念书的，你有天大的学问……

乙　怎么样？

甲　他说你出身卑贱，照样还是不用。

乙　那个社会太黑暗了。

甲　并且在考场里黑暗就更多了。

乙　噢，都有什么呀？

甲　什么冒名顶替，徇私舞弊，夹带藏掖，金钱势力，有钱的主儿花钱买个名头，穷念书的这一辈子连个名都挂不上。

乙　这倒是实话。

甲　当然是实话了，那不是有这么一回事情，在明朝嘉靖年间。

乙　噢，有这么一回事？

甲　哼。

乙　这是哪儿的事儿？

甲　安徽省合肥县有俩念书的，一个穷，一个富，一个姓吴叫"吴情"。

乙　那个呐？

甲　那个姓黄叫"黄统"。

乙　这俩人谁的学问大？

甲　"吴情"的学问大，就是一样。

乙　怎么的？

甲　家道贫寒。

乙　是呀，你说他穷啊。

甲　书可念得好，是当地一位有名的才子。

乙　有学问。那个"黄统"哪？

甲　根本不怎么样。

乙　是呀！

甲　学问没有，家里有钱哪。

乙　有钱。

甲　好家伙，他念了一年书，换了十八个老师。

乙　嚯，怎么换那么些个老师呀？

甲　这话说回来了，哪个老师也不愿意教他。

乙　为什么哪？

甲　他笨。

乙　噢，笨哪。

甲　笨得都出奇了。

乙　怎么笨哪？

甲　你算吧，有一次念了仨月的书。

乙　嗯。

甲　连一个字也没认识。

乙　嚯，这也太玄点儿了吧。

甲　就这样儿，连"黄统"他爸爸都着急，仨月没认识一个字，黄老员外就找老师来了。

乙　嗯。

甲　"哎呀先生，我看您不要费这个心了。"

乙　怎么哪？

甲　这个孩子太笨了。

乙　太笨了。

甲　干脆不让他念书了。

乙　不让教了。

甲　这老师还打算教。

乙　人家不让教了，你还教？

甲　为的是混饭吃。

乙　噢，弄俩钱儿。

甲　老师就说："哎……不……老员外，您放心，您这个少爷可聪明了，您别看没认识字儿，他得慢慢来。"

乙　还慢慢来哪。

甲　黄老员外一听，还慢慢来。

乙　那怎么办哪。

甲　"好了，您不是说慢慢来么，这么办吧，您再教一个月，我也不希望多。"

乙　怎么样？

甲　"这一个月您能让他认识一个字，我就送给你三十两银子。"

乙　他舍得给那么些银子？

甲　他准知道，老师这钱也拿不到手。

乙　噢。对，这孩子太笨。

甲　老师哪，也是费尽了心机。

乙　怎么样？

甲　一琢磨，教他一个字，教他什么字哪？

乙　教他哪个字哪？

甲　笔画少的。

乙　嗯。

甲　姓"丁"的"丁"字。

乙　对，丁字笔画少。

甲　一横一竖一挑钩儿。

乙　哎，"丁"。

甲　行了吧。

乙　嗯。

甲　就教他这个。"过来，过来，黄统，你看这个字，这个字呀念丁。"黄统一瞧："嗯，丁。""哎，对了，丁。""丁。""念。""丁。""紧念。”“丁丁丁，丁丁当，丁丁当。”

乙　好嘛！打铁哪。

甲　老师一听，怎么当也出来了？

乙　就是。

甲　“光念丁。”“哎，丁……”“对，那边念去吧。”简断截说，溜溜儿念了二十九天。

乙　嗯，怎么样？

甲　到了这天早起来，老师没让他念。

乙　噢，没让他念。

甲　“走吧，到花园子玩会儿去。”

乙　换换脑筋。

甲　到花园子玩儿了一会儿，蹲在地下。“来，我考你一个字。”

乙　怎么在这儿也考字呀？

甲　老师是想这个呀，二十九天了，转过天就是三十天，一个月呀。

乙　对呀。

甲　如果他要认识这个字哪，三十两银子就到手了。

乙　钱就到手了。

甲　哎。“来，我考你一个字，这念什么？”黄统一瞧。

乙　嗯。

甲　“哎，老师，这个字我认识。”

乙　“认识它念什么呀？”

甲　“我瞧着它眼熟。”

乙　眼熟它念什么呀？

甲　“我好像在哪儿见过。”

乙　哎，到底它念什么呀？

甲　“它不是……大概您给引见过。”

乙　这不是要命吗？

甲　把先生给气的：“嗨！怎么这么笨啊，这不念丁吗！”对……丁。我说我认识吧？

乙　好嘛！我看先生这银子许危险了。

甲　是危险，老师又想了个办法。

乙　还有什么办法呀？

甲　第二天早晨起来，从墙上拔下个小钉子来。

乙　干吗呀？

甲　就给黄统搁在手里了。

乙　噢。

甲　"你呀攥着这个钉子，一会儿你爸爸来考你一个字，就这个字儿。我问你念什么，你就说念'丁'。啊，实在想不起来的时候，我让你张手，你一看手里有个钉子，你不就认识了吗？"

乙　嗬，这个办法想得真绝呀！

甲　行了，等了一会儿的工夫，黄统的爸爸真来了。

乙　老头儿来了。

甲　"哎呀！老师，这孩子怎么样啊？""哎，行。老员外您这个少爷可聪明了。你看着。""过来，过来，我考你一个字，你看这字念什么？"

乙　念什么呀？

甲　黄统一看："哎，老师，这个字我认识。""好，认识，说吧，念什么？""我瞧着它眼熟。"

乙　怎么又来劲了。

甲　"就好像在哪见过。"

乙　得！

甲　把先生给气的，"嗬！你怎么这么笨啊。哎呀！你手里是什么？"

乙　嗯。

甲　"哎——铁！"

乙　铁呀！白想这办法了。

甲　三十两银子，一个子儿也没拿走。

乙　那还能拿走，都铁了吗？

甲　你说，这黄统就这样在这书房里鬼混了十几年。

乙　这不是瞎胡混嘛！

甲　哎，到了县郡考试的时候，他还闹了个头名。

乙　哎，我不明白，他没有学问，怎么还闹个头名哪？

甲　花钱买的。

乙　噢，我说的嘛！

甲　买了头名，过了几年会试，各地举子都要进京会试。

乙　进京赶考。

甲　这个吴情呀，要进京会试，黄统也想进京会试。

乙　他俩人一块就去了。

甲　嗯，走不到一块呀！

乙　怎么回事？

甲　你想，吴情家里穷啊。

乙　对。

甲　没钱，当了点儿当，找朋友凑了几两银子，带着行李卷徒步进京。

乙　走着去。黄统哪？

甲　黄统啊，骑着高头大马，两个家丁挑着银子，肥吃肥喝，一路上是阔气十足。

乙　嘀，这不像赶考。

甲　两个人前后就到了北京，来到了考场。

乙　那个考场在什么地方。

甲　就在现在崇文门里，泡子河那个地方。

乙　噢，就在那儿。

甲　我小的时候还看见过哪。

乙　那难怪了。

甲　门口有三座汉白玉石头牌坊，左边写着"明君取士"右边写着"为国求贤"，当中是"榜求俊逸"。考场上有三道门，龙门，内龙门，三龙门。

乙　噢，这还都带"龙"字。

甲　哎，那说词可多了。

乙　都有什么说词哪？

甲　考场前面那条胡同都不能随便起名。

乙　那叫什么呀？

甲　得叫"鲤鱼胡同"。

乙　为什么呀？

甲　鲤鱼跳龙门嘛！

乙　就为借这吉利话。

甲　哎，在龙门这儿有一副对联。

乙　怎么写的？

甲　上联写的是"铁砚磨穿五百白丁争羞耻"。

乙　下联哪？

甲　"寒袍刺破三千浪里占鳌头。"

乙　横批？

甲　"天开文运。"

乙　噢。

甲　到了内龙门又有一副对联。

乙　这是怎么写的？

甲　上联是"禹门三级浪"，下联："平地一声雷"。

乙　嗯。

甲　往里走是至公堂，有魁星阁，明渊楼，两旁边就是考棚，一间挨一间，一间挨一间，老远看就跟马蜂窝一个样。

乙　嚄！

甲　又叫号筒子，按《千字文》"天地元黄，宇宙洪荒"编号，你再看四周围是祭墙，高处有瞭望楼，门口站着岗哨。

乙　支上机关枪，拉上电网，这成集中营了。

甲　就得这样。这黄统来到龙门这儿，过来四个人，两个"搜检"，两个"巡衙"，把黄统拦住了。

乙　是呀！

甲　"站住，胳膊举起来！"

乙　嚯，这是特务呀？

甲　哎，是得要检查。

乙　这是检查呀。

甲　怕你夹带书卷，暗打小抄。

乙　噢，这么回事。

甲　哎，刚一检查，黄统明白，马上一块银子递过去了。

乙　他有钱哪。

甲　你再看这搜检。

乙　嗯。

甲　也不检查了。

乙　怎么样哪？

甲　跟着就喊。

乙　喊什么呀？

甲　"搜过，什么也没有！"

乙　多咱搜了？

甲　"入场。"

乙　入场了。

甲　"下一个。"

乙　下一个该谁了？！

甲　吴情。吴情穿的衣服破，又没递过银子去，好，"搜检"的仔细，"搜，不准入场！"

乙　为什么呀？

甲　"搜出当票一张。"

乙　带当票也不让入场呀？

甲　吴情一想，千里迢迢来到北京，因为这张当票吹了。

乙　真是。

甲　一狠心把身上仅有的几两散碎银子递给他了。

乙　都给他了。

甲　这家伙马上就换笑脸。

乙　是呀！

甲　一边揣银子，一边喊。

乙　怎么喊？

甲　"搜过，什么也没有！"

乙　哎，不是搜出当票一张吗？

甲　"啊，当——当票上没字。"

乙　那是当票吗？

甲　"白纸一张。"

乙　废话！这是什么毛病。

甲　两个人都进去了。

乙　嗯。

甲　到了里头，吴情进的是天字号，黄统进的是地字号。

乙　噢，对。

甲　两个人刚一进门，后头咔噔一下把门就给锁了。

乙　干什么锁门哪？

甲　这您不懂？

乙　这是什么意思？

甲　好嘛，这叫锁闱，一锁就得三天。

乙　三天！

甲　哎。

乙　那要吃饭怎么办?

甲　吃饭，有人从小窗口往里送。

乙　大小便哪?

甲　大小便，犄角那儿有马桶。

乙　晚上哪?

甲　桌上有蜡烛，你可就得注意，小心灯火。

乙　如果要失了火哪?

甲　哎，考场里着火，那算倒了霉了。

乙　怎么哪?

甲　他有规定啊。

乙　什么规定。

甲　闸门上锁，三天后开，发生火灾，算你活该，任你喊叫，烧死不开。

乙　这都是什么事呀?

甲　就这事。

乙　这规矩倒霉。

甲　不大会儿的工夫，题纸发下来了。

乙　是呀。

甲　吴情一看题纸，以"四书"拟题，内带成文，"四书"三篇，"五经"
　　四篇。

乙　对。

甲　这个文章，搁在吴情手里不算回事。

乙　怎么?

甲　提笔就写。

乙　噢。

甲　刷刷刷，龙飞凤舞，行如游云，速如闪电，挥毫而就，交上去了。

乙　对，他有学问嘛。哎!黄统那边怎么样?

甲　黄统那边也不含糊呀!

乙　噢，也是提笔就写?

甲　哎，吃饱了就睡。

乙　吃饱就睡呀。

甲　他不睡怎么办哪?

乙　怎么?

甲　他连题纸上那字都没认下来。

乙　那还考个什么劲呀？

甲　他心里有根哪。

乙　嗯！

甲　因为那个主考官是黄统的舅舅。

甲　噢！

甲　他琢磨开了，就算一个字儿不写，交上白卷，他也得中。

乙　心里有谱。

甲　哎，他舅舅替他写了。

乙　就是嘛！

甲　果然三场以后，吴情中了头名，黄统来了个第二名。

乙　这话又不对了。

甲　怎么？

乙　主考官是他舅舅，怎么不给他中头一名哪？

甲　嗯，他舅舅留了个心眼。

乙　怎么意思？

甲　一琢磨，这头名状元，树大招风，那回头皇上要会试，会试完了金殿上再御试，出个题非露了馅不可。得了，马马虎虎凑合着个第二名吧。

乙　还落一个凑合着。

甲　白凑合了。

乙　嗯。

甲　会试这不完了吗，中了之后，果然皇上要殿试。

乙　嗯，皇上要看电视？

甲　那……

乙　那也不错呀。

甲　皇上，皇上还要听广播哪。

乙　你刚才说，看看电视吗？

甲　谁看电视呀？

乙　皇上呀！

甲　什么呀！皇上金殿上亲自出题考试，这就叫"殿试"。

乙　我还以为电视机哪！

甲　没听说过！到了这天，应中的举子，聚集朝房，一会儿工夫，奏事处太监传旨。

乙　怎么说？

甲　"圣上传旨，宣天字号举子进殿见驾。"

乙　吴情。

甲　吴情紧走几步，来到金殿，三拜九叩，磕完了头，跪在丹墀，皇上说："天字号举子，朕出题，出个对子，你来对个下联吧。"

乙　吴情怎么说？

甲　"臣学疏才浅，恐其出言不周，冒渎天庭。请万岁恕罪。"

乙　皇上给出什么题呀？

甲　皇上说，"听题：雪地鸦飞，白纸乱涂几点墨。"

乙　这是怎么讲啊？

甲　雪地鸦飞。下雪天，在雪地里头，乌鸦、老鸹在那儿飞，就如同一张白纸上，滴了几个墨点子似的。

乙　这就叫——

甲　雪地鸦飞，白纸乱涂几点墨。

乙　噢，吴情对的什么呀？

甲　吴情对的是："霞天雁过，锦笺斜写数行书。"

乙　这是什么意思？

甲　哎，霞天雁过，在天空出彩霞的时候，过了几排宾鸿大雁，如同一张美丽的信笺上写了几行字一样，这就叫：霞天雁过，锦笺斜写数行书。

乙　对得不错。

甲　皇上一听高兴。

乙　是呀。

甲　"哎呀！真是天下奇才，国家栋梁。"

乙　嗯！

甲　"爱卿，你叫什么名字？"

乙　叫什么名字？

甲　"臣名吴情。"皇上一听不愿意。

乙　是呀！

甲　什么？吴情！既然无情也就无义呀！像这样无情无义之人，怎能忠君报国呀！"锦衣卫，轰出殿外，终身不得入考场，出去！"

乙　轰出去了？

甲　给轰出去了。

乙　就因为吴情这名字，就给轰了。这至于吗？

甲　宣第二名举子进殿见驾。

乙　这第二名举子该谁的了？

甲　黄统。

乙　黄统啊，要麻烦。

甲　黄统进来磕完了头，跪在那儿贼眉鼠眼，四下直踅摸。

乙　贼眉鼠眼地找什么哪？

甲　找他舅舅。

乙　找他舅舅也没用啊，那皇上要出题，他舅舅也不能对呀！

甲　是呀，皇上说："地字号举子听题。"

乙　出什么题？

甲　"一行征雁向南飞。"

乙　黄统对的什么？

甲　黄统对的是："两只烤鸭往北走。"

乙　什么乱七八糟的！

甲　皇上一听。"什么？没听明白吧，朕说一行征雁。""是，臣对两只烤鸭。"

乙　还对付哪。

甲　"哎，朕说征雁是出征的征。"是，臣对烤鸭乃是烤鸭的烤。

乙　好嘛！

甲　"你这蒸雁能熟，我这烤鸭也能熟，咱们爷俩一块吃怎么样？"

乙　俩饿嗝呀！

甲　皇上一听差点儿把肺气炸了。

乙　哟！敢情皇上还有肺哪。

甲　有，皇上火儿了："住口！胡说！金殿之上，信口开河，分明欺君犯上，哼！锦衣卫，推出午朝门，开刀问斩！"

乙　麻烦了吧！

甲　黄统他舅舅可吓坏了。

乙　主考官哪。

甲　一琢磨，他死了没关系，皇上要追问起来，我这主考官吃罪不起呀！

乙　就是呀。

甲　黄统的舅舅赶紧跪下了。

乙　怎么办？

甲　"启万岁，请万岁念其黄统年幼无知。一时失口，冒渎天颜，万岁请看老臣面上饶恕黄统一死吧。"

乙　皇上哪？

甲　皇上一听："嗯……爱卿，他叫什么名字？"

乙　黄统啊。

甲　"哎呀，老爱卿，你怎么不早说呀？"

乙　怎么啦？

甲　"黄统这名字好哇，这是朕的内侍呀。险些错斩有用之臣，就冲这名字，锦衣卫松绑；就冲黄统这名字，朕要御笔亲点黄统为头名状元，并赐琼林宴，犒赏有用之臣。"

乙　"黄统"有什么用啊？

甲　皇宫里头正缺一个马桶。

乙　嘻！

（刘宝瑞　郭全宝演播稿）

交租子

甲　你们的相声倒有意思啊，我过去没听过你们这玩意儿。

乙　啊，听您口音不是我们本地人。

甲　对咧！

乙　您贵处？

甲　孽处！

乙　孽畜？离大老妖多远？

甲　八里半地儿！

乙　哪有这个地名，贵处是问您哪儿的人。

甲　我是俺们那儿的！

乙　我是俺们这儿的……哎！我问您是哪儿的人。

甲　我是京北的！

乙　您是……京北，清河？

甲　北边儿！

乙　沙河？

甲　北边儿！

乙　昌平县？

甲　昌平县的……哈哈……

乙　对啦！

甲　北边儿！

乙　没到你乐什么？南口？

甲　北边儿！

乙　青龙桥？

甲　北边儿！

乙　康庄子？

甲　哈……康庄子的……哈哈……

乙　到啦。

甲　北边儿！

乙　北……噢，还没到呢？怀来的？

甲　北边儿！

乙　还北边儿！沙城？

甲　北边儿！

乙　宣化府？

甲　宣化府的……

甲

乙　（对托）哈哈……北边儿！

乙　我就知道有这么一手儿！我不往北去了！您是京北什么地方的？

甲　京北河间府！

乙　啊？

甲　河间府！

乙　嗬，我的怯爹！

甲　哇！

乙　哎，不怯。那是京南！

甲　京北！

乙　河间府？它要是京北我是儿子。

甲　南京的北边儿！

乙　没听说过，总得说京南。

甲　对咧，京南河间府！

乙　城市的呀，是落乡呀？

甲　河间府，河间县，何家大院，何家大门儿，说话都和和气气咧！

乙　都河到一块儿啦！您多咱来的？

甲　明儿个来的。

乙　嗯？我问你多咱到的。

甲　后儿个到的！

乙　您找翻译去吧！

甲　找翻译做吗呀？

乙　您这话我听不懂啊，明儿个来的，后儿个到的，这是怎么句话呢？

交
租
子

265

甲　这话也不是你说的，也不是我说的！

乙　那么谁说的呢？

甲　这是咱爹说的！

乙　咱爹？我告诉你，这个爹呀……

甲　哇！

乙　说你爹！

甲　哇！

乙　或者说我爹。

甲　哇！

乙　不能说咱爹！

甲　哇！

乙　全抄去了。

甲　对咧！我爹跟我说的，说……小子啊！

乙　哎！

甲　你做吗？你要我的便宜。

乙　多会儿呀？我吃亏啦！

甲　你到城里儿呀，你明儿走，后儿就到咧！

乙　瞧，这是在家里的话呀，您到这儿干吗来啦？

甲　瞧瞧俺老爷。

乙　噢，再看看你姥姥。

甲　看看你舅舅，看看你妗子（舅母）！

乙　哎，你不是外孙子吗？

甲　你重孙子！

乙　啊，你不是说瞧瞧你老爷吗？

甲　有老爷没姥姥，俺是太少爷！

乙　噢，你是老爷的儿子。

甲　你是太太的孙子。

乙　你不是太太生的吗？

甲　你不是小丫鬟养的吗？

乙　那么你怎么个少爷呀？

甲　老爷在这里做官，老爷的地归我种着，老爷的坟地也归我看着！

乙　噢，坟少爷？

甲　坟少爷怎么着？看不起我？一句话就把你押起来！

乙　哼！你没那么大势力！

甲　我说你偷坟掘墓。

乙　我没有！您种了多少地呀？

甲　六顷地！

乙　交粮食，交钱啊？

甲　交钱！

乙　交多少钱？

甲　六毛钱！

乙　真便宜！

甲　好贵咧！

乙　六顷地，交六毛钱还贵呀？

甲　一亩地交六毛钱，你算多少钱咧；一亩地一个六毛，两亩地两个六毛！

乙　嘻！您那么算就麻烦啦！用小九九，一亩地六毛，十亩六块。

甲　对咧，三百六十块。

乙　交去啦？

甲　交去啦！

乙　老爷喜欢啦？

甲　老爷生气啦！

乙　怎么？

甲　扣点儿底子钱，老爷生气啦！

乙　扣多少？

甲　六毛钱！

乙　哼，你们老爷太抠啦，三百六十块啊，扣六毛钱就恼啦？

甲　不是那么扣的，有一块钱，我扣他六毛。

乙　啊？倒四六？你怎么扣那么些个呀？

甲　你想他公馆里，二爷、三爷、厨子、管家，哪里不得花钱哪？

乙　啊，你们老爷在哪儿住啊？

甲　鹞鹰胡同。

乙　贵姓啊？

甲　姓抓！

乙　官印？

甲　叫抓你妈！

乙　我撒你奶奶？

甲　叫抓尼玛。

乙　你们老爷是文官儿武官儿？

甲　清官儿！

乙　不，文职，武职？

甲　笔管儿条直！

乙　哼！倒没水蛇腰。你们老爷哪儿行走？

甲　地下行走！

乙　是啊，房上不能行走。问你们老爷呀在哪儿走动？

甲　茅房里走动！

乙　是啊，街上不让拉。你们老爷什么底子？

甲　袜底子。

乙　在哪部？

甲　包脚布！

乙　你们老爷是汉官？

甲　汗脚！

乙　全臭一块儿啦！你都不懂，你们老爷有顶子没有？

甲　有顶子。

乙　你老爷是金顶？

甲　不禁顶，一顶就趴下，还没你禁顶呢？

乙　不，我也不禁顶。哎，你们老爷是白顶？

甲　不白顶，顶一回要一回钱。

乙　嘻，买卖生意。你们老爷大概是蓝顶？

甲　拦不住咧，谁爱顶谁顶！

乙　你们老爷是红顶？

甲　啊，红顶。

乙　红顶蓝翎在后边儿夺拉着？

甲　不，红顶黄翎在上边儿立立着。

乙　噢，抬杠的？哎，你全不懂。文官出来打锣，武官出来放炮，你们老爷出来是打锣呀，是放炮？

甲　俺老爷是放锣不打炮！

乙　嗯？打锣！

甲　哎，打锣！

乙 知县出来打七棒!

甲 多。

乙 知府出来打九棒。

甲 打得多!

乙 道台出门儿十三棒,小七爷下天津打三十二棒长行锣!

甲 还没俺老爷锣点儿多呢!

乙 你们老爷出门那个势派你见过没有?

甲 见过。

乙 他打锣那个意思你知道不知道?

甲 知道!

乙 你打一打那个锣,我这儿数着数儿;你打完了我就知道你们老爷做的什么官。

甲 行咧!你听着,俺老爷出门儿的时候就喊一下子,说……俺老爷要出门咧!哇呀呀呀……

乙 你们老爷是卖鸭子的?

甲 你们老爷是卖鸡的?

乙 这是干什么呢?

甲 这是那马子队!

乙 嗯?队子马!

甲 这就打锣啦,你数着,(一口气)当……当另当一另当……(喘口气)这是多少下咧?

乙 这八十多下啦?你们老爷到衙门啦?

甲 这还没出门呢。出了门儿当当当,出了胡同当当当,走在大街当当当,见着小孩儿当当当,从早晨起来,一直当当到天黑……

乙 你们老爷是什么官儿?

甲 耍猴儿的!

（侯宝林述）

猪吃豆腐

甲 （学怯口，下同）你老这是做嘛的？

乙 说相声的。

甲 到我们那里没有这个。

乙 是啊，我们也不去呀！

甲 去就把你小子活埋了。

乙 我招你了？

甲 那么说你也不去，看不起我们那地方，我们那个地方也是个大地方。

乙 那你上我们这儿干吗来了？

甲 这北京城都是你们的？说这话可气。咱上这儿有事来了。

乙 您有什么事情哪？

甲 找俺哥哥来啦。

乙 噢。找蝈蝈来了，你不找个"油葫芦"啊？

甲 你不找"三棒子"。你这是怎么说话呢？

乙 你不是找蝈蝈吗？

甲 俺哥哥。

乙 咳，南蝈蝈不值钱，活不过冬天去。

甲 你哥哥还活三礼拜呀？

乙 你不是说南蝈蝈吗？

甲 俺的哥哥。

乙 是啊，你的蝈蝈我也不要啊。

甲 你要得行哎。

乙 那么你这蝈蝈哪儿买的？

甲 买的做嘛呀？俺妈养的。

乙　哟，你妈养个大蝈蝈？

甲　你妈下个"油葫芦"？

乙　到底儿是什么蝈蝈？

甲　俺俩一母所生，他比俺大。

乙　那是你哥哥呀。

甲　对，俺哥哥。

乙　还蝈蝈哪？你哥哥在这儿干吗呀？

甲　开买卖。

乙　什么买卖呀？

甲　三间门面，金晃晃亮堂堂的大买卖。

乙　金店哪？

甲　不是。

乙　首饰楼？

甲　不是。

乙　点心铺可讲究门脸儿？

甲　不对呀。

乙　那到底儿是什么买卖呀？

甲　豆腐坊。

乙　真不开眼。豆腐坊门脸儿还金晃晃亮堂堂啊？

甲　你不知道哎，俺哥哥豆腐坊对过儿是个稻香村。到晚上他那里电灯一着，照得俺那边也那么亮堂堂的。

乙　好嘛，借光儿呀？找着你哥哥了吗？

甲　找着哩。

乙　他说什么来着？

甲　俺哥哥说，第二的。

乙　噢你，你是第二的。第三的上学的，第四的怀抱的……

甲　什么乱七八糟的。俺哥哥叫俺就叫第二的。说，第二的，这个北京城是个大邦之地，可不养活闲人。你得做个买卖。我说，开买卖没本儿呀。俺哥哥说，我给你拿三钱银子吧。我说，那也不够呀。

乙　嗬，三千银子还不够啊？

甲　结果又找了两个老乡，一个叫张老德，一个叫李老万，他们俩一个人拿了三钱银子，共凑了九钱银子，开了大买卖。

乙　好家伙，乡下人开买卖真舍得花本儿。九千银子这买卖一定够大的。

甲　敢情够大的。

乙　什么买卖呀。

甲　豆腐坊。

乙　你们就会开豆腐坊啊？

甲　豆腐坊怎么了？

乙　再说开个豆腐坊也用不了九千银子呀？

甲　九钱银子还不够哪。买点纸糊了糊窗户，安上磨，没钱了。

乙　这不是胡说八道吗，九千银子合多少钱哪？

甲　你说合多少钱哪？

乙　九千银子？合现在一万多块钱。

甲　你是穷疯了。九钱银子怎么会一万多块钱呢？

乙　你瞧，九千银子嘛，差一千就一万了。

甲　哪儿呀，差一钱不到一两哎。

乙　噢，九钱银子呀。

甲　对呀，一块洋钱才合七钱二，算起来才一块二毛多钱。

乙　嘿，一块来钱还开买卖哪？

甲　眼瞅着就开了张了嘛。

乙　你不是说糊上窗户安上磨就没钱了吗？那怎么开张哪？

甲　开张的头一天，把张老德的被卧当了，当了一块二毛钱。量来豆子把它磨了，做成豆腐，这不就开张了吗？

乙　开张了买卖怎么样？

甲　还不错。做得了豆腐，我就跟张老德说："我说咱们别净指着门口卖。这卖不了多少啊。咱上对过儿借两个水桶，装上些个豆腐挑着下街卖，一定卖得快。"张老德说："好吧，给我捡上二百块豆腐，我挑出去卖去。"把豆腐挑出去，哎，一会儿的工夫空着手就回来了。

乙　全卖了？

甲　都洒了。

乙　洒了？

甲　是啊。我也纳闷呀。两个水桶一悠荡，洒一块洒两块，有把二百块豆腐都洒了的？我就问他了："你都洒到哪儿啦？"他说，洒到天桥那儿臭沟里了。我说："好了。你在家里歇着吧，李老万啊，你给我捡上二百块豆腐，我出去卖去。"

乙　你干吗自己去呀？

甲　我不是为卖豆腐，我出去是"私访"去。

乙　你做了什么官了，去"私访"去？

甲　你不懂哎，这个年头，人心隔肚皮，做事两不知，那个张老德，他把二百块豆腐都卖喽，把钱入腰包你知道吗？

乙　您这心眼还够多的。

甲　这年头你不长心眼还行啊，把豆腐给我捡好了，我挑着挑子出去啦，照直的就奔那天桥臭水沟去了，到那儿我一瞧，是把豆腐洒那里了。

乙　怎么知道呢？

甲　在那沟边上围着一群人，有大人有孩子，正在那里捡豆腐哪！有个小闺女没捡着，在那里哭哪，旁边有一个老太太看见我，她说了话了："宝贝儿，别哭了，没捡着不要紧哪，你看那个倒豆腐的不是又来了吗？"

乙　拿你当倒豆腐的啦。

甲　我一听就火儿了："我说老太太，你这么大岁数怎么说话哪？谁是倒豆腐的？俺那个伙计刚才洒到这里了，他洒了，他没有功夫……"

乙　噢，您有功夫。

甲　那还用说呀：我左手抓着前头的桶，右手抓着后头的桶，往后倒退两步，来回一悠荡，悠荡来悠荡去，悠！咔嚓！

乙　您过去了？

甲　我也掉里头了。

乙　我听这响声也像掉里头了。

甲　我人掉里头啦，桶没埋里头，搭到沟帮上了，我把后头那个桶也拿到沟这边来，爬上来我就吆喝："吃豆腐，买豆腐，不老不嫩好豆腐！"我这么一吆喝，出来一个老太太，拿着这么大的一个"浅子"说："掌柜的！你的财源茂盛买卖兴隆，我来给你开开张；这叫开张大吉，卖给俺一分钱的豆腐。"

乙　一分钱的？

甲　是啊！我说："老太太，五分钱一块，一分钱怎么卖呀？"那个老太太说得太可怜了："掌柜的，就当可怜可怜俺吧，我也不愿意麻烦你呀，俺家里有个小孩子，一生日多了，他爸爸拉洋车，两天没回来，听说让抓兵的给抓走了，他妈去找他爸爸去了。这孩子饿了两天没吃饭了，你就当积德修好，给俺点儿吃的。"

乙　哎呀，怪可怜的。

甲　我一听她说得可怜，我说好吧，你自己捡八块吧。

乙　八块？

甲　咱不是好心眼嘛，没想到这个好人难做。这个老太太拿了八块，回到院里头她嚷开了，"街坊们！邻居们！门口来个卖豆腐的，是气迷心，一分钱就给八块，要是两分钱哪，得照着十六块下手哇"。她这一嚷不要紧哪，好家伙，出来好些个人哪，有拿篮子的，有拿浅子的，还有端着笼屉的："掌柜的！我来一分钱的。""我来二分钱的！""掌柜的，我这三分钱二十四块。"我说："谁给定的官价啊？往后走，怎么回事，你们要抢是怎么着？"正在这个时候，了不得了，来个冤家老母猪。

乙　老无知？老头儿无知啊？

甲　不是！冤家老母猪。

乙　噢！袁家的老无知。

甲　什么呀？老母猪：大耳朵，小尾巴，黑嘴巴子，走起路来哼哼哼的。

乙　噢！猪哇！

甲　对！老母猪。

乙　还"老无知"。谁懂你这话呀。

甲　这个老母猪可不讲理呀，我护着前边这个桶，怕买豆腐的跟我捣乱；就在这个时候，那个老母猪把黑嘴巴子拱到后边桶里头，吧吧吧儿吃开豆腐了。

乙　赶紧捋扁担打兔崽子。

甲　看出你小子野蛮来了，什么事就先跟人家动手哇！"有理讲倒人"，你不会跟它讲理吗？

乙　跟猪讲理呀？

甲　哎！"我说老猪哇！你吃俺的豆腐，你问了谁了？得到谁的许可了？不用说你渴了，你饿了，你过来道个辛苦，说个劳驾，别说你吃俺一百块豆腐，就算吃俺二百块豆腐，我要是一沉脸我算不够交情。"

乙　这不是废话嘛，它懂得什么呀！

甲　懂什么，人有人言，兽有兽语，这个老母猪这么一听，它知道它自己不对了，把那个黑嘴巴子臊个通紫，俩耳朵一耷拉，小尾巴一拨拉，它搭搭讪讪的……

乙　走了。

甲　又吃这头儿来了。

乙　你让它吃它还不吃。

甲　我一看它不讲理，不能怪我野蛮了，我拿脚这么一踹它，喀嚓！

乙　踹着了。

甲　它往旁一蹿，我把豆腐桶踹洒了，我可真急了，抡扁担打猪，照它腰上就给了一扁担，喀嚓！

乙　把猪打趴下了！

甲　它躲开了。我扁担折了。

　　　　　　　　　　　　　　　　　　　　（刘宝瑞述）

一肚子《三国》

甲　作为一个相声演员必须得有高度的文学修养。

乙　搞艺术的不研究文学哪行呢！

甲　文学方面您喜欢什么？

乙　散文、小说、诗歌、戏剧，我都喜欢。

甲　您还喜欢看小说？

乙　不是看而是研究，尤其是对我国古典小说像《列国》《水浒》《红楼》《西游》我都爱看，特别是对《三国演义》我敢说有独特的见解。

甲　您的话可太大？

乙　不大。这还打着折扣呢！

甲　既然您对《三国演义》有独特见解，我提个问题跟您请教。

乙　好吧，我是有问必答，随时对你进行指导。

甲　这位不会客气！

乙　我这是实事求是。

甲　我问您《三国演义》这部书里的人物谁最有本领？也就是说谁的能耐大？

乙　谁的能耐大啊？

甲　啊。

乙　关羽。关羽能耐大。

甲　关羽有什么能耐？

乙　斩颜良，诛文丑，过五关、斩六将，古城斩蔡阳。水淹七军，擒于禁，杀庞德，威震华夏，吓得曹操都要迁都。关羽多大能耐！

甲　关羽这么大能耐为什么虎牢关三英战吕布，为什么哥儿仨打不过吕布一个人，那谁的能耐大？

乙　那就是吕布能耐大啦。

甲　吕布有什么能耐？

乙　好嘛，人中吕布，马中赤兔。他辕门射戟给袁、刘两家了过事，大将纪灵束手无策。吕布能耐大。

甲　吕布这么大能耐在白门楼让曹操杀啦。那谁能耐大呢？

乙　那曹操能耐大。

甲　曹操有什么能耐？

乙　曹操挟天子令诸侯，灭袁绍，定辽东，征乌桓，降张鲁，伐刘表，下江南，醼酒临江，横槊赋诗，可称一世之雄。曹操能耐大。

甲　曹操这么能耐，为什么濮阳遇吕布，宛城遇张绣，华容逢关羽，割须弃袍于潼关，夺船避箭于渭水，赤壁之战差不点儿叫周瑜给逮着。那谁的能耐大呢？

乙　要这么说那就是周瑜能耐大。

甲　周瑜能耐大，在柴桑口叫孔明给气死啦？那谁能耐大？

乙　那诸葛亮能耐大。

甲　诸葛亮这么大能耐，六出祁山叫司马懿给挡住啦，那谁能耐大？

乙　那……那就是司马懿的能耐大。

甲　司马懿这么大能耐，在曹操手下不得重用，曹操说他鹰视狼顾，不可付以重任。那谁能耐大？

乙　那……你能耐大。

甲　我有什么能耐？

乙　你把我给问住啦！这不是抬杠吗？

甲　通过跟您说话，您对《三国》可以说熟读。

乙　熟读啊？跟您这么说吧，这肚子里没有别的……

甲　都是什么？

乙　《三国》。一肚子《三国》哪。

甲　一肚子《三国》？

乙　经常发表这方面的论文，不但写文章，还能说《三国》。

甲　您都在哪儿说过？

乙　哪儿都说过。

甲　电台呢？

乙　说过。

甲　机关？

乙　说过。

甲　农村？

乙　说过。您别问啦，什么场合什么堂会都说过。

甲　三月三蟠桃会上说过吗？

乙　庙会上边说过。

甲　庙会干吗？三月初三王母娘娘生日，给西王母祝寿的蟠桃盛会，在那儿说过吗？

乙　没有！

甲　你不是说什么会都说过吗？

乙　要那么着，我还非得去不可。

甲　对啦，不过今年去不了啦。

乙　为什么？

甲　今年主持人换啦。每年都是元始天尊。

乙　今年呢？

甲　通天教主。知客也换了。

乙　换谁啦？

甲　大肚弥勒佛。

乙　弥勒佛？

甲　知道他的出身吗？长耳定光仙，野猫精，兔崽子。看过《封神演义》吗？

乙　看过。

甲　因为万仙阵他没晃那六魂幡有功，后来叫佛祖把耳朵往下一拉，把嘴缝上啦，就成弥勒佛了，让他看守南天门。今天他是小人得志，新官上任三把火，在大门外贴了一张告示：凡是有赴蟠桃会的各路神仙不准沾酒色财气。

乙　要是沾上酒色财气呢？

甲　只要一沾上这四个字的边儿，不准赴会，连南天门都不让进。就看关羽关云长骑着赤兔马，周仓扛着青龙偃月刀，关平肋下挎着宝剑走到南天门。弥勒佛把脸一沉："什么人！少往前进！"

乙　弥勒佛不认识关羽？

甲　认识。

乙　那为什么这样问？

甲　成心找碴儿嘛！"末将关羽给王母拜寿。""拜什么寿？嘿嘿。请回去吧！"

乙　他给挡驾啦！

甲　"为什么不让俺进去！"弥勒佛用手一指："你看看告示去！""我看过啦，沾酒色财气的不准进南天门，我一个字都不沾呀？""你呀？你四个字都占全啦！"

乙　这可是血口喷人！

甲　"我怎么沾这个酒字？""温酒斩华雄你喝酒没喝？"

乙　色呢？

甲　"你身在曹营中十二年，曹操送你十名美女这不是色吗？"

乙　这可是胡说。给了十名美女人家没要，都伺候二位皇嫂啦。割宅断院，她们住在后院，关羽在前院秉烛达旦。

甲　在后院伺候二位皇嫂，后半夜皇嫂都睡着啦，叫过俩去谁知道？

乙　强词夺理呀！财呢？

甲　"上马金，下马银那不是财吗！"

乙　封金挂印人家没要！

甲　我知道，他河北寻兄这么多金银分量太重没法带。那年头儿要有汇票他早把钱汇家去啦。

乙　太气人啦！气呢？

甲　"过五关斩六将，没气怎么能杀人？"气得关羽刷一下子脸就红啦。关羽为什么是红脸儿，就是让弥勒佛给气的。

乙　是呀？

甲　当时气得关羽卧蚕眉倒竖，凤眼圆睁，一瞪。

乙　坏啦，关羽一瞪眼就要杀人。

甲　不，关羽要和他辩理。周仓是粗鲁人，一看关羽瞪眼啦，把青龙偃月刀就递过去啦。关平一看要出人命啊，他给拦住啦："您别跟他生气，咱说不过他，这个兔崽子一肚子《三国》哪！"

乙　啊？我呀！

（田立禾　任鸣启述）

孟姜女

甲　过去封建时代妇女受的压迫最深。

乙　是呀，几千年来男尊女卑。

甲　啊，只要是男的什么都是尊贵的；就连谁家里生小孩儿都有不同的看法——若是这家生个男孩儿，这叫大喜；若是女孩儿那是小喜。

乙　噢，这还有大小之分？

甲　有。比如谁家生个小孩儿办满月，亲友们谁都夸这孩子两句。"大哥，你这孩子多好哇，这个大胖小子。"哪怕这孩子长得跟猴儿似的，他也愣说大胖小子，"瞧这大胖娃娃，大脸盘子，大手，大脚，大眼睛，大耳朵。"总之全都是大的。长大了叫大老爷们儿、男子汉大丈夫。

乙　要是生个女孩儿呢？

甲　那就差远啦，说话的语气都不像夸男孩儿那样了：管这孩子叫小丫头儿、小姑娘、小妮子，结了婚是小媳妇儿，死了男人叫小寡妇儿，顶上了年纪还说这小老太太儿。

乙　好嘛，什么都离不开小字儿。

甲　在那个社会里，妇女就给比喻成墙上的泥皮，或是比喻成砖头儿瓦片儿，因为这些它都不值钱呀。

乙　你说说在什么地方这样比喻哪？

甲　比方说这家生了个孩儿，办满月亲友们给挂幛子吧，幛子上写四个大字，你这么一瞧就能知道这家生的是男孩是女孩。

乙　人家若是生了男孩，幛子怎么写呀？

甲　他写"弄璋之喜"。

乙　哪个"璋"啊？

甲　就是斜玉旁边一个文章的章字，表示男孩儿是一块玉。

乙　若是女的写什么？

甲　那就写"弄瓦之喜"，就是瓦片儿的瓦，你想瓦片儿哪有美玉值钱哪？

乙　这差远啦。

甲　看起来在那时候妇女生活下去太不容易了，不但得给自己丈夫生火做饭，房子漏了还得管上房瓦（wà）瓦去哪！

乙　噢，还代理瓦匠啊？主要是说轻视妇女。

甲　过去妇女有文化的少。封建统治阶级不让女人们识文断字，说什么"女子无才便是德"。

乙　这样更便于压迫妇女嘛。

甲　除非是大财主家的小姐请专馆在他家里学。

乙　噢，不许可女人们出去学？

甲　当然啦，大户人家的女儿连绣楼都不让随便下来，顶多在自己的花园儿里赏赏花草，还得有小丫鬟陪伴；没出阁的大姑娘不能见生人。

乙　许是那姑娘胆小，见生人她害怕？

甲　那倒不是，主要是那时候的旧礼教管得非常严，有这么一句话，"男女授受不亲"，沾衣捎袖算失节。

乙　噢，那就算失节了？

甲　你知道孟姜女为什么嫁给范喜良吗？

乙　不知道。您说说怎么回事。

甲　孟姜女家里有钱，不然自己家里还会有花园吗？那天小姐心里烦闷，带着小丫鬟上后花园玩耍去了。

乙　噢，小姐到花园儿里观花？

甲　不，小姐跟丫鬟拿着扇子扑蝴蝶儿，没留神把扇子掉到月牙河里了？

乙　掉到河心了？

甲　没有，就掉到河边上啦。

乙　那就捞上来吧？

甲　是呀，老年间穿的衣服又肥又长啊。她得把袖了捎上去够扇子呀，她往上一撩衣服的袖口儿，那儿露出来描花秀腕。

乙　伸出胳膊来了。

甲　坏了。正赶上他们家后花园有个逃难的公子，谁哪？就是范喜良，藏在假山子石儿后边了，孟姜女捞上扇子来，一回头正跟范喜良碰个对脸儿，当时孟姜女刷的脸就红了："哟！这可坏了。我们家在花园里怎么有一位公子呀？我的胳膊让这个男人看见了，'身体发肤，受之父母'，让生人看见了，这可麻烦了。这我得嫁他。"后来孟姜女就跟范喜良结婚了。

乙　噢，看见她的胳膊就跟他了。

甲　你说这够多封建哪，就因为看见她的胳膊就嫁给他啦；这要是把她搁到游泳池里，您说她嫁谁呀？！

（郭全宝述）

讲帝号

乙　这个相声啊，就得逗笑。

甲　刘宝瑞①同志，听说您的学问可不小。

乙　我呀！

甲　您这个相声演员可不简单。

乙　我有什么不简单的？

甲　您这是谦虚，客气。您是博学多才，广览多读，上知天文，下知地理，三教九流，无一不知，风俗人情，无一不晓。了不起。

乙　好家伙！谁有那么大学问哪！

甲　您，不就是这样吗？

乙　嗐！我可没那么大能耐。反正这么说吧，杂哩古董的知道些。

甲　那就不错，那就说明"博"呀。

乙　这叫"博"？

甲　博学多才嘛，杂哩古董嘛，您这水平不低呀，起码您这水平够一个"杂哩古董"。

乙　嗐，我这是跟您客气，"杂哩古董"是说我呀不怎么样，是这个意思。说北京话就是"二五眼"。

甲　"二五眼"？

乙　就好比没多大学问。

甲　不能，不能，您不是一般的"二五眼"，可能是高级"二五眼"。

乙　这"二五眼"还分等级哪。

甲　不是，我听您很多段子，我就有这个感觉。好像您这水平，也不

---

① 刘宝瑞，著名相声演员。

在二五眼以下，也不在二五眼以上，正在二五眼之间。

乙　还是"二五眼"。

甲　那您说"二五眼"干吗？

乙　我这是客气。

甲　您这一客气，就显着您有学问。

乙　也没什么学问，反正爱看书。

甲　看书呀，那就是好事。爱看书就好，丰富知识。最近看什么书了？

乙　瞎看。

甲　噢，您的眼睛已经不行了。

乙　谁的眼睛不行了！

甲　您不是说瞎看吗？

乙　您怎么有一句话就添一句话呀！

甲　瞎看那是——

乙　我不是客气嘛！瞎看，就是什么书都看。

甲　噢，什么书都看。最近又看什么书了？

乙　最近看《清宫外史》。

甲　好啊！这么说，您对清史很有研究。

乙　也没什么研究，反正是看过这方面的书。

甲　都看什么哪？

乙　看过什么《清史演义》《清史通俗演义》《东华录》《清宫梦华录》《清宫十三朝演义》，什么《御香缥缈录》。反正就是这些。

甲　这么说，在这方面我得向您请教。

乙　谈不到请教。

甲　我知道得太少了。

乙　客气。

甲　我告诉你二五眼同志。

乙　您别叫我外号行吗？

甲　不是什么——那个杂哩古董，那什么——宝瑞同志。

乙　哎！

甲　这方面，我得向您请教，我知道得太少了。我也喜欢看这类书，就是看得太少。在清朝一共坐下了几个皇上，您知道吗？

乙　十个呀。

甲　就十个。

乙　不过在关外还坐了两帝，天命、天通，天通后来改为"同德"了。

甲　对了，那就对了。

乙　大概其是这个意思，后正我也记不太清楚。

甲　不，很清楚嘛，很清楚，不错。哎，一共清朝坐了多少年，知道吗？

乙　二百六十八年嘛，对吗？

甲　对！

乙　"康熙"最多，坐了六十年。

甲　对！

乙　"雍正""同治"都是十三年，最少的是"宣统"，三年。大概其是这个意思，我也记不太清楚。

甲　一点儿也不错，您干吗这么客气，没错。

乙　对吗？

甲　没错：哎，十帝的年号都是什么，您知道吗？

乙　我也记不太清楚。

甲　您甭说这句行不行！您不是很清楚吗？干吗老说这句呀！

乙　这不是客气吗？

甲　过度的客气，就是骄傲的表现。

乙　哎，别，别，您别这么说。十帝的帝号是"顺治""康熙""雍正""乾隆""嘉庆""道光""咸丰""同治""光绪""宣统"，这就是十帝，对不对？

甲　嗯，我也说不清楚。

乙　怎么又跑你那儿去了？

甲　这每一帝的年号都怎么讲，您知道不知道？

乙　那怎么讲啊？反正是年号，他用的都是些个好字眼儿，也就是这意思。

甲　什么好字眼儿？您讲讲。

乙　比方说吧，头一帝"顺治"，这两个字不就是好字眼儿吗？

甲　怎么讲？

乙　"顺治"吗，一顺百顺，顺顺当当地治理天下，顺治嘛。

甲　错了，不能这么讲，我有我的看法。

乙　什么看法？

甲　我认为呀，"顺治"这两个字应该这么讲。

乙　您讲。

甲　刚进关，没底，空虚，他希望老百姓都是顺民，他好容易统治。这么讲。

乙　啊——对对，行行，有点意思。哎，顺治下去是康熙，"康熙"怎么讲？

甲　康熙，"康熙"这两个字可不太好讲，他是——因为他糠了，他就稀了。

乙　跟没讲一样。什么叫糠了就稀了？

甲　康……康熙……熙……恐怕这个字要用儿化就好讲了，康熙儿，就有讲了。

乙　糠心儿，噢，萝卜呀！

甲　哎，您领会这个意思了。

乙　我领会什么呀！不对，您得说这两个字怎么讲？康熙，糠心儿不行！

甲　康熙呀，康啊，就是康乐的康。

乙　康乐？

甲　康乐不知道吗？就是八面槽椿树胡同，康乐。

乙　饭馆呀。

甲　啊，过桥面不错。

乙　谁问您这个啦！问这两个字：康熙。

甲　康熙，他是康乐安宁。

乙　嗯。

甲　这个"康"，就这讲，"熙"当永久讲，永久统治。

乙　噢。

甲　对不对？

乙　对！

甲　您看这学问，我这学问比您大点儿。

乙　是，是，我还在二五眼上哪。

甲　康熙，哎，康熙下去，"雍正"。

乙　"雍正"？怎么讲？

甲　雍正，雍正是吧？因为他做皇上那天。他坐歪了，不正，大伙儿一拥他，嗯——正了。"雍正"。

乙　这玩意儿倒好讲，噢，坐歪了一拥正过来了，就叫"雍正"？

甲　对，对。

乙　"乾隆"哪？

甲　"乾隆"那还不好讲吗？乾隆吗？皇上不是有钱吗？

乙　那"乾隆"哪？

甲　大概他是聋子。

乙　这是有钱的聋子。

甲　哎，"乾隆"。

乙　"嘉庆"？

甲　"嘉庆"这可不太好讲。"嘉庆"，这个——"嘉庆"，是不是？"嘉庆"有一段故事。

乙　什么故事？

甲　因为他没做皇上以前哪，他是皇子，他喜欢古铜，什么周代的，殷代的，是古铜他都收集。有一天他到一个庙里一看，有一个"磬"，这玩意儿怎么打得这么响啊。当——"这一定是古铜，好的。"皇上一瞧，庙里的和尚不在。

乙　不在怎么样？

甲　夹走了。后来他做了皇上了，这个皇上是哪个皇上啊？大家说：就是"夹磬"那个皇上。就是夹着那个"磬"的那个皇上。

乙　哎哟，偷磬的皇上。

甲　哎，就这么讲法。

乙　哎呀，您这么一说，我的学问长多了。成三五眼了。"嘉庆"完了，"道光"哪？

甲　道光？道光就是他一到哪儿都光啊。

乙　什么叫到哪儿都光啊？

甲　"到光"么。

乙　"道光"皇上怎么讲啊？

甲　"道光"是这个意思，因为他是马上皇帝嘛！

乙　是呀？

甲　他是亲自领兵打仗。

乙　"道光"还能打仗？

甲　哎，他也打不好，他反正是……他有办法。

乙　有什么办法？

甲　要攻城，攻不进去，他告诉士兵："你们都铆上劲打，打进去以后你们随便抢，随便杀，随便烧，杀光、抢光、烧光。"所以人家都说，他到哪儿，哪儿就光，道光，道光，到了就光。

乙　这是三光政策。

甲　哎，对了。

乙　"道光"完了，"咸丰"。

甲　"咸丰"好讲，他待不住，闲着他就疯。

乙　皇上闲着没事干，净抽风啊？

甲　嗯，这叫"咸丰"。

乙　"咸丰"完了，"同治"。

甲　您说哪个同志？

乙　"同志"就是那个"同治"。

甲　那个"同志"？

乙　怎么那个"同治"？就是皇上"同治"。

甲　你这是什么立场！这叫什么立场？他是统治阶级嘛，您怎么管他叫"同志"哪？革命术语庸俗化。

乙　谁呀！甭使性了，谁呀，谁革命术语庸俗化呀？

甲　你不说，你管他叫"同志"吗？

乙　我干吗管他叫"同志"呀，这两个字叫"同治"。

甲　"同治"。

乙　啊，帝号"同志"。

甲　怎么讲？

乙　我哪知道，我不是问您吗？

甲　"同治"吗？同治——他就是共同治理，明白这意思吗？他没什么本事，文武大臣，咱们一块商量着办嘛！

乙　噢，他为了挽救这残局。

甲　哎，对了。

乙　同治完了，"光绪"。

甲　"光绪"就是他已经光了，他又续上点儿。

乙　什么就续上点呀？

甲　要不您怎么不明白哪，我这人说话，语言经济，您理解不了。

乙　不好理解。

甲　光绪嘛，"光绪"他这个——西太后垂帘听政。

乙　这我知道。

甲　她拿"光绪"当幌子，拿他当一盏灯。

乙　当一盏灯？

甲　到时候，他那油烧光了也不让他灭，再给他续上点，光了续，光了续，所以他叫"光绪"。

乙　这么个"光绪"呀，光了就续，光了就续。

甲　哎。

乙　哎，"光绪"完了，"宣统"哪？

甲　最末一个啦？

乙　最末一个了。

甲　完了，做不了皇上了。

乙　怎么做不了皇上了？

甲　您想啊，"悬捅"，本来就悬着，拿棍儿一捅，下来了。

乙　噢，捅下来的。

甲　哎，"宣统"么。

乙　"悬捅"，本来悬着，捅下来的。

甲　哎。

乙　不对。

甲　怎么不对？

乙　您这讲错了，那正字也不叫"悬捅"，是"宣统"。

甲　"宣统"？

乙　哎，到了民国，就改"总统"了。

甲　对了。所以他做不了皇上了。已经宣布总统了嘛。是吧？

乙　合着我给他讲了。噢，往外宣布"总统"了，他做不了皇上啦。

甲　哎，做不了啦。

乙　哎，后来这个"总统"，怎么也没做长啊？

甲　那当然了。"总捅"么，上去一个捅一个，上去一个捅一个，没几年的工夫，捅下来五个。结果最后到蒋介石那儿了。

乙　对，哎，蒋介石可是"大总统"。

甲　那就更做不长了。

乙　怎么哪？

甲　大家一齐捅啊！

乙　一块儿捅啊？

（侯宝林　刘宝瑞演播稿）

289

讲帝号

讲"四书"

甲 您这相声演员都得有学问吧？

乙 念过几天儿书。

甲 在什么学校？

乙 没有，我小的时候念过经书。

甲 噢，"五经"，"四书"，"十三经"？

乙 对。

甲 一开始先念蒙经，三不文儿百家经儿……

乙 什么呀？

甲 不是，三眼井儿。

乙 还三里河儿哪。

甲 哎，三里河儿！

乙 什么三里河儿，三本小书是：三百经儿、百千姓儿……我也乱了！是《三字经》《百家姓》《千字文》。

甲 对，《六言杂字》《弟子规》《名贤集》。

乙 哎，念完这个就该念"四书"啦。

甲 念完四叔念二大爷、六姨儿、三婶儿、二大妈。

乙 好嘛，满是亲戚！什么呀？"四书"——"学、庸、论、孟"，先念《大学》……

甲 嗯，大雪，念完大雪念小雪，小寒、大寒、雨水、惊蛰，到清明就暖和了。

乙 干吗？你这儿念皇历（历书）哪？

甲 我连月份牌都念过！

乙 念那干吗？《大学》。

甲　《大学》十章半理财。

乙　念完《大学》念《中庸》。

甲　念完中用你再念不中用，废物点心半吊子。

乙　那我就更没用啦！《中庸》。

甲　程子曰："不偏之谓中，不易之谓庸。"此所谓中庸之道。

乙　念完《中庸》念《论语》："上论""下论"……

甲　火轮、军舰。

乙　嘿，跑船上去了。

甲　"上论语"，"下论语"。

乙　对，念完《论语》念《孟子》，"上孟""下孟"……

甲　做梦！

乙　做……

甲　咬牙放屁吧唧嘴。

乙　少吃点儿好不好！

甲　对，《孟子》、"告子"。

乙　念完这个念《礼记》。

甲　嗯，里脊，好哇，嫩；念完里脊念腰窝儿、磨裆儿、三岔儿、尾巴油①。

乙　嘿，又吃上啦。念完这个念《易经》。

甲　对，念完一更念二更，三更四更五更。

乙　天亮了，一宿没睡！

甲　念完《易经》还有什么？

乙　《诗经》。

甲　对，湿经、干净、不干净、脏骨头。

乙　什么呀？念完《诗经》念《左传》。

甲　左转、右转，（高喊）向后转！

乙　（高喊）开步走。……练操哪？

甲　"五经""四书""十三经"、《史记》《纲鉴》。

乙　这书都得念。

甲　这书光念不行，得讲；光念不讲，不能开笔做文章。

乙　您看我这点儿就差，念得不少，讲得不多。

---

① 里脊、腰窝儿、磨裆儿、三岔儿、尾巴油，均为羊肉的不同部位的名称。

甲　我就是这点儿好，是我念过的书都能讲。

乙　我连《三字经》都讲不好。

甲　那没什么，哪点儿不明白，我给你讲讲。

乙　那敢情好，比如："人之初，性本善；性相近，习相远。苟不教，性乃迁；教之道，贵以专。"您给讲讲。

甲　哪一句？

乙　您就起头儿讲吧。

甲　起头儿讲？"人之初"？

乙　怎么叫"人之初"？

甲　"人之初"哇，他就是人之初。

乙　这跟没讲一样。

甲　"人之初"哇？人之初他就是有这么一个人，他直着就出来啦！所以叫"人直出"。

乙　这就叫人之初？那么"性本善"呢？

甲　"性本善"，（思索）出来之人他姓什么呢？姓善！哎，这就是姓本善。

乙　不，书上是"性本善"。

甲　是呀，那时候印书不是活版活字，都是刻版，把俩字刻颠倒了，一块版很多钱，得啦，凑合着用吧，就"姓本善"啦。

乙　（讽刺地）你看，这要是不讲，我哪知道当初还有刻版问题呢。"性相近，习相远"呢？

甲　他住的那地方离"杏乡"较近。

乙　"习相远"？

甲　离"席乡"比较远啦，席乡在杏乡的那边儿。

乙　这地方我都没去过！"苟不教"哪？

甲　他养活一条狗，不会叫唤。

乙　嗯，哑巴狗？这路狗咱们还没见过。"性乃迁"？

甲　狗不叫有什么用呢？不要啦，让一位姓乃的给牵去了。

乙　（觉得甲这个人物很可笑）"教之道"？

甲　在善家它不叫，到乃家它叫了，让善先生知道了。

乙　这就是"教之道"？"贵以专"呢？

甲　什么？

乙　"贵以专"。

甲　这个字到那儿得念"瓭（cèi）"，瓭狗一砖头。

乙　什么乱七八糟的！

甲　这是跟你开玩笑。这有什么好讲的呢？人生下来本性是善良的，你教他好他就好，你教他坏他就坏。对不对？你提点儿深的。

乙　好，《诗经》怎么样？

甲　行啊。

乙　有这么几句我讲不通。

甲　哪点儿？

乙　这几句："关关雎鸠，在河之洲，窈窕淑女，君子好逑。"

甲　这要是问别人他还说不上来。

乙　怎么？

甲　这是我们街坊的事。东屋里住的那个姓关的那天喝酒，喝醉了，跟南屋那街坊吵起来啦。

乙　你等会儿说，这跟"关关雎鸠"有什么关系？

甲　你听着呀。东屋那位姓关，南屋那位也姓关，俩人吵得难解难分，谁也劝不了，非上公安局不可，揪着就去了。这就叫"关关局揪"。

乙　噢，这就叫"关关雎鸠"。

甲　哎。

乙　那么"在河之洲"呢？

甲　大关、小关俩人在公安局拘留了两天，酒也醒了。都承认了错误，不再打架了，和解了。大关说请小关吃饭，小关也把胃喝坏了，什么也吃不下去，结果吃了点粥，"再和吃粥"！

乙　吃粥哇？"窈窕淑女"哪？

甲　小关有个女朋友，姓姚叫姚条，是姚大叔的女儿，"姚条叔女"。

乙　那么"君子好逑"又怎么讲呢？

甲　姚条给了事呀，"你俩人若是再打架就是小人，不打架就是君子，我请你们俩人看赛球儿的。"结果看了一场足球赛。这就是"关关局揪，再和吃粥，姚条叔女，君子好球"。

乙　什么呀？

甲　你还有什么书不明白就问我。

乙　（对观众）这个讲法倒有意思。（对甲）您讲得有意思。《论语》还有几句我讲不好，您给讲讲。

甲　行啊，哪点儿？

乙　就是"齐景公问政于孔子"，景公说那几句："善哉！信如，君不君，臣不臣，父不父，子不子，虽有粟，吾得而食诸！"

甲　这几句主题是："君不君，沉不沉，富不富，紫不紫"，对不对？

乙　《论语》上可没有这个"对不对"。

甲　这是我问你，对不对？

乙　噢。

甲　这得一句一句讲。

乙　您先讲这个"君不君"。

甲　这句你不懂啊？

乙　哎。

甲　君不君，程咬金。

乙　程咬金？就是瓦岗寨上那个混世魔王？

甲　啊。

乙　后来保了唐王李渊，封为鲁国公？

甲　对呀。

乙　他怎么是"君不君"呢？

甲　在瓦岗寨上他做了混世魔王。已经称孤道寡成为一君，后来又投唐称臣，先是君后又不是君。所以说，君不君，程咬金。

乙　"臣不臣"呢？

甲　沉不沉，（思索）大火轮！

乙　大火轮！怎么讲哪？

甲　一个轮船几千、万吨，你说它那分量沉不沉？

乙　几万吨还不沉？沉。

甲　沉的东西能在水上漂着吗？

乙　那么说不沉。（怀疑）

甲　不沉？你把它背起来！

乙　不！背不起来。

甲　哎，沉不沉，大火轮。

乙　"父不父"哪？

甲　冥衣铺。

乙　冥衣铺？

甲　就是专做死人用具的，给死人烧的东西。金山、银山、尺头、元

甲　宝，要多少有多少，你说富不富？

乙　若照那么多元宝看可真富裕。

甲　它那元宝哪儿兑换去？

乙　纸的，没人要。

甲　不富。富不富，冥衣铺。

乙　嗯，（笑）"子不子"？

甲　大茄子。

乙　大茄子怎么讲啊？

甲　茄子皮儿是不是紫的？

乙　紫的。

甲　切开看里边儿呢？

乙　里边儿不紫，白的。

甲　哎，这就叫"君不君，程咬金，沉不沉，大火轮；富不富，冥衣铺；紫不紫，大茄子"。

乙　哎呀，我这知识可丰富多啦。

甲　常听听这个有好处。

乙　是喽，《大学》能讲吗？

甲　行啊，哪点儿不明白？

乙　现在我什么都不明白啦。第一章："大学之道，在明明德。"

甲　那好讲，拿你就讲啦。

乙　拿我讲这句书？

甲　恰如其分。

乙　不懂。

甲　你这相声是从小儿学的，还是长大了学的？

乙　小时候没学，长大了才学的。

甲　嗯，里边儿的意思知道了吗？

乙　知道了。

甲　"大学知道"。

乙　嗯，这就是"大学之道"。

甲　大啦，学啦，知道啦，"大学知道"。

乙　（意味深长地）嗯。"在明明德"哪？

甲　你在这儿哪吗？

乙　在这儿哪。

甲　明白没有？

乙　明白啦。

甲　得了吗!

乙　我明白什么啦？

（侯宝林述）

猜　字

甲　人不论干什么也得有学问。

乙　那倒是呀！

甲　我的学问就不小。

乙　谁呀？

甲　我呀！

乙　您哪？

甲　念书念得多，字认识得多。

乙　好嘛！这有学问人没有自己往外说的。

甲　我恐怕人家不知道。孔子说过："不患人之不己知，患不知人也。"

乙　啊！

甲　明白这句话吗？

乙　这句话我不太明白，怎么讲？

甲　就是说，我呀有本事，人家不知道，没关系。

乙　噢！

甲　这就是"不患人之不己知"。

乙　"患不知人也"？

甲　我所忧患的就是人家对方有什么学问我不知道，这就成了忧患——患不知人也。明白这意思吗？

乙　就是那样儿，人家孔子也没说自己有学问哪！

甲　那我这有学问为什么往外说哪？

乙　是啊！那您为什么往外说哪！

甲　我是替对方设想。

乙　您不必了。

甲　你怎么样，念过书呀？

乙　我没念过书。

甲　你也不认识字？

乙　字嘛！还认识几个。

甲　认识字？

乙　唉！

甲　那能行，咱们能谈到一块儿。

乙　可以。

甲　我考你一个字。

乙　您考我一个字？您可别考那太深的。

甲　当然了，你认识就说认识，不认识可别瞎蒙。

乙　当然了。

甲　我拿手就这么一来（在跟前横着画一道儿），念什么？

乙　念"一"呀！

甲　说死了，别含糊其词。

乙　念"一"。

甲　肯定了？

乙　啊！

甲　肯定吗？对了！

乙　对了。

甲　这怎么能算文盲哪？

乙　我就认识一个"一"字就不算文盲了！

甲　一字不动再加一横，念什么？

乙　念"二"呀！

甲　再加一横，

乙　念"三"哪！

甲　这文化不浅哪！行，当中加一竖。

乙　出头不出头？

甲　不出头。

乙　三横一竖这念"王"呀！

甲　"王"字都认识？

乙　啊！

甲　哪里有秘书工作，我给你找找。

乙　就这个呀！

甲　王字加一点，念什么？

乙　念"玉"。

甲　这边再加一点？

乙　还念玉呀！这个"玉"字是古写。

甲　哎呀！连古文都认识，可以做大学教授。

乙　我呀？

甲　王字加两点这个"玉"他都认识，王字加三点念什么？

乙　那我就不认识了。

甲　王麻子。

乙　王麻子呀！那李字要加三点就是李麻子了。

甲　你这学问长多了。真认识字？

乙　跟您这么说吧，我认识字倒是不太多，可用字不错。

甲　哈，这话够大呀！

乙　这话不大。

甲　识字不多，用字不错，那就是说，这字应该念什么，你就念什么。

乙　没念错过。

甲　没念错过？我考你个字。

乙　您考吧！

甲　火字旁，这边一个某字。

乙　哪个某啊？

甲　某人的某，上边一个甘字，底下一个木字，念什么？

乙　这字念"煤"啊！生火用的那个煤呀！

甲　山字底下一个灰字念什么？

乙　念"炭"哪！

甲　错了。

乙　哪个错了？

甲　全错了。

乙　怎么？

甲　一个也没对。

乙　怎么会不对哪？

甲　念"煤"的那个字，应该念"炭"，念"炭"那个字应该念"煤"。

乙　啊！您说那个"煤"应该念"炭"，"炭"应该念"煤"？

甲　你看那煤是哪儿出的？

乙　煤在山底下。

甲　还是的，山底下的灰，那不是煤吗？炭是什么烧成的？

乙　木头烧的。

甲　还是啊，火，干木头一烧，不是炭吗？

乙　哎呀！您这么大才学，文字改革委员会怎么没请您当顾问哪？

甲　嘻！他们忽略了这一点。

乙　谁忽略了！您这么念不行。

甲　那怎么不行？

乙　您得服从广大群众的习惯。

甲　我这违反了广大群众的习惯？

乙　可不是嘛！

甲　好吧！算我没说，再考你一个字。

乙　那好，你考吧！

甲　"一撇一捺，一撇一捺，一撇一捺。"念什么？

乙　这我不认得。

甲　念"众"啊！

乙　哪个"众"啊？

甲　群众的"众"，"众"字不三个人字吗？

乙　有点儿意思，那我考你一个。

甲　可以。

乙　"一横一竖，一竖一横。"

甲　没这字。

乙　有这字，这字念"口"啊！

甲　口？

乙　那不是嘛，一横一竖，一竖一横？

甲　好。再考你一个："一钩一钩又一钩，一点一点又一点，左一撇，右一撇，一撇一撇又一撇。"

乙　你这都是什么乱七八糟的呀！

甲　你猜吧！

乙　这也是个字啊？

甲　哎！

乙　这字不认识。

甲　人参的"参"字。上边亻拐弯，底下一个人字，底下三撇。

乙　这怎么能一钩一钩又一钩。

甲　可不是吗！你看，这不是一钩一钩又一钩，一点一点又一点，左一撇，右一撇，一撇一撇又一撇。

乙　有这么写字的吗？我再考你一个："一横一竖，一横一竖，一横一竖，一竖一横，一竖一横，一竖一横。"

甲　他这也够乱的。

乙　这字念什么？

甲　不认识。

乙　那念"亚"，亚洲的"亚"，可不是简写的那个。

甲　那么一横一竖。

乙　先写半边儿啊！一横一竖，一横一竖，一横一竖，再写这半边一竖一横，一竖一横，一竖一横。

甲　我再考你一个："李字去了木。"

乙　哪个李啊？

甲　姓李的李，十八子，上边一个木字，底下一个子字。

乙　这个字念子啊！

甲　不对了，念"一"。

乙　怎么念"一"呀？这个李字不是一个木字底下一个子字吗？您把那个木字去了，不就念"子"吗？

甲　念"一"。我说李字去了木，是去了那个"了"和上边那个"木"，可不就剩了一道了吗。

乙　连那个"了"字都去了，可不就剩下"一"了吗？

甲　再说一个字您猜猜。

乙　什么？

甲　"一个人能做，俩人不能做，大伙儿全能做，不能瞧着做。"

甲　这我不认得。

甲　"梦。"

乙　梦？

甲　做梦的梦。

乙　做梦的梦，那怎么会一人能做，俩人不能做？

甲　是啊！做梦是一个人做，哪有俩人商量好了做梦的："老张，你今儿不出门，咱们躺下做梦玩儿吧。"那见得着吗？

乙　见不着。

甲　还是啊。

乙　那么，"大伙儿全能做，不能瞧着做呢"？

甲　是啊，谁都能做，哪有瞧做梦的，一人睡觉，旁边趴六十多人瞧着做梦？做梦的什么样？

乙　没瞧见过。我再考你一个。

甲　可以啊。

乙　"大姑娘的妹妹。"这是一个字，念什么？

甲　大姑娘的妹妹，二姑娘。

乙　二姑娘，那是三个字，这是一个字。

甲　一个字？不知道。

乙　这字念"姿"，姿容秀丽的姿字。

甲　姿，两个点，一个"欠"字，一个"女"字，那怎么是大姑娘的妹妹？

乙　大姑娘不是长女吗？二姑娘不是次女吗？次女就是这个姿字。

甲　这有点儿意思，我再说一个字。你说吧！

甲　"正月小，二月小，三月小。"一个字。

乙　正月小，二月小，三月小，一个字？这字我猜不着。

甲　人。

乙　哪个人哪？

甲　一撇一捺。

乙　正月小，二月小，三月小，怎么是个人哪？

甲　你看着，这个字可深了，我给你解释解释：一年四季，三月为一季，我说的是正月小，二月小，三月小，正二三算是哪季？

乙　是春季呀！

甲　对呀！你看那春字怎么写，一横一横一横，一撇一捺，底下一个日字。

乙　对呀！

甲　我说的是小建，小建嘛，一个月就短一天，三个小建呢？

乙　短三天。

甲　是啊！春字除去那个"三"，再除去"日"字，就剩下一撇一捺。

乙　有点儿意思。

甲　再说一个你猜猜："笔帽儿摘下来不用套上。"

乙　噢！这个字念"干"，笔帽摘下来不用套上，你不套上，一会儿笔头就干了。

甲　那不念"坏"吗！一干就坏了？不对。

乙　那么这个字念什么？

甲　念"肆"。

乙　哪个肆？

甲　一二三四，大写的那个肆。

乙　那笔帽摘下来不用套上，怎么会扣个肆字？

甲　你看那笔字怎么写，竹字头底下一个"聿"字，那套字怎么写，大字底下好像一个长字似的，那两个字搭在一块儿，笔帽摘下来就是把那竹字头拿下来，不用套上，不用套字上半截，俩下半截不就是"肆"字吗？

乙　这个字实在费解。

甲　我再给你说个简单的："正午对时"。一个字。

乙　这字念"准"。

甲　怎么念准？

乙　一到那时它总打当当当。

甲　那它不好念"当"吗？不对。

乙　那么这个字念什么？

甲　念"斗"。

乙　斗？正午对时，怎么是个斗字？

甲　你看这斗字怎么写，一个点儿，两个点儿，一横一竖。

乙　对呀！

甲　正午对时是几点？

乙　十二点。

甲　对呀！你瞧这斗字，十，二点！

乙　嘻！

甲　再说一个最简单的你猜猜："一竖一边一点儿。"

乙　这谁还不知道，念"小"啊！

甲　错了，念"卜，姓卜的卜啊，一竖一点儿。"

乙　您说的一竖一边一点儿啊！

甲　是啊，姓卜的卜不是一竖一边一点儿吗？

乙　那边儿哪？

甲　那边儿没点儿。

乙　嘻！

（侯宝林整理）

考字儿

甲　您念过书吗？

乙　念过几年。

甲　您很有学问哪？

乙　学问可谈不到，眼边前儿的字倒认识几个。

甲　那好，考您个字，认识就说认识，不认识可别胡蒙。

乙　好，您写。

甲　看着啊！从这头儿起拉过来到这头儿一顿，这字念什么？快说。
　　别蒙啊！

乙　哎呀，这个字可深了。这个字许是念"一"，对不对？

甲　说准了，别犹疑，到底念什么？

乙　哼，念"一"。

甲　嗬！不含糊哇？真认出来了！对。在"一"字上边再加一横儿？

乙　"二"呀。

甲　啊！"二"字你也认得。再加一横儿？

乙　"三"。

甲　哎呀！你别是大学教授吧？

乙　我呀！认识个"三"字就是大学教授哇？

甲　三字中间加一竖儿，两边不出头儿？

乙　这念"王"。

甲　你非是圣人不可！

乙　我剩饭，还圣人哪。

甲　王字旁边加一点儿？

乙　"玉"。

甲　太对了，这边儿再加一点儿？

乙　这是古写的，还念"玉"。

甲　好嘛，你连古字都认识？嗯，王字加四十八点儿？

乙　这……这不认识。

甲　王麻子！

乙　王麻子呀！那李字凑四十八个点儿还李麻子哪？

甲　你长学问了！

乙　我呀！这叫什么学问哪？

甲　跟您开个玩笑，真要考，您不一定认识。

乙　没那事，你写出来我就认识。

甲　这字念什么？

乙　你写呀。

甲　一"十"字儿，一"口"字儿念什么？

乙　一个"十"字，一个"口"字（做思索、用手比画），这个字念"古"。

甲　哪个"古"？

乙　古今的古。

甲　不对，这字不念古。

乙　念什么？

甲　"田"。

乙　田？

甲　啊，田地的田嘛。（比画）一个口字，里边一个十字不是念田吗？

乙　噢，你把十字搁在口里边去了？

甲　唉，"田"。

乙　我考你一个你也不认识。

甲　你写。

乙　一十字儿一口字儿念什么？

甲　"古、田"？

乙　不对，念"由"。

甲　噢，十字出头儿啦？

乙　你也不认识吧？

甲　考你一个，一十字一口字念什么？

乙　"古、田、由"？

甲　不，"甲"。

乙　搬下边出头儿了？我再写一个，一十字一口字？

甲　"古、田、由、甲"？

乙　嗯，"申"。

甲　上下出头儿了！一十字一口字？

乙　"古、田、由、甲、申"？

甲　"叶"。

乙　哪个"叶"呀？

甲　简写的"叶"，这边一个口字，旁边一个十字。

乙　嘿！又挪边儿上去了？我说你还有完没完啦？

甲　我再说一个你看念什么字？"天没有它大，人有它大"，这字念
　　什么？

乙　不认识这字。

甲　糊涂了，刚才认识，怎么这么会儿又不认识了？

乙　这字念什么？

甲　一二的一呀！

乙　人有它大，天没它大，怎么念"一"哪？

甲　你写个人字儿，要加一横儿这字不是念"大"吗？

乙　念"大"。天没它大呢？

甲　天字把上边那一横去了不是大字吗，这就是人有它大，有一横念
　　大，天字没那一横儿也念大。

乙　一道儿的一？我说一个。"上不在上，下不在下"，这念什么？

甲　不认得。

乙　你也糊涂了不是？这还念"一"呀。

甲　怎么？

乙　上不在上，这个"一"字不在"上"字的上边；下不在下，要写
　　个"下"字，它又不在下边，那不是"一"吗？

甲　行啊！

乙　什么话哪，有学问。

甲　你再听这个："一撇儿一捺儿一撇儿一捺儿一撇儿一捺儿。"

乙　不认识。

甲　这字念"众"，群众的众。

乙　仨人字？

甲　对，简化字。

乙　你听这个："一横儿一竖儿，一竖儿一横儿……"

甲　没这字。

乙　嗯？这字写得了念"国"①呀。

甲　一个大口？

乙　哎。

甲　那国家得有人哪？

乙　再把你写的众字搁我这大口字里就行了，国家有群众。

甲　行，你再听这个："一钩儿一钩儿又一钩儿，一点儿一点儿又一点儿，左一撇儿右一撇儿，一撇儿一撇儿又一撇儿。"

乙　什么字这么乱哪？不认得。

甲　这字念"参"，参观的参。

乙　那怎么会一钩儿一钩儿又一钩儿？

甲　你要写"参"字，不是这么写吗？一钩儿一钩儿又一钩儿，一点儿一点儿又一点儿，左一撇儿右一撇儿，一撇儿一撇儿又一撇儿！

乙　先钩钩儿后点点儿呀？你听这个。

甲　说。

乙　一横一竖一横一竖一横一竖儿，一竖一横一竖一横一竖一横儿。

甲　你哪儿那些横竖？

乙　你的勾撇儿也不少。

甲　不认得。

乙　这是亚洲的亚字。

甲　那怎么一横一竖？

乙　你看啊。（比画）

甲　嘿！多麻烦，谁还这么写呀？

乙　你那参字也不写仨钩儿了。

甲　你再听这个啊："叭！刷！呱呱呱，叭叭叭叭。"

乙　什么乱七八糟的？

甲　一点儿也不乱，这是为人民服务的为字。

乙　为字怎么说什么"叭"，"刷"，怎么写？

甲　叭！那一点儿，刷！那一撇儿，（比画）呱呱呱，底下那四个点儿

---

① 俗以书写"口"代"國"字；"國"的简化字应作"国"。

叭叭叭叭。

乙　这哪儿是写字呀？他这儿拽（zhuāi）字哪！

甲　不论怎么说，这个字你没认出来。

乙　你听我这字："一个不出头儿，两个不出头儿，三个不出头儿，不是不出头儿，都是不出头儿。"

甲　你怎么这些头儿呀！

乙　这就是一个字。

甲　这字念什么？

乙　这念"森"。

甲　森林的森？"森"字哪儿那些个头儿呀？

乙　仨"木"字念森呀，"木"字不是一个"不"字出头儿吗？这就是一个不出头儿。

甲　噢，就是一个"不"字出头儿，两个不出头儿？

乙　两个也是"不"字出头儿呀；三个还是"不"字出头儿呀？不是"不出头儿"，都是"不"字出头儿！

甲　嘻！瞧这麻烦。"正午对时"，打一字。

乙　这字我知道，十二点。

甲　不对，那成仁字啦？我这是一个字。

乙　那……噢，这字念准？

甲　怎么？

乙　正晌午对时，这表不是走得准吗？

甲　不认识别瞎蒙啊。

乙　那不认得，这字念什么？

甲　这字念"斗"。

乙　"斗"？

甲　升斗的斗。你看那"斗"字不是十二点儿吗？正午对时是十二点。

乙　我说一个："大姑娘的妹妹。"这字念什么？

甲　二姑娘。

乙　这字念"姿"。

甲　噢，"姿"？

乙　姿容秀丽的姿。

甲　怎么应当念"姿"哪？

乙　大姑娘的妹妹，当然是次女了，你写一个"次"字，底下写一个"女"字，那不念"姿"吗？

甲　啊，考不住你呀？这回呀，我不说了，拿我这人比一个字你能认识吗？

乙　也可以。

甲　瞧着：我身子站直了，这扇子算一横儿放在我脑袋上，两胳膊一伸直了，我脚尖往起一跷，这字念什么？

乙　你等我仔细瞧瞧，一横儿两横儿，身子算一竖，脚尖儿一跷，啊！这字我认识，这念"于"。

甲　嘿！连我这脚尖儿跷起这钩儿都瞧出来了。

乙　你脚往起一跷我就明白了。

甲　我原封不动，把脚收回来，这字念什么？

乙　就把脚收回去呀，这字念"干"。

甲　不念"干"，这是和平的平。

乙　"平"字还有两点儿哪？

甲　我这儿俩耳朵哪？

乙　啊？你把耳朵也算上啦。

甲　这不是两点儿吗？

乙　我比一个字你也不认识。

甲　你来吧。

乙　我站直了，然后哇，我两个胳膊这么一来（端肩垂臂）这字念什么？

甲　你这胳膊得伸直了哇！

乙　不，就这样儿。

甲　（比划着想）你这字念"巾"，毛巾的巾。

乙　不对，这字念"吊"，吊起来的吊。

甲　吊字上边还一个口字哪。

乙　那么我这嘴哪？

甲　啊！你怎么把嘴也算上了？

乙　你怎么把耳朵也算上了？

甲　你瞧，这字念什么？我站直了，两手这么一来，（叉腰）这念什么？

乙　叉腰儿，这念"中"，上中下的中！

甲　这是申请的申。

乙　"申"字中间还有一横儿哪？

甲　我这儿还有裤腰带哪！

乙　噢，这儿哪！

（侯宝林述）

考字儿

买竹竿

甲　俗话说，"隔河不下雨，十里地改规矩"。

乙　哎，要不怎么说百里不同风呢，风俗习惯不同嘛。

甲　您甭往远说，北京离通州才多远哪？

乙　四十里地。

甲　说话的风俗习惯就有不同的地方。

乙　哪点儿不同啊？

甲　比如说这人姓张行二，叫张二。张二王三赵四，他把姓搁上边儿，行几搁下边。

乙　通州哪？

甲　改了，把行几搁到上边儿。张二呀，叫二张。这一叫，那个还挺高兴，显得俩人挺近乎似的。

乙　对方不能不愿意。

甲　那地方就这种风俗习惯嘛。不信咱俩人学学，我姓郭行二，我头里走你在后边叫我，我马上就得回来跟你说话儿，还不能不愿意。

乙　好，咱俩学学，头里我叫你。二郭啊！

甲　哎！我回来了，我还不能不愿意。我姓赵，你叫我。

乙　二赵啊！

甲　哎！我回来了，我还不能不愿意。我姓李，你叫我。

乙　二李啊！

甲　哎！我回来了，我还不能不愿意。我姓舒，你叫我。

乙　二叔啊！

甲　哎！我回来了！

乙　你呀，还回去吧！

甲　我还不能不愿意。

乙　是呀，我可不愿意了呢！我管你叫二叔哇？

甲　我叫你也行啊，你姓张我叫你。

乙　谁也不能不愿意？

甲　当然啦，二张啊。

乙　哎！我回来了，我还不能不愿意。

甲　你姓李我叫你，二李啊！

乙　哎！我回来了，我还不能不愿意。

甲　你姓沈我叫你，二婶儿啊！

乙　哎！我呀！别走啦，二婶儿找二叔去呀？

甲　你还不能不愿意，

乙　我干吗呀！开玩笑哇？

甲　这是跟你开玩笑，就说这意思，各地方风俗习惯不同，如果不注意就容易露怯。你看咱们北京称呼人家张先生、李先生，到天津就不然了，不叫爷不说话。

乙　噢，不叫爷不说话？

甲　哎，姓张的张爷，姓李的李爷，老远见面儿就召唤（学天津口音）："这不张爷！"对方回答得也很客气，回答好几个爷字儿，"爷爷爷爷爷。"

乙　嗬，回答这么些爷字。

甲　简单回答一个也行，"这不张爷。""爷，您啦！"那次我到天津碰到一个熟人，人家一叫我"这不郭爷"，回答多了我嫌烦，回答一个又显着咱对人家不够尊敬。我回答俩吧，这一说我吃亏了："这不郭爷？"我说："爷爷！"我成孙子啦。

乙　好嘛，落下两辈儿来。

甲　有一次我在百货商店看见一个天津人买东西说话露怯了。

乙　怎么哪？

甲　这位一进门儿："辛苦您哪掌柜的？给我来五个疙瘩！"掌柜的也愣住了："疙瘩？熟疙瘩，酱疙瘩？我们这儿没有，您得到京酱园买去！""吗是熟疙瘩？酱疙瘩？我买疙瘩嘛！""什么疙瘩呀？"他拿手一指纽扣儿："这不疙瘩吗！""嗐！您买纽扣呀？到天津可能叫疙瘩，我们北京管这个叫扣子。""不管吗，来五个吧。"掌柜的给他拿了五个扣子，他拿在手里想碴儿可乐："哎哟！真有的啊，你们北京叫扣子。"你倒留神哪，一回头，咣当！脑袋撞门框上了，撞这么大的一个大疙瘩！他回过头来想显摆儿显摆儿京话吧，一说更露怯了。

乙　怎么说的？

甲　"哎哟，掌柜的，我光顾跟你说话啦，没留神脑袋撞出个扣子来！"掌柜的说："你撞的那还叫疙瘩！""好您啦回见！"捂着个大"扣子"就跑了。

乙　好嘛，二百四十里，说话风俗习惯都不一样。

甲　因为咱们国家太大，离着北京远的地方就不一样了，露怯是谁也备不住的。

乙　那倒是。

甲　我有一次到上海，语言风俗习惯都不懂啊，可别扭啦，你干吗也不方便，净露怯。

乙　是呀？您多咱去的？

甲　那还是过去旧社会的时候哪，下了火车出站雇洋车，我喊："洋车！"五六个拉车的都瞧着我不过来，我想叫洋车不懂，叫胶皮。我说："胶皮！"——铁皮也不过来。

乙　那是他听不懂你的话。

甲　北京话、天津话都不成，旁边儿有一位北京人，在上海待了多年了，见我雇车，告诉我："小伙子，你说北京话胶皮、洋车他不懂，你要叫他王八车（黄包车）他就过来啦。"

乙　王八车？

甲　我想这位是骗我，雇不成再挨顿打！他说，没错儿你喊吧。我乍着胆子喊："王八车！""啊，来哉来哉！"全过来了！"侬到啥个地方去？""你拉我到黄浦滩。""噢呀，侬是王八蛋哪？"

乙　啊！他怎么骂人哪？

甲　他没骂人，王八车是黄包车。

乙　那么他说："侬是王八蛋"呢？

甲　你上黄浦滩呀？

乙　嘿！全弄错了！

甲　没告诉你不懂那儿语言吗？人家是黄、王不分。我住到旅馆叫茶房啊，让他们给我做点儿什么吃。我叫茶房他不懂，敢情那地方管茶房叫"作坊"（茶房二字的上海方言读音）。后来改叫"作坊"，他过来了："老伯（读白）！"我说："啊，二叔！"

乙　嗐！那是叫你"老板"。

甲　我还当叫我老伯呢！"来个面汤揩揩面皮呀？"我问他："你说什么？""来个面汤揩揩面皮呀？"

乙　什么意思？

甲　他是问我，要点儿水洗洗脸吗？"来个面汤揩揩面皮"。我还当他知道我想吃饭了，问我要个面片儿呀？还是来碗热面汤哪。我饿了，我说："你给我个面汤吧！"他出去了，一会儿给我端来一盆。

乙　面汤？

甲　洗脸水。

乙　怎么洗脸水呀？

甲　人家上海人管洗脸水就叫面汤。

乙　好嘛。

甲　我还以为这个地方讲卫生，未曾吃面汤先洗一次脸？咱别露怯呀，洗吧！洗完我说："哎，你倒是把面汤给我端来呀？"他也纳闷呀，心想：怎么刚洗完还洗呀？"啥个事体？还要面汤啊？"走了，一会儿又端来一盆。

乙　什么呀？

甲　洗脸水。我想这地方也太讲卫生了，吃一碗面汤干吗洗两次脸哪？他端来了我洗吧，洗完我说："面汤怎么还不端来呀？"他也急了："臭豆腐！啥个事体？还要面汤啊？"

乙　他还急了哪？

甲　他想：这北京人也太爱干净了，这么一会儿洗三回脸哪。待会儿他又端来一盆洗脸水，那手提拉一个大开壶，心说你如果再要哇我就不来回跑了！我一看还是洗脸水，多说了一句话惹祸了。我说："北京人不懂南方话多别扭，哎，真该死！"他一听"该死"，"交关！"哗——又倒了一盆！

乙　嗬！

甲　上海开水叫"开斯"，我一碗面汤没吃成洗四回脸！这儿都脱皮啦！

乙　上海不像天津、北京都离着近，有的话还好懂。

甲　对。那次我在上海给李某人做事，在他家买个东西什么的，打杂的。可也没待长。

乙　因为什么？

甲　因为这个人非常齐啬，买东西他都给开条子，恐怕你赚他的钱。那回他落空了，叫我："×××，你给我买四毛钱竹竿。"这回他没开条子，我还奇怪哪，这回怎么这么大方啊？我逗逗他。到猪肉铺我说："掌柜的，你给我称两毛钱猪肝，那两毛钱给俩猪耳朵。"切完了递给我啦，我把猪耳朵搁兜儿里了，拿回去，我一看哪，就知道我买得不对啦。

乙　怎么知道？

甲　他若是摆着酒杯、筷子，那是等着猪肝儿喝酒当酒菜儿。

乙　是呀。

甲　我一看他没有喝酒的意思。

乙　他那干吗呢？

甲　他那儿抖搂蚊帐哪！当时我明白他让我买的什么东西了。

乙　他让你买什么呀？

甲　他让我买竹竿儿，支蚊帐用；一毛一根儿所以他用不着开条子啊。

乙　那你买错了怎么办哪？

甲　我跟他装傻。我说，给您买来了。他一瞧就急了："呀，啥格事体？我叫你买竹竿你为什么买猪肝？"我说："是猪肝儿呀。""不是，我叫你买竹竿，你怎么买猪肝？"我说："是猪的，不是羊的！""猪猡！臭豆腐，你的耳朵呢？"我说："耳朵在兜儿里哪，给您吧！"我又掏出来啦！

乙　嘻！

甲　第二天，天还没亮哪，门外头就喊："拎出来……"

乙　这是干什么的？

甲　掏大粪倒马桶的。那个地方家家差不多都有马桶，一清早儿倒马桶。我不知道是干什么的呀，我饿啦，出去瞧瞧。有一个人推着个车子，脑袋上扎着块白毛巾，我冲他点手："过来！"

乙　过来了。

甲　等他过来我问他："什么呀？""马桶。"他说"马桶"，我听是"馒头"，我说我吃点儿。

乙　好嘛。

甲　他说："侬吃污哇？"就是"你吃屎呀"？我说："什么？五（个）哇？

那看你这大小怎么样了；大的五个，小的我得八个。"交关。"他
打开盖儿我一瞧，这……吃不了！

乙　嘻！

（郭全宝述）

卖布头

甲　相声是一门艺术。

乙　那是啊。

甲　可是在旧社会不叫艺术。

乙　不叫艺术叫什么呀？

甲　管我们这叫买卖。

乙　对，过去叫干买卖嘛。

甲　说相声带卖豆儿纸[①]？

乙　没听说过。

甲　那怎么叫买卖哪？也没有买也没有卖，登台演出。要是说买卖哪，
　　那是资本家干的。

乙　对了，买进卖出嘛。

甲　资本家跟我们不一样，他们靠着剥削吃饭。

乙　资本家越大，剥削人的方法就越多。

甲　资本家之间也是钩心斗角。

乙　互相竞争，互相排挤。

甲　你比如说，这条马路上有两家百货商店，那能吵得四邻不安。一
　　家请份儿乐队。

乙　干吗呀？

甲　借这个来兜揽顾客，为了多赚钱，好模当央儿的门口儿挂个红幛
　　子，上头写着："新张开幕，减价八扣。"

乙　这儿便宜了。

---

① 豆儿纸是一种手工制作的还魂粗纸，暗灰色，一般用作手纸。

甲　那边一看不行啦，他减价八扣，我的买卖完了。所以他也挂块红布，上头写着："周年纪念，买一送一。"

乙　这比八扣又便宜了。

甲　这边一看又改词儿了，"新张开幕，减价八扣带挂彩。"

乙　噢，带彩的。

甲　那边儿一看又写了："周年纪念，买一送一大牺牲。"

乙　牺牲？

甲　啊，你想，那边儿都挂彩了，这边儿还不牺牲！

乙　好嘛。

甲　乐队也跟着起哄。这边儿：嗒嗒喇嗒喇嘀嗒……那边儿是：噜亮当当……

乙　嚯！

甲　跟出殡的似的。

乙　都是钱折腾的。

甲　资本家为了赚钱，宁肯把他的资金的百分之三十抽出来做广告费。

乙　都做什么广告？

甲　报纸广告，电影广告，电台……

乙　电台还做广告？

甲　过去你听收音机，净是商业广告："各位先生们，您想喝到一些香茶吗？请您到正兴德茶叶庄去买吧，正兴德茶叶庄自制红绿花茶，正兴德茶叶庄开设在前门大街一千七百六十五号，欢迎诸君品评指导。"

乙　对，过去广告都是这个词儿。

甲　大买卖做这样的广告。

乙　小买卖哪？

甲　那上不了电台。

乙　怎么哪？

甲　广告费他就拿不起呀。你让卖烤白薯的上电台做广告。那怎么做呀？再说那词儿也没法编哪："各位先生们，您想吃到一些红皮黄瓤儿既富有营养又含有大量维他命 C 的烤白薯吗？本号蒸煮烤品俱全，如果您想吃的话请您到……"

乙　哪儿买呀？

甲　哪儿碰上哪儿买吧！

乙　这不是废话吗！

甲　所以小买卖不做这种广告。小买卖就讲究吆喝。

乙　对。

甲　过去在北京啊，做小买卖的吆喝最多。比如说卖糖葫芦的，东西南北城还都不一味儿。

乙　对，讲究九腔十八调。您说到北城怎么吆喝？

甲　"蜜来哎冰糖葫芦哎——"

乙　到西城哪？

甲　"葫芦儿冰糖的。"

乙　这省点儿事，到了南城？

甲　"葫芦儿。"

乙　这更省事了！

甲　到了东安市场摆摊儿的，吆喝起来新鲜："刚蘸得的！"

乙　连葫芦俩字都没有啦！

甲　北京叫冰糖葫芦儿，到天津叫糖墩儿，吆喝起来最省事就一个字儿："墩儿哎——"

乙　对。

甲　这是卖糖葫芦儿的。还有卖果子的："香果来！闻香果啊哎！"

乙　真好听。

甲　这跟唱民歌似的，你如果会记谱，你给记下来，唱出来非常好听。

乙　这还能谱下来？

甲　我就谱过，你不信哼一个你听听。

乙　好，你哼哼。

甲　$\underline{3\,5\,3}\ \ \overline{3\,2}\ \ \underline{1\,2\,1}\ \ \underline{0\,2}\ \ \underline{1\,2}\ \ \underline{3\,2}\ \ \underline{1\,6\,1}\ \ 2\,2^{\curvearrowright}2\,2\,3\ \ 2\,2^{\curvearrowright}|$
　　卖什么的？

乙　这……不知道！

甲　这是卖豌豆的。

乙　我记得卖豌豆是这么吆喝："牛筋儿来豌豆噢！"

甲　$\underline{3\,5\,3}\ \ \overline{3\,2}\ \ \underline{1\,2}\ 1$

乙　"多给来豌豆赛过榛瓤。"

甲　$\underline{0\,2}\ \ \underline{1\,2}\ \ \underline{3\,2}\ \ \underline{1\,6\,1}\ \ 2\,2^{\curvearrowright}$

乙　"豌豆来多给。"

甲　$2\,2\,3\ \ \underline{2\,2}$

320

乙　嘿！真跟唱歌一样。

甲　最讲究吆喝的是卖布头儿的。天津有两种，北京也有两种。

乙　天津有哪两种？

甲　一种是背包袱串胡同的，一种是街上摆摊的。

乙　串胡同怎么吆喝？

甲　我给你学学："买哎花条布哎，做里儿的，做面儿的，什锦白的，做裤褂去呗。"

乙　哎，都是这味儿，那种摆摊儿的哪？

甲　那不留神能吓你一跳。

乙　是啊？

甲　他吆喝起来一惊一乍的，神经衰弱的人不敢打他头里走！

乙　你学学。

甲　"瞧瞧这块哎，真正细毛月真色不掉，买到家里做裤褂儿去呗——"

乙　嚯！

甲　这是天津两种布头儿。

乙　北京的呢？

甲　也有两种，一种软调儿的，一种硬调儿的。

乙　您给学学这软调儿的。

甲　"这块吆喝，吆喝是贱了就是不打价噢吧，这块本色白呀，它怎么那么白呀，它怎么那么白呀，哎，你说怎么那么白？"

乙　我哪儿知道哇！

甲　"它怎么那么白呀，它气死头场雪，不让二路霜，亚赛过福兴的洋白面噢吧，买到你老家里就做被里去吧，是禁洗又禁晒，禁铺又禁盖，禁拉又禁拽，是禁蹬又禁踹！"

乙　这人什么毛病啊？

甲　吃饱了撑的。

乙　大概形容他这布结实。

甲　再给你换一块黑的，这块是德国青。

乙　对，过去说德国染料好。

甲　"这块德国青啊，它怎么那么黑呀，它怎么那么黑呀，哎，你说怎么那么黑？"

乙　啊……又来了！

甲　"怎么那么黑，气死张飞不让李逵，亚赛过唐朝的黑敬德噢吧，在东山送过炭，西山剜过煤，开过两天煤厂子卖过两天煤了，它又当过两天煤铺的二掌柜的吧。这块德国青，真正德国染儿，真正是德国人他制造的这种布儿的，外号叫三不怕，什么叫三不怕：不怕洗，它不怕淋，它不怕晒呀，任凭你怎么洗，它不掉色呀！"

乙　噢，德国青。

甲　白布！

乙　白布哇？

甲　"白布不掉色哎！"

乙　废话哎！白布有掉色的吗？

甲　"面子有多宽，布坯儿有多厚，多么快的剪子都铰不动它！"

乙　布头儿？

甲　铁板！

乙　铁板哪？那做大褂怎么裁呀？

甲　剪子裁不动，你得用轧钢机轧。

乙　轧完了用针线缝？

甲　铆钉铆，电焊焊，焊完了穿出来您一看。

乙　大褂儿。

甲　锅炉！

乙　满街跑锅炉哇？

甲　还有一种是硬调儿卖布头儿的。

乙　那怎么吆喝？

甲　这种卖布头儿的是骗人的，他卖布不带尺。

乙　那怎么量啊？

甲　用庹庹，两手一伸为一庹。

乙　一庹是多少？

甲　一庹是五尺，甭管个高个矮，卖布的是大高个，一庹五尺；这位是矮个，一庹也五尺。

乙　好嘛。

甲　这种卖布头的讲究要谎，比如这块布值一块钱，他跟你要三块，慢慢儿往下落价，落着落着，你买走了，结果吃亏了。

乙　对。

甲　可有时候他自己也落糊涂喽，我给你学学这种卖布头儿的。

乙　来，学学。

甲　你可得帮个忙。

乙　我帮什么忙？

甲　你当我一个小伙计，掂着这块布，我落价的时候，你想着说几句话。

乙　说什么话？

甲　"别让了，瞧本儿，再让就赔了。"

乙　行了。

甲　"哎……"

乙　"赔了！"

甲　什么呀就赔啦？

乙　噢，还说早了！

甲　我让价的时候你再说。

乙　行。

甲　"哎，这块吆喝贱了吧，不要那么一块，又来这么一块，这块那块就大不相同不一样儿的，刚才那么一块儿，那个叫德国青，才要那那现大洋一块六哇。又来这么一块，这块那就叫那晴雨的商标阴丹士林布儿的，这块士林布买到你老家就做大褂儿去吧，穿在身上，走在街上，大伙儿那么一瞧，真不知道你老是哪号的大掌柜的吧。这块士林布又宽又长，还得大高个，还得是三搂粗的个大胖子，一大四大，大脑袋瓜儿，大屁股蛋儿，还得两条大粗腿儿啊，肥肥大大的足以够啦。这块士林布，你到了大布店，买了说是你老都得点着名儿把它要哇。到了北京城，讲究八大祥，到了瑞蚨祥、瑞林祥、广盛祥、益和祥、祥义号，廊坊头条坐北朝南还有个谦祥益呀，到了八大祥，你要买一尺，就得一毛八，没有一毛八你就买不着那么细肤儿这么宽，这么密实这么厚实这么好的。来到我们这摊儿，一个样儿的货，一个样儿的价儿，一个样儿的行市，谁那也不买小布摊儿那碎布头儿零布块儿啊！来到我们这摊儿，众位有工夫听我们庹庹尺寸让让价吧，一庹五尺，二庹一丈，三庹一丈五，四庹两丈，两丈零一尺这个大尺量就算你打两丈啊。到了大布店，买了一尺一毛八，十尺一块八，二八一十六就得三块六哇。来到我们这摊儿，三块六不要，六毛去了它，你是三块大洋两不找哇，三块钱不要，不要不要紧，我是额外的生枝还得让它。去两毛，让两毛，你给两块六；去一毛，让一毛你给两块四，去两毛，让两毛你给两块钱。那位可就说了，卖布头儿的你包上吧，你裹上吧，两块大洋算我要了，这阵儿要买还不卖它。怎么回子事，我赔本赚吆喝，小徒弟知道没打手工钱，他净织些个粗布蓝布大白布哇！他要学好喽，礼服呢、华丝葛这个老太太叫猫——花儿花儿花儿洋绉哇！这不两块钱；去两毛、让两毛，你给一块六；去一毛，让一毛你给一块四；再去两毛你给一块二；再去两毛干脆一块钱；这不一块钱，五毛让五毛……"

乙　剩多少？

甲　白拿去了！

（侯宝林整理）

卖估衣

甲　您看这说的没有什么辙口，也没有什么韵调。

乙　可不是嘛，没辙，没调。

甲　要是唱可就要有韵调啦。

乙　讲究"五音""六律"嘛。

甲　甭说这个唱，就是做买卖的吆喝也是如此。

乙　对，也得讲究韵调。

甲　有点味儿好听啊。

乙　是喽。

甲　大买卖也一样，当行也得上韵。

乙　还上韵？

甲　带韵调。

乙　怎么呢？

甲　一抖搂这衣裳。（慢吆喝）"破布旧补小夹袄一件，当钱两元。"（拉长音）

乙　哎，干吗说这么慢呢？

甲　他为的是那写票的得写。

乙　噢，好写。

甲　要是说得挺快，这儿也写不过来呀。

乙　不错，不错。

甲　估衣行也上韵。

乙　估衣行也上韵哪？

甲　你听"乐（lào）亭"估衣。（吆喝）"卖这个两块六哇。"

乙　哎，真是这味儿。

甲　他不光是在拦柜里边是这味儿，就是出了柜台还这味儿。

乙　还这味儿？

甲　哎，三句话不离本行。

乙　真有这事？

甲　前些日子我给人家随礼去啦，吃饭的时候挨着俩上座的老者。

乙　噢。

甲　这两位老者一个估衣行，一个当行。

乙　怎么知道一个估衣行，一个当行呢！

甲　其实我也不知道，可是这两个人这么一说话我听出来了。

乙　噢，闲说话。

甲　当行的问这估衣行拉着长音儿说："老兄，今年高寿？"这估衣行的回答：（吆喝）"这一位还小呢六十六哇。"

乙　哎，这可真热闹。

甲　本家儿过来啦："我说您二位外边去吧。这么连当带卖我可受不了。"

乙　这是实话。

甲　"一会儿我这屋子非干净了不可。"

乙　可不是嘛。

甲　可是估衣行也都不一样。

乙　样式也很多？

甲　方才我说的是乐亭估衣。

乙　是啊。

甲　还有一种京估衣。

乙　京估衣？

甲　吆喝皮袄好听。

乙　是吗？

甲　旁边一个小徒弟搭腔说"不错"。

乙　是嘛！

甲　哎，您哪帮忙去个小徒弟。

乙　我去个小徒弟说"不错"。

甲　好。（吆喝）"谁买这一件皮袄啊原来当儿的啊。"

乙　"不错。"

甲　"黢的油儿的黑呀，福绫缎儿的面呀。"

乙　"不错。"

甲　"瞧完了面儿，翻过来再瞧里儿看这毛。"

乙　"是呀！"

甲　"九道弯亚赛罗丝转儿呀。"

乙　"不错。"

甲　"上有白，下有黄，又有黑，起了一个名儿呀三阳开泰的呀。"

乙　"不错。"

甲　"到了'三九'天，滴水成冰点水成凌，别管它多冷，穿了我这件皮袄，在冰地里睡觉，雪地里去冲盹儿吧，怎么会就不知道冷啦。"

乙　皮袄暖和——

甲　"早给冻挺啦。"

乙　哟，冻挺啦！是不知道冷啦。

甲　还有一种叫"喝风放屁"的估衣。

乙　怎么叫"喝风放屁"呢？

甲　他吆唤老往里吸气，工夫一大就放屁啦。

乙　是啊，那他怎么吆喝？

甲　喝风啦！（吆喝）"这一件咋，大马褂咋，卖您多少钱？嘟……"放啦。

乙　谁让你喝风来着？

甲　马褂明摆着，卖您两块钱，吆唤半天绕半天吧，还是两块钱。

乙　噢，净要贫嘴啊！

甲　他这么吆唤。（吆喝）"这一件咋，大马褂咋，卖您两块，两块，四个五毛，八个两毛五。"

乙　这不是废话嘛？

甲　绕了半天还是两块钱。

乙　纯粹要贫嘴的。

甲　还有一种冤人的估衣。

乙　怎么叫冤人的估衣呢？

甲　他专门冤"老赶"，乡下人。

乙　啊！

甲　仿京估衣的味儿，他还学不好。

乙　是呀！

甲　这么吆喝。（吆喝）"狐脑门的皮袄哇，十六个子儿呀……"

乙　十六个子？

甲　这位怯大爷一听便宜，说："掌柜的您替俺包上吧。"（吆喝）"后边还有一个零儿的，六十块咋。"那位一听："俺不要啦。"

乙　真冤人。

甲　好嘛，这零儿比大价还贵呢。还有天津估衣。

乙　天津估衣什么味儿呀？

甲　天津估衣他这么一吆唤哪，能把自己给卖喽。

乙　怎么呢？

甲　他这么吆喝。

乙　您吆喝吆喝。

甲　吆喝"这一件，紫棉袄，罢了罢了就卖了吧。"

乙　噢。

甲　"卖了我也去。"你去干吗去？

乙　好嘛。

甲　他也要跟着人家去。

乙　噢，这是天津估衣。

甲　还有南边估衣。

乙　南边估衣怎么个味儿呀？

甲　（上海话吆喝）"这一件，皮袍子呀。"

乙　哎，你慢点儿，我没听明白是什么？

甲　皮袄，就是皮袍子。

乙　噢，皮袍子。

甲　（上海话吆喝）"这一件，皮袍子呀，吆唤卖，三十六块一毛嗯哇。"

乙　这都是什么乱七八糟的。

甲　他说的是这一件皮袍子三十六块一毛五哇。

乙　哎我怎么没听见那"五"哇？

甲　这"五"他走鼻音。

乙　走鼻音？

甲　（学用鼻子）嗯哇！

乙　嗯呢？

甲　（吆喝）"这一件皮袍子呀，吆唤卖，三十六块一毛嗯哇。"

乙　哎，真从鼻子这儿出来的。

甲　是走鼻音不是？

乙　对。

甲　还有一种山东估衣。

乙　山东估衣？

甲　找小山东吆喝。

乙　噢。

甲　这个小山东儿呢，他吃饱了食儿，趴在那儿睡觉啦。掌柜的一看这做买卖的，他跑这睡觉来啦。过去给了一嘴巴："哎！（山东话）小力笨儿，跑这儿吃饱了打盹啊，吆喝去！"小徒弟说啦："二大爷，俺不会吆喝。""什么？"掌柜的说啦："来了好几个礼拜还不会吆喝，去吆喝去！"

乙　让他吆喝去。

甲　没法子吆喝吧。他吆喝这衣裳不知道多少钱，这怎么办呢！

乙　是啊。

甲　也有个研究。

乙　什么研究？

甲　他在纽襻儿上拴个布条，写上号头。

乙　噢！

甲　写明卖多少钱。

乙　对啦。

甲　在那儿拴个活扣儿，小力笨儿好找号头。

乙　有办法。

甲　他心里委屈，一边抖搂衣裳，一边叨咕："刚来，俺一点不会吆喝，掌柜的非叫俺吆喝。"

乙　吆喝吧。

甲　（哭）"卖这个啊，大马褂啊。"（抖搂）

乙　别抖搂啦。

甲　（哭）"卖多儿钱卖多儿钱……"

乙　卖多少钱呢？

甲　他找不着号头儿啦。

乙　别挨骂啦。

（郭全宝　郭启儒演播稿　苏连生记录）

学叫唤

乙　这回呀我来说段相声。

甲　您是几个人说呀？

乙　我也是一个人说呀。

甲　噢，单口相声。

乙　可不是嘛。

甲　有意思，这个相声也不容易说呀！

乙　啊，也没什么。

甲　相声讲究说、学、逗、唱。

乙　哎，就这么四个字。

甲　据说这个学嘛，是最难吧？

乙　哎，这个学嘛比较难点儿。

甲　它是因为学什么就得像什么。

乙　当然喽。

甲　您都会学什么呀？

乙　学啊，能学的倒是不少。

甲　您可以谈一谈。

乙　学天上飞的，地下跑的，河里洑的，草棵儿里蹦的。

甲　噢，这都能学？

乙　这我们都能学。

甲　天上飞的？

乙　对。

甲　地下跑的？

乙　哎。

甲　河里汰的，草棵儿里蹦的？

乙　啊。

甲　那我得跟您领教领教。

乙　您说吧。

甲　您说这地下跑的您都会学什么呀？

乙　噢，地下跑的我们学得可太多了。

甲　您说一说。

乙　我要跟您背名啊，一时半会儿也背不全。

甲　哟，这么多。

乙　跟您这么说吧，是带四条腿儿的我都能学。

甲　哎呀，这个口气可太大了！

乙　哎，不大不大。

甲　是带四条腿儿的你都能学？

乙　我都能学。

甲　那我说一个带四条腿儿的，你要是学不了可怎么样呢？

乙　您要说一个带四条腿儿的，我要是学不上来，我当时磕头拜你为师。

甲　是这话？

乙　你瞧啊！

甲　嘿！这桌子怎么叫唤？

乙　这……桌子呀？那你说这椅子怎么叫唤哪？

甲　那板凳？

乙　啊，那"八仙"？

甲　那橱柜？

乙　那"连三"？

甲　那"架几案"？

乙　这有叫唤的吗？您说的这是死物啊！

甲　死物怎么了？这不是带四条腿儿吗？

乙　我们说的是活物啊！

甲　活物？

乙　常行在街东叫在街西，在口里口外来回绕弯儿的。

甲　噢，您学这个带四条腿儿的嘛，行在街东叫在街西，出胡同奔大街，口里口外带四条腿儿的您能学？

乙　对了。

甲　那……那馄饨挑子怎么叫唤？

乙　啊……那么那剃头柜子怎么叫唤？

甲　那个切糕架子？

乙　那磨剪子磨刀那板凳，那它也不叫唤！你这叫胡抻量我。

甲　你这不是说吗，带四条腿儿的吗？

乙　我们说是脊背朝天的。

甲　脊背朝天？

乙　哎。

甲　罗锅？

乙　啊……爬子我也不会学。脊背朝天，四条腿儿朝地，横骨插心。披毛带掌的畜类！

甲　噢！吃草拉粪，披毛带掌的畜类你能学？

乙　对了。

甲　那……象！

乙　象？我没那么大嗓子！那也太大了！小着点儿能学啊。

甲　噢，小着点儿的？

乙　哎。

甲　蚂蚁？

乙　哟！大的真大，小的真小啊！

甲　您能学吗？

乙　您说这些学不了。

甲　那您能学什么哪。

乙　河里凫的我能学。

甲　河里凫的您都能学什么呀？

乙　是在水皮儿上漂悠的我就能学。

甲　噢，水皮儿上漂悠您就能学。

乙　哎！

甲　那闸草怎么叫唤？

乙　啊……那荷叶怎么叫唤？

甲　那浮萍草？

乙　那莲花？

甲　那菱角叶？

乙　那"老鸡头"？我都没法学这个！那河里凫的也是在河里来回绕

弯儿的。

甲　河里来回绕弯儿的!

乙　哎。

甲　那摆渡?

乙　那凉船?

甲　那舢板?

乙　那划子?

甲　河驳?

乙　啊，小火轮?……我学不了，火轮我怎么学它?

甲　你瞧。

乙　在河里头有骨头有肉的。

甲　噢，有骨头有肉的?

乙　哎。

甲　那……"河漂子"怎么叫唤?

乙　这……"河漂子"呀?"河漂子"不叫唤!

甲　哎，叫唤。

乙　叫唤?

甲　叫唤。

乙　哎，这我还真没听见过。

甲　叫唤，叫唤。

乙　"河漂子"怎么叫唤啊?

甲　没到水里时候叫唤:"救人哪!咚!"

乙　啊!那你甭跳好不好，跳时候找人救哪!

甲　那不叫唤了?

乙　我没法学这个。就能学这个大鸭子、小鸭子、芦沟鸭子，凡是鸭
　　子我就能学。

甲　那……我这脚丫子?

乙　你……你这脚丫子?臭!

甲　那烧鸭子?

乙　烧鸭子?那我把它吃了，烧鸭子还有叫唤的?你胡抻量我!

甲　你能学什么哪?

乙　草棵儿里蹦的我能学。

甲　草棵儿里蹦的我说一样，你要是学不了呢?

乙　再学不了真磕头拜你为师。

甲　蚂蚱？

乙　蚂蚱呀？

甲　啊。

乙　那挂搭扁儿？

甲　那刀螂？

乙　刀螂……我刀你！

甲　哎，什么意思？

乙　刀螂？刀螂它叫唤吗？

甲　你瞧这人。

乙　我们得说带翅儿的。

甲　什么叫带翅儿的？

乙　就是说这种东西它两个翅膀一蹭，它就叫唤，像什么蝈蝈呀。

甲　乖乖呀。

乙　乖乖呀？什么"蚂蚱"呀？

甲　炉灰渣呀！

乙　煤球儿它也不叫唤。"油葫芦"啊！

甲　油炸卤儿啊！

乙　大碗面哪！你又饿啦！蛐蛐呀！

甲　蛐蛐？

乙　啊。

甲　您别忙啦，蛐蛐叫唤吗？

乙　叫唤哪。

甲　叫唤？哎，那奇怪呀？

乙　怎么奇怪呀？

甲　我家里有一蛐蛐怎么不叫唤哪？

乙　那是三尾儿呀！

甲　不，俩尾儿。

乙　噢，二尾蛐蛐它不叫唤？

甲　不叫！

乙　你说这玩意儿新鲜！那许不够分量，有几厘？

甲　嗯……它不吃梨呀。

乙　什么叫吃梨呀？

甲　你不是问……

乙　我说这蛐蛐它有多重。

甲　多重？

乙　有多大分量吧！

甲　那……二两五吧。

乙　二两五？好家伙！哪有那么大个儿的蛐蛐呀！

甲　怎么会没有哪！

乙　你不懂啊。

甲　怎么了？

乙　养活蛐蛐呀，讲究上戗子约，七厘的为王，八厘的为宝，过分的蛐蛐就没地儿找。

甲　是啊？

乙　你这蛐蛐二两五，好家伙，那得多大罐养活呀？

甲　罐儿？

乙　啊。

甲　干吗罐里养活呀？

乙　那哪里养着？

甲　在我们家那门框上钉着。

乙　噢，门框……门屈戌儿呀！

甲　啊，你会学"钉锔儿"啊？

乙　是啊，那"四角儿"我也不会学呀！闹了半天是铁的！

甲　噢，你能学铜的？

乙　锡镴的我也不会学！你这不是胡来起来了吗？铁东西我哪会学啊？这么说吧，天上飞的我能学。

甲　天上飞的您都能学什么？

乙　是飞得起来的我都能学啊！

甲　飞得起来的能学？

乙　哎。

甲　那……苇毛子？

乙　哎……那柳绒子？

甲　那个芙蓉花？

乙　那树叶都满天飞，它叫唤吗？

甲　一刮风就飞呀。

乙　我们得说那带翅膀的。

甲　带翅膀？

乙　哎。

甲　蝴蝶？

乙　"老琉璃"？①

甲　那"老干儿"？

乙　"老子儿"？

甲　"老黑婆儿"？

乙　"红秦椒"？

甲　黑老婆儿，白老婆儿，你娶媳妇我打锣，哐哐，哐哐哐！

乙　黑老虎儿，花老虎儿，你娶媳妇我打鼓，通通，通通通！

甲　哐哐，哐哐哐！

乙　通通，通通通！

甲　哐哐哐。

乙　对了……咱俩还小点儿。这我哪儿学得了啊？

甲　那你能学什么哪？

乙　天上飞的会学各样的雀鸟。

甲　各样的雀鸟？

乙　哎。

甲　能学什么呀？

乙　您瞧什么红靛颏儿，蓝靛颏儿……

甲　那个……下巴颏儿！

乙　啊……下巴颏儿呀？那腮帮子我也不会学。什么鹦哥儿、苇乍子、树串儿、家喜鹊、野喜鹊、黄雀儿、百灵、画眉，这么说吧，是雀儿我都能学它叫唤。

甲　噢，各种雀儿鸟您都能学？您别瞧您这么能学那么能学，我要是问您一样，您就不知道了。

乙　你问吧。

甲　您都能学叫唤啦？

乙　是啊。

甲　您说叫唤的嘴快的数哪样东西？得数什么嘴快？

---

①　"老琉璃"及下文"老干儿""老子儿"等，均为北京儿童对蜻蜓的别称。

乙　数嘴快呀？那就是小燕儿它嘴最快。

甲　这才是瞎说呢！

乙　怎么？

甲　小燕儿那嘴怎么算快呀？

乙　哎，那燕儿嘴快着哪！

甲　是吗？

乙　你甭拿别的说，拿它数这十个字来说吧。

甲　啊，啊。

乙　一、二、三、四、五、六、七、八、九、十，要是到这小燕嘴里头快极了。

甲　是吗？

乙　一叫唤这样儿，一、二、三、四、五、六、七、八、九、十，多快，完啦。

甲　这还算快呀！让我一说呀，你说这话不对。

乙　怎么？

甲　我说数这小燕子嘴慢了。

乙　那么你说什么嘴快呀？

甲　哎，要说嘴快呀，最快数字的话那就得说——蛤蟆！

乙　蛤蟆嘴快？

甲　哎，——蛤蟆。

乙　您这可是胡来。

甲　胡来呀？

乙　那个蛤蟆挺大个嘴岔儿，挺大的肚囊子，就知道趴到那儿张嘴，它嘴还快？

甲　快！

乙　让它数这十个字儿，那慢极了，它得张十回嘴。

甲　哎，不不不，没有的话，我说数这蛤蟆嘴最快了。

乙　燕儿嘴快。

甲　蛤蟆嘴快。

乙　那个……您这不叫抬杠吗？

甲　蛤蟆好，您看那个大乖乖嘴岔儿这么一张，那个派头儿，往那儿一趴，那东西，您能比它老先生。

乙　它老先生？

甲　好，它那嘴最快了。

乙　这么办，你也甭说蛤蟆嘴快，我也甭说燕儿嘴快，咱们两人学一学。

甲　咱俩学？

乙　怎么样？

甲　行啊，你说怎么个学法？

乙　我就学这小燕儿。

甲　您学小燕儿，那没关系，我就学这蛤蟆。

乙　您学蛤蟆，您瞧，咱们就叫唤那十个字。

甲　叫唤十个字儿？

乙　哎。

甲　咱们倒看谁嘴快？

乙　怎么样？

甲　倒看谁叫的嘴利索，让各位做个证明。

乙　对。

甲　行了，你来吧。

乙　我就学这小燕儿。

甲　我就学这蛤蟆。

乙　我这小燕儿就在这电线杆上落着。

甲　电线杆子上落着？

乙　你这蛤蟆在哪儿待着？

甲　我这蛤蟆呀，在这个苇坑那儿趴着，听着小燕要叫唤啦。

甲　你先叫。

乙　我先叫，听着："一、二、三、四、五、六、七、八、九、十——"完啦。

甲　就这个呀？

乙　啊，怎么样？

甲　完啦？

乙　啊。

甲　听蛤蟆的。

乙　听你的。

甲　"俩五啊！"

乙　俩五啊！

（刘宝瑞　郭启儒演播稿）

三棒鼓

甲　咱们中国呀，地大物博。

乙　哎！地方大，东西多。

甲　哪样儿都是多的。

乙　是嘛。

甲　您就拿人来说吧，一共有六万万。

乙　六亿人口。

甲　真不算少。（稍停）它有一个特点，一人一个模样儿。

乙　废话，可不一人一模样吗。

甲　就说这意思，人一多了，您认识这位把那位忘了。一人是得一个
　　模样儿，不能都一个模样儿。

乙　还是的。

甲　要都一个模样儿，恐怕照相馆就没什么活儿干了。

乙　噢！那谁还照相去呀？

甲　有一个人照完了，大伙儿一洗就行了。

乙　没听说过。

甲　您就说艺术形式吧，就有多少种。

乙　百花齐放嘛。

甲　乐器也是有多少种，有琴、瑟、笙，管、笛、箫，京胡、板胡、
　　二胡，高音胡、低音胡，还有那么拉的（歪着脖子）那个叫……
　　"歪脖拉"。

乙　不叫歪脖拉，那个叫"凡士林"。

甲　什么呀？那个叫小提琴。

乙　噢！对啦，叫"畏吾林"。

甲　戏曲也是分多少种。

乙　地方戏很多。

甲　一个戏一种调。

乙　当然喽！

甲　就跟吃菜似的一菜一味儿，您听吧！京戏是西皮、二黄、高拨子，评戏是大口、小口还有反调。

乙　调子都不一样。

甲　评戏在早先叫"落（lào）子"。

乙　是河北省东部的地方戏。

甲　哎！有"唐山落子"，有"东北落子"。

乙　对，分这么两种。

甲　评戏最早就是一个人打着七块板儿唱一段故事，后来发展到两个人，四个人分包赶角。慢慢地就加上了舞蹈。

乙　哎！又有唱又有身段。

甲　一开始舞蹈很简单，用的是地秧歌的舞蹈。

乙　就跟扭秧歌儿似的。

甲　所以叫"地蹦子"。

乙　对。

甲　也有人叫"蹦蹦戏"。现在叫评剧，跟过去完全不同了。

乙　发展得很快。

甲　创作了许多剧本，整理改编了许多传统节目，音乐上也进行了改革。传统节目的唱法跟过去也不同啦！

乙　腔调有变化。

甲　啊！腔调唱出来也好听了。

乙　越来越优美。

甲　在早那个腔调比较简单，我听过花莲舫的评戏。

乙　噢！那是个老演员了。

甲　《刘公案》最拿手。

乙　是啊！

甲　她演黄爱玉。

乙　啊！怎么个调子？

甲　唱出来这味儿。

乙　您学一学。

甲　（唱）"听见人家说北京城来了一个刘吏部，查办山东来到这边。我自己想，我们乡下的人一不欠粮，我们二不欠草，过路的官员他也管不着咱。"

乙　就这味儿。

甲　啊！这味儿多简单。

乙　老调子嘛！

甲　后来白玉霜一出来好啦。

乙　白玉霜那调子唱得好听。

甲　美！优雅。

乙　啊！

甲　白玉霜嘛！那谁都喜欢。

乙　啊！

甲　白玉霜。

乙　白玉霜。

甲　是吧！"白玉霜"据说比"力士香皂"还好。

乙　啊！胰子！

甲　香皂。

乙　什么香皂啊？

甲　香皂也有白玉霜。

乙　白玉霜是演员哪。

甲　名演员。

乙　哎！艺名叫白玉霜。

甲　白玉霜那调子就好了。

乙　是啊！

甲　您比方说唱《玉堂春》。

乙　噢！

甲　唱出来这味儿。

乙　怎么个调子？

甲　比方说在关王庙见了王公子那段儿。

乙　噢！

甲　一看王三公子落魄了，她看着很难过。

乙　噢！

甲　一看，（唱）"呀！见公子这光景心中难忍……"

乙 （微笑）（唱）"蒙三姐亲到此足见情深。"

甲 啊！有两下子。

乙 这什么话哪！

甲 想不到在这地方会发现一位英俊小生啊！

乙 我要是不唱这句，下边您不好唱。

甲 哎！不过我请您严肃一点。

乙 哎！这没不严肃啊！

甲 因为当时情况不是这样。

乙 啊？

甲 苏三一看见王公子心里很难过。

乙 是啊！

甲 您哪？

乙 哎，这个表情差点儿。

甲 不能笑。

乙 这话对。

甲 （唱）"你本是宦门后上等的人品哪，吃珍馐穿绫罗般般的称心。想不到你落得这般儿光景……"

乙 （笑）有意思。

甲 您乐什么？我这儿直哭，您那儿还有意思。

乙 听您唱得好啊！

甲 啊？

乙 我又把那表情给忘了。

甲 这种腔调您听起来就很动人。

乙 好听。

甲 现在的评戏更好啦！时装戏、古装戏哪样儿都能唱，哪样儿还都好。

乙 哎！

甲 这就是今天新社会培养演员，同时广大群众也很支持这个剧种。

乙 是喽。

甲 在我小的时候这个剧种呀……

乙 怎么样？

甲 最倒霉！

乙 噢！

甲 大剧场人家不接。

乙　看不起。

甲　也就是在庙会上。

乙　赶庙。

甲　啊！赶庙会，天桥、隆福寺、护国寺啊！

乙　露天演出。

甲　我小时候听那阵儿，戏也太简单。

乙　没有这么多的戏呀！

甲　演员也没这么多。

乙　是呀！

甲　就是小戏。

乙　哎！

甲　《老妈开嗙》啊等等。

乙　对。

甲　我对这种戏印象最深刻。

乙　啊！《老妈开嗙》。

甲　每天开场必唱这个戏。

乙　噢！

甲　因为这出戏有唢呐，热闹。

乙　噢！

甲　为的是好把观众都请来。那阵儿演员赚不了多少钱。

乙　怎么？

甲　有拴班儿的。

乙　噢！还有资方？

甲　啊！资方是拴班的，他有钱哪！他可以弄点儿大板凳，弄点儿木板子来搭台。

乙　是啊！

甲　还有布棚。

乙　对呀！

甲　买行头。

乙　啊！

甲　围个布圈儿。

乙　哎！

甲　外边还有电网。

乙　啊？电网？

甲　用绳子编的。

乙　那是绳网啊！

甲　他怕人往里钻。

乙　那怎么是电网啊！

甲　仿佛是电网，就是没有电。

乙　绳子那是不过电。

甲　演员也挣不了多少钱，资方根本不培养演员。他就为他自己赚钱。

乙　可不是嘛！

甲　那把门的厉害着哪。

乙　噢。

甲　走过去就得给钱。

乙　那是啊！

甲　零打钱。

乙　还零打钱！

甲　哎！那阵儿说一分钱一段，其实您比买票听戏也不省钱。

乙　不是一分钱一段吗？

甲　哎！

乙　不就花一分钱吗？

甲　老要钱哪。

乙　老要？

甲　啊，一打鼓就要钱。嘣，嘣，嘣！

乙　干吗？

甲　要钱了。

乙　啊！嘣，嘣，嘣！就要钱。

甲　啊！那个鼓就跟过去街上卖炭的用的大鼓一样。

乙　就那味儿。

甲　哎！嘣，嘣，嘣！要钱了。

乙　"嘣，嘣，嘣"就要钱？

甲　对，门口儿站俩人在那儿喊："看戏吧！看戏吧！又擦胭脂又抹粉了，《老妈开嗙》上了，五分钱一位，五分钱一位。"

乙　啊！门钱五分。

甲　五分钱一位是门钱，一进门就得要五分钱。您坐那儿听戏，回头再拿小筐箩另外打钱。老太太上庙上买东西去了，买完了东西，老太太一听这儿唱戏呢！"噢！五分钱一位。"这老太太说："嫂子，别那么早回去了，今儿个好容易咱们出来了，咱这儿听会儿戏，五分钱一位我请客。"

乙　您瞧！

甲　那个老太太一听："好吧，咱们听会儿吧。"

乙　哎！

甲　到门这儿："五分钱一位啊！俩人给一毛。里边找座儿！"里边拿着大掸子的那位过来了，掸掸板凳："老太太，请这儿坐您哪？五毛一位。"

乙　啊？

甲　老太太一听："啊，五分钱一位呀！知道了，一进门就给了。""那是门钱，您坐板凳是五毛一位，跟我们这两码事您哪！"老太太一想："噢！坐坐这儿就五毛啦？"老太太有心不听啦，那一毛钱算要不回来了。

乙　怎么解心宽？

甲　"嫂子！唉……"

乙　干吗，唉声叹气的？

甲　"要说也不贵。昨儿个我们老二哪，他们上吉祥戏院听一阵戏，一个人就一块二哪，这咱们俩人才花一块也不多呀。得了，就当今儿我生日。"

乙　啊，这儿过生日来啦。

甲　老太太舍不得花那么些钱哪。

乙　好嘛。

甲　台上那儿唱，一唱就打鼓，一打鼓就要钱啦！

乙　台上唱的什么戏啊？

甲　《老妈开嗙》。（唱）"按下了傻柱子啊暂且不表啊。"嘣嘣嘣！要钱的来了。

乙　是啊。

甲　"这儿给钱，这儿赏一毛，这儿赏五分，掏钱吧老太太。""一进门就给钱了。""是啊，那是门钱哪，跟我们两码事啊。""啊？是啊！我们坐这儿一人又给五毛哪。""那是板凳钱，与我们两码事。"

乙　全两码事。

甲　"噢！你们都两码事啊，你要完了钱他们再来，都两码事我受得了吗。""老太太我们要的这钱是唱戏的钱哪！前后台四十多人都指着这吃饭，一毛两毛您也不在乎，多费心吧您哪。"老太太一想：给吧。"好家伙，零打钱也不少花啊。"

乙　那是啊。

甲　"给一毛再别要了，嫂子，这也合一块二啦。"

乙　（学）一块二。

甲　要完了钱，台上开戏。这演员先不出来，在后台唱。（唱）"再把我小老妈儿啊提上一提呀——"嘣嘣嘣！"费心！这儿赏一毛，这儿赏五分，这儿给两毛，掏钱吧老太太。""哟！怎么又要啊？""前后台四十多人都指这吃饭，一毛两毛您也不在乎，多费心吧老太太，老妈儿快出来啦。"

乙　好嘛！

甲　"是啊，老妈儿还没出来就一块三了，这要厨子来了得多少钱哪？再给一毛。"

乙　好。

甲　要完钱台上接着唱："小老妈在上房啊，打扫尘土吧您哪。"嘣嘣嘣！

乙　又来啦。

甲　"这儿赏一毛，这儿赏五分，掏钱吧老太太！""怎么没完了。""前后台四十多人都指这吃饭，一毛两毛您也不在乎，多费心吧老太太。"

乙　哼。

甲　"好家伙再给一毛啊！我这儿一块四了。"

乙　啊，一块四了。

甲　"老太太您多花俩钱也不在乎，都打扫尘土了。""打扫尘土一块四啊！这要扫房得多少钱哪？"

乙　好嘛！

甲　这样儿这个演员才出台。（唱）"打扫完了东屋，扫扫西屋里，哎！我们套间屋里呀。"嘣，嘣，嘣！

乙　得。

甲　老太太一听："嫂子咱们不听了，走吧，这哪儿受得了哇！一会儿就'嘣嘣嘣'，一会儿就'嘣嘣嘣'！"

乙　不听啦。

甲　老太太一赌气不听了，到门口儿不让走。

乙　怎么会不让走哪？

甲　"老太太别走，给完钱再走。""我不听了你还要钱？""是啊！刚才这句您也听见了啦。"老太太说："好！给你还不行。找，这两毛，快点儿找，快点儿找哇。""嫂子你先出去，要不又打鼓了。"

乙　好嘛！

甲　找了一毛钱，老太太拿起来就走。

乙　哎。

甲　"好家伙，咱们别看这戏啦，什么也没听着，听嘣嘣嘣就花了一块五啊！……你看见没有，哎！这钱。"老太太一看：坏了。

乙　怎么了？

甲　找这一毛钱短一块角儿。

乙　破票。

甲　"短一块角啊。"老太太说："不行，我连这花了一块六啦。我得找他换去，好家伙，这得多少钱。哎！你这票子我花不了。"这儿正说着啊，就听"嘣嘣嘣"！老太太说："好，给你。正合适。"老太太这气大了。

乙　又给送一毛去。

甲　"好家伙，换换钱又打鼓了。"

乙　正赶上。

甲　"起这儿咱们再也不听这玩意儿啦。"老太太一赌气回家啦。老太太到街门那儿刚一迈腿，后面过来一个卖炭的。一打那鼓嘣拉嘣！老太太一听："哟！要钱的追家来啦。"

乙　吓出毛病来了。

（侯宝林整理）

河南戏

乙　您看这个相声啊，讲究说、学、逗、唱。

甲　对，相声是地方土产。

乙　对。

甲　具体地说，是北京的土产。

乙　哎，说相声的大部分是北京人。

甲　虽然是土产，可是"土产公司"没标出价目来。

乙　多新鲜哪。

甲　说相声里面那个"学"字很重要。

乙　哎，学的得像。

甲　您拿"河南戏"来说吧，您得会说河南话。

乙　哎。

甲　河南人说话简单、利索。说出话来好听。

乙　对。

甲　用河南话，唱出戏来也好听。

乙　那当然了。

甲　河南的剧种很多。

乙　您给介绍一下。

甲　比较著名的是河南豫剧。

甲　对，也叫河南梆子。

甲　豫剧分为两派，一种叫作"西府调"，一种叫"祥符调"。

乙　二种。

甲　从郑州往南有一种"越调"。

乙　"越调"？

甲　跟南方的"越剧"不同。

乙　不一样。

甲　差那么一点儿。还有一种叫作"二夹弦"。还有"河南讴","洛阳曲子"。

乙　真不少。

甲　河南戏的规矩和京戏不一样。

乙　哪儿不一样？

甲　比方说，京戏年轻的演员叫学生，开始学习的时候叫坐科，因此京戏班叫科班。

乙　对，叫科班。

甲　到河南就不叫科班了。

乙　叫什么哪？

甲　叫"窝班"。

乙　"窝班"，什么叫"窝班"？

甲　大概是一窝一窝的吧？

乙　没这么讲的。

甲　戏里的人物性格也不一样。

乙　同样的人物，性格也不一样？

甲　不一样，比方说包公戏吧，那包公在河南戏里胆子就大，在京戏里胆儿就小。

乙　什么戏？

甲　《打龙袍》。

乙　《打龙袍》？我看过京戏。

甲　捧旨官出来一喊："万岁有旨，包公上殿啊。"包公出来了，接着四句唱。

乙　对。

甲　（唱）"忽听万岁宣包拯，陈州来了放粮臣，撩袍端带我把金殿进，品阶台前臣见君。臣包拯见驾，吾皇万岁万万岁。"——跪下了。

乙　对，是这样儿。

甲　到河南戏就不这样儿了。

乙　怎么样儿哪？

甲　捧旨官一出来（学河南味）："万岁有旨，包黑上殿。"

乙　包黑！

甲　对呀，包公脑袋什么颜色的？

乙　黑的。

甲　对了，这叫实事求是。

乙　大实话。

甲　你说包公挑眼吗？

乙　当然要挑眼，你不能叫我外号啊！

甲　不挑眼，不但不挑眼，还承认了。

乙　是吗？

甲　哎。包公在里面答应着就出来了："啊，来了——"

乙　来了呀：不说领旨？

甲　领旨干什么，你叫包黑，我来了，不就完了！

乙　够直爽的。

甲　出来唱两句。（唱）"忽听万岁来叫咱，也不知他叫我咋。"

乙　什么意思？

甲　意思是：你叫我干什么？

乙　噢！

甲　上了金殿冲皇上一作揖。（学）"哎，包黑见驾了，你可好哇？"

乙　带问安的。

甲　皇上也不客气，（学）"包黑来了，一旁坐下吧！"

乙　坐下，谢恩吧！

甲　不谢恩：（学）"使得。"

乙　"使得"呀！

甲　"我说万岁，你把臣叫到金殿，咱是吃酒啊，还是吃饭哪？"

乙　饿着肚子来的。

甲　皇上说了："我有心叫你去陈州放粮，你可愿去。"

乙　还商量商量。

甲　包公说话了："只要万岁发盘缠，我待着算啥呀？"

乙　包公不愿闲着。

甲　皇上说了："包黑，给你三千块钱，领旨下殿。"

乙　三千块钱够干什么的？

甲　包公有办法。

乙　什么办法？

甲　他唱了几句。

乙　怎么唱的？

甲　"包黑领旨下金殿，不知红薯卖啥价钱。"

乙　要卖红薯。

甲　红薯到北京叫白薯，到山东叫地瓜，比较多。

乙　对，红薯好卖。

甲　王朝、马汉一听，老爷问红薯多少钱一斤，咱得告诉他。

乙　多少钱？

甲　王朝说："东边卖三百四。"马汉说了："西边卖四百三。"

乙　价钱不一样。

甲　包公一听乐了："哈哈……（唱）三百四来，四百三，咱多卖点红薯能赚钱哪。"有办法没有？

乙　是有办法。

甲　河南戏还有个特点。

乙　什么特点？

甲　戏文交代得清楚。

乙　怎么个清楚法？

甲　还拿包公戏来说吧，他不但把包公的名、字、号说出来，还能把包公属什么的都说出来。

乙　噢，还能把属什么都说出来？

甲　对了，要不怎么说人家交代得清楚哪。

乙　包公属什么的？

甲　属"骆驼"的。

乙　有属"骆驼"的吗？

甲　有啊，包公就属"骆驼"的。

乙　十二属相我记得很清楚，什么子鼠、丑牛、寅虎、卯兔、辰龙、巳蛇、午马、未羊、申猴、酉鸡、戌狗、亥猪，也没有骆驼呀？

甲　这些属相，太普通了。

乙　普通？

甲　包公心想：凭我清如水，明如镜，这么一个倒坐南衙的"包文正"，我能和一般人属一样的吗？

乙　那也不能属骆驼呀？

甲　怎么不能，您听那唱词里就有。

乙　哪段？

甲　《铡美案》。包公要铡陈世美，老太后出来阻挡，包公迎接老太后那几句唱词。

乙　您学学。

甲　好。包公一出来，吭切，来切、吭来台一台吭打切台呛——

乙　要唱了。

甲　（唱）"满朝銮驾摆呀齐队，金瓜钺斧照光辉，来是来为的是那陈世美，为的是那忘恩无义一个杀人贼，下陈州我铡过四国舅，回朝来又铡赵王贼，今天我要铡陈世美。这一回不同那一回，见国太，我使一个，那叫骆驼跪。"听明白没有，"骆驼跪。"

乙　啊，这么个属骆驼的呀！

甲　这说明人家那河南戏唱得明白。

乙　没听说过！

甲　也有糊涂的时候。

乙　什么戏？

甲　有一出戏叫《雷保童招亲》，就糊涂。

乙　哪儿糊涂哪？

甲　我唱唱您听听糊涂不。

乙　好。

甲　（唱）"营门外放罢了三声炮。"

乙　放三声炮。

甲　"从院里走出来我叫雷保童。雷保童我扮作一个云游道，扮作一个算卦的老先生。手家拿着两块板，一块重来一块轻，重的本是诸葛亮，轻的本是诸孔明。诸葛亮，诸孔明——"

乙　你等等，怎么诸葛亮和诸孔明分家了？

甲　要不怎么糊涂呢！

乙　真糊涂。

甲　河南戏还真有明白的。

乙　哪出戏？

甲　有一出戏叫《五凤岭》。说的是姐俩比年龄，那介绍得比较详细，叫人听了非常明白。

乙　怎么个明白法哪？

甲　您听听。

乙　好。

甲　（唱）"奴在这里开口应，开言叫声奴相公，小奴儿本是二八一十六岁，俺姐二九一十零八冬。我比俺姐小两岁，俺姐比俺大两冬，小两岁，大两冬，俺姐属虎俺属龙。"

乙　这是明白，连属相都报出来了。

甲　河南戏还有个最大的特点。

乙　什么特点？

甲　不受辙口的影响，随便串辙。

乙　随便串？

甲　对。

乙　那多别扭。

甲　不别扭。

乙　为什么哪？

甲　河南说话本身就带辙带韵。

乙　是吗？

甲　比方说两人一见面，要用北京话这么说："二哥，上哪儿去？""我上街绕个弯儿。""您吃的什么饭？""我吃的是面条。"

乙　是这么说。

甲　到河南，尤其是洛阳，就不这么说了。

乙　怎么说哪？

甲　张着嘴说：（学）"二哥上哪？""绕弯。""吃的啥？""面条。"

乙　有意思。

甲　比方说，"快点儿"，（学）"快点"，"点"字这么说。"慢点儿"说（学）"慢点"。

乙　是这个味儿。

甲　对吧？由于他说话就带有韵味，所以唱起戏来有辙没辙一样。

乙　是吗？

甲　有一出戏叫《桑园会》，知道吗？

乙　对，也有叫《马蹄金》的。

甲　京剧唱起来是这味儿的。

乙　您学学。

甲　"秋胡打马奔家乡，行人路上马蹄忙，坐在雕鞍用目望，见一位大嫂手攀桑，后影儿好似罗氏女，前影儿好像我的妻房，本当下马将妻认，且慢，认错了民女罪非常。"

乙　对，京戏都这么唱。

甲　河南戏就不用这么唱？

乙　怎么唱？

甲　我给你唱一段洛阳曲子。

乙　您学学。

甲　首先这戏名您听着都不一样。

乙　不叫《桑园会》？

甲　不叫。

乙　那叫《马蹄金》。

甲　也不叫《马蹄金》。

乙　叫什么哪？

甲　叫《秋胡回家看媳妇》。

乙　这么麻烦。

甲　您再听这词儿。

乙　什么词儿？

甲　第一句，"秋胡打马奔山林"，什么辙？

乙　人辰辙。

甲　第二句就变了，"坐在马上马不停蹄"，什么辙？

乙　马——马"蹄"去了，这是一七辙？

甲　"一去杨柳像根棍儿"，什么辙？

乙　小人辰儿。

甲　"回来杨柳发杈子"。什么辙？

乙　这……这叫什么辙呀？

甲　"紫竹林，用目觑，里边坐着个小娘们。"

乙　什么乱七八糟的！

甲　您听说词儿别扭，可唱出来就有味儿了。

乙　是吗？

甲　尤其那道白，河南味最浓了。

乙　您学学。

甲　您注意：（唱）"秋胡打马奔山林，坐在马上马不停蹄，俺一去杨柳像根棍儿，回来杨柳发杈子，紫竹林，用目觑，里边坐着个小娘们，前影儿好像罗氏女，后影儿好像我的妻，本当下马将她认哪，慢点，错认了民女罪非轻——（白）我说大嫂子，你上哪去呀。"

乙　我哪也不去呀！

甲　你也这味儿呀。

乙　我不是受传染了吗？

（张杰尧　侯宝林演播稿）

武坠子

乙　我们两个人说回相声，说相声啊，也没有什么新鲜的……

甲　（哼弦子）咚，嘣，嘚不嘚咚嘣……

乙　哎？怎么回事？

甲　（大声）咚嘣，嘚不嘚咚嘣！咚嘣嘚不嘚咚嘣……

乙　干吗？噢，弹弦子的。

甲　嘟——嘚咚嘚不嘚咚嘣……

乙　噢，上台就弹哪。

甲　（大声）咚，嘣，嘚不嘚咚嘣……

乙　什么点儿这是？

甲　（特大）嘟——嘚咚嘚不晰……

乙　留神鼻子？

甲　您别妨碍我的工作。

乙　什么工作也要注意安全。

甲　好，好请您也注意点儿得了。

乙　谁注意点儿！

甲　咚嘣，嘚不嘚咚嘣……嘟——嘚咚，嘚不嘚咚嘣……

乙　还真得留点儿神！

甲　咚嘣，嘚不嘚咚嘣……（唱）"诸君稳坐慢慢地听……"

乙　您还别说，字眼儿都够清楚：诸君稳坐慢慢地听，好了，你唱吧，我们听一回。

甲　咚嘣……

乙　又来了！

甲　嘟——嘚咚，嘚不嘚咚嘣！嘟，嘚咚，嘚不嘚咚嘣，（大声）嘟，嘚咚，嘚不，嘚咚嘣……

乙　不留神真能触上！

甲　咚嘣，嘚不嘚咚嘣，（唱）"诸君稳坐慢慢听……"

乙　这是怕您没听明白，再唱回来了：诸君稳坐慢慢地听都听明白了，请您往下唱吧啊！

甲　嘟……

乙　弹？您这不是受罪吗？

甲　嘟——嘚咚。嘚不嘚咚嘣，嘟，嘚咚，嘚不嘚咚嘣，嘟——嘚咚，嘚不嘚咚嘣……（唱）"诸君稳坐慢慢地听……"

乙　慢慢？还吃饭去吧，吃完饭回来，误不了听二句。没下句儿，他要有下句儿我是他徒弟。

甲　（唱）"要论听文……"

乙　嘿！

甲　（唱）"……压住了鼓板哪，书开我的正宗……"

乙　嗯，有下句儿。

甲　这是寸劲儿。

乙　嘿！净等我了。

甲　（唱）"适方才表的哪家何人等……"

乙　是谁呀？

甲　（唱）"接回来再表表能征惯战、惯战能征、出乎其类、拔乎其萃、人前显贵、鳌里夺尊，南征北战，东挡西杀这位老胜英。"

乙　哎哟，差点儿没憋死。

甲　（唱）"这老胜英……"

乙　胜英怎么啦？

甲　（唱）"……带领着小弟兄，遄奔花果山上……"

乙　胜英上花果山找谁去？

甲　（唱）"他一心大战这位孙悟空……"

乙　和孙猴打起来了。

甲　（唱）"大战疆场，三百多趟，也没有分出谁输共谁赢。猛听得这宋营后边，吧嗒啦啦一声响啊。"

乙　怎么着？

甲　（唱）"这宋营跑出一匹马走龙……"

乙　来人了。

甲　（唱）"在马上端坐一员小将，英勇无敌哟甚是威风，若问这来了何人等？"

乙　谁呀？

甲　（唱）"他本是常胜将军赵子龙。"

乙　赵云？

甲　（唱）"好赵云，催马抡刀就往山上闯啊，一刀劈死了孙悟空……"

乙　什么乱七八糟的！

甲　（唱）"多亏了岳飞……"

乙　岳飞？

甲　（唱）"……搬出来的人马，请来了他的师傅那位老济公。"

乙　嘻！

甲　（唱）"罗汉爷手拿着机关枪，往外就打呀，一枪打死了徐懋功……"

乙　嘻，这乱劲儿！

甲　（唱）"列位明公，要问我唱的这叫什么段儿？"

乙　哪段儿呀？

甲　（唱）"连我说书的摸也摸不清！"

乙　连他都摸不清！这你还唱什么劲儿！真格的，你唱的是哪一段儿呀？

甲　这段儿叫"折箩"。

乙　折箩？有折箩，有大杂烩没有？

甲　有啊。

乙　啊，有大杂烩。

甲　有、有。

乙　来段大杂烩我们听听怎么样？

甲　可以。

乙　来来。

甲　（唱）"孙义孟昌，孙义孟昌，孟良张飞比过刀枪，岑彭马武，三国的吕布，多亏了罗成的那杆长枪，杀刀剐夫的孟姜女，哭倒长城的孙二娘，乱七八糟大杂烩，到下回三堂会审……"

乙　玉堂春？

甲　（唱）"……杜十娘。"

乙　你们哪位听过三堂会审杜十娘啊？

甲　应当怎么唱?

乙　三堂会审玉堂春。

甲　我要唱三堂会审玉堂春那叫大杂烩吗?

乙　噢,烩不到一块啦。

甲　哎,当然了。我唱的什么您知道吗?

乙　您唱的是西河大鼓。

甲　噢,西河大鼓,哎呀,这西河大鼓您也懂啊?

乙　嘿嘿嘿嘿,谁不懂啊!马增芬西河大鼓唱得多好。

甲　是啊。哎,我问你,我唱得怎么样?

乙　您唱的?

甲　啊。

乙　哈哈哈哈!

甲　好。

乙　不怎么样!靦着脸还问呢。不是三堂会审杜十娘吗?

甲　我唱西河大鼓啊,这是跟您说,我差点儿。

乙　啊!唱西河大鼓你差点儿!

甲　对了。

乙　哈哈哈哈,你唱什么都差点儿!

甲　这可没有。

乙　怎没有啊?

甲　西河大鼓我差点儿,我唱得最好的……

乙　是什么?

甲　就是河南坠子。

乙　啊,河南坠子你唱得最好?河南坠子当初有个唱得最好的。

甲　谁?

乙　乔清秀。贴海报的时候,还有仨字儿“盖河南”。

甲　是,是。

乙　那乔清秀唱河南坠子盖河南,把河南唱河南坠子的都盖了,你还唱?哈哈哈你哪儿摆呀,你!

甲　今天我就给您学回乔清秀您听听。(河南坠子白口)“大年初一头一天,过了初二就初三,初一十五半拉月,腊月三十整一年。”

乙　废话!这有什么用,这个?

甲　(白口)“适才唱的也是坠子,这一场也是坠子,唱不好,好不好的你是多多地原谅，唱哪一段哪？唱个小段儿，给您唱段三堂会审玉堂春。"

乙　好。

甲　"把弦子拉起来，咱就唱这回三堂会审玉堂春！"

乙　哟哟哟哟！这份儿德行。

甲　打这儿开始，这边一个拉的，这边一个唱的。

乙　是啊。

甲　你说他们两个人谁累？

乙　还是唱的累。

甲　好，还是拉的那个累。

乙　拉的怎么累呀？

甲　浑身上下横竖劲儿，连胳膊带腿一齐动弹。

乙　是啊。

甲　打这儿开始要唱了。

乙　干脆你唱吧！

甲　（学琴声）呗儿，崩当当当，呗儿，崩当当当。（唱）"我本是北京城一个贱民，结交下王三公子他是南京城里的人哪！"（过门）咚嘣嘣咚嘟——嗯嘣咚嗯嘣嘣嗯……

乙　两头儿忙啊！

甲　（唱）"我们两个人哪相交足够两年半，花得他囊中空虚！"（过门）里根隆的咚。（唱）"无有半文。最可恨老王八鸨儿哪多么心狠，我的大人哪，把我的三哥哥赶出了院门哪！"（过门）咚嗯；咚嘣咚嗯嘣嘣咚嘣咚嗯咚嗯冬嘣（唱）"我命老妈把东西买呀，回来他就说与……"（过门）的根儿隆的咚。（唱）"玉堂春，闻听我的三哥啊，呃！……"

乙　咦？

甲　"呃！"

乙　嗯！

甲　"呃！"

乙　怎么着？

甲　（唱）"他就要了饭……"（过门）一根儿隆咚！一根儿隆咚！一根儿隆咚！一根儿隆咚咚咚。（唱）"小奴啊——"（过门）一根儿隆咚，一根儿隆咚！（唱）"好一似呀胜似摔在我那凉水盆！啊——"

乙　表情真好。

甲　（大声过门）咚嘚嘚……

乙　行行，这一惊一乍的真受不了！

甲　这路坠子叫文坠子。

乙　噢，文坠子。

甲　还有一种坠子。

乙　什么坠子？

甲　叫武坠子。

乙　啊，武坠子怎么回事？

甲　就是文武带打的坠子。

乙　坠子还有文武带打？

甲　有啊。

乙　我怎没见过？

甲　没上本市来过。

乙　在哪儿唱啊？

甲　离着河南还六万多里地啦。

乙　怎么这么远哪？

甲　就是远一点儿。

乙　没听过，你会唱吗？

甲　我会。

乙　会唱，你来来怎么样？

甲　我来来。

乙　你来来武坠子我听听。

甲　这武坠子是俩人呀，我一人来不了。

乙　噢。

甲　咱们这么着行吗？

乙　怎么？

甲　你也来来怎么样？

乙　我不会唱坠子。

甲　噢，您不会唱？

乙　啊。

甲　不用您唱。

乙　我干吗呀?

甲　您帮忙给我拉拉弦儿。

乙　我不会拉弦呀。

甲　拿嘴学啊。

乙　拿嘴学。

甲　刚才我怎么学的?

乙　噢,拿嘴学拉弦儿。

甲　(学弦音)咚嘣咚嘣嘚嘣嘚嘚……唉,就这样儿。

乙　可以,可以。

甲　行吗?

乙　行,行,行。

甲　你来来。

乙　还来来。

甲　来来,我听听。

乙　(学弦音)(大声)咚嘣嘚咚嘚嘚嘣嘚咚嘚咚嘣!

甲　嘿! 这弦儿还真响,这弦儿,请坐吧!

乙　不不不,我站着。

甲　请坐吧,您这个儿太高。

乙　坐下?

甲　您坐下我心里好稳当。

乙　噢。

甲　我好放心。

乙　坐下装拉弦儿的?

甲　对啦,对啦,没有站着拉的! 坐好了吗?

乙　坐好了。

甲　这回我化化妆。

乙　还化妆啊?

甲　武坠子嘛!

乙　噢。

甲　还得修饰修饰。

乙　武坠子还化妆。

甲　那是,把衣服撩起来。

乙　怎么大褂还撩起来?

甲　武坠子嘛！袖子卷起来！

乙　吓，撸胳膊挽袖子。

甲　武坠子嘛！

乙　好，武坠子。

甲　开始了。

乙　开始了。

甲　这回你还得帮忙。

乙　唉。

甲　按电铃，我这儿上场了，武坠子开始。

乙　……这不定出什么主意哪！

甲　（学铃声）铃……（拍醒木）

乙　刚吃完大力丸，大概是！

甲　（白）"湛湛青天不可欺，张飞喝断当阳桥，虽然不是好买卖，一日夫妻（拍醒木）百日恩！"

乙　这什么乱七八糟的！您先等会儿！这四句满不挨着！

甲　武坠子不挨着。

乙　好，好，好，武坠子不挨着。

甲　（白）"四句提纲言罢，不嫌学徒说口压风，锛瓜掉字，横眉熊耳，我给你唱一回坠子书。"

乙　啊，这叫坠子书。

甲　（白）（大声）"嗨！把弦子拉起来……"

乙　拉弦子。

甲　（唱）"……咱们要唱一回，坠子书（大声）嘿！（打乙）哎嘿！哪哈依哈咳呀！抓哈咳咳……"

乙　别咳咳了！你唱坠子书没关系，打人干吗呀？！

甲　没告诉你武坠子嘛！

乙　噢！这就开火了！

甲　那还等多会儿呀？

乙　现在怎么样啊？

甲　开始了。

乙　开始了？

甲　哎。

乙　（行弦，大声）咚嘣唥咚唥嘣唥咚嘣，咚咚唥咚唥嘣唥咚唥嘣唥咳咳啊！

甲　（唱）"要罢了钱……"

乙　干脆，您找别人吧！

甲　怎么？

乙　您这活儿我干不了啦。

甲　为什么？

乙　吓人呼啦的，又要打人啦？什么词儿呀，吓我一跳！

甲　噢，您问词儿呀，头一句是"要罢了钱"。

乙　要罢了钱怎么回事？

甲　不卖票零打钱，这叫"要罢了钱"。

乙　二一句哪？

甲　"书归正"，就是开书了。

乙　噢，就是要完了钱开书啊。

甲　哎。

乙　好嘛，听您这坠子还得找翻译跟着呢。

甲　来吧。

乙　（行弦）咚嘣嘚咚嘚嘣嘚咚嘚嘣咚啊！

甲　（唱）"要罢了钱，书又归了正！他管拉呀，我管唱，您老管听……"

乙　唉……多新鲜哪！噢，我管拉，你管唱，人家管听！

甲　哎。

乙　我也不拉，你也不唱，人家还听什么劲儿呢？

甲　是啊，你往下听啊！

乙　（行弦）咚嘚嘣咚嘣嘚咚嘚嘣咚啊！

甲　（唱）"您说我今天我唱哪一段呀？"

乙　噢，还没准儿哪？我说你想准了唱行吗？

甲　行啊！

乙　（行弦）咚嘚嘣咚嘣嘚咚嘚嘣咚啊！

甲　（唱）"我唱段儿啥玩意儿你也得听啊！"

乙　多新鲜！（行弦）咚嘣嘚咚嘚嘣嘚咚嘚嘣咚啊！

甲　（唱）"爱听文来，爱听武啊？爱听奸来你老爱听忠啊？爱听文的是俺不会，爱听武的我是没学成，半文半武我也唱不了，苦辣酸甜俺也不中啊……"

乙　干脆咱散了吧，噢，你什么都不会呀？你这不是废话吗！

甲　废话呀！打这儿往后听，句句都是废话。

乙　那是怎么回事？

甲　离开废话我没词儿了。

乙　噢，离开废话就没词儿！哈哈哈，受点儿累吧您哪！

甲　干吗呀？

乙　多唱点儿废话吧！（行弦）咚嘣嘚咚嘚嘣嘚咚嘚嘣咚啊！

甲　（唱）"适刚才唱的本是《响马传》哪。"

乙　（行弦）咚嘣嘚咚嘚嘣嘚咚嘚嘣咚啊！

甲　（唱）"还有半段儿我没唱清啊。"

乙　（行弦）咚嘣嘚咚嘚嘣嘚咚嘚嘣咚啊！

甲　（唱）"适刚才表的哪家何人等？表表八爷叫罗成，表表八爷叫罗成！"

乙　（行弦）咚嘣咚嘚嘣嘚嘣咚，咚嘣咚嘚嘣嘚咚嘚嘣咚啊！

甲　（唱）"爷俩迈开八条腿……"

乙　啊……嘿！爷俩四条腿。

甲　（白）你听着。

乙　（行弦）咚嘣嘚咚嘚嘣嘚咚嘚嘣咚啊！

甲　（唱）"后边跟着一匹马走龙啊！"

乙　噢，凑腿哪！（行弦）咚嘣嘚咚嘚嘣嘚咚嘚嘣嘚嘣咚啊！

甲　（唱）"连人带马把城上……"

乙　啊……马怎么上去啦？

甲　听着！

乙　（行弦）咚嘣嘚咚嘣嘚咚嘣嘚嘣咚啊。

甲　（唱）"若问马？咿啊，咿呀，咿呀咿——"

乙　（小声行弦）咚嘣嘚咚嘣咚……吃饱了撑的！

甲　（唱）"这人能驾云马腾空啊！"

乙　好，全上去了！（行弦）咚嘣嘚咚嘣嘚咚嘣嘚嘣咚啊！

甲　（唱）"左手拉着一个掏灰耙，右手拿着一个'勃朗宁'啊……"

乙　这叫什么武器？（行弦）咚嘣嘚咚嘣嘚咚嘣嘚嘣咚啊！

甲　（唱）"这位将官哪……"

乙　（行弦）咚嘣嘚咚！

甲　（唱）"手使掏灰耙子他朝下打！"

乙　怎么又打呀?

甲
乙　武坠子嘛!

（阎笑儒　尹寿山演播稿）

学大鼓

甲　曲艺形式很多，各方有各方的曲艺。

乙　都有什么？

甲　相声、单弦、京韵、梅花，这都是北京的曲艺形式。

乙　对，这些个曲艺都是北京人唱得多。

甲　你像河南坠子，就不是北京人演的，那是河南人唱得多。

乙　河南坠子嘛。

甲　西河大鼓，是河间府、胜芳一带人多。

乙　哎。

甲　苏滩，苏州人多。

乙　噢。

甲　滩簧。

乙　哪儿的人多？

甲　上海人多。弹词。

乙　哪儿的人多？

甲　苏州人多。小调……

乙　哪儿人多？

甲　扬州人多。花鼓儿……

乙　哪儿人多？

甲　凤阳人多。影戏……

乙　哪儿人多？

甲　滦州人多。练把式的……

乙　哪儿的人多？

甲　沧州人多。耍猴儿的……

乙　哪儿人多？

甲　吴桥人多。卖砂锅的……

乙　哪儿的人多？

甲　高唐人多，卖草帘子的……

乙　哪儿的人多？

甲　六安人多。猪肉铺……

乙　哪儿人多？

甲　山东人多。开当铺的……

乙　哪儿人多？

甲　山西人多。剃头的……

乙　哪儿的人多？

甲　宝坻县人多。修脚的……

乙　哪儿人多？

甲　定兴县人多。跳舞的……

乙　哪儿人多？

甲　哪儿人全多！

乙　啊？

甲　我知道哪儿的人多呀？哪儿的人不许跳舞哇？

乙　你也不知道啦。

甲　各地有它的艺术。曲艺的特点，都是短段儿。一段儿说明一段儿的内容，不像整本大套的大书。哎，也别说，西河大鼓，可以唱段儿的，也可以唱连篇大书。

乙　是呀？

甲　你若听惯了曲艺短段儿的，再听整本大套的书，你就感觉起急。

乙　怎么？

甲　因为过去旧社会有的演员他不给你书听，净唱废话，甚至于他都唱过去二十多句啦，你还听不出他到底唱的是哪部书。

乙　没那事，我要是听他唱啊，只要他唱过三五句，我就知道他唱的是哪部书了。

甲　不见得。你要是不信，我学学人家唱大书的，我唱过二三十句去，你要是能听得出来是哪部书来，那我就佩服你。

乙　行，你唱吧。

甲　（唱）"老少的明公，您老慢慢儿听。压住了鼓板，书又开了正风。哪里丢了哪里找哪里接着唱，哪里打断哪里听啊，奉敬我的明公。丝线断了还得丝线续，续上点麻经儿那可不行。这部书我有心要在头儿上唱，赶多咱唱到热闹当中；这部书我有心要在尾上论，书到临尾没有什么中听。一不说头二也不论尾，掐去了两头儿……"

乙　光唱当中？

甲　"不唱当中！"

乙　啊？

甲　"净唱当中。沙土窝儿里推小车儿慢慢儿扶，弯弓射箭照直了绷，听书的只认为我把词忘了，您哪里知道，自幼儿学的艺，记在了心中。倘若是我在人前把书忘了，指着什么吃喝穿戴交下了宾朋。几句闲言挨靠了后，压住鼓板开正风。要听文的遇国太，要听武的梁山兵，半文半武响马传，孙悟空曾经闹过天宫。"这是哪部书？

乙　这……不知道！净是废话，这么半天一句真正要唱的书没唱啊？

甲　还不单这个，就算他开了书啦，两个人在两军阵前冲锋打仗，一碰面儿得各通姓名啊，你听着就够麻烦的。

乙　怎么？

甲　他不告诉你，他姓什么叫什么，他先跟你背三代。

乙　是呀？

甲　"来将通名！你且听了哇！"叫起板来了。（唱）"提起我的家来家倒有，说我无名啊却倒有名，高山上点灯名头亮，大海里栽花有根恒，东洋海漂来货郎鼓，敲一下儿，噔卜唥噔，噔卜唥噔，四海里扬名，我头辈爷爷有名姓，二辈爷爷也得有名，子不言父那是正理，我的名姓不说你也摸不清。"这不是废话吗。在现在生活里谁这么说话呀，比方说我问你贵姓？

乙　我姓×，您贵姓？

甲　我姓×，你叫什么？

乙　我叫×××。

甲　这多干脆呀。你若按唱大鼓书那样说行吗？"你贵姓？""这，提我家来家倒有，说我无名却倒有名，高山点灯名头亮，大海栽花有根恒，东洋漂来了货郎鼓，敲一下噔卜唥噔噔卜唥噔……""我躲开你吧，你什么毛病啊？"

乙　没有这样说话的。

学
大
鼓

甲　这样，有时候他们唱着唱着，还有把词儿唱错了的。

乙　还有这事呀？

甲　有，前者我听他唱的是罗成出世，谁不知道罗家枪，秦家铜啊？他唱错了。

乙　怎么唱的？

甲　"这位罗八爷，手使那长枪朝下剁！"

乙　剁？

甲　枪是扎、抽哇这都像话，他唱"往下剁"，听书的纳闷儿呀。人家一乐，他才知道自己错了，想现加两句改过来，这么一改更可乐了。

乙　怎么改的。

甲　"罗八爷，手使长枪朝下剁，在枪头儿上绑着一把镰刀头，连扎带砍捎带着搂！"他给搂下来了！

乙　好嘛。

甲　合着那贼绑在那儿动不了劲儿啦，净等着搂了。还有一回，我听他们唱《孙庞斗智》，谁不知孙膑是架拐骑牛哇，他那回这么唱的："这位孙三爷，啪啦啦撒开了白龙马呀……"大伙儿一乐，他才明白自己唱错了，往这儿给改了一下："孙三爷啪啦啦撒开了白龙马，青牛告假歇了两天工！"

乙　啊？牛也告假歇工啊。

甲　你说这够多可乐呀？

乙　那倒是。

甲　唱成本大套的书可也讲究辙韵，十三道大辙，最好唱的就是"中东"辙。

乙　怎么哪？

甲　这个辙宽，比方"面前迎""往前行""刮大风""在路东""满天星""出大恭"，这都是中东辙，像这样辙他好唱。比方说不是中东辙的也能按着中东唱。你家"大姑娘"，这是江阳，"老太太"，这是怀来。他若唱中东辙韵的也行：大姑娘，唱"姑拧"；老太太，唱"老太疼"。（学唱）"大姑拧来老太疼"，也别说，这话倒讲理，大姑拧来老太疼，大姑娘一拧啊，那老太太就疼啦。

乙　找辙哪。

甲　有时候唱着唱着忘词儿了，怎么办哪？没关系，人家有办法，他加白，说话。有一次我听《刘公案》，刘大人私访。（唱）"听书先生你往南边看，南边来了这么一窝蜂，前边有几对板子几对棍，几对铁锁几对绳，上打一把红罗伞，下罩八抬轿一乘。轿子里坐定了一位老道，仙风道骨甚是威风；九梁道巾头上戴，八卦仙衣穿在身中，九股丝绦腰中系，水袜云履二足蹬。这个老道不是一个真老道"，唱了半天还是假的，"他本是吏部天官名叫刘墉。顺着大道正往前走"，唱到这儿应该是"遇见个旋风把路横"，旋风告状，刀剐黄爱玉儿。那天他唱到这儿把旋风忘了。

乙　那怎么办哪？

甲　这儿他加白了："话说这位老大人，这位老大人，这位清官老大人，他是大人。"多新鲜哪！"大人"能变成"地幺"吗？"这位老大人哪！他就下了那八抬大轿哇。"

乙　噢！又叫起板来了？

甲　还没想起下边的词儿来。他想让老大人下轿溜达两步再想词儿。（唱）"这位老大人下了八抬轿，下了八抬那轿一乘。"

乙　还这两句？

甲　"老大人迈开了大步往南走，返回头来又往北行，掉回身躯往西走，磨回头来又奔了正东！"老大人在那儿拜四方哪！最后他唱的这句词儿把我乐坏了："这位老大人他走着走着啊他站起来走！"

乙　啊？！

甲　合着刚才老大人爬了一道儿了？唱到这儿还没想起词儿来，怎么办哪？他也有办法，"一座大门面前迎"，在这儿给安了个大门，他让老大人进大门，他好想词儿。

乙　这大门也不知从哪儿来的？

甲　（唱）"老大人迈步把门进，二门不远面前迎。迈步就把二门进，上房屋不远紧对前胸。老大人迈步又把上房进，套里间不远咫尺中，刘大人一挑软帘走进去，炕头不远面前迎。老大人蹬着锅台上了炕，窗户台上不远紧对前胸。老大人迈步又把窗户台上，把窗户纸撞了个大窟窿啊，来在当院中！"又出来了！

乙　啊？

（郭全宝述）

戏剧杂谈

甲　我是个戏剧专家。

乙　嗯，您喜欢戏剧。

甲　哎，我从小就喜欢看戏。我在小学读书的时候，没事就去看戏，学两句回来就唱。

乙　哪儿唱啊？

甲　教室里。

乙　在教室里唱戏？

甲　啊。有几个同学都喜欢和我一块儿唱。

乙　嘿！

甲　老师很喜欢我！

乙　还喜欢你？

甲　对我特别注意！

乙　啊？！

甲　每天都叫我罚站。

乙　你太淘气了嘛。

甲　到中学读书，我还是这样，每逢星期日就去看戏。学校里办游艺会我是主要演员。

乙　你喜欢艺术嘛！

甲　最怕考试！

乙　怎么？

甲　一考试就得弄小抄；要不然不及格！

乙　净玩儿嘛！

甲　可也分考什么，要是考音乐唱歌，我准得一百分。

乙　那要考别的呢?

甲　要是地理、历史顶多六十分。

乙　嗯,将及格。

甲　数学最糟糕!

乙　多少分?

甲　三十分!

乙　三十分? 不及格呀!

甲　是啊,后来我大学毕业啦,我就投身戏剧,我研究戏剧这么五十
　　多年哪……我所以……

乙　哎,哎!您研究戏剧有多少年?

甲　五十多年。

乙　五十多年?

甲　啊,所以……

乙　您别忙,我还没说完呢,您今年多大岁数?

甲　三十五啦,所以……

乙　您别忙,我还没问完呢!

甲　什么?

乙　您今年才三十五岁,倒研究戏剧五十多年?

甲　啊,他这个,就这儿差点儿!

乙　差点儿? 差多啦!

甲　噢,你听着纳闷儿?

乙　对啦!

甲　不但你纳闷儿,连我都纳闷儿!

乙　像话吗? 三十五岁的人,研究戏剧五十多年!

甲　啊,你听我这话好像是有点儿矛盾?

乙　是嘛!

甲　这个矛盾是可能产生的,而且是应该产生的。任何一个事物都会
　　有矛盾存在的,就看你有没有办法使它统一起来;不然的话,它
　　就会成对立而继续发展下去。这是个法则问题!

乙　我没问你这个!我就说你三十五岁的人,怎么会研究戏剧五十多
　　年? 这账我算不上来!

甲　那好算哪!

乙　怎么算?

甲　我研究京戏是七年。

乙　对，七年。

甲　我研究话剧是八年。

乙　啊，八年！

甲　这是多少年？

乙　七年加八年十五年哪？

甲　嗯？

乙　七八一十五吗！

甲　不，七八五十六哇！

乙　噢，您这是乘法呀！

甲　你按加法算啦！我说怎么不对了哪！

乙　那么您连加法和乘法都弄不清楚吗？

甲　所以呀，我那算术才考三十分。

乙　什么呀，乱七八糟的！

甲　我是喜欢艺术，不太喜欢算术。

乙　这叫什么话！

甲　我研究戏剧十几年。

乙　那就不错了！

甲　我在外国留学的时候，得了一个博士学位。

乙　什么博士？

甲　戏剧博士！

乙　噢！那可不简单。

甲　当然啦，我在外国发表一篇关于戏剧的论文，四万余言。费了三个月的脑汁，外国的戏剧专家一看，真是盖世的奇文。

乙　您这个论文的主题是什么？

甲　是戏剧与水利的关系。

乙　哎！戏剧与水利有什么关系呀？

甲　嗯？！有密切的关系。唱戏唱得时间大了就得喝点儿水！（同时喝水）

乙　噢！这么个水利呀？

甲　这是一般戏剧专家没有想到的问题！

乙　谁没想到哇？您这四万余言就是"饮场"啊！

甲　这是其中一个问题。我分析了很多关于舞台剧的表现手法，比如话剧和京剧同是舞台剧，在表现上有很多地方不同！

乙　究竟是什么不同呢？

甲　演话剧一定要有很多的道具，比如四幕四景，就得要四堂道具，短一样儿也不行；京剧没有那么啰唆，三张桌子，几个椅子解决很大问题。

乙　怎么？

甲　有时候也可以不当桌子用。

乙　当什么用？

甲　那边放个椅子，这边放个椅子，就当个桥。

乙　噢，桥梁！

甲　"待我登高一望！"往桌子上一站（模仿京戏中武生动作）。

乙　这是什么？

甲　这就是高坡。"下得马来上山道。"往桌上一站（模仿京剧中花脸瞭望的动作），这就是个高山。

乙　噢，这就是山。

甲　这是京剧和话剧截然不同的地方。

乙　那么还有什么地方不同呢？

甲　话剧得用立体布景，多好的戏没有布景也演不好。它是三面房子，前门在后边，人物一敲门，拉门进来，人物出场了。京戏不用这套，就是这样一个台帐，人物出场很自然，比如武生出台，"亮相"（学武生"亮相"）"来也！"（用嘴打锣鼓〔四击头〕）你看多好看！

乙　哎！

甲　您要用立体布景麻烦了！

乙　怎么？

甲　叫板、开门、出来、再亮相没劲了！

乙　怎么？

甲　你看着："来也！"（用嘴打锣鼓〔四击头〕，边做边打，叫板以后又学话剧中开门动作，然后又学武生亮相）没劲了。

乙　噢，京戏没有门。

甲　有的时候，剧中有门。

乙　那怎么办？

甲　到必要时，伸手一抓就抓出个门来！

乙　抓出个门来？什么戏有这个动作？

甲　《三娘教子》。老薛保一看天气不早了，出去看看小东人回来没有，这样儿："天到这般时候，不见东人到来，待我出门去看。"注意要抓门了。（做动作）上扦关、下扦关、拉开门分左右、撩带、迈门槛、走出来，再瞧后边，（停顿）什么也没有！

乙　噢！真省事！

甲　到特别必要时搬把椅子也当门。

乙　什么戏？

甲　《乌龙院》。宋江走了以后，阎婆惜搬把椅子往那儿一坐，就是个门。《武家坡》进窑那点儿，王宝钏也是搬把椅子：（模仿"跑坡"，边做边唱）"前面走的王宝钏。""后边跟定薛平男！"（学王宝钏进窑动作）"进得窑来把门掩。""将丈夫关至在窑外边。"他进不去了。其实你把椅子搬开不就进去了吗？

乙　没听说过。

甲　我这样说，并不是反对京戏用立体布景，如果用得恰当巧妙，不妨碍它原有的艺术成就，是可以用的。

乙　对，还有什么不同？

甲　吃喝也不同。

乙　怎么呢？

甲　话剧、电影都是真吃真喝，你看电影里边吃饭都真吃。

乙　嗯！

甲　拍电影的时候演员不一定饿，可也得真吃。

乙　那为什么呢？

甲　为的那个戏拍出来真实，有的时候，吃一次还不行。

乙　怎么？

甲　比如拍吃饭的镜头，导演一瞧齐备了。"预备，开麦拉！"机器开动，赶紧吃（做动作）。导演一看感情不对："停住，添饭重吃。"有时候这镜头能拍好几次。要不怎么电影演员都有胃病，那都是吃的！

乙　啊？都那么坐的病？您这是开玩笑！

甲　喝也是真喝，（端碗）"诸位，今天是我们最高兴的日子，来来来，我们大家再干一杯。"（学舞台腔，喝水）真喝！

乙　那么京戏呢？

甲 这样说：（道白）"酒宴摆下！"每人一个木头酒杯，拿那个木头
　　酒壶，一斟就满了。（斟三下）一说请！吹个〔三枪〕，"请！"
　　（用嘴学吹〔三枪〕，边吹边做喝酒亮杯）"告辞了！"饱了！

乙 他吃什么了？

甲 他什么也没吃就饱了。

乙 怎么不真吃呢？

甲 真吃有什么意思呀！真来四菜一个汤，炒肉片、红烧海参，老生
　　把胡子摘下来吃海参（做动作）。吃完了嗓子也哑了，甭唱了。

乙 嗯！不能真吃！

甲 因为在吃喝上没什么技巧可以表演，所以用这样一种手法，一
　　表而过。喝酒的时候，拿水袖挡住，不让人家看见嘴，就是没
　　有胡子的也尽量用手挡。有的人表演喝酒，腮帮子直动。这样：
　　"请！"（做动作）你说这是喝酒呢？还是漱口呢？这样表演脱离
　　实际生活。

乙 这样是不太好，还有什么不同？

甲 哭笑也不同。京剧里边的哭，它是一种表现手法，老生是这样哭：
　　"唉，娘……啊……"

乙 对！

甲 青衣、花旦是这样儿："喂……呀……"（学青衣哭）普通人可没
　　有这样儿哭的。你多咱看见街上走个出殡的，几个人抬着棺材，
　　孝子打着幡，一看棺材一难过："唉，娘……啊……"后边那几个
　　妇女都"喂……呀……"

乙 哎，这可热闹。

甲 热闹？这走到马路上就得卖票。

乙 买票看出殡的？

甲 您看电影、话剧里边的哭，你看着真实。《白毛女》哭的时候，能
　　够引起观众同情。解放以后，话剧、电影是这样儿！

乙 那过去什么样儿呢？

甲 我记得过去看过一个电影叫《秋海棠》，他母亲死了，他赶回去跪
　　在死人的跟前，这个镜头看着多么悲惨！

乙 是啊！

甲 可是他一哭，我倒乐啦！

乙 这是怎么回事？

甲　因为他哭得不真实。他那种声调可笑：（学舞台腔）"妈！你的儿子刚有一点颜色，你就死去了！苦命的妈，噢！妈啊……"完了。

乙　是没劲。

甲　没有真实的感情。

乙　那么女的哭呢？

甲　更糟糕了，她哭的时候她就"噢儿"的一声，那真吓人！

乙　吓人？

甲　是这样：（双手指在胸前，学旧话剧女演员哭）"想不到把我抛弃到这样，我的心里太难过了，我的精神太苦恼了，噢儿！……"

乙　这是怎么啦？

甲　是啊！中国人没这毛病呀！你看谁家夫妻吵嘴了，吵着吵着噢儿的一声。

乙　实在是脱离生活。

甲　还有擦眼泪。眼泪由眼眶出来（做动作），她应该擦眼窝呀！

乙　是啊！

甲　她怕挡脸，好像是多拍个镜头，多出点儿风头。擦眼泪的时候，把手绢卷在手指上，不擦眼窝，擦鼻子底下（做动作）。

乙　她怎么擦？

甲　哭的时候：（学哭）"噢！噢！噢！"（用手帕在嘴上下擦一圈）

乙　这是怎么啦？

甲　合着眼泪刚流出来到眼窝儿那儿她不擦，她在半道等着！（又做动作）

乙　噢，那么笑呢？

甲　话剧、电影的笑，和普通人笑没什么分别。京剧的笑可不容易，得有很大的功夫。你看，小生笑："哈哈哈啊哈哈哈……"（学京戏小生笑）

乙　好听啊！

甲　可是只限于舞台上，台下没有这么乐的。

乙　怎么？

甲　我们这儿说相声，观众要都这么乐，那受得了吗？

乙　全场都这么乐？

甲　有一位也受不了。（对观众）观众在台下听："你听侯宝林说得真有点儿意思，啊哈哈哈！"（学京戏小生乐）

乙　他乐啦！

甲　别人都吓跑了。

乙　还有什么不同？

甲　台步也不同。比如京戏台步走八字，话剧里古装戏是走直步（学动作）。京戏这种台步，并不是抽象的，也是根据生活来的！

乙　生活中有那样走的吗？

甲　古代有钱的人，文人，做官的，那鞋底儿都厚，走路都慢（做动作），舞台上就是把他这种步子夸大了一些，经过艺术加工，走出来就是方步，它有它的曲线和美化（做动作）。

乙　啊！（点头）

甲　可是只限于舞台上，马路上这样可不行！

乙　那不一样美吗？

甲　那不行啊！我们这儿散场以后观众出去（学迈方步）都是这么走，那警察怎么指挥你呀？警察那儿喊："行人走便道。"它便道摆不开了（做动作）。

乙　啊，舞台上可以这样做！

甲　台上不但人走道迈方步，连马走道都迈方步。

乙　马怎么能迈方步呢？

甲　戏台上没有真马，就那么一根马鞭儿，没上马以前，那么走，上马以后还那么走。

乙　你学学！

甲　比如老生骑马（学老生）"带马……"（边做边说）到这儿接鞭、扳鞍、认镫、骗腿、骑上，再瞧这马……还这样儿！

乙　这匹马倒保险摔不着。

甲　可也没用，骑这匹马上趟万寿山……

乙　得几天？

甲　俩礼拜！

乙　那有什么用？

甲　戏台上没有真马，就那一根马鞭，靠着演员的动作引起观众的幻觉。

乙　噢！

甲　戏台上的车也是假的！

乙　是啊，就那么俩旗子！

甲　推车的举着俩旗子在旁边等着，上车的姿势好看："辞别贤妹上车辆！"（做动作）一扶这旗子，（走两步）这就算坐车啦，可是还得自己走。

乙　合着车没底马没腿，全靠演员做。

甲　这属于舞蹈，你看它哪点儿都美……生、旦、净、末、丑出来的时候，都有一定的舞蹈，都很美。比如老生出台，什么正冠、捋髯、抖袖出来都很好看。

乙　您说老生怎么做？

甲　比如，老生出台的动作，很美。

乙　您来来。

甲　走到上场门（学老生出台动作）"啊嗯，特嗯！"（抖袖）（用嘴学小锣）

乙　抖袖，把水袖弹起来。

甲　（做正冠动作）

乙　正冠。

甲　（做捋髯动作）

乙　这叫捋髯。

甲　（做掖水袖动作）

乙　掖水袖。

甲　（迈步）

乙　迈步。

甲　（做端带动作）

乙　哎哎哎，你这叫什么？

甲　端带呀！

乙　唉，端带你手往后搁，（做动作）搁这儿来。

甲　啊，搁这儿？（做动作）那成拉车的了。

乙　嗯，那您搁哪儿？

甲　非得搁这儿！（故意把手端在前边）

乙　这不像拉车的了。

甲　好看了吧！

乙　像蹬三轮儿的了！

甲　你这……蹬三轮儿干吗？你看美吧。

乙　好，漂亮！

甲　这是老生。小生出场比老生还美。

乙　您学学。

甲　比如《玉堂春》。我学学。（转身回上场门）我喝点水！

乙　渴啦！

甲　时间太长了，需要水利支援了。

乙　噢！水利就在这儿用。

甲　（边做用嘴学场面，做抖袖动作）

乙　抖袖，把水袖弹起来！

甲　（做正冠动作）

乙　正冠。

甲　（将放手）

乙　理髯——唉，不是！小生没胡子！

甲　（迈步）

乙　迈步。

甲　（抬脚）

乙　亮靴底。

甲　你看这脚底下。

乙　看这功夫！

甲　看我这鞋！

乙　看你鞋干什么？

甲　（走到正场，学小生念引子）"为访娇容到洪洞，恩情一旦抛，何日里得相逢……"（用嘴学小锣）台！你看这个美吧！

乙　那么最美的是什么？

甲　最美的是花旦出台。

乙　花旦出台最美？

甲　哎，唱花旦可不容易，你得够那个条件，身体得长得窈窕，像您这体格就不行，（拍乙肚子）太胖了，扮出来也不好看。唱花旦还得脸子漂亮，小白脸儿，像您这个小黑脸（厌恶地）不行。

乙　就甭研究我啦！

甲　（笑）真是，唱花旦真不容易，您看我要是唱花旦还能行！

乙　怎么？（打量甲）

甲　你看我要唱花旦，我这体格，您看这腰多窈窕（模拟花旦动作），您看我这面型，都合乎标准的条件。

乙　您哪点合乎标准？

甲　唱花旦非得这样儿：长瓜脸儿，尖下颏儿，高鼻梁……

乙　大眼睛？

甲　我就眼睛小点儿！

乙　您这条件也差啦。

甲　这点儿您原谅着吧，这我也没办法，因为我起初这个组织就这样儿！

乙　你不会改组吗？

甲　没听说过脑袋还能改组。唱花旦眼睛最要紧，你看那花旦一出台，两只眼睛滴溜乱转，二目含情，显着剧中人那么天真、活泼、可爱，有的时候花旦出来（做动作）眼睛那么一飞，这都有名堂。

乙　叫什么？

甲　秋波流慧。（对观众）像他这个，（指乙的眼睛）迎风流泪！

乙　合着我这儿全不行？

甲　真是，你看我给你学个花旦出台。

乙　什么戏？

甲　《鸿鸾禧》金玉奴出台念四句白，一扔手绢（做动作），把手这么一抄，用手那么一指，拿眼睛那么一飞，您看那眼睛非常漂亮。

乙　您学一学。

甲　您注意我这眼睛。（走到场门，学花旦出场）"啊哈！"（用嘴学场面〔五锣〕）台台令令台！"青春整二八，生长在贫家，绿窗深寂静，空负貌如花！"（说到花字把手绢一扔，又一接，一飞眼）

乙　（特别出奇地）哎呀！真好！

甲　您看这眼睛怎么样？您别看我这眼睛小点儿，它有神！

乙　噢！神足！

甲　唱花旦非得眼睛有神，眼睛有毛病就不行。

乙　眼睛有毛病不行？

甲　像眼睛近视的就来不了。

乙　近视眼怎么来不了？

甲　当然了——近视眼把眼镜摘掉两眼这相儿（学近视眼）。可是近视眼的人，可别不高兴啊！我说是唱花旦近视眼不行，您不唱花旦有近视眼也没关系，你有眼镜你还别摘，您要是这阵儿一摘，人家倒看出来了！

乙　谁摘啦！

甲　哎，我就这么说。真是，唱花旦的近视眼真不行。您不信我学个近视眼唱花旦，您注意我这眼睛准不好看！

乙　您来来。

甲　您注意眼睛。（走到上场门）"啊哈！"

乙　（用嘴学场面〔五锣〕）台台令令台！

甲　（艰难地往前走）

乙　往前迈步啊！

甲　怕掉台底下！（学花旦念引子）"青春整二八，生长在贫家，绿窗深寂静，空负——"（扔手帕没接住，搭在肩膀上，这时又要找手帕又要飞眼，十分困窘）貌如花……（花字不敢念出来了轻轻地一带）

乙　嗐！

（侯宝林整理）

戏剧与方言 *

甲　做一个相声演员不容易，起码的条件得会说话。

乙　这个条件容易，谁不会说话呀？

甲　说话跟说话不同，一般人说话只要把内容表达出来，使对方领会
　　了就行啦。

乙　那么说相声呢？

甲　就得用艺术语言。相声主要靠着语言表达。我们说的是北京话。

乙　是呀。

甲　可是外埠观众也听得懂，因为我们说的北京话，接近普通话，不
　　是北京土话，是精炼的北京话。经过了提炼，经过了加工，并且，
　　经过了消毒！

乙　消毒？

甲　啊。

乙　语言里有什么毒哇？

甲　你不懂语言学，在一九五一年六月份《人民日报》发表了一篇社
　　论：《正确使用祖国的语言，为语言纯洁和健康而奋斗》。既然有
　　不纯洁和不健康的，就有有毒素的。

乙　噢。

甲　我们的话（对观众）您放心听，管保中不了毒！

乙　中毒？那哪儿能啊？相声的台词儿语言得精炼。

甲　相声语言的特点就是短小精悍而逻辑性强。

乙　哎。

---

　　* 又名《南腔北调》。

甲　地道的北京土话说起来啰唆，什么名词、副词、代名词、感叹词用得太多！

乙　那您举一个例子，啰唆的北京土话怎么说？

甲　比如说，哥儿俩，住在一个院里，一个在东房住，一个在西房住，夜间都睡觉啦，忽然那屋房门一响，这屋发觉啦，两个人一问，一答，本来这点儿事讲几个字就能解决，要用北京土话能说得啰里啰唆一大堆！

乙　那怎么说？

甲　那屋房门一响，这屋发觉啦。"哟嗬！"

乙　"哟嗬？"

甲　啊！先来感叹词。

乙　好嘛。

甲　"哟嗬！那屋'咣当'一下子，黑更（jīng）半夜，这是谁出来啦？一声不言语，怪吓人的！"

乙　嗬！这一大套。

甲　回答得更啰唆啦："啊，是我，您哪，哥哥，您还没歇着哪（睡觉的意思）？我出来撒泡尿。没有外人，您歇您的吧，您甭害怕，您哪。"

乙　这是比那个啰唆。

甲　这位还关照他哪："黑更半夜的穿上点儿衣裳，要不然冻着可不是闹着玩儿的，明儿一发烧就得感冒喽。"

乙　嗬！

甲　"不要紧的，哥哥，我这儿披着衣裳哪，撒完尿我赶紧就回去，您歇着您的吧，有什么话咱们明儿见吧，您哪。"

乙　这够多少字啦？

甲　三百多字。要用精炼的北京话说这个事，把它分成四句话，用十六个字。

乙　一句话用四个字？

甲　哎。

乙　您说说。

甲　那儿屋门一响，这儿发觉啦。"这是谁呀？"

乙　嗯，四个字，

甲　回答也四个字。"是我您哪。""你干吗去？""我撒泡尿。"

甲　嗯！这省事多啦。

甲　还有比这省事的呢。

乙　哪儿的话？

甲　山东话。同是四句话用十二个字就行啦。

乙　噢，三个字一句？

甲　哎，那儿屋门一响，这儿发觉了一问：（学山东话）"这是谁？"

乙　嗯，三个字。

甲　回答也是三个字。（学山东话）"这是我。""上哪去？""上便所。"

乙　这是比那省事。

甲　嗯！还有比这省事的。

乙　哪儿的话？

甲　上海话，也是四句话。

乙　用多少字？

甲　八个字。

乙　两个字一句。

甲　那儿屋门一响，这儿发觉一问：（学上海话）"啥人？""我呀。""啥
　　（事）体？""撒尿。"

乙　嘿！有意思，这真省事。

甲　不，还有比这省事的哪。

乙　哪儿的话？

甲　河南话。

乙　用几个字？

甲　四个字。

乙　一个字一句？

甲　哎。

乙　怎么说？

甲　那儿屋门一响，这儿发觉了一问：（学河南话）"谁？""我。""咋？""溺！"

乙　嗬，这也太省事啦！

甲　不，还有比这省事的。

乙　哪儿的话？

甲　哑巴！

乙　废话，哑巴不算，您说的是各地的方言。

甲　是呀，各地有各地的方言，各地有各地的艺术。

乙　对。

甲　说相声就得用北京话。

乙　那是，相声是北京的土产嘛。

甲　哎，可是不归土产公司卖。

乙　卖？这是地方剧的一种。

甲　北京地方的戏曲，相声、单弦儿、京戏。

乙　京戏，就带着地方名儿哪。

甲　京戏的唱、念，除了有几个字上口，大部分是北京音，他不管剧中人是什么地方人，也得北京味儿，比如《空城计》——

乙　主角儿是诸葛亮。

甲　一念白是这味儿："我把你这大胆的马谡哇，临行之时，山人怎样嘱咐与你，叫你靠山近水，安营扎寨，怎么不听山人之言，偏偏在这山顶扎营，只恐街亭难保。"

乙　嗯！是北京味儿。

甲　本来诸葛亮不是北京人。

乙　是呀，山东人。

甲　山东诸城。山东人说话什么味儿？都这味儿：（学山东话）"喂！我说老张，你上哪儿去啦？""哎！我上北边儿。""你上北边儿干什么去啦？""上北边儿那个地场找个人。你没事吗？咱一道去耍吧。"

乙　对！这是山东话。

甲　你听京戏，一点儿山东味也没有。

乙　那是怎么回事？

甲　这么唱就不好啦：诸葛亮坐大帐，拿起令箭一派将（学山东话）："我说马谡哪去啦？"

乙　对！

甲　（学山东话）"马谡听令。""是。"

乙　噢！也这味儿？

甲　（学山东话）"叫你去镇守街亭，你可敢去呀？""丞相你说什么？不是镇守街亭吗？小意思，没大关系，告诉你说吧，交给我你就赚好儿吧！""马谡我告诉你说，那街亭虽小关系重大！街亭要是一丢，咱们大家全都玩儿完啦！"

乙　这像话吗？

甲　京戏没有这样唱的。

乙　这样唱就不能叫京戏啦。

甲　是呀，它不管剧中人是山东的、山西的，全得北京味儿。

乙　是呀，剧中人也有山西人哪。

甲　啊！关云长就是山西人，在京戏上出现就一点儿山西味儿也没有，比如唱《古城会》——

乙　关公戏。

甲　唱〔吹腔〕："叫马童，你与爷忙把路引，大摇大摆走进了古城。"

乙　对，完全是京字京味儿。

甲　念白也是这样："马童，抬刀备马。"

乙　有劲！

甲　可是山西人说话没有这么硬。山西话好听。

乙　山西话什么味儿？

甲　山西话这味儿：（学山西话）"老王！你上哪儿啦？工作很好吧？没有事到我家去吃饭吧。"

乙　对，是这味儿。

甲　京戏演关云长要这味儿也不行啊。

乙　怎么？

甲　关云长一叫板这味儿：（学山西话）"马童，抬刀备马，咱们一块儿走吧。"

乙　嘻！京戏没有这样唱的。

甲　地方戏都有地方色彩和方言。

乙　对。

甲　北方的地方戏，北方人都听得懂。

乙　南方的地方戏呢？

甲　那得看他用什么话演啦，要是用官话演，北方人就听得懂，用纯方言演戏，北方人就听不懂。我在上海时候有几种戏，我就听不懂。

乙　怎么？你不懂上海话？

甲　我刚到上海的时候净误会。

乙　怎么？

甲　人家说话我不懂啊，到理发馆去刮脸洗头，敢情名词不一样。

乙　刮脸怎么说？

甲　修面。（学上海话）讲上海话，修面。

乙　"修面"。洗头啊？

甲　你一听就得害怕，叫"汰（音近似打）头"。

乙　（误会汰为打）打头？

甲　哎！洗什么东西都说汰。咱们说洗一洗，上海话说汰一汰。

乙　洗什么东西都叫打？

甲　啊。

乙　比如说洗洗手绢儿？

甲　（学上海话）"汰汰绢头。"

乙　嗯？

甲　"汰汰绢头。"

乙　嗯。洗洗大褂儿？

甲　（学上海话）"汰汰长衫。"

乙　（没听清）打？……

甲　"长衫。"

乙　嗯。洗洗袜子？

甲　（学上海话）"汰汰袜（音近似麻）子。"

乙　嗯？

甲　"汰汰袜子！"北方人麻子一听就得跑！

乙　怎么？

甲　要打麻子啦！

乙　听着是像。

甲　我在上海的时候，到理发馆去刮脸，因为把话听误会啦，闹了一
个笑话儿。

乙　怎么？

甲　我到理发馆，"你给我（指自己脸）刮刮。"

乙　你干吗比画呀？

甲　我怕他听不懂我的话。

乙　结果呢？

甲　人家乐啦！（学上海话）"好格，侬坐下来。"

乙　嗯？

甲　我说，"我是在屋里呀？"（学上海话）"勿是，是要侬坐下来！"

乙　什么话？

甲　让我坐下。

乙　这话是不好懂。

甲　是呀，我坐下他给我刮脸，刮完脸他指着我的脑袋问我：（学上海话）"喏！侬汰一汰好吗？"

乙　（惊愕）怎么，要打你？

甲　我想解放后不准打人啦，（怀疑地）怎么刮刮脸还得打我一顿？

乙　你可以问问他呀。

甲　我问啦。我说："你是就打我一个呀，还是来这里的客人都打呀？"

乙　他说什么？

甲　（学上海话）"一样格，通通汰格。"

乙　啊！通通打？

甲　我一想通通全打，咱也别给破坏这制度哇！

乙　啊？

甲　（无可奈何地）打吧！

乙　打……

甲　给我洗头、吹风，完了拿过镜子一照："好啦呀！"

乙　好啦？

甲　我说，你怎么不打我啦？（学上海话）"汰过啦。"

乙　打过啦？

甲　（迟疑）我怎么一点不疼呀？（向乙）你说这个误会多可笑哇！

乙　不懂方言是得误会。

甲　这还不要紧，这只是生活中的问题。若是在工作中产生误会，那不知要多大的损失呀。

乙　是呀，那可糟糕啦。

甲　中国人说的话，中国人听不懂。

乙　你说这是怎么回事呢？

甲　这是因为中国地大人多，旧中国的经济落后和长时期的封建割据，交通不便，所以才有这个现象。

乙　嗯。

甲　现在好啦，中国空前的统一了，经济繁荣啦，交通也便利啦。山南海北的人能在一个岗位上工作。

乙　那也不行啊，说话彼此不懂怎么办呢？

甲　所以现在提出现代汉语规范化问题呀，为了汉字将来走向拼音文字的道路，现在提倡以北方话为基础，以北京音为标准的普通话。将来大家都学会了普通话就好啦。现在广播电台上说的这种话，就是普通话，这又好听，又好学。

乙　将来要是都说普通话那可好啦。要不然都说方言多困难哪！你说话我不懂，我说话你不懂。

甲　是呀，过去我看地方戏我就有这样感觉，越剧多好哇？

乙　是好哇。

甲　你听不懂词也是没意思。

乙　哎，到北方来的越剧团我听得懂啊。

甲　到北方来的越剧团已经不完全是绍兴方言啦。有的用官话啦。

乙　官话。

甲　就是以北方话为基础，以北京语音为标准的普通话。

乙　噢。

甲　要用绍兴方言唱，你就听不懂啦。

乙　是吗？

甲　我唱几句你听是什么词儿。

乙　好！你唱唱。

甲　你听着啊：（用绍兴方言唱）"天花传布快如飞，传到东来传到西，空气之中能散布，一经染到便难医。"你说我唱的是什么？

乙　我不知道。

甲　你为什么不知道？

乙　我……我不知道就是不知道。

甲　因为你不懂绍兴方言。

乙　哎，对啦。

甲　还有一种苏州的曲艺，叫弹词。

乙　弹词我知道哇。

甲　你不懂苏州话，唱词就很难懂。

乙　你唱几句试试。

甲　咱们这儿北方人多，我要唱，我得先用普通话把词儿介绍一下。

乙　对。

甲　我学两句《林冲发配》请大家注意！您要有日记本儿，最好是您把它写下来。

乙　啊？听相声还得记录？

甲　（对观众）能记录的尽量记录，听完了以后咱们分组讨论。

乙　啊？这又不是听报告，没必要讨论！

甲　噢！（对观众）那听完以后就自由活动吧。

乙　这不是废话吗。

甲　我唱林冲发配，刚一出东京那两句。

乙　什么词儿？

甲　"可恨高俅用毒谋，害得我披枷戴锁配沧州。"北京人学苏州话还很费劲，口型都得变了才像苏州音。

乙　好！你唱唱。

甲　（学唱弹词）"可恨高俅，"

乙　（听见不是"俅"字，忙问）哎，俅字儿？

甲　（讲苏州话）不是，俅。（继续唱）"用毒谋。"

乙　谋哇？

甲　（全用苏州话）不是，谋。"害得我披枷戴锁配沧州。"

乙　州哇？

甲　（全句用苏州话）不是，州！

乙　嗬！可真费劲。

甲　北方人学苏州话难，苏州人学北方话不难。

乙　是吗？

甲　弹词演员都会说普通话。他们表演的时候有苏白，有京白，他们念的京白就是普通话。

乙　噢，那么唱呢？

甲　唱，是用苏州方言，地方色彩嘛。你要唱京戏用苏州话念白，准不好听。

乙　人说苏州话好听啊。

甲　那说的是苏州人讲话好听，不是说用苏州话唱京戏。

乙　噢。

甲　苏州人说话是好听。有一回我在路上走，旁边儿有两个女同志说话儿，我一听是苏州话，真好听！

乙　你学学怎么说的？

甲　（用苏州话）"你到啥地方去？""大马路白相白相。""到我此地来吃饭好呀？""我勿去格。"

乙　是好听。

甲　可是要用苏州话唱京戏念白准不好听。

乙　是吗？

甲　比如唱《朱砂痣》。

乙　老生戏。

甲　老生叫板有这么一句道白："丫鬟掌灯，观看娇娘。"这句词儿用北京话说没有大的变化，丫头拿灯来看看娇娘。

乙　是呀。

甲　这句白要用苏州话念，字音满变啦。

乙　噢，丫头，苏州话怎么说？

甲　丫头？

乙　啊。

甲　（用苏州话）丫头。

乙　（没听清）乌豆？

甲　不是乌豆，丫头。

乙　这是叫丫头呢？

甲　对啦。

乙　掌灯怎么说？

甲　（用苏州话）拿一只灯火来。

乙　拿一只灯火来。看看？

甲　（用苏州话）看看！用京白念出来好听：（学京戏道白）"丫鬟掌灯，观看娇娘。"

乙　对，是这味儿。

甲　要用苏州话念，这句白准不好听。

乙　什么味儿？

甲　（用苏州话）"丫头你拿一只灯火来我看看小娘子啥格面孔啊！"

（侯宝林整理）

串　调

甲　听说京戏您唱得不错呀？

乙　我可唱不好，嗓子也不行了。

甲　过去您学过啊？

乙　过去倒是学过。

甲　也唱得不太好？

乙　嗨，简直就是唱不好。

甲　这么说您还不如我，我唱得好。

乙　噢，您能唱？

甲　哎。

乙　您唱哪工啊？

甲　老生啊。

乙　噢，老生。

甲　您看长这相就像老生。

乙　啊？老生都这模样儿吗？

甲　干吗这模样啊？这条件儿，您看哪！这么说你外行。

乙　啊？

甲　脸长。

乙　噢。

甲　上边勒上包头网子，这儿戴上胡子，您看没有？还这么一大块呢。

乙　噢，长瓜脸儿。

甲　你短脸不行了，脑袋小脸短，勒上包头网子到这儿，戴上胡子到这儿，中间剩这么一块儿了。

乙　当间没地方了。

甲　老生漂亮。

乙　老生也不大一样啊，分派嘛。

甲　对。

乙　你瞧，有余派，有马派，有谭派，有麒派。

甲　对。

乙　这么四大派。

甲　四大须生。

乙　哎。

甲　说得对。

乙　您是哪派？

甲　我是……全派。

乙　哎……全派？哪儿有这么个全派呀？

甲　哪派全行。

乙　噢，您是哪派全行？

甲　哎，所以叫全派。

乙　多才多艺呀！

甲　各派都有他的拿手戏。

乙　都有拿手戏。

甲　都有他的特点。

乙　哎，不错。

甲　我完全掌握了，所以叫全派。

乙　噢，是，是。掌握人家特点。

甲　对。

乙　全派老生可不好唱。

甲　当然了，全派好。

乙　这余派老生啊，还很少啊，过去呀就是杨宝森……

甲　宝森。

乙　对，唱这个余派老生。

甲　怎么样？

乙　好。

甲　好啊？

乙　啊。

甲　跟我一样。

乙　噢，跟您一样？

甲　哎，我们在一块儿学的。

乙　是啊？

甲　他叫宝森。

乙　宝森。

甲　我叫宝林。

乙　噢，您都是宝字儿的？

甲　还都是木字儿的。

乙　木字儿？

甲　我这边是二木林哪。

乙　您这是二木林。

甲　他那森哪不是三个木吗？

乙　哎！对对对。

甲　我们俩差不多吧？

乙　是，是。

甲　我所比他差一点儿的就是在木材上节约一点儿。

乙　节约木材呀！

甲　这个余派呀，他是学余叔岩那一派。

乙　是啊。

甲　所以叫余派。

乙　对呀。

甲　但是他又有他的创造。

乙　哎，不错。

甲　根据他那条件，他的嗓子没有余叔岩嗓子那么好。

乙　对。

甲　就那么条破嗓子，您要听全部的《伍子胥》哪句都好，那一出戏多少唱儿啊！

乙　唱儿多了。

甲　有的时候你替他担心这嗓子能唱得下来吗？哎，一直听到了，让您满意。

乙　还是的。

甲　韵感强。

乙　哎。

甲　每一个字不是直截了当，吧！出来了。

乙　不是。

甲　韵味厚。

乙　噢，韵味厚。

甲　您比如说那个《洪羊洞》。

乙　《洪羊洞》。

甲　这出戏是我给他说的。

乙　噢，您给说的？

甲　我……我教的。

乙　啊。

甲　"散板"最难唱，您比如说这点儿吧。

乙　哪点儿？

甲　（唱）"见骸骨啊不由人泪双流哇，今日才见亲骨肉，叫家院供奉二堂口，再与老军说从头。"

乙　嗯，好。

甲　差不多吧？我这主观感觉是差不多的。

乙　你甭客气，您唱得还是真不错。

甲　是不是？

乙　哎，挺好。

甲　起码比您好。

乙　您别比我呀！

甲　余派不好唱。

乙　余派是不好唱，那么马派哪？

甲　马派又一个特点，跟他这个唱法不同。

乙　不一样。

甲　从他的音质、音量和他的发音方法看也不一样。

乙　噢。

甲　马连良他主要是靠这个地方唱。

乙　哪儿？

甲　这儿这儿，这儿，脑门儿。

乙　行行行啦，唱戏用的是嗓子，哪有使这脑门子这儿唱的这是？

甲　不懂吗？比如这么说吧。

乙　怎么说？

甲　您这个口腔它是个喇叭口，嗓子是个喇叭嘴儿，你光有这个不行，它还有通过鼻腔共鸣、脑腔共鸣。

乙　噢，是喽，这我倒不懂。

甲　您看这唱戏，共鸣是最要紧的。

乙　噢。

甲　你看唱戏念白他跟普通人说话有不同。

乙　怎么不同？

甲　他把每一个字都拉长音。

乙　噢，拉长了。

甲　所以共鸣他就特别需要。

乙　是啊。

甲　你比如说吧，这么两句吧。

乙　哪么两句？

甲　"向阳门第春常在，积善之家庆有余。"

乙　哎，这是这么一副对儿。

甲　人说话的时候显不出来共鸣有多大用。

乙　噢。

甲　你一上戏韵，共鸣就有用了（念白）"向阳门第春常在，积善之家庆有余！"

乙　对。

甲　一般人管它叫鼻音，就是鼻腔共鸣。

乙　不错，鼻音。

甲　很重要。

乙　是。

甲　唱戏没鼻子不行。

乙　哎……啊！没鼻子还唱戏哪？

甲　是有鼻子没鼻子眼儿也不行。

乙　哎，得有鼻音。

甲　就是嘛，有的那个人鼻音就不好。

乙　啊。

甲　所以唱戏就不行。

乙　那是啊。

甲　他没鼻音，他念出来不好听啊！

乙　对呀。

甲　那什么味儿呀（学不用鼻腔）"向阳门第春常在，积善之家庆有余。"

乙　哎，行了行了，这还唱戏哪？

甲　就是啊，不好听。

乙　是不好听。

甲　您看这马派唱，他用这个地方。

乙　噢，脑腔共鸣。

甲　真假声结合起来，您比如说《三娘教子》。（学唱）"见三娘她把那杼头割断哪……"听这声音它不是直接就出来了。

乙　怎么样啊？

甲　到嘴边儿，鼻子这块儿的共鸣，上部的共鸣再反映出来。

乙　噢，得绕好几个弯儿，这音才发声出来。

甲　是马派的特点嘛。

乙　对，马派、这个马派也不好唱啊。

甲　是嘛。

乙　谭派？

甲　谭派，谭派又是一种唱法。

乙　又一种了。

甲　哎，谭派那嗓子脆。

乙　对。

甲　高腔不怕，多大的高腔，那字儿出来都是那么响亮。

乙　哎，唱得还不费劲。

甲　你比如说《战太平》。

乙　哎，那是武老生戏。

甲　（学唱）"哗啦啦大炮一声响，血淋淋的人头滚道旁。""滚道旁！"瞧这句，啪！就出来了。

乙　声音特别的脆。

甲　那字那么响。

乙　哎，响，这是谭派。

甲　对。

乙　在北方这几派经常唱。

甲　常唱嘛。

乙　您要听麒派啦，久占江南。

甲　戚派？

乙　麒派。

甲　上海？

乙　上海。

甲　对，对，上海喜欢听戚派。

乙　喜欢听麒派。

甲　我那次去上海的时候，戚派正唱呢。

乙　正唱什么戏呢？

甲　《玉堂春》。

乙　《玉堂春》？

甲　啊，他去那苏三嘛。

乙　去谁？

甲　苏三哪。

乙　去苏三？

甲　哎，唱法跟北方是不同，你比如说起解十恨那点儿吧，北方是这样唱。

乙　怎样唱？

甲　（学唱）"我心中只把那爹娘恨，他不该将亲女图财卖与了娼门哪！"是这味儿不是？

乙　啊，是这么唱啊。

甲　戚派唱她就不这味儿了。

乙　麒派那怎么唱啊？

甲　是这么个味儿。

乙　您学学。

甲　（学唱越剧）"一恨爹娘心太狠，他不该将女儿卖入娼门……"

乙　哎，您等等吧，您说这是麒麟童吗？

甲　这是戚雅仙。

乙　戚雅仙哪！

甲　哎，越剧唱得不错啊。

乙　……谁说越剧啦，咱们不是说京戏吗？

甲　京戏？那你说周派周信芳我就知道了，你说戚派，我想起戚雅仙来了。

乙　他那艺名不是叫麒麟童吗？

甲　是啊……你不知道，我这肚子里戏多。

乙　戏多怎么了？

甲　我这……什么调子都有，我这人唱戏就有这么个优点。

乙　什么优点？

甲　这调子时常它就串门儿。

乙　串门儿！那还叫优点哪？您学哪派您得掌握哪一派呀。

甲　啊，您说学周老？

乙　哎，周信芳。

甲　我最喜欢唱他那《斩经堂》。

乙　那是老戏呀。

甲　人家做戏呀，那叫真狠，那个感情真足。

乙　哎，稳准狠。

甲　有人说他嗓子不好，其实当初嗓子好极了。

乙　噢。

甲　要是不好能唱"高拨子"？

乙　说得是嘛。

甲　能唱〔吹腔〕儿？

乙　对呀。

甲　那《斩经堂》，他母亲给他一把宝剑：把你的老婆杀了去。

乙　对。

甲　他的老婆是王莽的女儿嘛。

乙　是啊。

甲　王兰英嘛。

乙　对。

甲　他一听说这个话，唱那几句〔高拨子〕。您听听这个。

乙　啊，怎么个调儿？您来来。

甲　（学唱）"从空降下无情剑，斩断夫妻两离分，含悲忍泪经堂进，到经堂去杀王兰英。"呛！

乙　哎，有劲儿哪！

甲　还有杀那点儿。

乙　噢，经堂里头了。

甲　哎，那一大段〔碰板〕儿你听起来更有劲儿。

乙　那段〔二六〕。

甲 就那点儿。（学念白）"公主莫跪，你先起来……"

乙 "多罗"！

甲 （学唱）"见公主……"

乙 （伴奏）地根儿隆根儿隆。

甲 （学唱）"……休要跪，你休……"

乙 （伴奏）噔根儿地根儿隆。

甲 （学唱）"……要哭……"

乙 （伴奏）噔根儿里根儿隆根儿隆。

甲 （学唱）"听本宫……"

乙 （伴奏）里根儿隆根儿隆。

甲 （学唱）"……从前事，细呀对……"

乙 （伴奏）噔根儿隆根儿隆。

甲 （学唱）"……你呀说……"

乙 （伴奏）嘟……里根儿隆。

甲 （学唱）"千错……"

乙 （伴奏）噔根儿里根儿隆。

甲 （学唱）"……万错，（转越剧）我的呀错，千对，万对，是你对……"

乙 你怎么又串门儿去了！

（侯宝林　郭启儒演播稿）

改 行 *

甲　现在艺人可跟过去不一样了。

乙　是啊！在过去有很多的艺人不认字，现在文化普及，差不多的艺
人都有文化。

甲　过去的艺人能创作的太少了，大部分的艺人就能表演，很少见艺
人成为作家。

乙　现在也没有哇。

甲　有？

乙　谁呀？

甲　我。

乙　你不是演员吗？

甲　我不仅仅是个演员，我也是个作家。

乙　噢，你是作家？

甲　您不大注意，我净在家里坐着！

乙　噢！这就叫作家呀？你得能创作！

甲　是啊，我也能写点儿东西，现在不但是我能写作，大部分艺人都
能写作。条件好啦，艺人的政治、文化都提高啦，生活好啦，跟
过去不同。过去一个艺人赶好几家场子，一天忙到晚，回家一算

---

*　《改行》的前身即传统相声《八大改行》，钟子良编写。《八大改行》经过相声演员们
不断加工，作品中戏曲、曲艺艺人被迫改行和从事的行业很多。如：京剧花脸演员金秀
山、何桂山卖馄饨、卖西瓜；老生演员刘鸿声、孙菊仙卖馒头、卖豆汁儿、卖硬面饽饽；
武生演员李吉瑞、瑞德宝卖包子、拉人力车；青衣演员陈德霖卖鲜花、晚香玉；老旦演
员龚云甫卖青菜；莲花落演员抓髻赵卖切糕；梆子老生演员小香水（女）卖酸梅汤；评
戏演员白玉霜（女）缝穷；京韵大鼓演员刘宝全卖粳米粥等。

一天的收入，就够买两棵白菜的。

乙　生意太坏啦。

甲　生意并不坏。哪家场子都满座儿。

乙　那应该多赚钱哪！

甲　净是不买票的，摇头儿票。

乙　什么叫摇头儿票哇？

甲　查票的下去查票，"先生，查票啦！"嗯。（做摇头状）

乙　这是什么意嗯？

甲　完啦！这就是表示没有，我不买票。

乙　噢！连话都不说。

甲　他不说话还好点儿，他一说话你更倒霉啦。

乙　怎么？

甲　你瞧："先生，查票啦！""喂！这都是我带来的。"

乙　噢！都不买票？

甲　你说艺人多倒霉！我们这一代的艺人虽然受了很多的苦，总算我
　　们盼望的日子来到啦。自从解放，艺人也得到了翻身，往后的日
　　子一天比一天的好。

乙　实在。

甲　我们那些前辈艺人才冤哪！

乙　是呀。

甲　他们受了一辈子苦，一天好日子没赶上就死了。那会儿有名的艺
　　人都得进宫当皇差。

乙　就是给皇上唱去。

甲　皇上比谁都大，说话就是旨意。谁都管着。

乙　是啊，皇上嘛。

甲　他就是统治者。要赶上他高兴还好，唱完了赏点心，你还得去谢
　　恩，磕九个头，吃块绿豆糕。

乙　那要赶上他不高兴哪？

甲　也许把你发了！

乙　发了？

甲　发往边疆。

乙　犯什么罪啦？

甲　不讲理！专制嘛！

乙　这叫什么事！

甲　不要说皇上家，给一般达官、贵族、做官的人家唱堂会戏，你也
　　得特别小心，进门儿得先问您这儿忌什么字儿。

乙　忌字儿？

甲　啊！像什么杀呀，死呀，亡呀，都不许说。大鼓有段《战长沙》
　　就得改名儿叫《关黄对刀》。

乙　《战长沙》的"沙"字儿也不让说？

甲　你要说错了一个字儿，马上就要把你押起来！

乙　那说相声的怎么办哪？

甲　困难啦，什么话都不敢说，上场非常小心。

乙　嗬！

甲　"咱们两人说段相声，咱们得卖力气。"

乙　对！

甲　"谁要不卖力气谁是小狗子。"

乙　这话没错儿。

甲　坏啦，老爷生气啦。

乙　怎么？这话没错儿呀！

甲　他小名儿叫"狗子"。

乙　这谁知道哇！

甲　艺人就是倒霉。这还不算，艺人平常就吃不饱，再一歇工，就得
　　挨饿！

乙　干吗歇工啊？

甲　赶上皇上斋戒忌辰，或是皇上出来祭坛，你都得歇工。你没饭吃
　　他不管。

乙　那年头儿没有穷人的活路儿。

甲　有这么一年艺人最倒霉。

乙　哪年？

甲　光绪三十四年，皇上死啦。

乙　死啦就死啦吧。

甲　唉，那年头儿要是这么说，你就有欺君之罪。

乙　那说什么呀？

甲　你得说皇上驾崩啦！

乙　什么叫驾崩啦？

甲　驾崩……大概就是驾出去把他崩^①喽！

乙　不对吧？大概是个好的形容词。

甲　啊，对啦。

乙　皇上死了与艺人有什么关系？

甲　国服哇。

乙　噢，断国孝？

甲　天下不准见红的，人人都得挂孝。男人不准剃头，女人不准穿红衣服，不准擦红粉，连头绳儿都得换蓝的。

乙　那干吗呀？

甲　表示挂孝。

乙　嗬！

甲　那年头儿连卖菜的都受限制。

乙　卖菜的受什么限制？

甲　卖油菜、白菜、扁豆、黄瓜行；卖红萝卜不行。

乙　那有什么关系？

甲　红东西不准见。

乙　那是天然长的。

甲　你要卖也行啊，得做蓝套儿把它套起来。

乙　嗬！

甲　那年头儿吃辣椒就有青的。

乙　红的哪？

甲　见不着，谁家种了辣椒一看是红的，赶紧摘下来。

乙　怎么不卖呀？

甲　不够套儿钱！简直这么说吧，那年头儿连酒糟鼻子、赤红脸儿都不能出门儿。

乙　那天生长的他也管？

甲　啊，我大爷就是酒糟鼻子，出去买东西啦，看街的过来，啪！就给一鞭子："你怎么回事？"

乙　打完人还问怎么回事？

甲　"我没事呀……""你不知道国服吗？""我知道，我没剃头哇。""没问你那个，你这鼻子怎么回事？""鼻子红点儿，天生长

---

① 崩，指枪毙。

的，不是我捏的。""这色就不能出门儿。""不行啊！我们家里没有人买东西啊！""你要出来也行啊，把鼻子染蓝了！"

乙　染鼻子？

甲　那怎么染哪？把脸弄蓝了那更不敢出去啦。

乙　怎么？

甲　成窦尔敦啦！出去碰见黄天霸非打起来不可！

乙　那就唱《连环套》啦！

甲　很多名艺人都改行啦。

乙　谁改行啦？

甲　唱大鼓的刘宝全老先生，唱得多好啊！

乙　是啊。

甲　那年头禁止娱乐，他没办法，他改行了。

乙　他干吗去啦？

甲　卖粥去啦。

乙　卖粥？

甲　粳米粥，带点儿煎饼、馃子、烧饼、麻花儿。

乙　卖粥得会吆喝。

甲　吆喝他不会，他会唱大鼓哇，他把他所卖的东西看了一下，编了一套词儿，合辙押韵。这么一吆喝，跟唱大鼓完全一样。

乙　唱大鼓得有鼓哇！

甲　他拿粥锅就当鼓。

乙　砂锅当鼓。还得有打鼓的鼓箭子哪！

甲　拿粥勺当鼓箭子。

乙　板？

甲　拿一套儿烧饼馃子当板。

乙　嘿！真能对付！

甲　（学三弦过门）（唱）"吊炉烧饼扁又圆，油炸的麻花脆又甜，粳米粥贱卖一子儿一碗，煎饼大小你老看看，贱卖三天不为把钱赚，所为是传名我叫刘宝全。"咚……哗啦！

乙　怎么啦？

甲　砂锅碎啦！

乙　要不怎么说外行干什么也不行。

甲　那年头儿挤对得没法呀。

乙　所以才改行。

甲　不但唱大鼓的改行，唱京戏的老先生也有改行的。

乙　哪位!

甲　唱老旦的 ×××，那老旦唱得多好啊! 那年头儿没饭吃，改行吧。

乙　干什么去啦。

甲　卖青菜。

乙　卖菜也不容易呀。

甲　是啊，头样儿说，得有力气：一挑儿菜二三百斤，挑起来得精神。不但人精神，连菜都得精神。

乙　菜精神?

甲　内行卖菜由市上买来，用水把泥土冲下去，下街再卖。

乙　噢。

甲　这得会吆喝，北京卖菜的吆喝好听。十几样菜一口气儿吆喝出来（学叫卖声）"香菜，辣青椒哇、沟葱、嫩芹菜呀，扁豆、茄子、黄瓜、架冬瓜、买大海茄子、买青萝卜红萝卜嫩芽的香椿啊，蒜儿来好韭菜!"

乙　嗬! 这一大套。

甲　这是内行，× 老板他是外行，早晨起来到市上来几样菜，挑着挑子走在街上这样儿。（学老旦台步）

乙　怎么这样儿走哇?

甲　台上走惯啦，遛了半天没开张。

乙　那怎么回事哪?

甲　人家不知道他给谁送去。

乙　对呀! 卖菜的不吆喝哪儿行啊。

甲　后来他一想，不吆喝不行啊，把自己所卖的菜看了一下，编了几句词儿，合辙押韵，一叫板"唉!"台台台另台另台。（小锣〔风点头〕）

乙　嘿! 卖菜的打家伙!

甲　（唱〔二黄散板〕）"香菜、芹菜、辣青椒，茄子、扁豆、嫩蒜苗，好大的黄瓜你们谁要，一个铜子儿拿两条。"

乙　这卖菜的可真新鲜。

甲　这么一吆喝，真的出来一个买主儿。

乙　啊。

甲　出来一个老太太。"卖黄瓜的过来，买两条。"

乙　哎，真开张啦。

甲　北京老太太买黄瓜麻烦。

乙　怎么？

甲　拿起黄瓜，掐一块尝尝。

乙　干吗呀？

甲　不甜她不要。老板一想，卖两条黄瓜能赚多少钱？

乙　那也得卖呀！

甲　卖吧。把挑子一放，一摸肩膀儿，这个痛啊！他把《遇后》的叫板想起来了"唉！苦哇！"老太太一听："噢！黄瓜苦的，不要啦？"

乙　这不是倒霉吗！

甲　要不怎么说是外行呢。还有一位唱花脸的也改行啦。

乙　哪位？

甲　×××，那花脸唱得好哇！

乙　好。

甲　没饭吃，也改行啦。

乙　他卖什么去啦？

甲　卖西瓜。

乙　那也不容易啊！

甲　是啊！内行卖西瓜得有个手车儿，找个墙根儿一顶，上面搭着板子，用蓝布一罩，用草圈儿把西瓜垫起来，选个最好的切开摆着。切西瓜的刀是一尺多长，二寸多宽，把西瓜一切两半，把脑门儿这半块，垫个草圈码到上边儿，这半个改成四块，拿起一块儿，再切成五小块儿。

乙　这可要手艺啊。

甲　切的时候拿刀蘸点凉水。

乙　对，别把瓤刮掉了。

甲　西瓜摆那儿让人家一看，块儿大，瓤儿高。

乙　漂亮。

甲　拿把扇子轰苍蝇，吆喝得好听。

乙　你学学！

甲　（学叫卖声）"叫来呗，闹块咧，杀着你的口儿甜咧，两个大咧。叫来呗。闹块尝啊。"

乙　嘿，吆喝得好听啊。

甲　×××是个外行啊。

乙　是啊。

甲　在门口儿买了八个西瓜，把家里铺板搬出来，铺上块单子。

乙　切西瓜刀哪？

甲　没有，拿家里菜刀。

乙　那切出来不好呀！

甲　块儿有大有小。人家卖西瓜都是卖完一个再切一个。

乙　是啊。

甲　他一块儿八个全宰了。

乙　全宰啦？

甲　西瓜满出堆儿啦，应该拿把扇子轰轰苍蝇啊！

乙　是啊！

甲　他不是，攥着刀，唱花脸的架子往那儿一站。走道儿的都不敢过去啦。

乙　是吓人。

甲　走到那儿吓一跳"喂！二哥！瞧！卖西瓜的要跟谁玩命啊？咱们绕着点儿走吧。"胆儿小的都躲开了，胆儿大的都在老远嘀咕："他这是跟谁呀？"

乙　不知道。

甲　"他跟前没有人啊？大概是那门儿里头的。"

乙　瞎猜！

甲　越来人越多。他一想，这些人都爱听我唱，我给他们来几句。

乙　唱花脸？

甲　可是卖西瓜的词儿。一叫板："哼……"那位说："咱们往后点儿吧。"

乙　他怎么唱的？

甲　（学〔西皮摇板〕）"我的西瓜赛砂糖，真正是旱秧脆沙瓤，一子儿一块不要慌，你们要不信请尝尝。"（白）"你们吃呀……"谁敢过来呀！

（侯宝林整理）

卖包子 *

甲　您说这相声儿也都是您自己写作的吗？

乙　啊，这个相声啊，有我们自己写的，也有人家作家写的。

甲　我看您就经常写作嘛。

乙　我是初学呀。

甲　您别客气啦。您写的那些论文和您的杰作，发表了的那个我都看过。

乙　在什么刊物上看见过？

甲　就在那个《中国妇女》。

乙　啊？

甲　不是……啊，《苏联妇女》。

乙　《苏联妇女》呀，我发表的那个全在妇女杂志上啊？

甲　反正甭管什么妇女吧，在哪个本儿上，我看过。

乙　看见过？

甲　看过。您不单是个演员哪，还是个作家。

乙　作家，我可不够哇。

甲　您这是客气。您有一定的水平，又经常写作，那就是作家。

乙　实在不敢当。

甲　大作家。

乙　我还大作家哪？

甲　最近您又写什么啦？

乙　最近哪，什么也没写。

甲　噢，最近什么也没写？

---

*　本篇系据传统相声《八大改行》的部分内容整理加工的，参见第403页《改行》的题解。

乙　没写。

甲　那也算作家。

乙　那算什么作家？

甲　净在家里坐着！

乙　坐着呀！我得那么个"作家"呀！

甲　其实呀，咱们都是初学写作，离作家的水平差得很远。

乙　这倒是实话。

甲　我们在解放以后才学的文化嘛。

乙　可不是。

甲　现在还不错。

乙　您什么文化程度哇？

甲　我呀？初中四年级。

乙　别说啦！没有这么个初中四年级。

甲　这是实际情况。我上初中，你上小学四年级。

乙　搁一块儿啦？

甲　对，解放以前没念过书，小时候我们家穷，甭说念书，连看念书的权利都没有。

乙　连看念书的都没看见过。

甲　我小的时候，刚懂事儿就帮着家里过日子，捡煤核儿，人家烧剩下的乏煤，我们去捡。

乙　捡煤渣儿。

甲　有一次我们走在培元小学门口儿，一看人家有钱人家那孩子，上小学都坐汽车。

乙　唔。

甲　念书什么模样儿？没看见过，想进去瞧瞧。刚一进去，来了一个管事的把我们都轰出来了。

乙　连看看都不让？

甲　大概是因为我们穷，恐怕把他们传染了。

乙　那能传染吗？哼！

甲　后来学相声，做艺，还是照样儿受气。

乙　做艺哪儿有不受气的。

甲　穷人在旧社会里怎么着也得受气。您说，我们做艺的整天东跑西颠，就为的这个生活。

乙　为了嘴。

甲　瞎跑扯一天，挣那俩钱儿也不够吃的。

乙　那时候生意也太坏了。

甲　生意也不太坏，你到哪家儿看都客满。

乙　那么，满座儿为什么赚不着钱呢?

甲　买票的主儿少哇!

乙　那倒是。

甲　真正规矩人老实人才买票哪。

乙　唉。

甲　下去查票的那个人最不容易。有几种人你别问，问错了准挨揍。

乙　像什么样儿的人不能问哪?

甲　穿军衣的，别问。

乙　那是那时候的军人，他不买票嘛!

甲　穿马靴的，别问。

乙　穿马靴的怎么啦?

甲　你想，老百姓能穿马靴吗? 一定是个官儿呀!

乙　啊，那么他要是消防队呢?

甲　……那他要不是消防队呢? 你不得挨揍哇!

乙　这倒是，那就麻烦啦!

甲　在日本时期，连穿西服的都别问。

乙　穿西服的是怎么回事?

甲　日本翻译。

乙　好，那更厉害啦。

甲　戴着个牌儿的，你别问。

乙　啊?

甲　你不知道是哪个机关的，不买票。

乙　这也不能问。

甲　有时候来个人儿，戴个牌儿还不戴在外边儿。

乙　怎么样?

甲　戴在兜儿里头，露一点儿边儿。到这儿不买票，还得烟茶招待。白吃白喝白看戏。一连好几天，问了几个人都不知道他是哪机关的。

乙　嗯。

甲　后来仔细一看他那牌儿，这才知道……

乙　哪机关的？

甲　啤酒瓶子盖儿！

乙　嘻！这位是蒙事的呀！

甲　这位是假的。你要是问了真的，你就得挨揍。

乙　那就麻烦了。

甲　下去查票的主儿得眼神好，一看这位，"您这儿……有票吗？"你看那位……查票的一看苗头不对，赶紧往下问："您这儿有票吗？"

乙　这就完啦？不问啦？

甲　他还火儿了哪！"回来！认识我吗？"坏啦，一问这句话，你准得挨揍。

乙　怎么呢？

甲　你没法儿回答，你说什么他都揍你。

乙　你就说认识他呀！

甲　认识？认识我跟我要票？成心给我难看吗？叭！给一个大嘴巴。

乙　这就打人哪？

甲　唉！

乙　那你要是说不认识他呢？

甲　"不认识呀？今儿叫你认识认识！"叭，给一个大嘴巴！

乙　怎么说也是挨揍。

甲　这群家伙们，对欺负人是有多大势力使多大势力。

乙　您说多可恨哪！

甲　旧社会，不论在哪个时期，艺人也得受气。

乙　艺人哪儿有不受气的。

甲　在国民党时期受特务气。日本时期受汉奸的气。

乙　对呀。

甲　"七七事变"以前，受军阀的气。帝制的时候，受那种"皇气"。

乙　什么叫皇气呀？

甲　受皇上的气呀！

乙　皇上？

甲　有名的演员到时候得进宫当皇差，你不知道哪句话就惹出杀身大祸。

乙　您说，这个艺人犯什么罪过了呢？

甲　后来盼着呀，封建皇帝被推翻了，改换了民国。

乙　那就好啦。

甲　谁说的？换汤不换药，还是那一套哇！

乙　还是受气？

甲　没皇上啦，大总统啊！

乙　噢！

甲　袁世凯做总统的时候，有一次，大太子办生日。

乙　大太子。没皇上啦，有大太子呀？

甲　袁世凯的儿子那不就等于大太子嘛！

乙　就那家伙？

甲　仗着他们大人的势力办生日。其实那年他办了四次生日啦。

乙　啊？他怎么办那么些回生日啊？

甲　对啦，他一没钱，他就办生日。他一办生日，那些贪官污吏就给他送礼呀。

乙　他就是为搂嘛！

甲　大摆筵宴。那堂会戏很讲究。

乙　都找的谁呀？

甲　都是有名的演员。在曲艺方面，那天有抓髻儿赵。

乙　噢，唱莲花落的。

甲　好，那天还是什不闲儿带小戏儿。

乙　这戏可更热闹。

甲　什不闲儿这宗玩意儿，开场先得打家伙。

乙　哎，拉架子。

甲　哎，完了是个群唱儿，先唱几句吉祥话儿。

乙　怎么唱呢？

甲　是这样儿唱："一上台来细留神儿。"

乙　啊锵（qiáng）！

甲　（唱）"一边福神儿一边儿喜神儿。"

乙　啊锵！

甲　（唱）"财神儿手拿着摇钱树。"

乙　锵！

甲　（唱）"喜神儿手托着聚宝盆儿。"

乙　锵！

甲　（唱）"聚宝盆儿倒有那金马驹子在。"

乙　啊锵！

甲　（唱）"金马驹子以上还驮着银人儿。"

乙　啊锵！

甲　（唱）"银人儿手拿八个字吧您哪！"

乙　怎么样吧您哪？

甲　（唱）"愿诸位招财进宝日进斗金儿啊！"

乙　啊豆，豆啊，起豆起豆锵！

甲　对。

乙　是这样儿吧？

甲　对。

乙　这是八句的。

甲　要是开场啊，唱《锔大缸》，前边也得来四句。

乙　那怎么唱啊？

甲　是这么唱。（唱）"一上台来喜洋洋。"

乙　啊锵！

甲　（唱）"尊声列位听个端详。"

乙　啊锵！

甲　（唱）"今天不把别的唱啊！"

乙　啊锵！

甲　（唱）"我们俩人唱回《锔大缸》啊！"

乙　啊豆，豆啊，起豆起豆锵！

甲　对。

乙　《锔大缸》。

甲　对。

乙　唱得好。

甲　那天京戏也好。

乙　京戏都是找的北京的名演员吧？

甲　除去北京的名角以外，还派人到上海约来了金少山。唱大花脸的。还有周信芳先生。

乙　嗳！打那么老远来给他拜寿哇？

甲　谁愿意来给他拜寿哇？不来不行啊！正赶上周信芳先生得病。

乙　什么病啊？

甲　过力、受风、重感冒。

乙　噢。

甲　你想，那时候唱戏容易吗？排本戏，一连几天几夜不能睡觉，一个戏里赶仨角儿，腾下工夫儿来还得帮着舞台工作。

乙　你看，那有病就不能来呀！

甲　本想不来，不来不行啊，去的那人厉害呀！你有病？有病也得去唱。赶上大太子办生日的时候你得病，这本身就是有罪。

乙　这得病还得现挑日子？

甲　那年头儿，做艺的连得病的权利都没有。

乙　您说这叫什么事。那天唱的是什么戏呢？

甲　周先生来了以后，唱的是《骂毛延寿》。

乙　噢，唱得怎么样？

甲　唱得好哇！

乙　他不是有病吗？

甲　嗓子不太好，感情足哇！

乙　噢。

甲　《骂毛延寿》哇，他一肚子火儿哪，骂的时候他最有劲儿。结果把大太子给骂火儿啦！

乙　给骂急啦？

甲　"你不是有病吗？啊！有病还这么大劲儿，骂得这么起劲儿。好哇，一个子儿不给！"

乙　啊？唱完了不给钱？

甲　"告诉他们，一年不准他们唱！"

乙　还一年不让周先生唱戏啦？

甲　岂止周先生一个人呀！那天参加的艺人，一年都不准唱。

乙　您说这叫什么事儿呀！

甲　你说，这一年不唱，艺人受得了吗？

乙　那吃什么呀？

甲　当啊，卖啊，后来当卖一空，都改行做小买卖儿啦！

乙　噢，全都改行啦！

甲　啊。

乙　都谁改行啦？

甲　抓髻儿赵！改行啦。

乙　唱莲花落那位？他改行干什么去啦？

甲　卖切糕。

卖
包
子

乙　外行，行吗？

甲　是呀。

乙　外行不容易呀。

甲　人家内行卖切糕有那套家具，有个车子，推着一轱辘车转胡同儿，吆喝很简单："小枣儿切糕！黄米嘞切糕！"这个味儿很简单吧？

乙　很简单。抓髻儿赵他会这样儿吆喝吗？

甲　抓髻儿赵他不吆喝。

乙　他怎么样？

甲　他唱！

乙　唱？

甲　嗯。

乙　唱哪段儿呀？

甲　唱那个……卖切糕。

乙　卖切糕，还没听过哪！

甲　现编的词儿。

乙　他得打家伙呀？

甲　没有锣鼓家伙，打这切糕。

乙　打切糕。

甲　啊。切下一块来搁在这儿，就打这块。（唱）"我的切糕刚蒸得。"

乙　锵！

甲　这怎么意思？变两块啦！

乙　切开啦。

甲　（唱）"枣儿倒比豆儿多。"

乙　锵！

甲　又下来一块。（唱）"谁要吃了我的切糕去呀。"

乙　啊锵！

甲　（唱）"管叫他寿活八十多！"

乙　豆，豆啊，起豆起豆锵！那切糕呢？

甲　满成拨鱼儿啦！

乙　好嘛，全剁烂啦！干什么也不容易。

甲　不容易。

乙　后来周信芳周先生怎么样啦？

甲　也改行啦。

乙　他卖什么去啦？

甲　卖包子。

乙　噢，卖包子去啦！

甲　哎。

乙　那卖包子也不容易，讲究吆喝呀！

甲　卖包子的分两种。

乙　哪两种啊？

甲　一种是专卖包子的，一种是羊肉铺带卖包子的。

乙　噢，这么两种。

甲　吆喝出来也不一样。

乙　您学一学这专卖包子的怎么吆喝。

甲　吆喝"包才"。"包才！好白了哦的面子儿哝！吃点儿包，闹点儿包，尝尝包儿的馅儿呀！"

乙　哎，对对。那羊肉铺卖包子的呢？

甲　小孩儿吆喝好听。"新哎屉儿的，热包儿热的咧，酸面包儿的又热咧！"您听这嗓子多好听，音乐性儿还挺强。

乙　是呀！那周先生他会这样儿吆喝吗？

甲　他不会呀！家里头帮着蒸完了包子，不敢往远处儿去，就在门口儿摆摊儿。

乙　噢，摆个摊儿。

甲　他刚摆上，街坊邻居都认识他呀，大伙儿就把他围上啦。有人就问："喂，周先生，您这是卖什么呀？"他掀开布儿拿出一个包子来：（京剧念白）"嘿嘿，卖包子。"

乙　噢，说话还这个味儿的。

甲　大伙儿说："呦，周先生怎么不唱戏啦？怎么卖包子啦？"有人知道的："少说话啊，少说话。留神！周先生唱戏得罪人啦！"

乙　"噢，得罪谁啦？"

甲　"有势力的那个那个……"

乙　嗯？

甲　还得瞧瞧。

乙　谁呀？

甲　"……得罪那圆子啦！"

乙　圆子？

甲　就是那袁世凯的儿子。

乙　那家伙呀！

甲　大伙儿一想：周先生这么大的艺术家，干这个哪儿行啊！"咱们大伙儿来买吧！"这个买仨，那个买五个，一会儿，包圆儿啦！

乙　全卖啦？

甲　哎，周先生手里就拿着这个。一看大家这种情况，很受感动。

乙　受感动了。

甲　还有的人说："明儿您出来也别往远处去，您就在这儿摆摊儿，我们到时候都来买。"

乙　嘿，挺照顾您。

甲　可是大家买完了包子都不走。

乙　哎，买完了人家怎么不走呢？

甲　有个要求。

乙　什么要求？

甲　"您能不能给我们唱一段儿啊？"

乙　噢，让他唱一个呀，他唱了吗？

甲　唱啦。

乙　唱的是哪出哇？

甲　是……卖包子。

乙　啊，那也是现编的词儿啊。怎么唱的呢？

甲　（白）"列位乡亲！"

乙　亢来台亢乙切乙台亢！

甲　（唱〔西皮摇板〕）"未曾开言泪难忍。"

乙　锵。

甲　（唱）"尊声列位老乡亲。"

乙　锵！

甲　（唱）"只因劳累得了病。"

乙　锵！

甲　（唱）"因此得罪这当权的人。"

乙　锵！

甲　（唱）"不准我唱戏一年整。"

乙　锵！

甲　（唱）"无奈做了小商人。"

乙　锵!

甲　（唱）"我这包子是好白面。"

乙　锵!

甲　（唱）"我自己和面我自己蒸。"

乙　锵!

甲　（唱）"可怜我做艺人……"

乙　空哐!

甲　"遭此厄啊啊啊……"

乙　锵，锵，锵锵乙来锵!

甲　"运……"（拍手）"包子啊!"

乙　哎嗨嗨嗨，他干吗哭包子呀?

甲　拍成馅儿饼啦!

（侯宝林整理）

关公战秦琼

甲　现在您到剧场看戏，是艺术享受，是一种娱乐。

乙　是呀，文化生活嘛。

甲　您看剧场里多好，座位舒适，空气流通，设备完善，秩序良好。

乙　现在剧场都这样儿。

甲　过去可不是这样。我小时候，天桥有几个戏园子：共舞台、燕舞台、乐舞台，我都常去。看一天戏能把你乱死。

乙　怎么？

甲　先说戏园子门口那卖票的。还没开场呢，他就嚷："看戏吧，看戏吧！有文戏，有武戏，有坤角，有男角，又擦胭脂又抹粉儿，又翻跟斗又开打，真刀真枪玩儿命啦！"

乙　玩儿命啦？

甲　"两毛一位，两毛一位。花两毛钱看玩儿命的！"

乙　这叫什么玩意儿？

甲　这就是他们的艺术广告。

乙　就这么乱？

甲　这是戏园子外边。

乙　里边好点儿？

甲　比外边还乱。

乙　比……都有什么呢？

甲　有打架的。

乙　打架的？

甲　有时候楼上楼下就打起来。

乙　那为什么？

甲　楼上没有护楼板，一根一根的楼栏杆，什么都往下掉，掉个戏单儿、手绢儿不要紧，掉了茶碗，给那位开（打破头）啦！那还不打起来！

乙　好嘛，真危险！

甲　还有乱的呢：茶房带座儿的，沏茶灌水儿的，卖报的，卖戏单儿的，卖瓜子儿的，卖糖的，卖瓜果梨桃儿的，卖饽饽点心的，让人的，找座儿的，最突出的是打手巾把儿的。

乙　对，那阵儿有"手巾把儿"。

甲　其实热天擦擦汗是好事。

乙　就是影响看戏。

甲　最讨厌的是来回扔。

乙　嗯。

甲　十多条毛巾用开水一浇，拧干了，上边洒点花露水儿，从这个角扔到那个角儿，还得有技术，讲究房梁房柱什么也碰不着。

乙　（讽刺地）这还有技术！

甲　（学扔的动作）

乙　跟掷标枪一样。

甲　有时候一个在楼上，一个在楼下，还来个花招儿。

乙　什么花招儿，

甲　扔的这位来个"张飞骗马"（动作）。

乙　嘿！

甲　接的那位来个"苏秦背剑"（动作）。

乙　啊。

甲　有时候扔散了还来个"天女散花"。

乙　这戏还怎么看呢？

甲　还有乱的（学各种声音）："看座儿，里边儿请。""当天的戏单儿。""薄荷凉糖烟卷儿瓜子儿，水果糖饽饽点心。""头儿，前边儿哟嗨！"（学女人喊声）"二婶儿，我在这儿哪！"

乙　这是多乱啦！

甲　"您怎么刚来呀！""可不是嘛！您早来啦？""啊，听半天了也不知道他唱的什么！"

乙　那还听得见！

甲　"您看今儿这天儿还不错，一点云彩都没有。哟，挺好的天儿怎么下雨啦？（往楼上看）喂，你们孩子撒尿啦！"

乙　这就快打架啦。

甲　您说那年头儿戏园子里够多乱？

乙　有人说堂会戏还好点儿。

甲　啊，堂会戏呀？更乱了。有一回我在山东济南看了一回堂会戏。

乙　什么人办的？

甲　大军阀韩复榘给他爸爸办生日，找了很多有名的艺人，一共唱三天，头天戏码儿就好。

乙　都是什么戏？

甲　开场《百寿图》，二出《御碑亭》。

乙　三出？

甲　红净戏，《千里走单骑》。关云长过五关斩六将，一直到古城训弟……

乙　好戏！

甲　《关公战秦琼》。

乙　《关公战秦琼》？

甲　关公就是关羽关云长。

乙　战哪个秦琼啊？

甲　就是那个山东好汉秦琼秦叔宝。

乙　您别说了，这俩人见不着。秦琼是唐朝的，关公是汉朝的。

甲　我听了。

乙　听了？

甲　啊。

乙　这是怎么回事呀？

甲　是这么回事。《千里走单骑》唱得好，做得也好，武打也好，台下不断喝彩。唱着唱着韩复榘他爸爸站起来了（用山东话）："别唱啦，把他们管事的叫来！"

乙　什么事呀？

甲　谁也不知道哇！一会儿管事的来了："哈哈（苦笑地），老太爷您有什么事？"（学韩父，用山东话）"你们唱的这是么戏？"

乙　好嘛！听半天还不知道是什么戏呢？

甲　"是关公千里走单骑，过五关斩六将。"（学韩父）"关公是哪的人？"

乙　（学管事的）"山西蒲州人。"

甲　（学韩父）"山西人为么到我们山东来杀人？有我们的命令吗？"

乙　啊？

甲　（学韩父）"这是我们的地盘儿。你知道关公是谁的人吗？"

乙　不知道。

甲　（学韩父）"他是阎锡山的队伍！"

乙　嗐，什么乱七八糟的！

甲　（学韩父）"为么不唱我们山东的英雄？我们山东有好汉秦琼。"

乙　关公也是英雄好汉。

甲　（学韩父）"他们俩谁本事大？"

乙　他们俩呀，没比过。

甲　（学韩父）"叫他们俩比比！"

乙　没法儿比。

甲　（学韩父）"来一出《关公战秦琼》。"

乙　啊，一个唐朝的，一个汉朝的，那能到一块儿吗？

甲　是呀，那管事的不敢这么说呀。"是，老太爷，这出戏我们不会。"

乙　谁也不会。

甲　（学韩父）"不会？那全别唱了？全不让走，饿你们三天，看你们会不会？"

乙　这叫什么行为！

甲　管事的一听害怕啦。"是，老太爷您别生气，我到后台问问。"

乙　问谁也不会呀。

甲　管事的到了后台跟大伙儿一说，"诸位老板，刚才这戏唱出娄子来啦！说咱们唱山西英雄，为什么不唱山东英雄？现在点下戏来啦《关公战秦琼》。"

乙　问问谁会？

甲　大伙儿就火儿啦，"你撑糊涂啦！一个汉朝的，一个唐朝的，能唱到一块儿吗？"

乙　谁也不会这出。

甲　（学管事的）"不会也得唱，他说啦，如果不唱，全不让走，饿三天不管饭。"

乙　这真是仗势欺人。

甲　老板一想：来了二百多人，三天不管饭，真饿死几个怎么办？给他唱！

乙　唱？没词儿呀！

甲　（学老板）"上台现编！刘备，把衣服脱了扮秦琼，扎硬靠，褶蟒，戴帅字盔。"

乙　不是青衣罗帽吗？

甲　当锏卖马，被困天堂县，那是秦琼倒霉的时候，您得照瓦岗寨那么扮，秦琼露脸的时候，天下都招讨兵马大元帅。

乙　关云长呢？

甲　还是软靠扎巾。

乙　怎么唱呢？

甲　（学老板）"秦琼头场〔点绛〕，唱一句，想一想。前边唱，后边给想。"

乙　这叫什么艺术呢？

甲　（学老板）"告诉'场面'，〔点绛〕。"（学打锣鼓，学出场动作）呛，呛且呛且呛！动作特别多，走得特别慢。

甲　想词儿哪。

乙　对呀。

甲　演员心里火儿大啦：这叫什么玩意儿啦！走到台前唱〔点绛唇〕："将士英豪，儿郎虎豹，军威浩，地动山摇，要把狼烟扫。"

乙　行啦，〔点绛〕完啦。

甲　还得想定场诗呢！

乙　什么词儿？

甲　甭听，词儿都不像话呀，"大将生来胆气豪，腰横秋水雁翎刀。"

乙　嘿，明朝的词儿。

甲　"我本唐朝一名将，不知为何打汉朝。"哒哒哒台呛来且来呛！"本帅，姓秦名琼字叔宝。"

乙　大台呛，且来呛。

甲　"混世魔王驾前为臣，官拜天下都招讨兵马大元帅之职，奉了魔王谕旨，带领一支人马，大战汉将关羽。众将官！"

乙　"有！"

甲　"起兵前往！"

乙　"啊——"

甲　呛且且且……这场戏完啦。

乙　关公怎么办呢？

甲　从下场门儿上，一手托着靠牌子，一手拿刀。（学场面打〔水底鱼〕）

"俺，关云长。不知为了何事，秦琼犯我疆土，军士们！"

乙　"有！"

甲　"迎敌者！"（学打锣鼓）秦琼上来，俩人见面儿啦。秦琼拿着双铜："来将通名！""汉将关羽。""你是何人？""唐将秦琼。"

乙　这两人凑一块儿啦！

甲　（关问秦）"为何前来打仗？"（秦答）"为……"

乙　为什么来打仗？

甲　"我知道为什么？"演员心里一生气："唉！"……这一"唉"，坏啦。

乙　怎么？

甲　戏台上的规矩，这算"叫板"啦！

乙　是呀。

甲　打鼓的一听，怎么着？还有唱儿哪？（学场面打〔纽丝〕）拉胡琴的一听，"还有我哪？"（学拉胡琴）

乙　唱什么呀？

甲　现编的，（唱〔西皮散板〕）"我在唐朝你在汉，咱俩打仗为哪般？"

乙　是呀，为什么打仗？

甲　"听了：（唱）叫你打来你就打，你要不打——"（指韩父）"他不管饭。"

乙　嘻！

　　　　　　　　　　　　（张杰尧述　侯宝林改编）

罗成戏貂蝉

乙　这回我说段相声。

甲　相声可不简单。

乙　也没什么。

甲　表演相声，首先身上也得好看，还得有台风。

乙　对。

甲　你们相声演员，比京剧演员还有突出的地方。

乙　我们这是小节目。

甲　您可别谦虚，拿您穿的演出服来说吧，就是这么一件大褂儿。

乙　是啊。

甲　您这件大褂儿它能代表着很多道具。

乙　噢。

甲　比如说，您要是唱员外戏呢，您穿的大褂就代表着"帔"。

乙　噢，它可以代表帔。

甲　对，要是老三花脸呢，这就成了"老斗衣"。

乙　对。

甲　您要是小生呢，这就是"褶子"。

乙　噢，又变褶子啦。

甲　是不是，要是旦角呢，就是"小袄子"。

乙　嗯。

甲　您手里的手绢用处可就大啦。

乙　噢，这也有用？

甲　有用，又是水袖，又是手绢，又是书信，而且又是广告，什么都
用它。

乙　有点意思。

甲　您要是唱大戏呢，是什么角色穿什么服装，他不能随便挪动。

乙　对。

甲　人家讲究哇，宁穿破，不穿错。

乙　京剧的规矩比较严格。

甲　实不相瞒，在下不才，我也是个京剧演员。

乙　噢，您是演京戏的？

甲　我是唱白脸末的。过去啊，我在南京住班的时候，做了个堂会。

乙　在哪儿呀？

甲　在山东，要是回忆起来呀，真有点害怕。

乙　那是为什么呢？

甲　那时候，张宗昌在那儿做督办。

乙　就是那个大军阀张宗昌？

甲　对。他们家老太太七十整寿，北京有好多名角他没去请，他跑南京请去啦。

乙　噢。

甲　南京这京剧班里有我在内，我们那也有个台柱子，姓林叫林艳霞。

乙　嗯，唱得不错。

甲　还有个外号叫"钻锅林"。

乙　什么叫"钻锅林"呢？

甲　比如说，这一出戏呀，她一点儿都不会，上去就敢唱。

乙　噢，没词儿敢唱。

甲　对。过去呀，她还有点儿小脾气。

乙　有什么脾气？

甲　有点儿傲气。

乙　噢。

甲　唱京剧嘛，有一定的规矩。

乙　什么规矩呢？

甲　过去旧社会的时候"打三通儿"，"跳加官"，上胡人道喜。

乙　对。

甲　回来再开场。开场戏得给老太太祝祝寿，头一出唱什么呢？

乙　唱什么？

甲　《麻姑献寿》。

乙　哎，给她上寿嘛。

甲　这老太太看着这戏可真热闹，什么上八仙，下八仙，和合二仙。越看越热闹，看着看着眼睛看花了。她跟那副官说啦："哎，王德胜，你看这戏可好？咋恁花呀？"

乙　花哨。

甲　唱得老太太可乐啦。

乙　还挺喜欢的呢。

甲　京剧里头有个毛病。

乙　什么毛病？

甲　唱第二出戏呀，演员不能占多喽。

乙　嗯。

甲　好盯着后边扮戏呀，也就是俩仨人的戏。

乙　对。

甲　比如说唱个《双投唐》啊，两个人。

乙　哎，这叫对儿戏。

甲　唱个什么戏呢，来了一出《祥梅寺》，就是一个和尚了空，还有一个黄巢。

乙　这路戏还不好唱呢，身段多。

甲　这个和尚上来下去的一跑钟楼、鼓楼，把老太太跑烦啦。

乙　哟。

甲　拐棍子往地下一戳，就喊上了："王德胜，这戏我不能听。"

乙　怎么呢？

甲　"你看那个臭和尚上来下去的，这是做啥嘞？"

乙　老太太不愿意听啦。

甲　这王德胜说啦："老太太，您想听什么戏，您告诉我，我把他们戏班的老板叫过来，您点一出好不好？"

乙　哎，对。

甲　老太太乐啦："那中。"打后台里叫过来一位，这位叫"报单的"。

乙　哎。

甲　这报单的单腿打千儿，把"牙笏"往上一呈："上头有三十六出吉祥戏。老太太请您点一出吧。"老太太说啦："我不认字儿。"

乙　对了，老太太不认识字。

甲　"那么您这么着，您看您想听什么，我们就给您'铺盖去'。"老太太说："那中，我问问你，你这戏班里可有唱旦的？"

乙　唱旦的？

甲　唱旦角的。京戏里的旦角能分析得开：什么花旦、闺门旦、小旦、刀马旦、老旦，有多少样。

乙　哎。

甲　敢情这个老太太分不明白这个。

乙　噢。

甲　这报单的得告诉："您想要哪路旦角的戏呢。"老太太说啦："哎，你啰唆啥呀，我就要那十七八岁的大姑娘装出来的小媳妇。"

乙　嘿。

甲　这报单的明白啦，说："老太太，这个我们有，这个唱旦角的不缺。"老太太说："这个唱旦角的叫啥名啊？""她叫林艳霞。"

乙　还是个头路角呢。

甲　"可是个妮呀，可是个小哇？"

乙　什么妮儿呀小儿哇？

甲　就是男角、女角。

乙　噢。

甲　"她是个妮儿。""多大啦？""十七八岁。""好，叫她装个啥好哇。"

乙　装个啥呀？

甲　她不懂啊，要扮什么她不明白。她就这么说："她装个啥好呢，等我想想。"

乙　还得现合计。

甲　老太太想了半天想起来啦。

乙　想起什么啦？

甲　三国里有位美人。

乙　谁呀？

甲　貂蝉。

乙　噢，貂蝉。

甲　到了河南有这么句话，女的长得好看呢——

乙　怎么说？

甲　"妮儿，你看人家长得多好哇，跟貂蝉一样。"

乙　长得好看。

甲　老太太呢，想起貂蝉来啦："哎，叫那个妮儿给我装个貂蝉。"

乙　装貂蝉吧。

甲　"哎，好了您哪，叫她装貂蝉。您还要什么呀？" 老太太又说啦："再给我来个唱生的。"

乙　唱生的。

甲　哎京剧里唱生的可就多啦，像什么武生、老生、小生都分析得开。

乙　对啦。

甲　他这么一分析，这个老太太可就说话啦："我不要那些，我要那十七八岁的大学生。"

乙　嗯？

甲　"装出来的小相公。"

乙　小相公啊。

甲　这个报单的又明白啦，说："老太太，您想叫他装个什么呀？" "噢，我想想啊。"哎，老太太想了半天想起来啦。

乙　装哪个？

甲　她在家里没事爱听书。

乙　噢。

甲　爱听 "鼓儿词"，全本的。

乙　什么呢？

甲　《瓦岗寨》。

乙　啊。

甲　在《瓦岗寨》上有这么一位出色的角色，谁呢，叫罗成。

乙　对，罗成长得漂亮。

甲　哎，罗成长得美，再说呀，在他们家乡那地方还有一句口头语儿。

乙　怎么说的？

甲　这个男的要是长得好看，他就说啦："妮儿呀，你看这小伙多俊呢，嗯，咋长得跟罗成一样啊。"

乙　啊。

甲　听见了吗？长得跟罗成一样。

乙　就是人长得漂亮。

甲　请问罗成什么样儿，您见过吗？

乙　没见过。

甲　您没见过？

乙　您见过？

甲　我也没见过。

乙　这不是废话嘛。

甲　他就这么一说，您就那么一听。

乙　哎。

甲　这个报单的说啦："好啦您哪，叫他装罗成。叫他们两个人唱两出戏？"

乙　对呀，是两出戏。

甲　老太太一听就火儿了，说："你咋这么浑呢？"她说人家浑，"我告诉你说，叫他俩唱一出不是热闹吗。"

乙　啊？唱一出哇！

甲　俩人唱一出！报单的心里合计：告诉她，两人不是一个朝代的，唱一出，麻烦啦。

乙　就是哇。

甲　我呀，得问明白喽。"我说老太太，您叫他们两人唱一出，这叫什么戏呀？"

乙　对呀，叫什么戏？

甲　老太太说啦："你咋不懂啊，这不叫那个《罗成戏貂蝉》嘛。"

乙　哟，罗成戏貂蝉！

甲　您听过？

乙　没听过。

甲　不但你没听过，恐怕谁也没听过。

乙　就是嘛。

甲　老太太说完啦，这报单的吓了一身汗，心说：这玩意儿怎么唱啊。

乙　没法儿唱。

甲　又不敢言语，站那儿直哆嗦。老太太一看还急啦："快去叫他们唱！我正想听呢，告诉你，要是不唱，我说王德胜，你赶紧把督办叫过来。"

乙　叫督办？

甲　把督办叫过来，督办往那儿一站，说："娘，您老有啥话要说呀？"老太太说："叫他们给我唱这个《罗成戏貂蝉》，唱得了唱不了也得唱，要是不唱把他们都枪毙喽！"

乙　嘍！这叫什么行为？

甲　人家势力大呀，督办的老太太谁惹得了哇。

乙　好嘛，这点儿势力都用到这儿啦。

甲　你还别说，这个督办还真照老太太的意思说话啦："哎，我说戏班的，告诉你们老板赶紧唱。唱好喽我有赏，要是唱不好，连你们后台有多少算多少，全枪毙喽！"

乙　嚄！

甲　这报单的吓得哆哆嗦嗦跑到后台去，说："老板你快扮戏。"老板说："干吗这么惊慌啊？""嗐！"报单的说啦，"您可不知道，点出一出戏来，咱们这个戏班唱不了哇！""哟！"老板说啦，"这三百多口子，戏箱，什么戏我们唱不开呀？"

乙　就是。

甲　报单的连忙解释说："您不知道，这出戏别扭。"老板说："什么戏呀？""《罗成戏貂蝉》。"

乙　这戏是别扭。

434

甲　老板说："是唱不了。"报单的说啦："唱不了也得唱。"老板问："怎么呢？""督办说啦，唱好啦赏钱，唱不好都拉出去枪毙喽。"

乙　您瞧瞧。

甲　"嘿！"老板说，"这堂会我没做过。"正着急呢，忽然想起来啦，咱们这有个台柱子叫林艳霞呀。

乙　嗯。

甲　嘿，她有个外号叫"钻锅林"哪！这戏得她"钻锅"。正说着呢，林艳霞进后台啦，看见老板啦，忙说："哟，老板，这个戏我们又误场了吧？"老板回答说："你来得正是时候，老太太点了一出戏，你赶紧扮戏去吧。"林艳霞说啦："老太太今儿个点我什么戏啦？""点你呀，'戏貂蝉'。"

乙　哎。

甲　可有一样，他可没说是罗成戏貂蝉，要是说罗成戏貂蝉，她也许不扮戏去啦。

乙　就是嘛。

甲　林艳霞说："哎，点我的这个'戏貂蝉'，大概是这老太太听过我的戏。我瞧瞧。"掀着台帘边儿瞧见一个老太太在中间坐着，"对啦，老太太听过我的戏，我呀，赶紧扮戏去。"一会儿把戏扮好啦，她又说啦，"哎，老板，你看见了没有，我可扮好啦，别像在南京的时候，找了个小生，嗓子不是嗓子，扮相不是扮相的，陪着我唱戏那多寒碜哪。"

乙　对呀。

甲　"给我换个小生吧？"老板一听可乐啦："嗨，林老板，您放心吧，这回不让小生陪着您唱啦。""那叫谁陪我唱啊？"

乙　是呀。

甲　"哎，这回呀，叫武生陪着您唱。"林艳霞一听当时就急啦："老板，您这是存心起哄嘛，谁不知道这吕布是小生工啊？"

乙　本来嘛。

甲　"您怎么找个武生呢，这不是拿我开心吗？""您不知道。老板说啦，《罗成戏貂蝉》是老太太点的。""哟！我可没唱过这戏，赶快把头给我'拣'①喽。"

乙　不唱啦。

甲　老板说啦："我先告诉你，那督办说啦，这出戏要是唱不好，把我们全都枪毙喽！"

乙　嗬！

甲　"头一个毙我，第二个就是你。不唱那你就卸装吧。""哟！这还兴枪毙的？打这儿起，这种堂会，这辈子我都不做啦。"

乙　就是啊。

甲　行啦，唱吧。林艳霞说啦："反正我的貂蝉是扮好啦，嗯，你赶紧找罗成去吧。"老板一想：对呀，没罗成怎么唱啊。来的武生还真不少，六七位哪。赶紧张罗："哎，老三，你扮个罗成。"

乙　老三是谁？

甲　这是他们戏班里师兄弟的排行，老三、老四的。

乙　噢。

甲　"哎，雨庭，你过来扮个罗成吧。""啊？《罗成叫关》吗？"老板说："嗐，《罗成叫关》谁用你唱啊，告诉你，《罗成戏貂蝉》。""哎……我不会。"

乙　谁也不会。

甲　这个也不会，那个也不敢唱，你还别说，还真有自告奋勇的。

乙　谁呀？

甲　保定府有这么一个班叫"华凤台"，华凤台里头有个唱武生的，此

---

① 拣，京剧术语，即卸掉的意思。

人姓刁叫刁华章，叫别了叫刁滑张。

乙　刁滑张？

甲　"哎，我说老板，我来这个罗成行不行？"嘿！老板说："行啊，谁来都行。""好，我就陪着这位角儿把罗成唱下来，我去扮戏去啦。"

乙　嘿！

甲　戴着帅盔，扎着白靠，可就是没靠旗。外边披着白蟒。

乙　对，这叫软靠。

甲　对，扮好了戏，问老板："罗成咱们可扮好啦，出去我唱什么词儿呀？"

乙　对，没词儿呀。

甲　老板说啦："词儿嘛、嘿嘿、自己拆兑，你愿意说你就说，愿意唱你就唱，愿意念你就念。"好嘛，刁滑张一听，说："闹了半天没准词儿呀，好，咱们碰着来吧。"

乙　这戏哪有词儿呀。

甲　场上的《祥梅寺》快完啦，打鼓佬也得问问："哎，这后边什么戏呀？"老板在打鼓佬身后站着呢，告诉打鼓佬："《罗成戏貂蝉》。""啊？罗成戏貂蝉？"打鼓佬一听吓了一跳，"我怎么打家伙点呀？""哎！"老板说，"你怎么这么糊涂哇，他叫什么你打什么呀。"正说着，场上的《祥梅寺》可就下来啦。

乙　噢。

甲　林艳霞上场啦。你还别说，这林艳霞还真有胆量，一叫板上去啦。

乙　她怎么叫的板呢？

甲　她这么叫的："啊哈！"大伙儿一看，胆子不小，她还真上去啦。

乙　真敢出去。

甲　这会儿两边的人站得可就多啦。

乙　为什么？

甲　瞧瞧她敢唱不敢唱，看看老太太的动静。这老太太要是愿意听她也有词儿，大伙儿好上后台扮戏去。

乙　对，这事情就好办啦。

甲　如果这老太太一摔棍子，咱们大家伙儿背着铺盖好跑哇。那个说啦："连铺盖都不要啦，赶快跑，省得枪毙喽。"

乙　好嘛，都准备跑呢。

甲　大伙儿这么一看哪，还别说，这林艳霞还真有词儿，头里还念了
　　两句引子。

乙　噢！她怎么念的呢？

甲　（白）"吕布死在白门楼，怎不叫人泪双流。"

乙　嘿，这词儿可新鲜。

甲　打鼓佬紧接着打家伙，嗒达嗒嗒台，嘿，她往台上一坐，后台呀
　　还真都扮戏去啦。

乙　噢。

甲　两边儿全扮上啦，唐朝这边儿的也扮好啦。

乙　哎，都扮谁呀？

甲　唐朝这边儿扮什么秦琼啊，敬德呀，汉朝这边儿扮什么十长侍呀，
　　全来啦。

乙　瞧这戏多乱哪。

甲　这个说："帽箱上师哥，纱帽递给我。"那个说："小生巾递给
　　我。""我来这员外巾"……嗖！这一忙活，光小丫鬟就扮了
　　三十六个。

乙　干吗扮那么些个呀？

甲　上去好弄个赏钱呀。

乙　对了，唱好了有赏。

甲　勒上水纱，梳上头，抹点儿口红，穿上衣服就算是个丫鬟。

乙　啊。

甲　溜场儿上来，好嘛，一边儿十好几位。这林艳霞往两边一看，心
　　说：这老板会捧我，光小丫鬟给我这么些个，她心里一高兴，念
　　上定场诗啦。

乙　她怎么念的？

甲　这四句诗还真好，念得有点儿意思，还得合情合理。（念）"奴家
　　好比大罗仙"。哎，你琢磨这句话好不好？

乙　就是自己好比是神仙。

甲　你想啊，要不是神仙，她能打汉朝活到唐朝吗？

乙　嘿！

甲　这第二句有点泄气。

乙　什么词儿？

甲　"容颜不改似先前。"她的模样没敢改。

乙 啊。

甲 这要是改了成骨头架子啦。

乙 可不是嘛。

甲 底下第三句挨不上。

乙 怎么念的？

甲 "奴爱罗成英雄将。"

乙 好嘛！貂蝉爱罗成啦。

甲 她爱得着吗？

乙 就是啊。

甲 "终朝每日挂心间。"

乙 嗯，她还天天想他。

甲 达达达，台！她一瞅丫鬟多啦，赶紧喊："丫鬟！"嗬，这小丫鬟一答应，"有有有有有有有……"

乙 这都是什么味儿！

甲 你不知道这三十几个一块儿答应，可不就这味儿吗。

乙 嘿。

甲 "带路。"台台台一达一达台。她得唱两句。

乙 噢。

甲 好在戏里都有水词儿。

乙 对。

甲 随口她还真唱了两句水词。

乙 她怎么唱的？

甲 （唱）"丫鬟与我把路引。"

乙 噢，丫鬟与我把路引。

甲 台台，台台一达达台。（唱）"一道花园去散心。"台台台台台台下场啦。

乙 下去啦！

甲 刁滑张一看，说啦："老板，该着咱们上场喽。"

乙 嘿，罗成上场啦。

甲 老板说："上吧，老哥们儿。""哒！"他也叫起来了。哐才来才哐才来才……他出场啦。他心想：人家都有说有念的，我出来说什么呢？

乙 就是呀。

甲　他这儿一叫板就得唱。

乙　哎。

甲　唱了几句水词儿。

乙　怎么唱的？

甲　（唱）"提起当年在瓦岗"，哐才来才一台哐！"南征北战把名扬，将身来在教场上，心中思想美娇娘。俺，"刚要说罗成，一想不对劲儿呀。

乙　怎么？

甲　刚下去那位是汉朝的，我是唐朝的，人家不知道哇，我得说清楚："俺，唐将罗成。"

乙　嘿，唐朝的。

甲　唐朝的罗成。

乙　这清楚啦。

甲　谁听这话也明白，他接着说啦："只因那日到教场操演人马，有个汉室的花园门外站一美人，名唤貂蝉，与我眉来眼去，打动我的心事。今日里闲暇无事，不免去到汉室花园走走。"哐七来才哐才来才哐各来才哐！（唱）"人得喜事精神爽。"台台哐来才一台哐！（唱）"月到中秋分外光。"他也下去啦。

乙　哎，这场戏也完啦。

甲　他坐在二衣箱上直发牢骚。

乙　怎么呢？

甲　喊上啦："老板，赶明儿个再有这个角可别派我，这是什么呀，什么叫罗成戏貂蝉呢？我上去一点儿谱儿也没有。"这"锅"钻得多别扭哇。

乙　那能不别扭吗？

甲　他这一发牢骚哇，林艳霞不愿意啦："哟，小刁，你别满嘴里胡说八道，你没唱过，那我们唱过吗？"

乙　就是嘛。

甲　"告诉你，你那是假的，我们是真的，我告诉你老板，打这儿起这班子我算辞啦。"

乙　哟。

甲　老板过来了，说："林老板，您先等会儿发脾气，这戏您唱得不到家。"林艳霞说啦："这不是吗？貂蝉也扮上啦，我们也唱了，也念啦。我们还怎么叫到家？"

乙　是呀！

甲　"老太太点的是《罗成戏貂蝉》，你们俩人连面儿都没碰，这能算戏吗？"

乙　对呀！

甲　林艳霞说啦："那怎么才算戏呢？"嘿！老板说："你们俩哪怕谁拉谁一下，这都成啊，就是说两句话那也算了貂蝉啦。你呀，还是赶紧上去吧。""哟，这戏可真够难受的啦。"林艳霞站在上场门一跺脚："嗐！真别扭，我告诉你。丫鬟带路！"她一叫板自己又后悔啦。

乙　怎么呢？

甲　叫的是"唱"，这出场还就得唱。

乙　就是。

甲　我唱什么呀？想了半天，反正有水词儿。既是上花园，咱们就找花园的词儿。

乙　哎。

甲　她能借词呀，这《坐宫盗令》旗头旦有句唱儿很好哇，什么"芍药开牡丹放花红一片……"

乙　就是呀。

甲　她就把这个借过来啦，拿过来还就唱：（唱）"芍药开牡丹放花红一呀片。"下面应当是"艳阳天春光好百鸟声喧，是不是呢？"

乙　哎。

甲　她一想：不行。

乙　怎么？

甲　搁到这儿不合适，这老太太不懂，别人都是团长旅长，这些听戏的有一个懂戏的就糟啦。好，他一发脾气比那个老太太还大呢，不成。心想：这可怎么办呢，她回头一瞅丫鬟，她有词儿啦。

乙　是啊。

甲　"丫鬟带路。"

乙　怎么又带一回路？

甲　这些丫鬟还说呢："哟，怎么这儿没词儿啦？咱们就带路啊！"

乙　嘿！

甲　台台台一达台，绕了一个圆场儿，还没想起词儿来。

乙　还没想起来?

甲　"啊，丫鬟带路……啊，带路……"

乙　还得带。

甲　台台台……一转转了八个圈儿。

乙　嗖!

甲　实在想不起来词儿啦。

乙　那怎么办呢?

甲　这打鼓佬还直催。

乙　噢。

甲　"想词儿，想词儿呀？"林艳霞说啦："谁有词儿呀？我告诉你吧，最少还有十八圈哪。"

乙　还有十八圈儿。

甲　这怎么办呢？心里正急着哪，别说，这时候刁滑张看见啦，他在那扒下场门的门帘呢。一看她没词儿啦，他说上话啦："哟嗬，哎呀！这么大个角儿没词儿啦！行啊，我出去救救她去呗。"

乙　啊?

甲　"嗨!"他叫上板啦。哐才来才，哐才来才，哐来才……他上来啦。

乙　啊!

甲　上来一亮相，拿胳膊一横。这小丫鬟还有节骨眼儿啦。

乙　嗯。

甲　他往前正走着呢，共合绕了好几十圈儿啦，腿也酸啦，好容易头里有个挡物，这个小丫鬟站到这个旦角身后头啦，可就把他们两个人亮到对面啦。

乙　噢。

甲　哎，这时候刁滑张挺身往那儿一站。哎，这林艳霞到底是角儿。

乙　怎么?

甲　当时这下句儿就想起来了。

乙　啊!

甲　她来了这么一句唱儿。

乙　怎么唱的?

甲　"呀!"（唱）"眼前站定一将军。"

乙　行啊。

甲　这两个人一拉手下去啦，那也就算戏了貂蝉啦。

乙　也行啊。

甲　林艳霞说了一句"哇！"这一句"哇"不要紧，把刁滑张吓了一跳，心说：我出来救你，你怎么冲我"哇"哇？

乙　就是呀！

甲　我听听你说什么。

乙　她怎么说的？

甲　她这么说的："哇！何人大胆？闯入汉室花园！"

乙　嗯？

甲　哎，刁滑张一听：他问我呢！

乙　哎。

甲　那就告诉她得了嘛。"俺乃唐将罗成"。"嗯"林艳霞这个口吻就改啦。

乙　怎么说的？

甲　"啊，将军乃唐朝的名将，为何闯入汉室花园？"

乙　对呀！

甲　哎……刁滑张没词儿啦。心想：怎么？这是不叫我有词儿呀。哎，有啦，我跟她糊里糊涂说一句，我呀，把她拉下去就算啦。

乙　对。

甲　"啊，美人，不必多言，你我去到凤仪亭一叙便了。"一回手拉她下台就算完活儿。

乙　就得啦。

甲　哎，林艳霞她爱说话。

乙　她说什么？

甲　"这……正是"这是念对儿呀。

乙　对呀。

甲　把刁滑张吓了一跳，她要念对儿呢，她要是念上联，我就得给她接下联呀。

乙　那当然啦。

甲　好吧，那我看看她念什么。这个林艳霞的词儿也是多。（念白）"奴家容貌似天仙。"哎，你说对不对呢？

乙　那当然对，她长得漂亮嘛！

甲　刁滑张心里说：是啊，我知道你长得像天仙，要不像天仙那罗成能爱你吗？

乙　嘻！

甲　我说什么呢？……哎，有啦，他也想起词儿来啦。

乙　他怎么说的？

甲　"唐男汉女一线牵。"

乙　也对得挺好。

甲　哎，给拴到一块儿啦。这林艳霞脑筋一糊涂，给支出去啦。

乙　哟！

甲　（白）"你我相隔数百载。"

乙　啊？

甲　这刁滑张可急啦。怎么着？隔着好几百年呢，往下这词儿我怎么接呀？要不怎么说唱武生的勇猛呢！

乙　对呀！

甲　脾气也大。一赌气抓起貂蝉的脖领子，这手一捏腰眼，一跺脚，"哎！我这罗成偏要戏貂蝉！"他把她抱下去啦。

乙　嘻！

443

（张杰尧　侯宝林演播稿　苏连生记录）

张飞打严嵩

乙　这回我说段相声。

甲　这相声跟大戏有分离不开的地方。

乙　噢，您说的是京戏呀？

甲　当然得以京戏为标准嘛。

乙　噢。

甲　我说几出戏您听听，是相声不是？

乙　这我还没体会到。

甲　《老王请医》。

乙　《请医》？

甲　说相声里头，不是有个《戏迷药方》吗？

乙　噢，这是小花脸的戏。

甲　小花脸的戏，都是相声。

乙　噢，还有什么戏？

甲　《定计化缘》。

乙　对，《化缘》。

甲　还有哇，您就拿《乌盆计》来说，张别古跟赵大到一块，他逗哏
　　不逗？

乙　那他当然逗哏哪，俩小花脸嘛。

甲　这不就是相声剧，剧就是相声嘛！

乙　噢，这个京戏跟相声的关系这么密切。

甲　不但密切，这个京戏的规矩，说相声的就得懂。

乙　噢。

甲　你要不懂这个，到时候就得吃亏。

乙　您看，在这一点我还真不懂。

甲　我给您讲讲吧。

乙　好哇。

甲　古代的时候，跟现在不一样。

乙　噢。

甲　现在就是五大行。

乙　哪五大行？

甲　生、旦、净、末、丑。

乙　哎。

甲　过去不是。

乙　过去有多少行？

甲　十大行。

乙　噢。

甲　这十大行，我说说您听。

乙　那除去生、旦、净、末、丑，还有什么哪？

甲　我念念您听听吧。

乙　您说说。

甲　一末，二净，三生，四旦，五丑，六外，七小，八贴，九副，十杂。这么十大行。

乙　噢。

甲　那么您要不知道，我给您分析分析。

乙　那您说说。

甲　什么叫"末角"呢？

乙　"末"？

甲　哎，是戴白髯口的，差不多的戴"黪满"的，都是末角唱。

乙　啊，这叫末角。

甲　这叫末角。

乙　戴白胡子？

甲　哎。

乙　白满，黪满，这叫末角？

甲　对，这叫末角。净角哪？

乙　净，不是花脸吗？

甲　哎，就是铜锤花脸。

乙　噢。

甲　曰之为"正净"。

乙　噢，铜锤。

甲　哎，这就是二净。三生是什么？

乙　三生？

甲　是老生，不见得都是生角。

乙　噢。

甲　您拿这戏来比，是戴三绺的，不就得说是老生吗。

乙　那现在都这么说吗？

甲　哎。有其他的戏，戴着三绺他就不是"生角"。

乙　这我还真不懂。

甲　给您分析一下吧。

乙　好，您说说。

甲　您拿这个什么来说:《当铜卖马》。

乙　秦琼？

甲　哎。

乙　那不是老生吗？

甲　不是，外角。

乙　这叫"外"？

甲　哎。您拿《翠屏山》的杨雄说吧。

乙　那不是老生吗？

甲　外角。

乙　这也算外？

甲　《坐楼杀惜》那个宋江吧。

乙　那是老生呀？

甲　外角。

乙　这也是外角？

甲　哎。

乙　您说这些我都不懂。

甲　您拿这个来说吧。

乙　哪个？

甲　《黄金台》。这《黄金台》这出戏就别扭。

乙　《黄金台》那田单、伊立？

甲　这田单您看着像老生不像？

乙　老生啊。

甲　哎，不是老生。

乙　他算哪行？

甲　外角。

乙　噢，也算外角。

甲　您看他一出场，纱帽圆领，您看着挺好看，为什么叫外角唱？

乙　这我可不知道。

甲　多咱"盘关"的时候，您看，他得往脸上抹灰。

乙　噢，就是他装疯那点儿。

甲　那么您说这伊立是怎么个角呀？

乙　伊立我认为是花脸。

甲　又错了。

乙　净角吗？

甲　这是杂角。

乙　杂角？

甲　哎。

乙　怎么叫杂角呢？

甲　这杂角不是十杂吗？咱们说到第三这儿，咱反过来再给您说。

乙　先说这个"杂"。

甲　这是"杂角"。你比如说，那个小生不是小生角唱。

乙　哪个小生？

甲　就是那小王子。

乙　噢。

甲　《黄金台》里那个小王子。

乙　那不是小生？

甲　哎。分配给正旦来唱。

乙　噢，旦角。

甲　你看这玩意儿麻烦不麻烦？

乙　您看这外行都不懂啊。

甲　您看这三生来说吧。

乙　嗯。

甲　那三生里正生才能叫生角。

乙　那什么角为正生呢?

甲　您就拿这个《二进宫》说,这仨都是正的。娘娘,正旦。

乙　那个李艳妃。

甲　哎。老杨波,正生。

乙　那老生。

甲　哎。徐延昭呢?

乙　花脸哪!

甲　花脸,您看这也是仨正角。

乙　噢,他是正净,铜锤花脸。

甲　这三人统统是正的。还有一出戏这仨也得是正角。

乙　哪出戏?

甲　《八义图》——《搜孤救孤》。

乙　啊。

甲　您拿这《搜孤救孤》说吧,公孙杵臼。

乙　哎,这是什么?

甲　末角。

乙　对了。戴白胡子的。

甲　程婴。

乙　程婴他是——

甲　正角的正生。

乙　老生。

甲　您拿屠岸贾说吧。

乙　那不是花脸吗?

甲　哎,是正净。

乙　噢。

甲　您看这玩意儿难不难?比如说还有一出戏。

乙　哪出?

甲　这个《武家坡》。

乙　《武家坡》不是一个老生,一个青衣吗?

甲　哎。

乙　一生,一个旦。

甲　到了《武家坡》这个生,也可以叫"六外"来唱。

乙　还有"六外"。

甲　这"六外"就可以唱。为什么？就因为闹腾一点，有点滑稽了，把正生给演杂了。

乙　噢。

甲　就是这么一点。

乙　您看，您对这很有研究。

甲　您拿这个，是红净唱的，这得说是京戏班。您再往上说哪，这个得"三生"来唱。

乙　噢，三生，也就是"正生"。

甲　您拿这个什么来说，"四旦"，刚才我说这戏里有"正旦"。这类都是"正旦"。您看这《打严嵩》来说，那里有个小王子，叫常宝童。

乙　对。

甲　那个"小生"不唱。

乙　那个哪行唱？

甲　"正旦"唱。

乙　那个小生得旦角扮。

甲　哎，得正旦来唱。

乙　嗯。

甲　这是"四旦"。五丑——这"五丑"那就甭说了。

乙　小花脸。

甲　哎。是抹豆腐块的，就在这第五上。

乙　嗯。

甲　"六外"刚才我说了，所有的这几出戏，得六外来唱。"七小"——

乙　"七小是什么"？

甲　唱小生的。过去没有武生，完全是小生扮。

乙　噢。

甲　周瑜。

乙　小生。

甲　连什么都是，赵云。

乙　噢，也是小生。

甲　这"八贴"是什么，就是花旦。花旦为"八贴"。

乙　噢，贴。

甲　过去的老艺人，唱花旦的都叫这个名字。

乙　叫什么？

甲　什么荣贴仙哪，小贴仙，好些个叫带贴字的。您甭问，那是唱花旦的。

乙　噢。

甲　"九副"是什么？

乙　不知道。

甲　唱老旦的，占第九个字。

乙　嗯。

甲　您要是唱二花脸的，这个叫杂角。

乙　二花脸？

甲　这话又说回来了。我要是不住戏班，我怎么知道这么些个？

乙　您这有研究。

甲　现在叫剧团，那会儿叫戏班。我们那班子名字最好了。

乙　叫什么班？

甲　叫韭菜班。

乙　韭菜班，跟那白菜班有什么区别？

甲　都在一个菜园子里头。

乙　嘿，鲜货。

甲　那个时候唱戏跟现在不同。

乙　怎么？

甲　现在台上不出事故，过去常出事故。为什么？规矩坏。

乙　怎么的？

甲　后台呀，开个玩笑呀，比如说，谈着谈着心，或者睡着了，迷迷糊糊的就许出去了。这个一点儿也不敢耽搁。

乙　是呀？

甲　这一出戏里要是一耽搁可麻烦了。

乙　就是。

甲　您是个相声演员。

乙　对。

甲　大概朝代您许知道。

乙　我反正是知道一点儿，一般地知道。

甲　眼目前的问您两句，这个"曹操"是哪朝的人？

乙　曹操？

甲　啊。

乙　我说得可不一定对。

甲　没关系，说错了咱重改。

乙　我知道是汉朝。

甲　对。

乙　是吧？

甲　后汉三国。

乙　对呀。

甲　嘿，有两下子。这个"张飞"哪？

乙　张飞也是汉朝。

甲　好得很。对。这"严嵩"是哪朝的？

乙　"严嵩"是明朝的。

甲　不错。

乙　对吧？

甲　哎，有两下子。哎，我问您点儿事。

乙　嗯。

甲　这个张飞跟曹操，再加上"严嵩"，这个严嵩跟曹操他们能不能？

乙　那可不能，他们见不着哇。

甲　见不着？

乙　那当然见不着啊，您想，一个汉朝，一个明朝，怎么能见着呢？

甲　嘿嘿，您这个人少见多怪。

乙　怎么？

甲　他们两人不单见了面，两人结为金兰之好，拜了把兄弟了。

乙　您这是开玩笑，没这么回事，那差着好几百年哪。

甲　这个您不知道。这个事就出在我们"韭菜班"里头。

乙　是呀？

甲　哎。

乙　是怎么回事，您说说。

甲　那天这戏码写出来了，大轴是《群英会》。

乙　好戏。

甲　好戏不是。

乙　这是个群戏。

甲　头里得有个折戏。

乙　嗯。

甲　什么叫"折戏"呀？到京城里就是单出戏。

乙　对。

甲　咱们垫一出，您要到河南戏叫折戏，陕西戏也叫折戏，就是头里
　　垫这么一出。

乙　就是本戏之中的一折。

甲　哎。为什么？他不够哇。头里后头钟点不恰当。

乙　对。

甲　头里垫这么一出。垫一出《打严嵩》。

乙　噢。

甲　这个戏里头都是谁呀？

乙　是一个花脸。

甲　对。

乙　这个严嵩。一个是邹应龙。

甲　对呀。

乙　老生。

甲　还有一个小花脸哪？

乙　对，还有一个小花脸。

甲　那门官，叫严侠。

乙　对。

甲　那天我没事，那个知事的老板说了："张杰尧①，你辛苦辛苦，你
　　来这个严侠。"

乙　就那个小花脸。

甲　哎。

乙　那行呀。

甲　我想这个没多大的事，上去一念对儿，回来跟着邹应龙一捣乱，
　　就没什么事了。

乙　事情不多。

甲　哎，事情不多。

乙　这算您的歇工戏。

甲　可是这么着，出了错儿了。

乙　出错儿了？

---

① 张杰尧，著名相声演员，艺名张傻子。

甲　啊。

乙　怎么的？

甲　拿我说吧，我一上来："啊哈！"

乙　台台令令台。

甲　"相府门前七品官，见他容易见我难。"

乙　对。

甲　"我乃门官是也。今乃三六九日，乃是太师爷谒见之期，一言未尽，那旁一官儿来也。"

乙　哎。

甲　这回上谁呀？

乙　邹应龙啊！

甲　邹应龙跟我得捣半天乱，因为这大礼，小礼，三百六，二百四，一捣乱，我捣不过他了，我说："干脆您上我那小屋待一会儿，我呀，把太师爷给您请出来。"他就下场了，我这儿替他喊一声："有请太师爷。"太师爷在里头搭架子："嗯台"，出来要唱四句。

乙　嗯。

甲　这四句很普通的词，都是这么唱。

乙　怎么唱？

甲　"昔日有个王莽臣，药酒害死平帝君，造下冲天冠一顶，要夺大汉锦乾坤。"

乙　嗯。

甲　回头他进来，要四句坐场诗，坐场诗这么念。

乙　怎么念？

甲　"君不君来臣不臣，残害忠良到如今，造下冲天冠一顶，要夺大明锦乾坤。"

乙　对。

甲　"老夫严嵩，大明嘉靖皇帝驾前为臣，官拜首相。我儿与当今万岁同年同月同日生，就是不同时。当今万岁有九五之尊，我儿就无皇帝之位也。严侠！"这我得答应。

乙　对呀。

甲　"有！""大事通禀，小事任你去办！"我还得替他回。

乙　对。

甲　"启禀太师爷，邹应龙求见。""邹应龙，嗯——"

乙　怎么了这是？

甲　"他与老夫素无来往，要见老夫，为了何事？"

乙　他得问。

甲　"他言道，有好心当献。"

乙　嗯？

甲　"这好心当献？严侠！""有！""击鼓升堂！"这儿得打家伙。

乙　对！

甲　吭郎切得切，吭郎切得切，吭郎！完事了，我得给喊一嗓子。他这儿得叫我："严侠，邹应龙到来，叫他东角门打躬，西角门施礼，报门而入。""喳！邹应龙听真，太师爷有谕，叫你东角门打躬，西角门施礼，报门而入啊！"这回上谁呀？

乙　上邹应龙啊。

甲　上邹应龙。

乙　老生来了。

甲　上不来了。

乙　怎么的了？

甲　跟帽箱打起来了。

乙　在后台打架哪。

甲　因为这个盔头给他勒紧了，他不愿意了，他说："你看，我上场了，给我勒这么紧，给我勒晕了怎么办？"

乙　就是。

甲　"这后半出我还唱不唱？"

乙　哎。

甲　这帽箱说了："你是唱戏的不是？我勒得紧、松，这脑袋是你的。"

乙　对。

甲　"你自己不知道松紧吗？"

乙　就是。

甲　两人说着话，打起来了。后台管事的看见了，"哎，你们别吵嘴，该着上应龙了。"应该是上邹应龙了。

乙　对呀。

甲　有一个人年纪大了，姓程，叫程永荣，这个人年纪大了，耳朵沉了，一听上应龙，他听错了。

乙　他听个什么？

甲 上永荣，噢，大概叫我上场。他听见了，赶紧跑到上场门"嗯台！"好嘛，他溜达出去了。

乙 就这程永荣啊。

甲 啊。

乙 他不是唱红净，唱花脸吗？

甲 这回他扮的曹操。

乙 啊。

甲 这可麻烦了。他这个角色别扭哇，曹操，《群英会》的曹操，他在后台那儿坐着啊，他一听说上"永荣"，他一嗯台上去了。连台底下都瞧愣了："怎么啦？又出来个花脸哪！"

乙 就是。

甲 他不理会呀，他耳朵背呀。打着长锤，他这儿出来了；吭郎才来切，吭郎才来切，他就唱上了。

乙 还唱哪？

甲 啊。

乙 唱的什么词儿？

甲 "每日里饮琼浆醺醺大醉。"吭郎才来切，吭郎才来切，吭。"昼夜里施巧计紧皱双眉。造下了铜雀台缺少二美。"吭郎才来切吭郎才来切，插进来，补一句"杀孙权灭刘备心愿方遂！"他一抖袖，心里不痛快了。

乙 嗯。

甲 为什么他不痛快呢？他一抖袖他找椅子，您要是到戏台上，多咱要找椅子的时候，必须他得抖抖袖，往后看看，假使他要是没椅子，往那一坐来个大屁股蹲儿，那多寒碜哪。

乙 那好嘛，那戏就砸了。

甲 是不是？他这么一抖袖，回头一看没椅子。这检场的不愿伺候我怎么着？

乙 嘿。

甲 他回头要发作，这么一回头吓一哆嗦。

乙 怎么了？

甲 这个大座上还坐着个花脸哪。

乙 那儿还有严嵩哪。

甲 就是呀，那儿有严嵩在那儿坐着哪。他应该坐小座，把大座撤到

455

后边来了。

乙　对呀。

甲　他一看有个严嵩。他是唱花脸的，他不是认识那个严嵩吗?

乙　就是呀。

甲　这角色他也来过呀。

乙　对。

甲　坏了，我冒了场了。要往回这么一跑，这倒好上来了。

乙　那不回去怎么办哪?

甲　不回去，我往这儿一站，我算怎么个人呀?

乙　对呀。

甲　你还别说，他这脑筋真好，他要把这个错儿搁在严嵩身上。

乙　噢。

甲　还要说一句行话，还得叫严嵩知道，他看着严嵩，冲严嵩拿手一指:"哦! 什么人大胆，占了老夫我的座位!"

乙　嘿，他倒火儿啦!

甲　他当然得火儿啦，他意思要把这错儿搁到人家身上。

乙　好嘛!

甲　不但他火儿了，后边他又说了一句行话。

乙　怎么个话?

甲　"钻锅"。钻锅您懂吗?

乙　钻锅，我不懂。

甲　这一出戏呀，他一句不会，上去就敢唱、敢说，这就叫"钻锅"。

乙　噢，就是临时抓词。

甲　哎，这个是人家的行话，叫"钻锅"。

乙　哎。

甲　严嵩心里不痛快呀:你怎么把错儿搁到我身上啊! 你冒了场了，你叫我钻锅，我就得胡陪着你唱。那我得问问你:"尔口出大言，你是何人? "哎，他问他了。

乙　啊。

甲　这曹操那派头来了:"俺乃汉相曹操。"您说这个严嵩也真会"钻锅"。

乙　哎。

甲　"噢，却原来是汉丞相。""正是。""啊，请坐。"这回我忙活了，我得给他们拉座呀。

乙　对呀。

甲　我不是来那个严侠吗？给他们拉了一个八字。

乙　啊。

甲　您说那个来严嵩的真会说话。

乙　怎么说？

甲　"不知丞相驾到，未曾远迎，当面恕罪。"

乙　还聊起来了。

甲　曹操也搭茬儿了。

乙　怎么说的？

甲　"老夫来得鲁莽。"一定是鲁莽，不鲁莽，他能冒场吗？

乙　对。

甲　"太师爷海涵。""岂敢！"严嵩又说话了。

乙　又说什么哪？

甲　一想：我们俩在这儿木坐着，得找个话说。"啊，丞相，我有一言出口，从不从，休要烦恼。"曹操一想：咱们俩正没词儿哪，咱们俩找话说。水词儿算什么？

乙　这叫什么戏？

甲　"言讲当面。"严嵩说了："啊，丞相，我要与你结拜金兰之好，从不从，莫要烦恼。"

乙　噢，要跟他拜金兰兄弟。

甲　要拜把兄弟。

乙　嘿。

甲　曹操又说："啊，就依太师爷。"哎，真好办。"严侠！"又忙活上我了。"香案伺候。"这个摆香案省事。

乙　对。

甲　怎么哪，有俩木头蜡扦，有个香炉，往里一插香。这位序大小可麻烦。

乙　怎么？

甲　您说，谁是哥哥，谁是兄弟？

乙　要按年头儿说，好像曹操比他——差好几百岁哪。

甲　就是嘛。不过这不能这么算。

乙　这怎么算？

甲　他们俩同着场哪。

乙　是呀。

甲　这"严嵩"戴着是"黪满"，曹操戴着"黑满"，你说这黪白胡子岁数大，还是这黑胡子岁数大？

乙　那还应该是"黪白"的岁数大呀。

甲　这不就对了，曹操还就认可了。

乙　当兄弟？

甲　哎。

乙　嘿！

甲　"兄长在上，受小弟大礼参拜。"他这儿搭茬儿了："这倒罢了。严侠，酒宴摆上！"酒宴摆上了。

乙　这拜完把兄弟得喝一通儿。

甲　这也省事，有一把破酒壶，有两个木头酒杯，往上一拿。

乙　戏台上可不就是这样儿。

甲　这把酒壶里面能盛的多了，你别说两人喝，十六个人喝，老喝不完。

乙　是呀？

甲　他根本就没有嘛！

乙　对。

甲　这用上我了，过去给斟酒。这曹操喝着酒，严嵩也得喝着酒，他这一举酒杯，不知道怎么叫起板来了。

乙　哟。

甲　"请酒！"哟，拉胡琴的说，你们俩在那儿喝酒。这都哪儿的事呀！不是一朝一代，两人坐在一块还要喝酒。

乙　有意思。

甲　这一叫，叫的是〔原板〕。哎，你还别说，来严嵩这主儿，还真有两下子，当时就唱出来了。

乙　也是现编的词儿？

甲　当然是了。"太师府，摆酒宴，开怀畅饮，尊一声汉丞相，细听我明。你在汉朝为首相，官居一品，带领着千员将百万雄兵。"曹操一听"夸奖了！"

乙　嘿！

甲　拉胡琴的一听，他也要唱两句。"太师爷，休得要，夸奖过甚，你乃是明朝中非等闲之人，大明的江山，有你一份，这满朝中，满宫中惧怕你三分！请酒！"他们两个又喝上了。

乙　哎！

甲　这后台可反了。

乙　怎么了？

甲　他们两人这儿喝，这个戏得唱到什么时候？

乙　就是。

甲　这玩意儿多别扭，这不行。老板说了："赶紧上去一个！邹应龙上去，你惹的祸，你把曹操给换下来。"这邹应龙说："不行，我呀是个御史，那儿坐着个太师爷，他一咋呼，我就得下来。"老板说："这不要紧，叫蒋干上去，把严嵩换下来。"

乙　对。

甲　这扮蒋干的说："不成！那儿坐着个丞相，我是个'谋士'，我也不敢上去。"

乙　就是。

甲　你别说，有一个人说："老板，不要紧，谁不知道我是莽张飞呀，我上去能把他给换下来。"

乙　嗯。

甲　"我这儿背着鞭哪，我上去给他们一顿鞭，把他们两人都打下来。"老板说："对对，救场如救火，干脆你上去吧！"你想他是莽张飞，他又是唱花脸的，一唱就是快的。

乙　对。

甲　"走哇！"锵……他上来了。他上来也没词儿，脑筋好，现编的词儿。

乙　噢！怎么唱的？

甲　还合乎情理。

乙　噢。

甲　"老张生来秉性刚，为何奸贼聚一堂，怒气不息二堂上，大胆！管叫二贼一命亡！啊……"他这一哼哼不要紧，曹操不理会，一瞅张飞上来了，这是我这出戏的角啊，越多越好哇。

乙　对。

甲　严嵩一看张飞上来，心里这个不痛快，来个曹操，跟我喝上了，这又上来了个张飞，这我不能饶这个，赶紧拿手一指"呔，什么人前来造次！"你想这个张飞是大花脸，当然就急了。

乙　嗯。

甲　"你三老子张飞在此！"严嵩一听，你到这儿不行！我是太师爷，我得吓唬吓唬他！"严侠！""有！""将他拿下！"拿他？唱小花脸的有拿大花脸的吗？

乙　就是。

甲　甭说别的，胳膊也比我粗呀。他只得在这"喳喳，喳喳喳"……他这么一喳，曹操准知道我没词儿了，把这话头接过来，这事就好办了。

乙　嗯。

甲　"且慢，这张将军乃三国的名将，也好酒贪杯。来来来，待我把酒三杯！"他叫张飞也喝三杯。本来演张飞这个主儿呀，好喝酒。

乙　噢。

甲　他忘了这戏台上这事是假的了。他一听见酒他高了兴了，那意思要喝："这个——"哟，那老板在后台扒着帘一听：我叫你拿鞭把他们轰下来，你要是一喝酒，这出戏就完不了啦！

乙　就是。

甲　冲他一摆手，冲他一攥拳，摆手是说，你别说喝，冲他一攥拳呢，是把他们打下来。

乙　哎。

甲　这个时候扮张飞的明白了："哇！胆大的曹操，名为汉相，实为汉贼。啊，严嵩，你搅乱大明江山。某哪里容得尔等！待三老子结果尔的性命！"啪嚓这一鞭子打在桌子上了。

乙　哟。

甲　你还别说，曹操和严嵩两人都有词儿。

乙　怎么？

甲　"哎呀！贤弟，这人来得利害，待你我逃走了吧！"他们两人下场了，把张飞给扔在那儿了。

乙　好嘛。

甲　张飞急得直哇呀。"哇呀，哇呀，哇呀——"他自己一想：我哇呀半天也不像话。

乙　那怎么下台呀？

甲　我也得想法子下去。嗯，行，"啊，贼子逃跑了，三老子赶上前去呀——"他也下去了。把我一个人扔在台上了。

乙　对了，您严侠怎么办哪？

甲　你还别说，咱们唱了几十年的戏了，能够把我扔在台上吗？

乙　对呀。

甲　我唱了四句台词，我也下去了。

乙　你怎么唱的？

甲　我这么唱的："今日严侠运不通，遇见一台糊涂虫，我唱了四十多年戏，还没有见着张飞打严嵩！"——我也下去了。

乙　嘿！

（张杰尧　侯宝林演播稿）

卖挂票

甲　做个京剧演员可不容易。

乙　嗳！得下苦功夫。

甲　还得有演员的材料，像聋子、哑巴能演戏吗？

乙　那是没法演戏。

甲　七年坐科，十几年舞台实践，不是一件简单事。

乙　嗯！

甲　要想成一个名演员那就更不容易啦！

乙　得观众公认。

甲　像梅先生，马连良马先生，谭富英谭先生，×××（甲名）×先生，这都……

乙　您先等会儿。谁？

甲　×××，×先生。

乙　我怎么没见过这位呀？

甲　这不在台上站着哪嘛！

乙　去！就是您呀？

甲　不错。

乙　哎哟！还真没看出来，您也是票友儿呀！

甲　票友儿？坐过科！

乙　您还坐过科！哪个科班？

甲　喜连成。

乙　后来叫富连成。

甲　对啦！我是那儿的学生。

乙　您是富连成的学生？这不对呀！

甲　怎么不对呀?

乙　富连成是七科:喜、连、富、盛、世、元、韵,没有叫×(甲名第一个字)字的呀?

甲　×××(甲名)是我学名,我的艺名叫×(甲姓)喜(洗)三①。

乙　啊?

甲　不!喜山。

乙　噢!还是头一科的。那甭说喽,雷喜福、侯喜瑞、钟喜久、陈喜兴,您都认识啦!

甲　我们是同官②。

乙　是呀?

甲　我们喜字科一共四十二个科生。

乙　全都是角儿呀!

甲　也不见得,有出科的,也有没出科的。

乙　一共出科多少个呀?

甲　出壳(科)四十一个。

乙　有一位没出科。哪位?

甲　我!

乙　您怎么没出科呢?

甲　因为我散了黄!出不了壳啦!

乙　噢!孵小鸡儿呀!

甲　不!因为我下台瞌睡多,上台净拉稀③,所以没出来。

乙　废物呀!

甲　您别看我在科班里不怎么样,出科可享了大名啦!

乙　像您这猴儿戴胡子——一出都没有,还能出名哪!

甲　架不住学呀!投名师访高友,谭鑫培老先生给我说过戏。

乙　是呀?

甲　陈德霖、王瑶卿、金秀山、杨小楼,都教过我。

乙　嗳嗳,您到底学哪一行的呀?

甲　生旦净末丑,文武昆乱满不挡。

---

① 旧俗在婴儿出生后第三天要洗澡,称"洗三"。

② 同官——同科学生。

③ 拉稀——台上演戏不卖力。

甲　嚯！戏包袱。

乙　梅先生没我会的戏多。

甲　是呀！梅先生不唱花脸哪。

乙　像我这样的名演员全国难找第二位。

甲　哈哈！我怎么没有听见说过呀？

乙　因为我不经常唱。

甲　您多少年唱一回戏？

乙　四十年。

甲　啊？合着您一回没唱过呀！

乙　怎见得我一回都没唱过呀？

甲　您想呀：您四十年才唱一回，今年您还没有四十岁哪，可不是一回没唱过嘛！

乙　四年唱一回。

甲　您说清楚点儿呀！

乙　解放前二年我在长安大戏院唱过一回。

甲　以后呢？

乙　一直没唱。

甲　为什么不唱呀？

乙　那次赚的钱还没花完哪，忙什么呀！

甲　嚯！您唱一回戏赚多少钱呀？

乙　也没多少，反正唱一回够吃个十年八年的。

甲　好家伙。您卖多少钱一张票呀？

乙　不分前后排，一律五十块。

甲　啊？

乙　国民党那会儿票子不值钱，没人要，要买票得用银元，还得袁大头①三年闭眼儿的，睁眼的都不收。

甲　好家伙，比梅兰芳的票还贵十倍。

乙　呃！我那回唱就是为了梅先生。

甲　您唱戏与人家有什么关系呀？

乙　都说梅先生一唱就满，我非跟他碰碰不可。

① 有袁世凯头像的银元叫袁大头。头像有两种，一种眼睛闭着的，据说含银量高；另一种眼睛睁着的含银量略差。

乙　你这不是找倒霉吗?

甲　找倒霉? 睲好儿吧! 我一打听, 梅先生那天在新新大戏院贴的是全本《生死恨》。

乙　那是梅先生的拿手戏呀!

甲　我这边贴的是全本《红鬃烈马》, 前边让富英唱, 我只唱《大登殿》。

乙　听听这口气,

甲　前仁星期全国各大报纸就发了消息啦!

乙　怎么登的呀?

甲　当代真正京派名伶 ×××, × 老板, 经全国所有名师传授, 闭门苦练达三十年之久。精通生旦净末丑各种角色。经北京全市民众再三要求, 才准于 × 月 × 日在北京长安大戏院献演一场。希各地爱好京剧观众, 及时前往订座, 以免向隅云云。

乙　真捧您啊!

甲　哪儿啊! 戏院经理花了钱啦!

乙　噢! 吹啊!

甲　汉口爱听京戏的一看:(湖北话)"您家, 当代京派名角, 难得的好机会。走, 到北京听戏去!"

乙　真有这样的戏迷!

甲　坐火车上北京。每天京汉路对开一班, 挂二十四辆车皮。因为我唱戏, 不够坐的, 大家要求站长多挂二十四辆, 前边一个火车头拉, 后边一个火车头推。过了一个星期, 汉口成了真空啦!

乙　人呢?

甲　都跑北京听戏来啦!

乙　好嘛!

甲　上海的戏迷也不落于人后:(上海话)"侬阿看见报浪厢登格消息, ×××, × 老板第一趟登台献艺, 机会难得, '豪燥'乘快车到北京订位子。"赶着上北京。坐火车的坐火车, 津浦路到天津, 转车到北京。买不到车票的坐轮船, 买不到船票的坐木船, 实在连木船都坐不到的, 弄个洗澡盆, 往海里一放, 稀里呼噜地都冲到天津去啦!

乙　啊? 像话吗!

甲　这下儿北京可热闹啦! 家家旅馆都客满, 饭馆预备的东西都不够卖的。能说这不是沾我的光吗! 这叫"龙行一步, 百草沾恩"。

乙　（旁白）好嘛，他又成了皇上啦！

甲　后来的没地儿住啦！

乙　旅馆都满了嘛！

甲　住小店儿。

乙　噢！

甲　小店儿也住满啦！有些人在街上过夜，往马路边上一坐，一排排跟难民似的。

乙　瞧瞧这份儿瘾头儿。

甲　前半夜还好过，后半夜受不了啦！

乙　是呀！后半夜冷呀！

甲　大伙儿坐在一块儿商量："大哥！您贵姓？""姓×。""台甫？""草字××。""您哪儿来的呀？""广州。""嚯！""比我远。您呢？""我近，长沙。"

乙　嘿嘿！差不多。

甲　"大哥！您北京有熟人吗？""有熟人我还住露天。跟我一样，就为听戏，听完了就回去。""咱们得想个办法呀，这离着开戏还有一个多星期哪！天天在露天睡，这受不了呀，等开戏那天咱们也就冻成冰棍啦！"

乙　没事找罪受！

甲　"您买了票啦吗？""买啦！""对号入座？咱们先到戏园子里坐那儿等着，不比在街上暖和的多嘛！""对！还是您聪明。走！"他们这一走呀，后边跟着一群。

乙　怎么跟着一群呀？

甲　全是听戏的呀！大家异口同声地说："走走！戏院子里去！"嚯！一传十，十传百，都跑戏院子里来啦！

乙　热闹。

甲　离着开戏还有一个多星期哪！坐上半堂座儿啦！

乙　这新鲜事我真是头回听说。

甲　到了开戏那天甭卖门市票啦！满啦！

乙　那还用说嘛！

甲　铁门一拉，前台经理通知后台管事的，准备打通（tòng）儿①。

_____

① 打通儿——打闹场锣鼓。

乙　对!

甲　就在这么个时候,门口来了五百多位,往铁门那儿一挤:"买票,买票!"售票员在里边一听,"又有人买票? 前仨星期就满啦! 出去跟他们说说吧!"

乙　唉!

甲　"对不起诸位! 前仨星期这票就卖完啦,您多包涵吧!""多包涵? 我们车票钱,旅馆钱,你给呀?""我凭什么给呀?""你不给不让我们听戏?""不是我不让你们听呀,没票啦!""没票? 给我们想法儿。要不然我们在门口嚷嚷,叫你们也唱不安生。"

乙　急啦!

甲　售票员一听:"堵着门口嚷嚷,受不了呀!"赶紧找经理:"您快出去看看吧,门口又来五百多位,非要买票不行!""财神爷呀! 卖呀!""卖? 前仨星期就满啦! 拿什么卖呀?""哎唷,哎唷! 平常不上座儿的时候,叫你们踹^①几张票,一张也踹不出去,今天来了座儿啦又没法儿卖!"

乙　满啦! 还怎么卖呀?

甲　经理有主意呀!"坐票不是满了嘛,卖站票。"

乙　什么? 站票!

甲　"啊! 走道上可以站呀! 五排过道,一排站一百多人正好!"

乙　人家愿意吗?

甲　不愿意听不到呀!

乙　好嘛! 站票卖多少钱呀?

甲　五十块。

乙　跟坐票一样。

甲　一会儿,五百多位都放进来,往过道上一站。

乙　热闹!

甲　这回好,连人都过不了啦!

乙　都站满了嘛!

甲　上厕所到散戏再说吧!

乙　好嘛!

甲　经理一看差不多啦,打通。场面上早准备好啦! 打鼓佬刚拿鼓签

---

①　踹票——拿着票到处兜售。

子，这么个时候门口又来五百多位。

乙　又来啦？

甲　"买票，买票！"售票员赶紧对付："诸位，实在对不起，早就满啦！不但坐票，连站票都没地方加啦！""那不行啊，我们那么远来，光盘费花了一百多块，不叫我们听戏那完得了吗？""你们怎么不早来呀？""不是刚下火车吗？"

乙　刚赶到。

甲　"实在没地儿啦！""没地儿？给我们想法儿！"售票员赶紧找经理，"快出去看看吧，又来了五百多位。""好啊！卖呀！"

乙　还卖哪！

甲　"那哪儿卖呀？坐没地儿坐，站没地儿站，怎么卖呀！""那没关系呀，卖蹲票。"

乙　什么？

甲　"蹲票，俩站票中间蹲一个。"

乙　那看不见呀？

甲　为听不为看。

乙　真有这么大瘾头儿？

甲　什么话呢！

乙　蹲票卖多少钱一张呀？

甲　一样，五十块。

乙　噢！都是五十块？

甲　一会儿，五百多位都进来！找地儿一蹲。

乙　瞧瞧！

甲　场面上打通儿：嘣都噜……吭采，吭采……这个时候又来了一千多位。

乙　越来越多呀！

甲　"买票，买票！""先生！实在没办法啦，一点儿主意没有啦！坐票、站票，连蹲票都卖啦！不信你们看看。"大家扒着铁门一看，"不错，是没地儿啦！"

乙　本来没地儿了嘛！

甲　其中有人知道经理脾气的，"你没法儿呀，找你们经理去呀！只要给钱，什么办法他都想得起来。我们为听×老板唱戏，怎么办都行。"

乙　真有这种人。

甲　"经理！外边又来了一千多位，非买票不可。您看这事怎么办呀？""怎么办？卖呀！""往哪儿卖呀？坐票、站票，连蹲票都卖啦！""不动脑子，椅子底下不都还空着哪吗？"

乙　啊？

甲　卖趴票！

乙　这……那行吗？

甲　行吗呀？抢都抢不到手。

乙　瞧瞧！趴票多少钱一张呀？

甲　五十块。

乙　趴票也卖五十块！

甲　又卖了一千多张趴票。

乙　经理发了财啦！

甲　先得把坐票、站票、蹲票请出去。

乙　干吗还要先把他们请出去呀？

甲　要不然趴票进不来呀！

乙　是呀！

甲　这一千多位都趴在椅子底下啦！

乙　嘿嘿！

甲　坐票不答应啦！

乙　怎么？

甲　他脚没地儿搁呀！

乙　是呀！底下趴着一个哪嘛！

甲　甭经理解释，自己就了啦！

乙　哦？

甲　"退票，退票！你们怎么一个位子卖俩人呀？""大哥，你喊什么呀！你来得早坐那儿，又得听又得看。我来得晚趴在这儿，看也看不见，听也听不清楚！一样是五十块，不都为的是过瘾嘛！我还没喊哪您倒先喊上啦！""那不行呀，我脚没地儿搁呀！""您别着急！搁我脖子上。"

乙　啊？

甲　坐票把脚都搁在趴票脖子上啦！

乙　好嘛！

甲　趴着的把烟摸出来啦，"大哥！您来根儿烟。"

乙　还真客气。

甲　"等会儿 × 老板出来的时候，您知会①我一声。"

乙　干吗呀？

甲　好让我喊个碰头好儿！

乙　还喊碰头好儿哪！

甲　刚打完通儿，又来了一百三十二位。

乙　还来哪！

甲　"买票，买票！听 × 老板唱戏。"急得售票员直出汗："各位！实在没法儿，坐票、站票、蹲票，连趴票都卖啦！""没法儿也得想。我们想听 × 老板的戏不止一天啦！一直没听到过，这回为了听 × 老板的戏没盘缠，把生意都倒给别人啦！"

乙　嚯！真舍得呀！

甲　"我这戏瘾可发狂啦！你要不让我们听，引起神经错乱可得你负责。"

乙　好嘛！成了相思病啦！

甲　"我负不了这个责！""你既然负不了这个责，就赶快给我们想法儿。"售票员一看，不卖不行呀！找经理吧！

乙　这回我看他也没咒念。

甲　"经理！外边又来了一百三十二位非买票不可！您看怎么办？"（沉思）"嗯！"

乙　他也没法儿了不是。

甲　"经理！我看这一百三十二位就别卖啦！""别卖？娶媳妇、买房子，置地都在 × 老板这出戏上哪！"

乙　想钱想疯啦！

甲　"没地儿怎么卖呀？"

乙　是呀！

甲　"卖挂票！"

乙　什么？

甲　挂票！挂在墙上听。

乙　像话吗！

甲　那比蹲票、趴票强多啦，又得听，又得看，外带谁也不挤谁。

乙　挂票也卖五十块一张呀？

---

① 知会——通知。

甲　五十一块二毛五。

乙　怎么挂票倒多卖一块二毛五呀？

甲　钉子钱、绳子钱都得算在里头。

乙　合着一点儿亏都不能吃。

甲　"对！卖挂票。"对听戏的说："诸位！你们先请出来吧！"

乙　怎么也叫人出来呀？

甲　不出来挂票进不去呀！

乙　噢！我把这个碴儿给忘啦！

甲　搬梯子，钉钉子，安滑车儿，穿好了绳子，一头儿往腰上一拴，这头儿一拉，哧哧哧哧哧上去啦！

乙　瞧瞧！

甲　哟哟哟！不行！

乙　怎么不行呀？

甲　在上头打转儿呀！

乙　那怎么办呀？

甲　"在我脚上再给我加道绳子吧！"

乙　您说这叫受什么罪呀？

甲　"再加道绳子呀？您得再加一毛二。""行！我给两毛四都行。"

乙　合着钱都这么花啦！

甲　挂好啦，坐票、站票、蹲票才进来。

乙　这份儿折腾呀！

甲　开锣戏也唱上啦！

乙　嗯！

甲　我们经理一看这份儿高兴呀！

乙　那他还不高兴！肥啦！

甲　"去，派个人到隔壁新新大戏院，看看梅先生那儿卖了多少张票。"过去一个人一看，也甭说！卖得还真不少！大概卖了有二十来人。

乙　啊？梅先生的《生死恨》才卖二十来人？

甲　跟我打对台他哪儿行呀！

乙　对！您随便说吧，反正不贴印花税。

甲　这二十来个人都是白大褂红边。

乙　噢，茶房呀！

甲　梅先生那边一张票没卖。

乙　玄啦！

甲　我这边挤不下呀！高兴，早早儿的我就下了后台啦！"辛苦辛苦！"

乙　倒是挺客气。

甲　"场上到哪儿啦！""早着哪您哪！才《武家坡》。"

乙　噢！谭富英的薛平贵呀？

甲　啊！张君秋的王宝钏——《大登殿》换程砚秋，荀慧生的代战公主。

乙　听听。

甲　我赶紧扮戏，戴王帽，穿红蟒。我一边扮戏一边听，富英、君秋的《武家坡》一个叫好的都没有。

乙　这两位唱《武家坡》是珠联璧合，连一个叫好的都没有？

甲　都是听我来的，能给他们二位叫好吗？

乙　瞧瞧！

甲　戏也扮好啦！《算粮》也下来啦！场上闭幕换"守旧"、换桌帔，椅帔。

乙　换私房的。

甲　一律是白缎子湖南湘绣三蓝富贵牡丹花。

乙　还是真讲究。

甲　场面换苏锣，吭采，吭采……

乙　瞧这份儿派头！

甲　〔冲头〕打完喽，起〔导板〕。

乙　对！您有句闷帘〔导板〕嘛！

甲　（吊嗓）咦咦……啊啊啊……

乙　这份儿毛病。

甲　我试了试那天嗓子还真给使，足够正宫调。

乙　不容易！

甲　您听我这句〔导板〕，随便他们哪位也没我这味儿！

乙　您唱唱我们听听。

甲　（唱）〔导板〕龙凤阁内（改唱铁片大鼓调）把衣换哪个哪呀，唉唉唉唉，唉唉唉唉！

乙　啊？就这个呀！

甲　就我这一句，台底下"啊"的一声……

乙　这个叫好呀！

甲　这个骂呀！

乙　没法儿不骂！

甲　呼啦，呼啦地全气走啦！

乙　那还不走！

甲　走呀？那是他们不懂，愣有一百三十二位连动都不动。

乙　爱听？

甲　挂着哪！

乙　噢，走不了啦！

（马三立整理）

六个月

乙　这回咱们俩说一段相声。

甲　现在我是说相声了。

乙　噢，过去你是——

甲　过去一点儿事没有，告诉你，饿得我天天抓苍蝇吃。

乙　是呀？

甲　您说，人要是穷了志就短，你相信吗？

乙　这话怎么讲！

甲　你要没钱花就得找朋友去。

乙　对。

甲　可巧有个朋友，我找他借俩钱儿吧。我跟他一说："哥哥，这两天我没钱花了，您借给我五块钱吧。"他冲我一乐："哈哈，兄弟，您用几块哪？"我说："我只用五块钱。""嗨，不就是五块钱的事吗？这有什么关系，干脆你找地方借十块钱，咱俩一人五块。"

乙　这甭问了，他也没钱。

甲　他也没辙。他说："兄弟，你来得正是时候，我连早饭还没吃哪！"

乙　好嘛，他比你还穷。

甲　我说："咱俩怎么办？俩人都饿着吗？"

乙　就是。

甲　"咱们想个办法，不要紧，咱们在城里头蒙不出饭来，咱们俩上外头蒙去！"

乙　外头上哪儿蒙去？

甲　哎，到乡村、镇店，遇巧了就能蒙着饭吃。

乙　啊？

甲　哎，我们俩溜溜达达走出十来里地，一看有个小镇店。

乙　嗯？

甲　这个小镇店还挺好，是南北的街，有点儿意思。我们进去了一看，在路东里开个饭馆，新饭馆，上头挂着个面幌子。

乙　嗯！

甲　现在卖面的不挂幌子了，过去卖切面的，不卖熟的吧，是单片，卖熟的是罗圈。一看人家儿挂个罗圈，一定是炒菜、面什么的。

乙　哎，二荤铺。

甲　我说："哥哥，看见了没？这儿一个饭馆，咱们哥儿俩进去吃去吧。""我没钱，你哪？"我说："我也没钱。"

乙　对了，你们俩都没钱，拿什么吃呀？

甲　我说："哥哥，虽然咱们不认识，进去说两句话，就能吃他一顿饭。"哎，我这哥哥说了："您没这个本事。""您瞧吧。"我们俩溜溜达达地就进来了。

乙　嗯。

甲　虽然我们俩没钱，穿的可都挺干净，完全都是白布的裤褂，每人一件灰大褂，大摇大摆地进去了。人家掌柜的过来擦抹桌案，乡下人说话这味儿："二位客官，吃饭哪？"我说："对了，我们吃饭。""您老要什么呀？"我说："您这儿都有什么？""我们这儿有炒素菜，有包子，有面，你爱吃包子有包子，你爱吃面有面。"

乙　家常饭。

甲　我说："您这儿有酒吗？""酒您老随便打呀！"我说："这么着，酒你一人给我们来四两，回来有饼我们吃饼，有包子我们吃包子。"

乙　对。

甲　"我们先来个菜，先喝着酒。""好了。"一会儿的工夫给我们端上来了。我这朋友吓得直哆嗦，心里说：他一个子儿没有哇！

乙　嗯。

甲　一会儿吃完了给人家出手指头，这不像话呀。

乙　就是。

甲　好在一样，我快吃，吃完了我先头里走，回来把他搁这儿。

乙　好嘛。

甲　他的心意在这儿哪，哪知道人家往上一端，我就说了话了："掌柜的，贵姓啊？""哎，你老问我呀，我姓马呀。""噢，马掌柜的。""不敢当，不敢当。"我说："您的台甫怎么称呼？""抬土呀，这两天抬不动了，肩膀子抬疼了。"

乙　怎么叫抬土呀？

甲　这是问那台甫，他听错了。我说："您的大号？""大号呀卖了，小号呀叫朋友借走了。"

乙　好嘛！

甲　我说："干脆吧，您叫什么名字？""咱没名字，我行二，都管我叫马二，马老二就是我。"我赶紧随话就说了："我说马掌柜的，您是这儿的掌柜的吗？""咱是自东自伙呀，灶上啊。是我本家一个兄弟；跑外的是我本家一个侄子，没有外人。""好。"我说，"你这又是掌柜，又是本家，叫马二可有点儿别扭。""怎么别扭哇？""你这是一品大掌柜，叫马二可有点别扭，我送您个号好吗？""啊，你老能送给我个号？"我说："我给你起个名字。""那么你老给起个名呗。"我说："你不姓马吗，我给你起个名字叫得功，旗开得胜，马到成功，您看这名字好不好？"

乙　哎，这还真不错。

甲　"哎，旗开得胜，马到成功，我叫马得功，好，我再给您添四两酒，我给朋友们说去。"站在门口他嚷嚷上了："我说众位老街坊，我可有了名字了，谁再管我叫马二我可不愿意，你看这位给我起了个名字叫马得功。旗开得胜，马到成功。"回来他乐了，他说："客爷，你老送我这个名字，不能叫你老白送。"

乙　怎么样哪？

甲　"今天吃的，喝的，扰我了。"我说："那可不成，咱们头一趟来，不能要您这顿饭。""不行，你若是不吃我这顿饭，我可要起誓了。"

乙　哟！

甲　"告诉你说要是不吃我这顿饭，我不是东西。客爷，你要给一个子儿，我还不是东西。"我还就坡儿下了。我说："那要这么着，得了。既是您这份诚意，马掌柜我谢谢您了。您打这就叫旗开得胜，马到成功。"我们俩在这儿吃完了，喝完了，马掌柜的把我们俩人送到门口。

乙　您看！

甲　乐嘻嘻地："二位多咱走到这儿，到这儿喝酒来，哈哈！这个名字真好哇。"

乙　你看这顿饭还真吃出来了。

甲　我们俩不是吃完了吗？

乙　哎！

甲　我说："哥哥你瞅我这本事怎么样？"

乙　还真不错。

甲　"您这本事不怎么样，不就是给人送一个号，就能吃人家一顿饭吗？成心，明天你跟着我来。不信试试，我也能像您这套话，照样儿。"我说："我不相信。""你不相信，明——哎，这晚饭，咱们两人上哪边去？""咱往南去，要碰上新开张的馆子，咱就吃他这顿。"

乙　噢！

甲　你说，他不是不服这羊上树吗。"你就跟着我来。"哎，我溜溜达达就跟着他去。天哪，太阳快压山了，可巧有一个是东北的街，这么个斜街。

乙　嗯。

甲　他一看，那边有一个饭馆，他就跟我说了："兄弟，早晨不是你蒙出来的吗？你再看我进去蒙的。"我说："行。"我就跟他进去了，反正这套话大概他也会说吧。

乙　嗯。

甲　进门他就问人家："掌柜的。"掌柜的过来了："哟嗬，二位客官，您吃什么？"我怎么要的，他也怎么要。

乙　嗯。

甲　他说："您哪，干脆给我来俩菜，一凉一热。您给打上半斤酒①，我们一个人四两。有包子吃包子，有面我们吃面。"

乙　嗯。

甲　回来，人家给端来了。刚一端来他也问人家："掌柜的，您贵姓哪？"掌柜的说了："哎，客爷我姓王。""嗯，你姓什么？""我姓王。""哎呀，别扭哇。"这王掌柜的说："我的姓，我怎么别扭哇。""嗻，你不应该姓这个王你应该姓马。"

乙　应该姓马？

甲　掌柜的说："头一次您上这儿来，您怎么跟我开玩笑哇？"

———————————

① 按旧制一斤为十六两，半斤为八两。

乙　好嘛！

甲　"哎，不是开玩笑，您姓马合适，哎，掌柜的您台甫怎么称呼？"这掌柜的气哼哼的，怎么？头一个给他改姓他愿意吗？

乙　那当然！

甲　"我呀，告诉你吧，我叫王有财。""哎，你叫王有财？这更别扭了！你不应该叫王有财。"

乙　叫什么？

甲　"叫得功，旗开得胜，马到成功。你应该姓马叫马得功，这好不好您哪？"我听到这儿，吓了我一脑袋头发，心说：要坏，要打人。我说："掌柜的，解小手在哪儿？""解小手到外面去。"打这儿我可就走了，把他扔这儿了。回来，他吃饱了喝足了，站起来要走，掌柜的说："哎，先别走。""这个我吃完饭了。""是，知道你吃完了，钱你还没给哪！""掌柜的不是不给钱吗？""为什么不给钱？""我不是给您送号了吗？您就得请我吃这顿饭。""废话，我姓王叫王有财，你非得叫我姓马，管我还得叫马得功。你不是没钱吗，我也不拿捏你，干脆把大褂留下，明天有钱赎，没钱搁这儿撂着。"

乙　好嘛！

甲　他把大褂给脱下来了。他出来一害臊，打这儿不见我了。我心里别扭哇，我说，我干点儿什么去呢，净蒙着吃不像话呀。

乙　就是。

甲　找点儿事吧。

乙　哎。

甲　哎，我找了点儿事。

乙　哪儿找事去？

甲　您知道上海有个唱旦角的叫赵桐珊吗？

乙　噢，贴海报叫"芙蓉草"哇！

甲　对呀！

乙　很有名堂。

甲　有人给我介绍到他那儿了。

乙　嗯。

甲　上那儿跟包去。

乙　噢。

甲　您看这是好事吧？

乙　这是好事。

甲　一个月挣个几十子儿，遇巧了有个堂会呀，分个小惠什么的。

乙　哎。

甲　我还练了点儿能耐。

乙　噢！

甲　给包包头什么的，换换行头哇，我全会。

乙　哎，这个不容易。

甲　我都预备好了。在这儿日子待得不少，这不是行了吗？

乙　好事。

甲　自己不好。

乙　怎么？

甲　好赌钱，这一下子输急了。那会儿有"宝局"，我输急了怎么办哪？没钱了，正赶上这天老板没在家，我把他的箱子拉出去四个，搁在当铺当了。

乙　当了？

甲　当了我先转个弯。

乙　做个本。

甲　赢了哪，我再给他赎出来，输了咱们再商量。

乙　好嘛！

甲　我把这四个箱子当了几百块钱，到了宝局这么一押，哎，运气不错。

乙　啊，都赢回来了？

甲　输了！这怎么办，这四个箱子赎不回来。等老板回来准得跟我打官司。

乙　那当然了。

甲　不定给我交哪儿哪。

乙　就是嘛。

甲　干脆，我呀，一不做，二不休，搬倒葫芦洒了油。我又想起了我蒙着吃，蒙着喝的这个劲儿来了。我赶紧地又回去，把他所有的便衣，我又偷出两大包袱来，我拿着这衣服，穿到身上好蒙事去。

乙　这叫什么行为！

甲　腰里头还有不少钱，我花来花去花的没什么了，走到这么一个地方，奔杭州去，在苏州两夹界有个湖州。

乙　嗯。

甲　走到湖州，那儿有个大戏园子，钱我花得也没有了，就剩身上穿这几件衣服了。我一想：这可没办法了。嗯，一想：对呀，接我们老板的时候，人家都讲究来回给火车票。

乙　嗯。

甲　到那好侍奉，还要叫休养休养。

乙　这叫四管。

甲　哎。

乙　管接、管送、管吃、管住。

甲　这个很好哇，我一想：我要充别人，这玩意儿不行。咱不认识别的老板，我们老板的名字我记得，我就充充他。

乙　嗯。

甲　到那儿去他先接应我几天。

乙　嗯。

甲　吃饱了，喝足了，到时候抽冷我就颠了。

乙　好嘛。

甲　我就预备好了，这个样儿我到了戏园子。我说："哎，哪位是后台老板哪？"有个账房先生出来了："哎，你找我们老板，什么事呀？"我说："我是唱戏的。""啊，您贵姓啊？"我说："我姓赵，我说我的名字你未必知道，我有个外号叫芙蓉草。"

乙　嗯。

甲　"哎哟。"虽然离着几百里地人家听说过呀。

乙　人家全国有名啊。

甲　知道有这么个人哪！

乙　噢。

甲　"您就是那位赵老板！好好，您坐这儿等一等，我赶紧请我们老板去。"把后台老板请来了，老板也没见过芙蓉草。

乙　嗯。

甲　也该着我蒙对了。我说："哎，哪位是后台老板？"这后台老板说了："我您哪，我您哪，哟嗬！您打哪儿来？"我就得说："我刚下轮船。"

乙　嗯。

甲　"因为这轮船开了把我扔在这儿了，我瞅这地方风景好，我要玩儿几天，我再回上海。""哟，您能在我们这玩儿几天吗？""那倒没关系，我不唱戏，因为我坐火轮坐的，拿风吹的嗓子不得劲。"

乙　嗯。

甲　"我得休息两天。""哎那没关系，您也别说休息两天，您休息个七天八天的都没关系。"

乙　嗯，你看这还蒙着了。

甲　"赶紧给他找旅馆去。"嗬，给我找的那个最阔的旅馆。

乙　哈哈。

甲　湖州旅馆。在那里头给我开了一个房间，里头风扇等等预备得挺好。

乙　好嘛。

甲　我往那儿一坐，还得端点儿架子。

乙　还端架子！

甲　"老板，您吃完了吗？"我说："我坐在轮船上火挺大，吃不下去，我倒不忙，我倒不忙。"一会儿的工夫人家把菜给我叫来了，给我摆了一桌。天天是这样，天天你想吃什么给你什么。喝的都是白兰地，给我的烟卷都是老炮台。

乙　嚯。

甲　我这么一瞅，那个意思我吃个三天五天的，抽个冷子我就颠了，哪儿知道我颠不了。

乙　怎么？

甲　有一个后台执事的，明着是伺候我，暗含着怕我走了。人家并不是怕我跑了，人家怕那个角儿不在这儿唱。

乙　嗯！

甲　他可不知道我是假的呀！人家天天伺候我，这一天连老板带本地的人，商界的都来了。来了就求我，说："这个老板，你休息了五六天了，嗓子差不多了吧？"我有心再说：我这嗓子不得劲，我还得住半个月。不像话呀！

乙　就是。

甲　我说我的嗓子现在稍微出点儿音。"哎，这么着吧，您先出二出戏呀。"我说："这么着，我呀，刚来到这儿，也许有认识我的，也许不认识我，咱们先出一出戏，咱们唱着瞧。"

乙　嗯。

甲　"要一上座儿哪，咱们就多写几出，要是不上座儿哪，咱们再商量。"

乙　嗯。

甲　哎，老板说："您这两下子我们是知道的，在上海赫赫有名。您先出什么戏呀？来，先生，拿张纸来，叫他写个戏溜子。"拿过来了，忽然间我想起一出戏来。

乙　您想起哪出来了？

甲　我们老板常唱嘛，叫《六月雪》。

乙　对，《六月雪》是好戏呀。

甲　有这么出戏对不对。

乙　对。

甲　又叫《斩窦娥》。

乙　对。

甲　可是我记得这么出戏，我没记全，我就知道"六月"。我说："你就写六月——"这要忘了搁到那儿多寒碜哪？

乙　噢。

甲　我说："您就给写六个月。""啊。"这老板一听"六个月"，也不敢问，说怎么？人家这老板肚子宽绰，人家也许这个戏名就叫"六个月"。"那么就给您贴这'六个月'。""啊，六个月，您就贴，没错。""好，那么就给您贴'六个月'。"把这个报贴往外这么一粘，好嘛，"芙蓉草"唱"六个月"。

乙　哪儿有这么一出哇！

甲　大伙儿看着这个报子都乐了说："这个戏一定是好哇，甭说，是新排的。"

乙　嗯。

甲　"怎么叫'六个月'哪，咱没听过呀，什么叫'六个月'呀，得看看。"嗬，这天先期买票，头一天把票就卖绝了。

乙　噢！

甲　坐票卖完了，卖站票。

乙　嚯！

甲　这个卖站票就是打我这儿兴的。

乙　啊！

甲　站票都卖完了。

乙　那怎么办？

甲　还有一种法子，那会儿都不是椅子，是板凳。

乙　对。

甲　那板凳您要是横着搁着，一条板凳只坐六个人。

乙　嗯。

甲　这老板会出主意，把板凳顺过来，顺着台这么搁着，叫骑着。

乙　骑着板凳？

甲　这一骑就是十二个人哪。

乙　嗬！

甲　骑马座，骑马座的，就打我这儿兴的。

乙　嗯！

甲　这一骑又多骑了四百多人。

乙　哎！

甲　刚骑完了，呼啦又来一堆，来了一百多位。这没地方搁了。

乙　没办法了。

甲　"不要紧，咱们卖蹲票。"

乙　蹲票？

甲　蹲着，蹲在这行人道上，都蹲在那儿了。

乙　啊？

甲　蹲在那儿还有好处。

乙　有什么好处哇？

甲　那位要喝茶呀，叫这位给端着茶碗，把茶壶给搁脑袋上。

乙　嘿！

甲　好，活茶几儿。这不刚又卖了二百来人吗，呼啦又来二百多，这老板说："您明天再听吧。"

乙　没办法了。

甲　说："不行，不行，我们今个儿非听不可。没听过这个戏，什么叫六个月呀！"

乙　就是。

甲　"我们非听不可。""您看现在连蹲票都卖满了，没法儿办。"说："不要紧，我们趴在板凳座下。"卖趴票。

乙　趴票？

甲　趴票四块八。

乙　嗖！

甲　一个板凳座下趴着仨，上边这位合适啦！

乙　怎么？

甲　正踩着趴着那位的脖子，你别说，这位瘾还挺大，要是角儿出来他还喊好儿，跟上头那位商量。

乙　趴着还叫好儿？

甲　要叫好儿，跟上头这位商量："哎，我说大爷，您把你这脚抬抬，我叫声好儿您再踩行不行？"

乙　好嘛！

甲　这位是南方人，心里不痛快："唔呀，可恶的东西，听戏嘛就听戏，还要叫好麻烦人。"把脚一抬，这位还真喊："好。"扑！又踩上了。

乙　好嘛，受罪哪。

甲　这边刚把趴票卖完，哗啦，又灌进来二百多位来。老板说："这实在没办法了。"

乙　就是趴着都没地方了。

甲　"没地方。"不要紧，你们那楼栏杆闲着哪，赶紧去买绳子，把我们吊着，挂在那儿。

乙　挂？

甲　这名字好，叫挂票。

乙　挂票？

甲　哎，一挂挂了二百多。

乙　好嘛。

甲　二百多都挂好了，你想啊，在那上边挂着跟打秋千一样，有一点儿风就来回转，转悠转悠，坏了。

乙　怎么？

甲　脸冲外了。

乙　好嘛，瞧不见台了。

甲　这位不愿意了。

乙　嗯。

甲　"茶房，茶房，赶紧把我松下来，这个戏我不听了。""哎，您票都买好了为什么不听？""你看见没有，这脸冲外，还看不见台，还吊着我，我受不了，干脆……""不要紧，我帮你翻个个儿。""翻个儿那行。"一拧脚脖子，噌！翻过来了。

乙　嘿！

甲　翻过来，这茶房还不愿意。"您看麻烦我们半天，给您翻个个儿，您给俩小账儿吧。"

乙　还要小费哪。

甲　要小费。说："不要紧，在我兜里掏五块钱。"

乙　哎，干吗叫他自己掏啊！

甲　他这手捆着，在上头吊着哪，这主儿拿了五块钱走了。一会儿头里垫戏完了，该着我上了。

乙　就您这"六个月"呀！

甲　啊，我这"六个月"扮戏不费事，怎么？跟包的哪有不会给人家包头的。

乙　就是。

甲　那会儿给人家包头，自己就会给自己包头哇。

乙　嗯。

甲　我把头也包好了，行头也换好了，站在上场门，我这心里就哆嗦上了。我心里没词儿呀，我就会跟包哇。

乙　就是。

甲　比方说，你要背个衣包，这玩意儿我是行家。

乙　嗯。

甲　拿着小茶壶饮场，这个我成，这唱戏我一点儿经验没有。我站在那儿赶到人家一打小锣儿，台台台，我得上去。

乙　是呀！

甲　我站那儿净哆嗦了，这一哆嗦，后台有个管事的满处找。哎，角儿哪去了？角儿哪？一瞅我站在上场门那儿直哆嗦。嗯，这管事的明白了，心说："这老板也不知是哪儿邀来的，这大概是蒙事行，怎么站在那儿直哆嗦呀！"

乙　瞧出来了。

甲　啊，那位说："你别说了，这老板，告诉你，功夫好，这叫抖功。"啊——我心里说："抖功？我这儿哆嗦哪。"这管事的一掐我的脖子，也别管如何，叫他出去再说。怎么哪，反正这票咱们是卖出去了。

乙　不出去不行啊。

甲　早晚也得退票，干脆把他推出去。一推我的腰眼儿，噌，把我给推出去了。

乙　嗯。

甲　赶推出来了，家伙点儿一打，我要是一声不言语回去，这倒好上
　　来还是假的，那茶壶非摔上来不可。

乙　就是。

甲　你别说，我随机应变，说了几句，还真合乎情理。

乙　啊，还真有词儿。

甲　有词儿。

乙　您怎么念的？

甲　"哎，奴家不出来，将我推出来。"

乙　噢，推出来的。

甲　这台下一听这就叫"六个月"呀，你不出来把你推出来的呀，这
　　戏我们不听，就喊上倒好了。

乙　啊！

甲　过去喊倒好都是"通！通！下去吧！通通通！"好嘛，大伙儿这
　　么一通，我倒有了词儿了。

乙　什么词儿？

甲　我说："哎呀不好，下面炮声响亮，待我逃走了吧。"我颠儿了。

乙　噢，这么颠儿了。

（张杰尧　侯宝林演播稿）

空城计

甲　我是最爱听戏的人，可是近几年我不听啦。

乙　那是怎么回事？

甲　不听啦，我听的那戏，没有啦。

乙　噢，您爱听昆曲？

甲　昆曲我不懂。

乙　高腔？

甲　高腔我不爱听。

乙　您爱听什么戏，现在没有啦？

甲　蹭儿戏（不买票，白看戏）！

乙　啊？不买票哇？

甲　哎，对啦！

乙　还对啊哪？

甲　我对京戏有兴趣，太爱啦。

乙　爱您可以学呀！

甲　学啦，早就学啦。

乙　您在哪班儿？

甲　没班儿。

乙　没班儿？您一定是不怎么样，但凡要好能没人要吗？

甲　什么没人要哇，我是票友儿。

乙　噢，您不是职业演员？

甲　玩儿。

乙　您唱得怎么样？

甲　我这人可不会吹。我也不敢说我唱得好，反正这么说，我唱过多少戏，没出过错儿，没得到倒好儿。

乙　嗬！那可不容易。您是在舞台上？

甲　电台上。

乙　啊？电台上？

甲　啊。

乙　有叫倒好的你也听不见哪！

甲　啊，是呀！这么唱保险哪！

乙　噢，您合着明场不敢露？

甲　谁说的？明场也露过哇。

乙　最近在哪儿露过？

甲　这几年老没唱。

乙　为什么不唱了哪？

甲　我唱戏非得有名角儿配戏，我才露哪。

乙　您可以请啊。

甲　不行啊。都有困难，邀不了啦。

乙　噢，您过去都陪谁唱过？

甲　有很多名角儿都陪我唱过。

乙　我怎么没听说过？

甲　你不注意呀！解放的前一年，我在长安大戏院唱了一回，那是多少角儿呀！

乙　没注意。都有谁？

甲　有富英。

乙　噢，谭富英。

甲　有盛戎。

乙　裘盛戎。

甲　有盛春。

乙　杨盛春，我说您把姓带出来行不行？

甲　有萧老。

乙　噢，萧长华老先生。

甲　有侯老。

乙　谁？

甲　侯喜瑞，侯老先生，有张春彦张先生，马富禄马先生。

乙　嗬，这角儿硬啊！

甲　当然啦。

乙　那天唱的什么戏?

甲　《失空斩》。

乙　戏也好哇!

甲　你懂这戏吗?

乙　懂啊!

甲　你猜猜我来哪个?

乙　您来诸葛亮。

甲　不对,冲你这一说,你就外行。有谭富英我能唱吗?虽然我比富英唱得好,观众他也不认哪!

乙　奇怪!您来马谡?

甲　裘盛戎的。好哇!这角色他轻易不露。

乙　您来司马懿?

甲　侯老,侯喜瑞。

乙　噢,赵云?

甲　杨盛春。

乙　王平?

甲　张春彦。

乙　噢,二老军?

甲　嗯?马富禄马先生跟萧老先生,他们爷儿俩那多好!

乙　这……这里没有角儿啦!

甲　(自言)这戏没我唱不了哇。

乙　您来哪角儿?

甲　打旗儿。

乙　噢,龙套哇?

甲　啊,票友儿嘛!

乙　票友儿您得来个角儿呀。您怎么打旗儿呀?

甲　哎,我们那个票房儿专门研究龙套。

乙　啊?

甲　业余龙套研究社。

乙　没听说过。

甲　那天是特殊情况。

乙　怎么?

甲　因为戏好我想听，他们不让我进去。

乙　为什么？

甲　我没票。

乙　废话！

甲　把门儿的太不客气。"票！"（摇头）"没有！"

乙　买去！

甲　嗯。（指兜儿）也没有。

乙　噢，钱也没有哇！

甲　"没有哇？走！"

乙　轰出来啦！

甲　"好，回见，回见。别送。"

乙　谁送呀？

甲　前台不让进，没关系，我上后台。

乙　后台您认识谁呀？

甲　后台好对付，他们不认识我，我都认识他们，见人就点头儿，他也不知道你是谁。

乙　噢，撞！

甲　这手儿准灵。

乙　哼，戏班儿的蘑菇。

甲　这回坏啦！

乙　怎么？

甲　因为是义务戏。后台也紧，后台人都戴个红条儿。

乙　啊！

甲　上边儿都有俩字，有写着演员，有写着音乐、剧务、管理，我有个条儿没带来。

乙　噢，你有？

甲　司仪！

乙　啊？

甲　上回人家结婚，我给喊的。

乙　那管什么用？后台又没结婚的。

甲　我正在那儿想主意呢，过来一个人问我："喂，干什么的？"我说我找人的。"你找谁？"我说我找看戏的。"前边儿！"

乙　得！又轰出来啦！

甲　"好，回见，别送。"

乙　完啦！

甲　我刚一出来，碰见侯喜瑞侯老："侯老板刚来您？""哎，聊会儿吗？""好您哪，您您……您头里走。"跟包的拿着好些东西，"把包袱给我。"

乙　你管那个干吗？

甲　你懂什么，有那个就能进去。

乙　噢，冒充跟包的。

甲　我刚往里一走，那人问我："干什么的？""嗯！"（指包袱）

乙　嗬？连话都不敢说。

甲　他真拿我当跟包的啦。"喂，给你一个条儿。"给我戴上啦，我一瞧，上边儿有俩字儿。

乙　演员。

甲　杂役。

乙　啊？

甲　甭管什么，能听戏就得。

乙　您会干什么？

甲　嗐，跟着瞎忙活，就为听戏。

乙　那您怎么会打旗儿了哪？

甲　司马懿不是带四个龙套吗？

乙　是呀！

甲　有一个闹时令病，上吐下泻。

乙　哟！

甲　吃了点儿仁丹，呕吐止住啦，泻肚止不住啦。一会儿一趟厕所，最后蹲在厕所那儿出不来啦，后来大伙儿把他送到医院去啦。

乙　那得赶紧治呀。

甲　是呀，他走啦，这儿龙套短一个。

乙　找别人吧。

甲　大轴儿都上啦，前边儿的人完了事都走啦。管事的着急啦，跟侯老直对付："侯老板，刚才搭走一个您知道，您这四个龙套可就剩仨啦。实在没地方儿找人去啦。您回头少带一个得啦。""啊？带仨？一边儿一个，当间儿站一个，我站哪儿呀？"

乙　是呀。

甲 "要不然您带俩。""没那规矩！""要不然您甭带啦！"

乙 甭……

甲 "啊？光杆儿司马懿，就带司马师、司马昭，爷仨打仗？"

乙 那也不好看哪。

甲 "实在没人啦！"侯老一回头儿，看见我啦。"哎！你来一个吧！"我说不行。"救场如救火！"我说不行，我来不了。

乙 怎么？

甲 不行！我没词儿。"嘻，没什么词儿，就一个字儿，（学打旗状）豁——"

乙 本来嘛，龙套有什么词儿。

甲 敢情，四个龙套的待遇还不同。

乙 噢，头旗儿赚多少钱？

甲 就他赚得多，他赚一万二。

乙 二旗儿哪？

甲 八千。

乙 三旗儿？

甲 六千四。

乙 四旗儿？

甲 五千八。您想我是侯老的举荐。

乙 头旗儿？

甲 末旗儿。

乙 就赚五千八！

甲 不在乎钱，我就为在台上听戏。

乙 您不是唱戏吗？

甲 我可以听戏啊！到城楼那点儿，诸葛亮在那儿，我站在这儿，那听着多清楚！你要买票，台上他不卖呀！

乙 废话，没听说台上卖票的。

甲 我赶紧穿上件袍子，戴上顶帽子，拿个旗。我说："侯老，我可不大灵啊！"侯老直给我托付！"三旗儿，您可多关照啊，我们这个可棒槌啊！"

乙 好劲。

甲 我说："对啦，我可棒槌，您多照应。"

乙 还承认啦。

甲　那人还挺好。"没关系，你就跟着我吧！"

乙　噢，您不会呀？

甲　谁不会呀？这出戏哪个角儿我都会。

乙　那你干吗让他带着呀？

甲　我要是给人家说戏成。连"场面"我都懂。就是别让我上台，一上台，我就晕。

乙　噢，晕场啊！

甲　也不是老晕，一下台就好。

乙　这不是要命嘛！

甲　哎，你可还不许说我，你要一说我，后边儿我就不上啦！

乙　噢，您一点儿不会还不许人家说？

甲　我怎么不会？司马懿头一个过场儿，龙套在后台一喊："豁——"（〔快长锤〕）头旗二旗一块儿，到当间儿一点，头旗站左边儿，二旗站右边儿。

乙　对呀。

甲　三旗四旗跟着上，到当间儿一点，三旗站左边儿，四旗站右。

乙　对呀。

甲　司马师、司马昭上，站在两边儿，司马懿上，一亮相儿，准有碰头好儿。打鼓佬起〔闪锤〕，唱一句，（唱〔西皮摇板〕）"中途路上得一信，"（打〔闪锤〕）唱两句〔流水〕"张郃小儿得街亭，大队人马你们往前进，"（〔快长锤〕）龙套下，司马师、司马昭下，司马懿往大边走，转回身来一句缝腿儿："休要放走诸葛孔明。"呛切切……这不就完了吗？

乙　是呀。

甲　内中有我这么一个棒槌，给弄乱啦！

乙　怎么？

甲　头旗、二旗上来挺好，我跟三旗一块儿上啊，到当间一点我也知道，他往左边儿，我往右边儿。

乙　对呀。

甲　我刚要往右边儿走，三旗儿他拽我。

乙　他是怕您站在当间不动。

甲　我错会了意啦，我当是他叫我哪，好，跟着你。

乙　啊？

甲　一边儿一个，一边儿仨！

乙　这不糟心吗？

甲　三旗儿还真跟我捣麻烦："你怎么这边儿来啦？""废话！你要不叫我就来啦？""错啦，过那边儿！""你过去不是一样吗？"

乙　还不过去哪？

甲　这阵儿司马师、司马昭上来啦。我想他们两人站在右边儿，合一边儿仨也不太难看啦！

乙　没听说过。

甲　他们两人一瞧我，全乐啦！

乙　哪有不乐的！

甲　他们这么一乐，台底下也都乐啦！听戏的也不对呀，你花钱买票你听的是角儿呀，打旗儿站错喽与你没有什么损失呀！

乙　那也不行啊！

甲　嗬，台底下有几位这个嚷啊！"好啊！打旗儿的怎么站的？一边儿俩那是二板儿。你那么站成幺蛾儿啦！"

乙　嘿，这位对骨牌倒挺熟。

甲　在这时候儿，司马懿上来啦。呛！一亮相儿，台底下那位正给我叫倒好儿。"通！"侯老吓一跳，他当是给他叫的哪：嗯！我怎么还没张嘴儿就错啦？

乙　是呀！

甲　我行头穿错啦？（看）没错儿呀！没戴盔头？（翻眼看）有哇。谁给我叫的倒好呀？（一看，发现了龙套站错了）哼！（努嘴）

乙　这是干吗？

甲　台上不能说话。他冲我努嘴儿的意思是让我过去。

乙　那你就过去吧！

甲　我都动不了窝儿啦！

乙　这出戏唱的！

甲　打鼓佬人家不管这个，打完了〔闪锤〕，胡琴儿一响该他唱啦。

乙　是呀。

甲　净顾着跟我着急啦，他把词儿忘啦！

乙　啊！那怎么办哪？那就下去吧！

甲　啊，一拉马鞭儿下去啦，那后边儿甭唱啦？戏也砸啦。

乙　那怎么办哪？

甲　那真得佩服人家，现编词儿，还要把这戏唱圆喽。冲我一叫板，"哼……"心说：我倒霉倒你身上啦！

乙　一点儿不假。

甲　（唱）"老夫马上怒气发，"就这一句，台底下说："别嚷啦，别嚷啦，听吧！侯喜瑞改词儿啦！老夫马上怒气发，新词儿。"〔流水〕也编得好。（唱〔流水〕）"叫一声三军听根芽，每日出兵一边儿俩，今日你为何一边一个一边儿仨？努嘴儿挤眼儿你全不怕，还得老夫我把你拉。"

乙　拽过来啦！

（侯宝林整理）

王宝钏洗澡

甲　唱京戏的都是北京口儿，外埠人唱京戏也得学京口儿。

乙　哎，京戏嘛。

甲　可是你要是听票友儿，什么味儿都有。

乙　票友儿也有唱得好的。

甲　有的内行都跟人家学。可也有上台出笑话儿的。

乙　不常上台，没有舞台经验。

甲　我唱戏就没出过错儿。

乙　您喜欢唱京戏？

甲　哎。

乙　您唱哪行？

甲　老生。

乙　能唱什么戏？

甲　是老生戏都能唱，上回我跟马连良合作唱了一出。

乙　你跟马连良一块儿唱？

甲　啊，合作嘛。

乙　什么戏？

甲　《苏武牧羊》。

乙　《苏武牧羊》里就是一个老生啊，其余的就是花脸、小生、花旦，您去谁呀？

甲　我去那羊！

乙　要唱《火牛阵》哪？

甲　我去那牛。

乙　《杀狗劝妻》哪？

甲　那咱不会！

乙　你干吗净来这路活儿呀？

甲　这是开玩笑，咱真能唱。

乙　唱过什么戏？

甲　上回唱的全部《红鬃烈马》。

乙　你去那个马。

甲　不，老生薛平贵。

乙　得了多少倒好儿？

甲　没有，咱是有舞台经验的票友儿。

乙　噢，圆圆满满唱下来了？

甲　也没有，到《大登殿》砸了。

乙　你唱砸了？

甲　我没砸，让小花脸给砸了。

乙　词儿念错了？

甲　词儿没错，把味儿给念错了。

乙　味儿错了？

甲　他不是北京人。

乙　哪儿的人？

甲　定兴人，我家旁边澡堂子那个工友。

乙　对，澡堂子里边定兴人多。

甲　一进澡堂子你就听见那味儿了，柜台先生先看见（学定兴口音，下同）："来咧！"喊一声，"瞧座儿。"里边准有人搭茬儿："里边请。""来咧，这儿坐吧，带茶叶了吧？"

乙　哎，有茶叶先给沏上茶。

甲　把鞋板儿给摆好了，把衣服给挂上。

乙　这就完事了。

甲　不行，还没问您推头哇，搓澡哇，修脚哇，过去都有行话。

乙　什么行话？

甲　推头叫上手活儿，你要推头他给你喊一声："上手儿！"

乙　要修脚哪？

甲　叫下手儿。"下手儿！"

乙　搓澡呢？

甲　叫垫板儿。"垫板儿！"你来全套那可吓人。

乙　怎么？

甲　你想想，"上手儿"铐上了，"下手儿"也砸上啦，"垫板儿"！这就快灌凉水儿啦！

乙　好嘛！日本宪兵队。

甲　您甭害怕，不灌，这只是行话。

乙　那还好。

甲　我去洗澡特别有人缘儿。

乙　那是怎么回事？

甲　那儿有一位工友叫刘顺，他喜欢唱京戏，老跟我说："×老板，唱戏儿这个玩意儿忒（tēi）好咧，我学学行呗？"我说："行啊，明儿我教你两出。"

乙　口音不行啊。

甲　念"韵白"行，念"京白"差点儿；再者说，我们是票友儿，味儿差点儿也没关系。

乙　哎，慢慢来。

甲　他一听我教他，高兴极了："×老板，最近有戏儿吧？"我说："今天晚上我有戏。"

乙　什么戏？

甲　"全部《红鬃烈马》。"

乙　好戏。

甲　"你唱那个薛平贵，我来王宝钏好吧？"

乙　来王宝钏？

甲　"那当时学不会呀。""你给我来个省事儿的。"

乙　哎，来个省事儿的。

甲　我说："你来个小花脸上台先试试。""行啊，只要上台就中啊！"

乙　小花脸，让他来马大、江海？

甲　来马大。就"大登殿"那场。

乙　那词儿也不少哪。

甲　都来不行。他当时也学不会呀，那儿有俩小花脸，从"银空山"就上了，到"大登殿"这场让人家那个小花脸休息一下，让他出场露一下就完。

乙　哪点儿呀？

甲　薛平贵唱完〔导板〕，上四龙套、马大、江海。我唱完〔原板〕，他一传旨："万岁有旨宣王宝钏王娘娘上殿哪。"完了就下，再把那个小花脸换上来。

乙　噢。

甲　我教他这场戏记得还真快，就是味儿差点儿。"万岁有旨宣王宝钏王娘娘上殿哪。"

乙　他怎么样？

甲　倒是真用心，老念这句词儿，"万岁有旨宣王宝钏王娘娘上殿哪。"（复念几遍）净顾背词儿啦，连进来人都没看见。那位自己找了座儿，都脱完了衣裳了，他这儿还背词儿哪，"万岁有旨宣王宝钏王娘娘上殿哪"。"喂，嘟囔什么哪？沏茶。""噢，王娘娘要喝茶？""谁是王娘娘啊！""万岁有旨呀。"

乙　好嘛，净惦记戏词儿了。

甲　我洗完澡回家吃饭，他就跟掌柜的请了假，连晚饭也没吃，就上后台了。一看后台没人，就是一个看水锅的。

乙　怎么没人儿呀？

甲　没到时候儿呢。"辛苦您老。""噢，您找谁？""不是找人的，我来露戏儿。""噢，您哪出哇？""《红鬃烈马》大轴儿。""噢，还早呢，您请坐吧。"

乙　去得太早了。

甲　等我到那儿他都急坏了。"你怎么才来呀？"我说："不忙，《武家坡》还没上哪。""你不忙我忙啊，我没吃饭就来咧！"

乙　怎么不吃饭哪？

甲　"饱吹饿唱"嘛。

乙　嗐！就那一句，撑死也不要紧。

甲　我给他扮好了戏，告诉他上台别慌，沉住气。

乙　对，头回上台别慌。

甲　"嗯，万岁有旨宣王宝钏王娘娘上殿哪。"词儿是背得烂熟。

乙　那就没问题了。

甲　到了"大登殿"这场，我唱闷帘儿〔导板〕，（学唱）"龙凤阁内把衣换。"（学打锣鼓〔慢长锤〕）四个龙套出去，马大、江海出去。（学老生出台状，学唱〔原板〕）"薛平贵也有今一天，马大、江海把旨传，寒窑内快宣出王氏宝钏。"（学打锣鼓住头）我唱完了。

乙　该他传旨啦。

甲　他不言语了！

乙　怎么？把词儿忘了？

甲　没忘，他净顾看热闹儿了！想：唱戏这个玩意儿是有意思儿，（看台下）这么多人都是看我的！

乙　那怎么办哪？

甲　他站在我旁边儿呀，可我又不能说话，我用脚踢他。（做踢状）哼！他回头一看，"嗯，修脚？"

乙　修脚？

甲　"说话！"

乙　想起来没有？

甲　他一着急，味儿更难听了。

乙　怎么喊的？

甲　"池子里王宝钏王先生有没有？"①

乙　嗨！

（侯宝林忆记）

---

① 澡堂内呼叫正在洗浴的客人时的用语。

滑油山

甲　解放后戏曲有很大改革，创造了很多新剧目，也挖掘了很多老剧目，像《十五贯》《生死牌》《赤壁之战》《满江红》。

乙　这都是好戏。

甲　是好的都把它继承下来，有的戏就不能整理了。

乙　什么戏不能整理？

甲　像《骊珠梦》，又叫《梅龙镇》。

乙　噢，也叫《游龙戏凤》。

甲　就是这个名字不对。那怎么叫《游龙戏凤》呢？应该叫调戏民女。

乙　怎么叫调戏民女呢？

甲　你想，正德皇帝私游走到梅龙镇一家小酒馆儿，这家酒馆儿是李龙、李凤姐兄妹俩开的，哥哥没在家，正德皇帝就调戏李凤姐儿，这叫什么行为！

乙　是不怎么样。

甲　就这种行为还被歌颂啦，什么人写的剧本呢？

乙　一定是士大夫阶级。

甲　皇上调戏民女叫游龙戏凤，你不信老百姓来这手儿……

乙　那怎么样呢？

甲　游街示众。还有像《九更天·马义救主》，又叫《滚钉板》。

乙　这戏不错。

甲　什么不错，宣传奴隶道德。

乙　不，我说技巧不错。

甲　什么技巧？只有腔儿好听：（学）"那二人他待我恩德匪浅。"

乙　噢，这个腔儿好听。

甲　《四进士》里也有这个腔儿:(学)"三杯酒下咽喉把大事误了。"

乙　对了,那就甭挖掘《九更天》了。

甲　还是的。挖掘传统首先从内容考虑,其次再考虑技巧。像包文正的故事……

乙　包公戏可不少。

甲　可是有好有坏。像《秦香莲》就好。要铡陈世美的时候,皇姑、太后都来了,包公没办法了,拿出三百两银子,想把秦香莲对付走就完了,也是无可奈何。那点儿唱词编得好:(学)"这是纹银三百两,拿回家去度饥寒;教子成名把书念,千万不可再做官。你夫倒把高官做,害得你一家不团圆。"

乙　好!把包公的矛盾心理全写出来了。

甲　包公戏里也有不好的,像《探阴山》,只是听听唱腔儿。《铡判官》也不合理。

乙　怎么?

甲　就为描写包公为官清正,断案不冤枉人,跑到所谓阴曹地府去把判官铡啦。

乙　啊,对呀。

甲　对什么?

乙　包公有个"游仙枕",枕着那个睡觉,就能到阴间去。

甲　噢,包公有游仙枕就能到阴间去?

乙　啊。

甲　那么王朝、马汉、张龙、赵虎这四个怎么去的?

乙　他们跟着包公一块儿去的。

甲　五个人睡一个枕头?

乙　那我倒没打听。

甲　就算是五个人在一块儿睡,睡觉时候还得抱着铡刀,若不然怎么铡判官哪?

乙　嘿,你倒想得周到啊!

甲　还有几出老旦戏我看也甭整理。

乙　哪几出?

甲　《滑油山》《游六殿》《目连僧救母》。

乙　这几出戏?

甲　纯粹是为封建统治阶级服务的,宣传迷信。

乙　嗯，这戏不太好。

甲　当初还有人把这戏连起来编成本戏，叫《五鬼捉刘氏》。

乙　对了，因为刘氏在阳间不行善事，到了阴曹地府受罪，上刀山、下油锅。

甲　阴曹地府在哪儿呀？

乙　在酆都城。

甲　酆都城在哪儿呀？

乙　在四川省，离万县不远儿。

甲　你去过吗？

乙　没有。

甲　这是封建统治阶级编造的。你从重庆坐船到武汉，就路过酆都城。那里的人们跟咱们一样。根本没有什么阴曹地府。

乙　那干吗戏里弄这套？

甲　宣传迷信嘛。当初北京有个麻老旦，专唱这路戏。

乙　麻老旦。

甲　哎，他姓马，一脸的大麻子，所以都叫他麻老旦。

乙　麻老旦叫什么名字？

甲　不知道，他是"票友"下海。过去的票友都不写名字，姓什么就叫什么"处"；孙菊仙，没下海以前就写孙处。麻老旦姓马，就叫马处。

乙　若是姓刘呢？

甲　叫刘处。

乙　若姓聂？

甲　就叫聂处。

乙　"孽畜"？离妖精不远了。

甲　因为他一脸大麻子，扮相儿不好看，专跑"顺天府"各县，这一出《五鬼捉刘氏》红遍了各县各村，谁一提起麻老旦的《五鬼捉刘氏》，都赞不绝口。

乙　噢，这出戏他唱得好！

甲　不单唱得好，做工也好，他唱得好哇，他想把他儿子教好。

乙　对，父传子受嘛。

甲　他这儿子，从小儿就在后台长起来的，可就是学戏不成；一出《滑油山》学了半年。

乙　太笨？

甲　也不是。他起心里不爱。

乙　那么他爱什么呢？

甲　吃喝玩乐没有他不爱的。他爸爸能挣钱，他能花。他越来越大，他爸爸越来越老。他爸爸是个有名的艺人，他是个地道的二流子。

乙　纯粹败家子儿！

甲　他爸爸一病他没辙了，才病了一个月，家里是当卖一空。

乙　是呀，有多少钱也不够二流子花的。

甲　这天早晨起来，一个子儿没有。"爸爸你看怎么办哪？"

乙　病人有什么办法？

甲　"唉，小时候叫你学戏你不好好学，现在我唱不了啦，你呀'跑海'去吧。"

乙　什么叫"跑海"呀？

甲　就是到后台告帮。

乙　噢，就是找人求助哇。

甲　"到后台先道辛苦，给祖师爷磕个头，坐在二衣箱上。人若是问你哪行的，你就说老旦门儿的，人若问你住班儿呀，你就说跑海。千万别说住班儿，你就会一出《滑油山》，现在横也唱不了啦。"

乙　上哪儿"跑海"去呀？

甲　离他们住的地方不远儿，有唱谢秋戏的，他到那儿一瞧，是个大空场，路北龙王庙，路南是戏台，看戏的人有站着的，有坐着的，还有蹲着的，有趴着的。

乙　怎么还有趴着看戏的。

甲　离远的上树了，找个树杈一趴。

乙　嘿。

甲　只有戏台前边儿有几张桌子，摆得挺整齐，那不是一般老百姓坐的。

乙　谁坐的？

甲　土豪劣绅、衙门人坐。戏台前边有赶档子的，卖瓜子儿的，卖花生的，卖糖豆儿大酸枣儿的，还有一份卖炸糕的。

乙　野台子戏都这样。

甲　这位二流子就奔后台了，给大家道了辛苦，给祖师爷磕了头，就坐在二衣箱上了。

乙　这倒全对了。

甲　后台管事的赶紧过来："噢，您是占行的？""我是老旦门儿的。"
　　管事的一听高兴了。

乙　怎么？

甲　这班儿里正缺唱老旦的。

乙　噢。

甲　"您贵姓？""我姓马。""有个麻老旦您认识吗？""那是我父亲。"
　　大家高兴了——麻老旦的儿子一定错不了。"您在我们这儿住班儿
　　吧。""不，我跑海。"

乙　对，跑海。

甲　"怎么，您？""我父亲病了，家里没饭吃。"大家一听，还真有
　　义气，到前台给买了二十个包子，十块炸糕，"您先吃。后台大伙
　　儿给凑钱！"你三吊我五吊，十吊八吊大伙儿一凑，凑了二百多
　　吊钱。

乙　还不错。

甲　他净等吃完包子、炸糕就拿钱了。台上的戏停了，吹过〔三枪〕来啦。

乙　怎么回事？

甲　本县的县长和他妈妈来看戏。台上暂停，吹〔三枪〕迎接县长。
　　后台老板赶紧跑去问好，请太夫人点戏。

乙　还得让她点戏？

甲　不然她一句话你就唱不了啦。

乙　她点什么戏啦？

甲　县长的妈妈点了一出《滑油山》。老板跑到后台找管事的："怎么
　　办？咱没有老旦，她单点老旦戏！"管事的说："不要紧，他要是
　　昨天来，咱们一点办法没有；今天没关系。你瞧二衣箱那儿吃包
　　子那位，是麻老旦的儿子，错得了吗？""不行啊，人家跑海，不
　　住班儿。""没关系，你们把老旦的行头准备好了，我过去跟他说
　　几句好话。我说扮，你们就给他扮上，到那时候他再说不唱都不
　　行了。"

乙　好嘛，这叫硬架。

甲　一会儿大鬼小鬼都扮好啦，管事的过来："少老板，当初老板《五
　　鬼捉刘氏》这个本戏可好哇。""啊，可不是。"多会儿有工夫您给
　　我说说这出。

乙　让他给说？

甲　你倒说不会呀，他还要跟人吹吹："全本的我不会，我只跟我父亲学了一出《滑油山》。""那好，今儿您给我们票一出，我们学学。"

乙　怎么办？

甲　"不行，我老没唱了，想不起来了。""嗨，您别客气了。告诉您吧，刚才县长老太太点了这出《滑油山》。我们这儿没老旦，您救场如救火。如果见了赏钱，您连这二百多吊一块儿拿走。来，给他扮上。"没容分说，七手八脚给扮上啦。

乙　给扮上了？

甲　跟着就上台啦。

乙　这就上啦。

甲　他那儿扮戏，管事的一使眼色，大鬼就上去了。半拉起霸道家门："我，六殿阎君麾下大鬼是也。今有刘氏青提，作恶多端，阎君大怒，将她打在滑油山前受罪。众鬼卒走上啊。"（学打锣鼓〔导板〕头）

乙　这就得唱啦。

甲　头一句唱得还真不错：（学唱〔导板〕）"黑暗暗雾沉沉一阵昏暗。"

乙　还不坏。

甲　往下就坏啦。

乙　怎么？

甲　唱完〔导板〕应该出台呀！（学打锣鼓〔帽儿头〕念一句白，"老身今年"唱〔碰板〕："五十整。"

乙　唱完这句呢？

甲　大鬼跟他说明打在滑油山受罪；拉着走，绕圆场，起唱〔原板〕。

乙　那么他怎么样呢？

甲　唱完〔导板〕，下边词儿忘了，他不敢出来啦。

乙　啊？那大鬼怎么办呢？

甲　大鬼心里纳闷儿呀："怎么不出来呀？噢，跟我会的不是一个路子。这都怨管事的，没对戏愣上。碰了不是？他不出来怎么办？我把他拉出来。"大鬼一转身，"呔！"拉着就走哇。

乙　这就可以出来啦。

甲　没出来，站到台帘儿那儿净剩哆嗦啦！

乙　噢，吓的？

甲　大鬼没有法子，跑到台帘儿还直跟他客气："少老板对不起，我不知道您的路子，甭管谁对谁不对，咱们赶快出去吧。"说完拉起锁链儿就走。大鬼在前边儿，他在后边儿。应该锁链儿是个弧形，他这锁链儿都绷直了，这个哆嗦呀！台底下还真捧："好哇！这身段多好哇，这个哆嗦一点儿看不出假来。"

乙　根本就不假。

甲　他不叫板，打鼓的也不敢给他起唱儿，光打撕边，大鬼一看怎么老哆嗦呀，哆嗦的工夫太大啦。大鬼一想，专卖这个抖功儿。好，咱们给你来个圆场，顺便提词儿："刘氏要你上刀山哪。"（学打锣鼓〔长锤〕）台下也不叫好了。

乙　净哆嗦人家还叫好！

甲　转过身来，大鬼说："少老板可别哆嗦啦，起唱吧。"

乙　他说什么？

甲　"我不会啦。"

乙　不会啦！

甲　大鬼一听就火儿啦，一脚把他踢到台下去啦，正掉在卖炸糕的油锅里。"你不会唱，上我们这儿蒙事呀？""是你不会，还是我不会？让我上刀山，怎么又下油锅啦？"

（侯宝林述）

阳平关

甲　解放以后比解放以前在艺术上有很大的改变。

乙　可不是嘛！

甲　是啊！现在继承传统，大力地挖掘，推陈出新，好的东西都保留
　　下来。是不是这样？

乙　对呀！

甲　你看京戏舞台上也有很大的改革。

乙　是啊！

甲　首先说没有饮场了。

乙　饮场的没有了。

甲　它不合理嘛！过去不管演什么角色，旁边来个穿大褂饮场的。演
　　员喝水还挡着哪！（用袖子挡着嘴）

乙　这是怕人看见哪！

甲　你说他挡什么哪！也就挡那小茶壶。

乙　挡那茶壶。

甲　你怎么挡人也知道。

乙　是啊！

甲　来一个人给送水来了，挡着茶壶挡着嘴，决不能连送水的一块挡上。

乙　挡不住。

甲　过去就这样，可是看戏的也习惯，不过外国人不大习惯，因为外
　　国没有饮场这一说。

乙　噢。人家没有这饮场。

甲　没有。外国演歌剧没有说在台上喝水的，这儿唱了一段儿（学外
　　国味儿）："嗳，嗳，来点水。"

乙　好嘛！来点儿水也唱出来了。

甲　外国人要是看见这饮场的，一定要问一问。

乙　问问旁边的翻译。

甲　这是什么戏？

乙　这是《武家坡》，这是王宝钏。

甲　"王宝钏，什么意思？""王宝钏她丈夫出去了十八年没回来，自己在家里没饭吃，就在武家坡那儿挖苦菜。""那么给她送水的那个人是王宝钏的什么人？"

乙　这翻译也得跟他说明白了呀！

甲　他为难了。

乙　怎么？

甲　翻译也不知道啊！本来饮场的跟剧情没关系嘛，翻译在胡诌："这送水的人哪！"

乙　谁呀？

甲　"大概是王宝钏她邻居的二哥。"

乙　怎么说出这么一句来。

甲　就说是嘛！现在没有了。检场也没有了。

乙　噢，检场也没有了。

甲　检场也不合理呀！你看着艺术不完整，舞台上也不干净，老有那么一个人跟着起哄，那儿见跪下了，赶紧送垫子；跪那儿了，起来以后，把垫子拿起来再扔给他。

乙　来回扔这垫子。

甲　那个要坐下，得搬个椅子，有时候左手拿着文房四宝，右手拿着印，还带着椅子，怎么办哪？

乙　怎么办哪？

甲　没法拿呀，拿胳肢窝夹着就走了，你……你说这好看吗？

乙　是不美观。

甲　不好看，不美观，还耽误事哪！

乙　怎么个耽误事哪？

甲　有一次我听《阳平关》，那曹操不是上山嘛，在山上晃摇着令旗，指挥全军作战哪。

乙　对呀！

甲　就因为有检场的，那曹操上去了又掉下来了。

乙　掉下来了。

甲　从桌上掉下来了。

乙　怎么会掉下来了？

甲　其实这曹操唱得蛮好，曹操不好演。

乙　是呀！重要的角色呀！

甲　《阳平关》的曹操，念那段大引子，你得表现出曹操这个人物，非常傲慢、奸诈，大引子那个词儿就是介绍那个人物的。

乙　噢，大引子哪词儿？

甲　"只手独擎天。"自己说的，我一只手擎着天。

乙　只手独擎天。

甲　一只手就能擎住天。

乙　嗬！多大劲头。

甲　多大的权力呀！

乙　权力不小。

甲　"奇勋早已建，"我是有功劳的人，"虚名扶汉室，时势魏将迁。"

乙　这是他大引子的词儿。

甲　曹操要篡位嘛！你看出来那派头儿（端着肩膀）。

乙　曹丞相嘛！

甲　你看这架子，吃不吃你老得端着。

乙　就这样儿。

甲　念这引子好极了。（念）"只手独擎天，奇勋早已建，虚名扶汉室，时势魏将迁。"这点儿多大派头儿，上山那点儿也好啊，走那几步非常漂亮，这演员走得也蛮好，就是一样，一上桌子掉下来了。

乙　怎么会掉下来了？

甲　不赖这曹操啊，赖这检场的。

乙　检场的怎么了？

甲　正干着活儿哪，他饿了，回头告诉那管箱的："谁出去呀！让他给我带一毛钱烤白薯来。"

乙　他要吃。

甲　在台上正干着活儿，这时候买来了，买来后怎么叫他呀，"下来拿白薯来"！那不成。

乙　那怎么哪？

甲　就给他搁桌儿上了。

乙　搁桌儿上了。

甲　那位就走了。检场的他不知道呀，曹操要上桌子了，把桌子就搬过来了，烤白薯在那儿搁着，他也没看出来呀！

乙　他也马虎。

甲　曹操倒霉嘛！这时〔导板〕上来了，是这么唱……

乙　怎么唱？

甲　"北山脚下火焰飘。"匡七令七，匡七令七……"满营将官逞英豪，老夫兴兵把仇报，要拿黄忠老儿曹，下得马来我就上山道。"下马上山。匡七令七，匡七令七……（学走台步）走这几步真漂亮。

乙　好看。

甲　后边那蟒袍得甩起来。

乙　得。

甲　往桌子上一站，这个桌子当时不是桌子了。

乙　是什么了。

甲　是山。

乙　那就是山。

甲　唱这最后一句，（唱）"且看那九里山把令旗摇。"这边摇两下，他顺右边摇。右边这脚尖抬起来了，正踩到白薯上，他也不知道，他往左边一转身，这重心就到了右脚了，一使劲踩，刚要晃摇这令旗呀，啪！掉下来了，台底下听戏的哗——一个敞笑。

乙　那时候的观众不原谅，出了事故就叫倒好。

甲　是啊！"啊！好啊！通，通！"这下儿坏了。

乙　那是呀！

甲　后边的角儿不敢上了，一听倒好了，谁敢出去呀，你出去回头这倒好算谁的。

乙　说的是哪！

甲　台上曹操这儿也着急了，心说：我怎么掉下来了？

乙　他也纳闷。

甲　我唱了三十多年没掉下过呀！

乙　是啊！

甲　这回怎么掉下来了？他脚底下有白薯，他也看不见，他想，我还得上去呀！

乙　还得上去。

甲　不在山上我怎么指挥呀！

乙　对呀！

甲　没词儿了。

乙　那怎么办？

甲　想词儿啊！他冲那打鼓佬一摆手。

乙　噢，这怎么意思？

甲　叫〔乱锤〕，顷顷顷顷……摸屁股（学动作）。台底下看戏的纳闷儿：把屁股摔得够呛！

乙　可以。

甲　他就在这工夫，临时抓了四句词儿。一叫板，匡七台七，匡七台七……"今日上山好奇怪。"他望后一指那桌子，"它把老夫摔下来，二次再把山道上，"匡七台七，匡七台七……往桌上一站，"老夫看你还摔不摔……（学花脸角色生气）嗯嗯嗯嗯……"

乙　唉！这怎么了？

甲　他瞧见那白薯了。

　　　　　　　　　　　　　　　　　　（侯宝林整理）

武松打虎

甲　唱戏呀，不管是文戏是武戏，哪样也得有功夫。

乙　没有功夫可唱不了。

甲　现在你看戏，台上很少出事故。

乙　演员对艺术负责。

甲　谁也不敢说一生任何事故也没出过。

乙　那谁也不敢那么说。

甲　这是很难讲的，有的时候演员一个精神不集中，那就坏了。

乙　或者有个什么事给岔忽了。

甲　还有的时候演员精神高度集中，也能把词忘了。

乙　太集中了也容易忘词儿。

甲　也能出事故啊，他把自己忘了。

乙　紧张啊！

甲　自己是演员，他忘了，完全钻进角色了。

乙　钻进去退不出来了。

甲　你看这演员还得钻进去，当时的时代背景，具体的环境，具体的人物，在这个戏里这个人物都有什么活动，应该怎么活动，应该在艺术上怎么夸张。

乙　在艺术上还是很复杂啦。

甲　你比如《武松打虎》……

乙　这是武戏。

甲　精神高度集中了，真把老虎给打死了。

乙　是啊！

甲　那老虎不是真老虎啊！也是后台演员扮的呀！

乙　那是一个演员钻虎形嘛。

甲　您就拿这出戏来说吧！

乙　怎么样？

甲　过去唱法跟现在唱法不一样啊！

乙　过去这《武松打虎》，武松的活儿不多，这老虎可够累的。

甲　那当然了，钻到虎形里边去，满头大汗。

乙　真是。

甲　还没上去哪，就吃两包仁丹了。

乙　噢！热晕了。

甲　单有这么一场戏，上场锣，呛呛呛，老虎就溜达出来了。

乙　他也得露一面啊，在景阳冈上露一面啊！

甲　这老虎走场呀，出来之后这边瞧瞧那边瞧瞧，回头挠挠痒痒，喝点水呀，打个滚儿啊，完了以后，一看那边有人，下去了。

甲　等武松上来以后，想坐那儿休息一会儿，老虎上来了，景阳冈碰上那老虎，嘻，这老虎也不知怎么，瞧见这武松，老虎就站起来了。

乙　老虎要吃他嘛！

甲　过去演戏就到这点儿，虎形站起来，两个人开打，过来过去，闸，一、二、三，打，一腿踢翻了，抓住了，有的还揪住老虎尾巴转两圈，有的按下就打，三拳两脚将虎打死，打完以后，武松感觉累了。

乙　这儿有这么一场亮相，打虎就算结束。

甲　猎户们上来把这个老虎捆好，抬走。

乙　这戏就算完了。

甲　这场戏就完了。现在演哪，比那会儿简单了。

乙　现在怎么演？

甲　老虎不往起站了，合理了。

乙　不往起站。

甲　老虎不能往起站，像狗熊似的两人打仗。

乙　这倒也是。

甲　现在艺术夸张都有根据，有生活的根据，不能胡来，所以现在好。现在你看《武松打虎》，俩人的功夫全露得出来，过去讲究露这武松，那虎就是配搭，弄两下，论能耐比那狗大不了多少。

乙　反正爱怎么打就怎么打。

甲　你看不出劲来。那会儿有一回我看《武松打虎》也出错了。

乙　《武松打虎》也至于出错?

甲　这事都让我赶上了。

乙　这是奇遇。

甲　这武松也够棒的。

乙　演得好。

甲　演虎形的，那天喝醉了。

乙　这可不应该，你要有戏就不能喝酒呀!

甲　自己知道，今儿我喝了酒了。

乙　喝多了。

甲　今儿还够劲。

乙　好嘛。

甲　今儿酒是真好嘛!

乙　是啊!

甲　我得早点下后台。

乙　早点去。

甲　别耽误事。

乙　这还不错。

甲　到后台还有俩戏没上哪!

乙　他哪?

甲　他就扮上了。

乙　钻了虎形了。

甲　唉，对了，虎形钻好了，脑袋没套，躺到旯儿那儿就睡了。他本
　　想: 我来了，谁还看不见我吗? 我扮上了，到时候谁还不叫我一
　　声嘛!

乙　这话也对。

甲　我也躺不了多会儿，我就是稍微打一个盹。一眯瞪就过来了。

乙　睡着了时间就长了。

甲　想得挺好啊，武松都上去了，那儿还没醒哪!

乙　这盹儿够多长。

甲　"谁的虎形，噢，噢，这儿哪! "

乙　噢。瞅见了。

甲　"哎，哎，别睡了，打虎的上去了！""噢，怎么！到了吗？"这就上去了。

乙　上去了。

甲　你想啊！他正睡着哪！酒又喝多了，临时这么一叫他，噌下子就起来，嗡下子，这酒就上来了。

乙　麻烦了。

甲　到台上糊涂了，这虎也没趴下，站着就来了。

乙　好嘛，这老虎。

甲　站着来，那会儿台下看戏的也特别。

乙　是啊。

甲　"好啊，今天这戏有意思。"

乙　怎么？

甲　"你看人家演得不俗啊！"

乙　怎么不俗哪？

甲　"今儿这虎不是爬着来的，站着来的。"

乙　老虎有两条腿走来的？

甲　"这老虎晃悠点儿好，怎么哪，它新鲜。"

乙　人家还给他胡出主意哪！

甲　武松这么一瞧他，瞧不见他的脸，也不知道他喝醉没喝醉，那就打吧。

乙　打吧。

甲　过来过去，两个人就闹上了，一、二、三，这么一打，啪！这么一脚。

乙　给踢翻了。

甲　这跟头应该虎形自己翻，他喝得晕头转向的，酒就上来了。

乙　怎么样？

甲　没转过身来，这脚就踢上了，啪嚓就倒下了。

乙　也没翻跟头。

甲　武松就过去了，一比画，不能往身上真打，三拳两脚就打完了。

乙　武松一亮相，这就演得蛮好，得了。

甲　台底下看戏的说，这戏呀，不太好，这老虎还不大得劲，这老虎没劲，显不出武松的本事啊，你看，这武松还费了挺大劲似的，不就一脚吗？三拳两脚怎么一脚就完了！

乙　真是。

甲　这儿看着武松哪！那老虎啊，晃晃悠悠起来了。

乙　老虎又起来了，这是什么毛病呀！

甲　瞧着这武松，哗！一个敞笑儿！

乙　那还不乐呀！

甲　武松不知道怎么回事呀，心说：我这亮相没有什么可乐啊！怎么……往那边瞧，坏了，心说：他怎么又起来了。

乙　老虎又起来了。

甲　怎么不死啊！

乙　就是啊！

甲　台底下看戏的也琢磨呀！这怎么回事？

乙　不知道这是什么意思。

甲　这老虎怎么没打死啊？

乙　没打死嘛！

甲　那位还给这位解释："不是没打死，他这玩意儿……它又缓过来了。"

乙　没听说过。

甲　"缓过来不行，这和书上不一样啊，书上是三拳两脚将猛虎打死啊！"

乙　给它捆上抬走。

甲　"嗐，你怎么抬这个杠啊，书上三拳两脚将它打死，那不猎户来就把它捆上了吗？就给抬走了吗？所以它就缓不过来了，这不打死它没捆吗！所以就缓过来了。"

乙　那也不行呀！

甲　武松这么一瞧，既然你活过来了，那还得打呀！

乙　还得打呀！

甲　唉，又比画上了，一、二、三，过来过去，又一脚，又给闸上了，它又趴下了，过去一撩，三拳两脚一比划，一亮相。

乙　这回算完了。

甲　武松心里想：这叫什么戏哪！

乙　多打一回。

甲　瞧我赚钱赚得多，瞧我的戏太轻省了。

乙　是啊！

甲　让我多打一回。

乙　瞧瞧。

甲　下来我就得跟他说，我找后台老板，这出戏怎么演的？哪有这么一回呀？

乙　就是。

甲　它晃晃悠悠，晃晃悠悠，又起来了。

乙　怎么又起来了。

甲　武松心说：戏也甭上了，咱们包圆儿了。咱们就打吧！打到哪儿算哪儿，没完了。

乙　好嘛！

甲　过来过去，打，这个气呀！

乙　那还不生气。

甲　这不过来过去吗？武松趁着俩人一错的工夫对他说："你怎么回事！你死了，你知道吗？"虎形这才明白，"噢，早死了。"恍然大悟，啪嚓！一下儿倒下了，武松回头一看……这戏又砸了。

乙　他不是死了吗？

甲　没打就死了。

（侯宝林整理）

文昭关

甲　这位往这儿一站，像个说相声的。

乙　可不是嘛，我是说相声的。

甲　说相声最简单，不用灯光道具、音乐、布景，随便的衣服就能上台。

乙　对啦，什么也不用，有一把扇子就行啦。

甲　甚至于连这把扇子不要都行。

乙　你看着不是很简单吗，可是其中刻画人物，语气高低也难着哪。

甲　对，这俩人是说话哪，必须有来言去语，就不能像唱戏似的，还有胡琴随着。说相声你胡琴拉得再好也随不上。

乙　什么音乐也不能给相声伴奏。

甲　那是一点儿不假，不用伴奏，上台就说，也省得叫板打家伙，唱戏还得穿戏装，刘备上台戴王帽、穿红蟒；张飞穿黑蟒、画花脸；关公是绿蟒、夫子巾、画红脸，这上台就合格。

乙　不错，古代就是那样穿戴。

甲　这话很对，非得穿那样衣服不可，你不信，你叫刘备穿大氅，张飞穿洋服，关公穿皮猴，那上场好看吗？

乙　不行！那是合乎潮流的事嘛！

甲　对呀！现在跳舞场里都穿西服跳舞，你看有穿蟒袍玉带在那儿跳舞的吗？

乙　那也不好看啊！

甲　对啦，唱戏不容易。坐多少年科，穿上、戴上、上场都不容易。不成名还则罢了，要是成了名，更得处处小心。

乙　怎么成了名还得加小心哪？

甲　不管多大角儿，疏忽大意，不加仔细，就许在台上出错！

乙　那在台上出了错怎么办哪?

甲　那就看这角儿有经验没经验啦,要是没经验的就得落一场倒好。

乙　要是有经验的哪?

甲　能把这事遮过去。

乙　也有出错儿的?

甲　有啊。

乙　谁呀?

甲　你也甭问谁,反正有这么一位,还是名角儿。这天唱《打棍出箱》,就是《问樵闹府》,又名《琼林宴》。他觉着是熟戏,就没搁到心上,快上场啦,跟朋友还说话哪。等一上场就把唱词儿给忘啦。

乙　全忘啦?

甲　不,就把第二句那个人名忘啦。

乙　原词儿是什么?

甲　四句〔摇板〕:"适才樵夫对我论,老贼名叫葛登云,甩开了大步往前奔,不觉来到贼的府门。"

乙　这词儿不是挺好记吗?

甲　是挺好记的词儿,可他到场上唱完头一句,第二句就给忘啦,光唱出"老贼名叫……"葛登云仨字给忘啦。

乙　那怎么办哪?

甲　那就看这角有没有经验啦,这位角儿有经验,不等叫倒好,他把三个指头一捏:"哎呀!且住!"这在戏班里叫住头,把打鼓的吓得一激灵:这出也没这个呀!角儿叫打住头就打吧,我要不打这错儿不在我身上啦?赶紧打〔住头〕。打鼓的打完〔住头〕,这角儿道白:"适才樵夫对我说得明明白白,怎么一时想他不起?"

乙　他是想不起来了吗?

甲　他忘啦。

乙　那怎么办哪?

甲　这不是道完白了嘛,一拉长声,又叫锣鼓点儿,这个名叫乱锤,手往太阳穴那儿一扶,单说"这这这……"打鼓的就给打〔乱锤〕。

乙　那是怎么个意思啊?

甲　太阳穴那有一块机灵骨,人要是忘了什么事,一扶那机灵骨,就想起来啦。

乙 摸那儿有什么用意哪？

甲 在台上转，走到打鼓的那儿要问问打鼓的，因为这打鼓的对进出戏都明白。

乙 那就说我忘啦你告诉我。

甲 那有行话。

乙 什么行话？

甲 管打鼓的叫"合字"，忘不说忘，说"垫啦"，这个角儿转到打鼓的那儿："合字，我垫啦。这句是什么？"打鼓的说了一句，把角儿吓了一跳。

乙 打鼓的说什么？

甲 "你垫啦，我也垫啦。你再来一圈儿吧！"这角儿说："哎呀！不凑巧哪！"

乙 怎么不凑巧？

甲 打鼓的他也忘啦。

乙 是不凑巧。

甲 这是不是疏忽大意？

乙 可不是。

甲 还有哪。

乙 谁？

甲 你甭管谁啦，反正有这么一位唱花脸的。这天唱《火烧连营》他扮孙权，上了场就一句报名，可是他还给忘啦。

乙 那怎么忘的呢？

甲 怎么忘的？没上园子的时候，在家净惦记着短姓孙的二十元钱，今儿该给人家啦。扮好装一上台，应该一报名："俺，孙权。"这就完啦。他惦着该姓孙的二十元钱，正巧楼上往楼下扔手巾把这么一晃，把孙字说出来啦，权字忘啦，他念到"俺，孙——"拉起长音来啦，有位听戏的也损点儿，就喊："对表吧，十二点啦。"场上人都知道他忘词儿啦，这个也告诉他"权"，那个也告诉他"权"。

乙 听着啦没有？

甲 这角儿就没经验，一忘词儿，眼也花啦，耳朵也嗡嗡啦。有一个打旗的要告诉他"权"，怕台下听见。

乙 那怎么办哪？

甲 这打旗的机灵，用旗一挡，冲这角儿一伸拳头，这角儿也看着啦，也想起是孙权，一着忙嘴里说错啦。

乙　他说什么？

甲　"俺，孙——锤。"三国里有个孙锤吗？

乙　这事儿真新鲜。

甲　不新鲜，有的是，就看你上场注意不注意啦。那好角儿上场都检查检查穿戴对不对，要是一马虎就容易出错。还有这么一位名角儿，那次唱《文昭关》。

乙　也忘词儿啦。

甲　不是忘词儿。

乙　那还有什么错儿啊？

甲　在服装上出错啦。《文昭关》是伍子胥过关，应当戴文生公子巾，穿箭袖马褂，云衫红彩裤，粉底靴子，套子大带，手拿马鞭，腰里挂着宝剑。上场后，来到台口一跺脚："嘻！"那意思是叹息过不了关，接着唱四句〔流水〕："过了一天又一天，心中好似滚油煎，腰中枉带三尺剑，不能报却父母冤！"后台里，宝剑等等都挂在墙上，上场的时候，跟包的把宝剑摘下来，往角儿腰上一挂，就出去啦。那天这跟包的跑肚，要去解手，就告诉那位拉包月车的："哎！"往墙上一指，"上场时候你给挂上。"跟包的指的是宝剑，可是宝剑跟腰刀紧挨着，拉车的是外行。角儿那么一叫："马来！"就要上场啦，这拉车的过去摘下腰刀就给挂上啦，角儿也不知道就上场啦。下边听戏的都愣啦："哎，二哥，今儿不是《文昭关》吗，怎么改《杀庙》啦？"那韩琪跟伍子胥一样打扮而带的是腰刀。这位刚要喊倒好，那边那个给拦住啦，那个明白，说："这几句戏词儿里有宝剑，等他一唱宝剑，他带的是腰刀，那时候咱们再喊倒好。"角儿也不知道。可是每天上场掀帘就鼓掌欢迎，今天上场台下边鸦雀无声，都瞪眼看他，他心里想：出什么毛病啦，等往台头里一走，一手拿马鞭，一手应当扶宝剑，今天一扶这宝剑，心里就害怕啦："啊？这是宝剑吗？"这常上台的都有经验，腰刀的把儿是弯的，宝剑的把儿是直的。他这一摸是弯把儿的，是腰刀，心里就恨那个跟包的：怎么给我挂上腰刀啦！这要是别的戏还不要紧，这出戏戏词儿上有宝剑啊！这位角儿就有经验，在无可奈何之下，当时在台上现改现编，抓了四句词儿，把倒好压下去，还来了正好。因为这四句词儿改得还挺圆全。

乙　他怎么唱的？

甲　在台头跺一下脚：“嘻！”

乙　叹息过不去关。

甲　不是！叹息跟包的给我把腰刀挂上啦，这就唱：“走了一遭又一遭，心中好似滚油浇，一路的盘费花光了，我卖了宝剑就挎出腰刀！”

乙　卖啦！

（赵国良述）

忘词儿

甲　你是说相声的啊？

乙　对。您听我两段儿。

甲　我倒是不断地听您，在相声界您最有名啦。

乙　我没出过什么名。

甲　您是大名鼎鼎的"万人迷"①，谁不知道哇。

乙　不，万人迷早死了！我是……

甲　噢，您是焦德海②。

乙　谁呀？也死了。我……

甲　刘德智③。

乙　死了。

甲　赵霭如④？

乙　死了！我说你怎么净说死了的人哪？他们几位年岁都比我大得多。

甲　你是高德明⑤啊，还是戴少甫⑥哇？

乙　你说的这些人都是死鬼。

甲　这是我常听的名演员。

乙　好嘛，全让你给听死了。

甲　得啦，还是听您吧！

———————

① 万人迷（即李德钖），为著名相声演员。
② 焦德海，为著名相声演员。
③ 刘德智，为著名相声演员。
④ 赵霭如，为著名相声演员。
⑤ 高德明，为著名相声演员。
⑥ 戴少甫，为著名相声演员。

乙　是呀，我也要死。

甲　这是跟您开玩笑。反正是据我知道您的艺术很好。从来没有听说过您说的有错了的时候；论唱的，您没有唱过三条腿儿呀，一顺边儿呀，铈瓜掉字儿一概没有。

乙　谁说的，你这话不对。哪一位演员也不敢说不出错儿，忘词儿是保不齐的事。

甲　您说为什么会把词儿忘了呢？

乙　这个原因可多了。第一词儿生，容易忘；第二脑子想的跟嘴里说的发生了冲突，也会忘词儿的。

甲　还有什么原因？

乙　那太多啦，当时很难说明他遇到了什么情况。

甲　你说的这些理由也只一部分，像你这说相声的还好办，因为是两个人互相提醒，若是唱大戏那就麻烦了，需要你报名的时候你忘了你叫什么啦，那还行吗？

乙　那当然不好办，谁能替你去报名啊。

甲　另外，忘词儿的事多半儿出在旧社会的时候多。

乙　怎么呢？

甲　那时的剧场里非常乱，净是做小买卖的，茶房带给观众沏茶，打手巾把儿。前三出戏根本就甭打算听清楚唱的是什么；唱戏的跟叫卖声、找人沏茶、扔手巾把儿都混在一块儿啦。有时候台下比台上还热闹哪。

乙　是呀？

甲　你比方说，台上唱"天连水，水连天，渺渺茫茫……""薄荷糖烟卷儿瓜子儿嘞面包好点心哟！""二姨儿您来了，我这儿给您留着地方哪。""几位您哪？收票了。""我来个手巾把儿！""茶房续水！"

乙　嗬！

甲　你想，这戏园子比庙会还热闹哪，这唱戏的受得了吗？

乙　很容易让乱七八糟的事情给搅和忘了。

甲　过去我听那出《甘露寺》，去孙权的就把名字忘了。

乙　是呀？

甲　其实据我看也不能怨这个演员。

甲　这个人上台刚要报名："俺，孙……唉！"

乙　怎么回事？

甲　手巾把儿从楼下飞到楼上去了。

乙　噢，扔手巾把儿的。

甲　他刚报："孙……"刷！一个白花花的东西打跟前过去了。把他吓了一跳哇，那还不忘词儿呀，可是把"孙"已经说出来啦，"孙"底下是什么名儿想不起来了。

乙　哟，那怎么办哪？

甲　他把"孙"字儿拉长声好想词儿呀，跟拉大鼻儿似的了："俺孙……"打旗的知道他是忘了。告诉他吧，怎么说"权！权！"他也听不见了。

乙　耳朵也聋了？

甲　哎，这可不新鲜。我知道哪位唱过戏呀，敢情忘了词儿旁边儿的告诉你是听不见。因为你一忘词儿心里就慌了。眼也花了，耳朵里，闷儿！也叫起来了，脑袋也涨啦，说什么也听不见了。

乙　那就没有办法了？

甲　人家打旗儿的有经验，知道他听不见，跟他比画（伸手握拳）："嗯嗯嗯……"

乙　这是干吗呀？

甲　告诉他哪，你那儿说"孙"，我冲你比画拳头，你不就想起来了吗？

乙　对。

甲　可是他瞧见了，还说错了，"俺，孙……噢，锤！"

乙　孙锤呀？

甲　《三国》里哪儿来的孙锤呀？

乙　我也没听说过。

甲　那天我听《问樵闹府》这出戏，去范仲禹的把词儿忘了。

乙　唱到哪点儿忘了。

甲　就是范仲禹唱"适才樵夫对我论，老贼名叫葛登云"。他把"葛登云"忘了。

乙　那怎么办哪？

甲　他当时唱到这句的时候，一伸手掐〔住头〕了，在这儿加白："哎呀且住，适才在山中樵哥对我言讲得明明白白，怎么我一时想它不起？"他忘了还想什么呀！在这时候叫起〔乱锤〕来啦：呛呛呛，呛呛呛……转到打鼓佬那儿问："打鼓的，老贼叫什么名字来着？"

乙　打鼓佬会戏词儿？

甲　会，什么戏他全得会。

乙　告诉他啦？

甲　没有。打鼓的说："那什么你再转一圈儿吧，我也想不起来了。""哎呀呀，真真的不凑巧哇。"是呀，打鼓的没告诉他嘛。又转过一圈儿来，打鼓的才说："葛登云。""噢噢噢，我倒想起来了。"

乙　不告诉他，要命也想不起来。

甲　忘词儿是备不住的事，看你当时有没有办法，不怕胡说，就怕没的说。

乙　这也得有舞台经验的演员才不易唱砸啦。

甲　当初一学就两套词儿，防备万一有忘词儿的时候用。你比如唱《探母》上场念引子："被困幽州，思老母，常挂心头。"念四句定场诗："失落番邦十五秋，雁过衡阳各一州，思想老母难叩首，怎不叫人泪双流。"报名。"本宫，四郎延辉。"这么唱对吧？

乙　对呀。

甲　他要是忘了，有那套假词儿顶着就砸不了。

乙　什么假词儿呀？

甲　其实很简单，只要记住"杉篙"两字，这戏就对付下来了。

乙　杉篙？

甲　哎，上场念定场诗、引子，都念这杉篙就行。

乙　你光说杉篙人家听戏的不听出来啦？

甲　听不出来，你得挂戏韵唱，就听不出来了。我给你学学："杉篙杉篙杉篙杉，杉篙杉篙大杉篙！"

乙　噢，还来根大杉篙？

甲　引子齐了，坐下四句定场诗还没想起来，还接茬儿二本儿杉篙："杉篙杉篙杉篙杉，杉篙杉篙杉篙杉，杉杉篙杉篙杉篙，杉篙杉篙大……呀杉篙。我乃姓杉名篙字表杉篙，在杉篙驾前为臣，奉了杉篙之命！带领五百名杉篙，前去攻打杉篙。来！杉篙去者！"

乙　什么戏？

甲　搭天棚。

乙　搭天棚啊！

甲　你想那么多杉篙可不就是搭天棚吗？这是道白；唱儿要是忘了怎么办哪？比方说《四郎探母》唱到这儿"只杀得我杨家东逃西散，只杀得血成河尸骨堆山"。

乙　是这词儿。

甲　可是你要是忘了没关系，只要把"只杀得"这仨字记住，下边儿你爱唱什么就唱什么都行，台下也听不出来。

乙　是吗？

甲　"只杀得我就心想要吃面包。"要吃面包也上来了！

乙　嘿！

甲　面包带杉篙，不至于唱个乱七八糟！

乙　好嘛，什么词儿都有哇？

甲　你甭管那个。这样就能蒙过去。有一回我听梆子戏，这出是《文王访贤》。

乙　噢，《渭水河》。

甲　去姜子牙的那个人忘词儿了。

乙　唱到哪点儿忘了？

甲　姜子牙有这么几句词儿（唱）："家住在南海岸老龙背，姓姜名尚字子牙，道号叫飞熊。"

乙　噢。

甲　就唱到"姓姜名尚字子牙这儿……"

乙　怎么啦？

甲　他把"道号叫飞熊"忘了。

乙　哟，那怎么办哪？

甲　他老唱上边那句"姓姜名尚字子牙……"下边还没想起来，拉胡琴的那位给他坠了一个过门儿。"咕隆咚，字子牙！咕咕隆咚，字子牙！咕咕隆咚，字子牙！"合算他净"龇"牙啦！

乙　好嘛。

甲　你想那时候听戏的可不管那个，你在台上忘了词儿，当时就哄你："噢，好哇！"人家一叫好他以为爱听这句哪，哪儿叫好他冲哪儿"子牙！""好哇！""字子牙！""哼，好咧！""字子牙！"那位往台下轰他："下去吧！这是倒好！""道号叫飞熊！"他又想起来了！

乙　嘻！

（郭全宝述）

战马超

乙　这回我说段相声。

甲　这个相声跟其他剧种、曲种不同的地方太多。

乙　噢，您说都有什么不同？

甲　就仗着口齿灵便。

乙　对。

甲　脑筋得灵活。

乙　是。

甲　抬头一个见识，低头一个主意，一看，嘴里就得说出来。

乙　嗯。

甲　心里这么一想，就能说出一个笑话来。

乙　啊！

甲　过去呀，这个说相声的讲个笑话，有三五个人指着一物、一事就能说个相声。

乙　嗯。

甲　这个大戏就不同。大戏生、旦、净、末、丑总得扮上。

乙　对。

甲　您看扮上戏。拿这个"髯口"的戏来说，就麻烦。

乙　怎么哪。

甲　分什么角色。拿"髯口"来说，共分多少个。

乙　多少个？

甲　二十八个。

乙　噢。

甲　名字叫二十八须。应该戴什么，就什么。戴错了就别扭。

乙　胡子戴错了不行。

甲　有时候还真有戴错的时候。

乙　这我还真没见过。

甲　您看寻常的戏您不理会。在河南有个地方叫漯河。

乙　噢，漯河。

甲　听了这么一出戏，这出戏很好。

乙　叫什么？

甲　叫《辕门斩子》。

乙　哎，《辕门斩子》好戏。

甲　这里有孟良、焦赞。

乙　是啊。

甲　这孟良、焦赞一个是红胡子，一个是黑胡子。

乙　对呀！

甲　说行话叫"黑扎""红扎"。

乙　对，都戴"扎"。

甲　在后台这个演员干什么哪？抽烟哪。斩子的时候一上别人，他们俩没事了，溜场下去了。

乙　嗯。

甲　说："咱们俩再来一口吧。"这么一抽烟麻烦了。

乙　怎么？

甲　他更困，睡着了。

乙　是呀！

甲　要躺那儿抽烟，那胡子不能戴呀？

乙　那当然了。

甲　要戴着有点别扭，得摘下来。摘下来，他们俩人都放在头直那儿去了。一个"黑扎"，一个"红扎"。两挂"扎"全搁在那儿了。赶一会儿该着孟良、焦赞上场了，他们俩全睡着了，后台老板过来了。河南戏都是河南人。

乙　是。

甲　"哎，你俩弄啥，怎么还睡呀。上你俩了。"俩人也没揉眼，赶紧就跑出去了。他得抓"髯口"哇！

乙　对呀。

甲　俩人这么一抓，抓起来就戴上了。您倒看看哪，谁应该戴黑的，谁应该戴红的。

乙　孟良应该戴红的，焦赞应该戴黑的。

甲　这就对了。这个焦赞把红的抓过去了，孟良把黑的戴上了。俩人迷迷糊糊出去了。一对脸，好，越瞧越不是样儿。

乙　那当然了。

甲　红脸戴着黑胡子，黑脸戴着红胡子，这俩人在那儿站着发愣。

乙　有意思。

甲　嘿，这回咱俩大概是错了。谁也不承认这个错，要在场上校正校正。

乙　那还校正哪？

甲　校正。这个孟良机灵，说出话来把错就推在焦赞身上了。拿手一指（唱）"说你是谁来，我是谁……"

乙　嗯？

甲　对呀。你是谁呀，我是谁呀，你凭什么戴我的胡子。这焦赞说出话来更可乐。

乙　怎么说的？

甲　（唱）"我也不知道咱俩唱的是哪一回呀。"

乙　嘻！

甲　你说这戏唱个什么劲。

乙　唱了半天，还不知道是哪回哪？

甲　他俩迷迷糊糊上去了，就把胡子戴错了。要不后台就不敢出错哪。

乙　对。

甲　头一样不准下棋，不准赌钱，那是最要紧的。

乙　好。

甲　下棋为什么不准下呢？那是迷信。

乙　噢。

甲　比如说："这回该谁走了？""该你走了。""不！该你走了。"这两人都走了，这戏谁唱啊！

乙　就是。

甲　不准下棋，还不准赌钱。你要一赌钱，输急了，什么事都做得出来。

乙　哎。

甲　赶上输急了，这是最次了，他打个"瓜匠"。"打瓜匠"你懂吗？

乙　这可不懂。

甲　这是戏班子的行话。一声不言语，偷着跑了。

乙　噢。

甲　这名字叫"打瓜匠"。这戏班就怕这个。回来他输急了，一"打瓜匠"，用他这个角儿他不在了，多别扭啊。

乙　就是嘛。

甲　有一个老角色，这个人死了没多少日子，姓程叫程永荣，差不多的都知道。

乙　知道。

甲　有个外号。

乙　叫什么？

甲　叫"活张飞"。

乙　活张飞？

甲　人家唱戏，那是多少年来的。当初天津有个"协盛园"。

乙　对。

甲　他在那儿唱戏。这天关完了包银，他高兴了。他说："老哥们，我推二百块钱的，有押的吗？"有的说了："哎，你是要推呀——老板要推，咱们大伙儿都押。"都押上了。这天他的戏还挺重要。

乙　什么戏？

甲　《葭萌关》夜战马超。

乙　噢，好戏呀！

甲　他的张飞。

乙　活张飞！

甲　扮马超这个角色的您大概也听说过，叫杨瑞廷。

乙　噢，杨瑞廷。

甲　好，第二个杨小楼。

乙　武功好！

甲　唱得最好了。这天是这个戏，可是在后面哪。他在头里没什么事，说推推牌九吧。敢情赌钱不显工夫。来的工夫挺大了，差不多还剩一个码就到他了。

乙　嗯。

甲　催场的说："程老板，赶紧去扮戏去吧。"他就扮好了。什么大额子、扎巾，戴好了耳毛子、黑扎，扎黑靠，这头场没什么，站在城楼上就陪着刘备后头站着。

乙　嗯。

甲　马超一要阵，他呀，一哇呀，连台板都震动。

乙　哎。

甲　大伙儿一叫好，他心里一高兴。赶着腰里还有钱，刚才输了几十块钱，还有一百多块钱，他还要推，说："刚才我可输了好几十块了，这回我捞，咱们再推一百块钱的。"

乙　还推哪。

甲　他把钱往那儿一搁，这回推牌九可麻烦了。

乙　怎么？

甲　这回他扮着戏哪，刚才推牌九是素身呀，他穿着自己的私行头是不是。这回他都扮好了戏了，别的都不碍事，头上戴的额子不碍事，头上扎巾也不碍事，就一样儿碍事。

乙　哪样儿？

甲　胡子。

乙　嗯。

甲　就是他戴的这个"黑扎"。这玩意儿麻烦，得摘下来。摘下来没地方搁，他挂在桌子掌上了。

乙　嗯。

甲　再推可就行了。你看这个"髯口"，有各种名堂，你比方说吧，这个"扎"两挂。

乙　嗯。

甲　张飞戴的是"黑扎"，您看什么"青面虎"呀，什么程咬金哪，武面夹戴的那个都叫"红扎"。

乙　对。

甲　这扎只两挂。

乙　对。

甲　满哪是三挂，黑的、白的、黪的。

乙　对。

甲　"三绺"哪，也是三挂，黑的、白的、黪的。

乙　对。

甲　里面有特殊的几挂"髯口"，不是这出戏就没人戴。

乙　噢。

甲　就拿那个刘彪戴的那个胡子。

乙　噢，一字。

甲　那个叫"一字"。在费仲、尤浑里，有这么一挂"戴口"，别的戏里没人戴，叫什么一撮，这玩意儿是别扭，你要到打花鼓那个"挂口"，别的戏里也没人戴。

乙　啊！

甲　那个叫"王八须"。

乙　啊！

甲　这玩意儿多别扭。还有一挂"髯口"，除非这么两出戏有人戴。

乙　什么"髯口"。

甲　黄八字。

乙　黄八字？

甲　哎，这黄八字这么两出戏：《金钱豹》，还有一出叫《飞权镇》。

乙　嗯。

甲　那个黄鼠狼出来，念出词来，你就知道那是黄鼠狼。

乙　噢。

甲　"两耳尖，尾巴长，五百年前黄鼠狼。我乃黄狼神是也。"

乙　还有"黄狼神"？

甲　哎。"大王前去赴会，一言未尽，大王来也。"哎，这挂"髯口"除非他戴。张飞戴的这挂"髯口"是黑扎。他可就挂在桌子上了，就推牌九。一会儿推了两番，这个工夫，哎，该着上张飞了。

乙　嗯。

甲　后台管事的喊了这么两嗓子："哎，程永荣，上你了，上张飞了！"他赶紧把牌扔下，抄起大枪可就出去了。这可麻烦了。

乙　怎么？

甲　他忘了戴胡子了，把胡子挂到桌子上了，他就出去了，哇……他出去了。这个马超抱着枪回头这么一看，愣了。

乙　嗯。

甲　心说：这张飞怎么没把胡子戴出来？应该那个张飞出来三蹭枪，一、二、三过去一扎，这个马超拿枪一压说："来者可是张飞？"这是准词儿。

乙　对。

甲　他一瞅张飞没戴胡子，我看你怎么样。这会儿张飞把这碴儿忘了，他出去这么一亮相，连台底下都瞧愣了。"哟嗬！这张飞。怎么胡子没了。""噢，甭说，快结婚了，把胡子都刮下去了。"

乙　没听说。张飞刮脸哪。

甲　这张飞过去三蹭枪，完了过去。仓仓叭打仓，应该马超拿枪一压问这个："来者可是张飞。"这个一推"髯口"，这就对了。

乙　是呀。

甲　他把这茬儿给忘了，马超这主儿就阴，你不是没戴胡子吗？要打我嘴里说出来的"来者可是张飞"，上来倒好，那一定是我的。

乙　嘿。

甲　扮马超这主儿真阴，拿枪这么一压，来了这么一嗓子："来将通名。"

乙　噢，叫他自己报名字。

甲　叫他自己报，你爱说谁是谁。反正有倒好没我的事。这张飞一想：嗯，没这么句词呀？他应当问我"来者可是张飞"。

乙　对呀！

甲　他问我是谁，噢，叫我要相儿，行："俺乃张——张——"他用手一捋胡子，糟啦。

乙　怎么哪？

甲　没有哇。

乙　没戴胡子。

甲　他这个"张"字可出来了，"俺乃张——张——"像这马超你就别追了。

乙　对呀。

甲　马超又赶上一句："你张什么？"他这张字已经出去了，"俺乃张飞的儿子。"

乙　儿子？

甲　马超说得好："张飞的儿子不要，换你的爸爸前来。""哦……是了。"他到后台戴上胡子，他又出来了。

（张杰尧　侯宝林演播稿）

甘露寺*

甲　演出哪，不论是说、学、逗、唱、耍、谈、变、练，在台上演出就得要感情充沛，精神百倍。

乙　当然了。

甲　演出以前必须有一番思想准备。

乙　是啊。

甲　咱们要演什么，说什么，唱什么？想完了一遍儿，找个清静的地方一坐，闭目养神，会抽烟的点支香烟，不会吸烟的倒杯茶一喝。

乙　是啊。

甲　在那儿一坐，培养上场情绪。

乙　您瞧瞧。

甲　想了一遍儿有了准备了，出来的时候往台上一站，特别的精神。

乙　嘿。

甲　嘴里头说出词儿来也准，有把握。

乙　应当这样儿。

甲　就怕上场以前没准备，还闹啦，玩啦，出来站这儿就得说话，迷迷糊糊的头两句想不起说什么来。

乙　有这事？

甲　哎，也不仅是咱们演出，就是戏曲演出也照样儿。上场要唱了，这主儿准备不好，当时在台上就出错儿。后台闹着玩儿带台上去了。有这个情况啊，有一次我到一个戏班儿后台去串门儿，那天唱的是《失空斩》。

---

*　本篇题目是编者代拟的。

乙　好戏。

甲　那位是后台班底零碎活儿，唱三花脸的，头里是探子，后赶老军，扮好了戏了，坐在后台拿黄雀儿在那摆弄着玩儿。

乙　噢。

甲　管事的过来，"嗨嗨嗨撂那儿！盯着场上的活儿，别玩儿。"他还就玩儿："没关系，耽误不了，看我这黄雀儿怎么样？"管事的成心气他："你这黄雀儿啊，不怎么样，母子！"

乙　好嘛，这养活鸟的连公母都看不出来！

甲　雀鸟是母子不叫唤。

乙　是啊。

甲　这主儿一听："什么母子？它是母子当时我给它摔死！""甭摔，养着吧，是条性命。"

乙　还接着气他。

甲　正这说着呢，旗牌就下来了，探子得上。

乙　当然了。

甲　正词儿是这么一句："报——马谡失守街亭！"

乙　他哪？

甲　他让管事的给气晕了，把戏词儿忘了，把这事想起来了。

乙　说什么呢？

甲　"我这会是母子？好，回来再见！"你听这话！

乙　是有点儿气人。

甲　可气，等我下来再说。"报——报丞相，他说我那黄雀儿是母的！"

乙　这叫什么戏词啊？！

甲　诸葛亮一听这词儿愣了。

乙　是得愣喽。

甲　"啊？什么？""报丞相，您不知道后台张老蔓说我黄雀儿是母的！"诸葛亮一听："你怎么还找补呀？我一问你怎么回事？你说戏词儿，我好告诉你再探哪！"

乙　对呀。

甲　你这儿报母子，我叫探母子干什么去？

乙　也没有那么句戏词儿呀！

甲　就说是，后台开玩笑闹着玩儿弄到场上来了。

乙　不留神这是。

甲　另外还有台上演出精神不集中，思想开小差儿，也照样出错儿。

乙　出什么错儿呀？

甲　极容易会出现忘词的情况。

乙　这忘词的情况避免不了哇。

甲　那是啊。

乙　词多了，这一大段儿有三十句五十句百八十句的，备不住错个一句半句的或者忘一句。

甲　你说他词句多备不住忘了，这还情有可原，词儿少了，一句词儿怎么样？也忘。

乙　没听说过，一句还有忘的？

甲　有这个情况嘛。

乙　什么戏？

甲　这出戏是《法门寺》。

乙　啊，他去谁呀？

甲　他去那个老方丈。

乙　《法门寺》里那和尚。

甲　《法门寺》的和尚。贾桂一喊："校尉的！摆驾法门寺呀！"说完了，刘瑾、老太后连龙套转圆场儿。

乙　是啊。

甲　转到中间，老和尚由下场门出来有一句词儿。

乙　原词儿是？

甲　"法门寺的和尚，迎接千岁！"

乙　噢，这是戏里的原词儿。

甲　这对了，就这句词儿他老先生给忘了，忘了临时抓吧，结果抓了一句："法门寺的千岁……法门寺的千岁迎接和尚！"

乙　啊，像话吗？

甲　当时琢磨半天，想起来个法门寺的千岁迎接和尚，刘瑾跟贾桂一听：不错，咱们都出家了。

乙　演出的时候，这也太不认真了。

甲　后台一琢磨，就一句台词儿忘了，也许他一大意不注意，晚傍场又换了一出戏给他派了个角儿，词句比较多。

乙　噢，这行了。

甲　派戏的觉得词儿一多他就得经心了，结果晚傍场词儿多了，也给弄砸了。

乙　这是什么戏呀？

甲　《打渔杀家》。

乙　这是熟戏呀。

甲　他去教师爷，比武的时候有这么两句。

乙　说什么呢？

甲　"光说不练是嘴把式，光练不说那是傻把式！"

乙　噢。

甲　一张嘴儿，他就给说错了。

乙　说什么呀？

甲　"哒！我告诉你……哎光说不练傻把式，光……"好嘛！头一句错了。

乙　光说不练傻把式。

甲　那位一问："嗻，光练不说呢？""嗯，啊！光练不说，你琢磨，更傻！"

乙　太不像话了。

甲　出现忘词儿。

乙　噢。

甲　这台上不只有忘词儿，台上忘什么的都有，五花八门。

乙　还有忘别的？

甲　哎，有的忘了腔的，有的忘了动作，甚至唱老生的在上场以后这胡子忘了戴了。

乙　你要说别的忘了我还信，胡子可忘不了。

甲　怎么？

乙　头一样儿说在这儿戴着正看。

甲　噢，正看，正瞧，一伸手也许碰上。

乙　是啊。

甲　他因为临时太急，马上得上场，要不出去这个戏满砸了，忙着上场，就这一急把胡子给忘了。

乙　有这么句话嘛，救场如救火呀！

甲　这是啊，这天演的是《甘露寺》。

乙　噢，他演谁？

甲　他唱老生的、头里乔玄后赶鲁肃，乔玄的活儿下来了。

乙　是啊。

甲　觉着鲁肃闯帐《回荆州》的时候，还得老半天的啦，他就卸了妆出去遛了。遛了一大圈儿，美美滋滋逍遥自在地回来了，进后台门，刚往那儿一坐，就听台上——可糟了，周瑜坐大帐已经道上白了，末一句白念完了鲁肃就得出去闯帐。

乙　到哪一句他该上场呢？

甲　有这么一句："众将官！随领本督追赶刘备去者！"这鲁肃应该叫板："且慢哪！"叫完了，鼓佬一开〔四击头〕：大台，吭吭！才嘟吭才吭！跟着上场正好。

乙　噢。

甲　他一听这白眼看要道完了……

乙　他还没穿好衣服哪！

甲　着了急了，赶紧勒水纱，系网子，穿胖袄拿官衣儿，蹬彩裤穿靴子，这纱帽拿过扣上，瞧着镜子，刚要系带儿。

乙　怎么样？

甲　周瑜的末一句白出来了。

乙　哪句？

甲　"众将官，随领本督追赶刘备去者！"他一听：哎哟坏了，这儿就得叫板了："且慢哪！"

乙　嘿！

甲　就着这工夫把带给系上了。

乙　还真好。

甲　叫完板，鼓佬一下签子：大台！他一听就得出去了。

乙　是啊。

甲　一掀这台帘！吭吭，才嘟吭！

乙　嗯？

甲　还真出来了。

乙　行了。

甲　胡子忘戴了。

乙　没听说他戴胡子嘛。

甲　自己不知道，跟着家伙点儿往前走到小面儿这块儿，到台上一偏身，正让周瑜坐里边瞧见了……

乙　怎么？

甲　周瑜心里说：怎么了这位，惦记什么了这是？迷迷糊糊这胡子没戴上就出来了！你戴上胡子进来是鲁肃，我跟你说话，你没戴胡子你是谁呀？你跟我说话我怎么办哪？周瑜替他着急也在想办法弥补这个漏洞。

乙　是啊。

甲　这工夫台下观众也瞧出来了。

乙　那能瞧不出来，熟戏呀。

甲　"哎呀哈！好！""哈！嗬！"

乙　能不给叫倒好吗？

甲　"哎，太好了，好鲁肃！"（天津口）"哎呀，这鲁肃太哏儿了，越活越年轻了。""哎嗬！今儿鲁肃见漂亮，把脸给刮了。""好！通！"这么一通，那么紧跟着就来"搭"，刚要起哄，前几排站起一位老大爷来。

乙　啊。

甲　"老几位别闹别闹，我告诉你们，你们几位听戏来了，我也是到这儿听戏来了，咱可别起哄，台上这鲁肃啊错了，他应该戴胡子他没戴，没戴胡子就出来了。你这一'通'，那边一'搭'，一叫倒好一起哄，这鲁肃就这热乎劲儿乱劲儿就下去了，他下去戴上胡子再出来你可没辙。"

乙　噢。

甲　"告诉你们谁也别起哄，谁也别言语，咱们到底瞧他怎么办？"

乙　嚯！这主意可太损了。

甲　他这儿说完台下就静了，鸦雀无声，去鲁肃的也纳闷儿呀。

乙　怎么啦？

甲　每天我出场台下有效果，有人鼓掌，怎么今天没动静？这工夫弦儿一响就得唱了。

乙　噢。

甲　"哎，不好了！唉！"（唱）"明明知道刘备呀走，都督苦苦做对头哇，凡事若不早料就，中计方知失智谋啊，急急忙忙进帐口，见了都督说从头哇。（白）啊，都督，那郡主与刘备回荆州乃是正理，你将他赶回是何因由哇？"

乙　嗯。

甲　周瑜有一句正词儿。

乙　原词儿是？

甲　"将他赶回，囚死东吴！"

乙　噢。

甲　这是正词儿，周瑜正词儿没说。

乙　说什么呀？

甲　改了："啊！慌里慌张，闯进大帐的是何人？"

乙　这戏可热闹了。

甲　当时鲁肃一听这气呀！嗬！这戏唱得周瑜不认识鲁肃了，问我是何人？甭问这是跟我搅啊！你开搅我不搅，我规规矩矩地唱，唱完了到后台找管事的咱问问，你这是哪国词儿！

乙　是啊。

甲　不知道我是谁呀？给你露一手儿！他打算要一托这胡子，耍眼神儿来个帅劲儿要个好儿："启禀都督，我就是鲁肃啊！"

乙　要来一这个。

甲　来个帅劲儿，他不知道没戴胡子。"慌里慌张，闯进大帐，你是何人？""哼！啊启禀都督，我就是鲁……我……"

乙　怎么样？

甲　这手一摸光秃秃什么也没有。

乙　哎呀。

甲　把词儿改了："我是鲁肃的儿子！""看小小年纪，要你无用，唤你爸爸前来！""唉，得令啊！"又回去了。

乙　回去了！

（刘文亨　班德贵演播稿）

窦公训女

甲　先生，你是干吗的哪？

乙　我是说相声的。

甲　说相声都讲究什么？

乙　说、学、逗、唱。

甲　唱你能唱什么呀？

乙　二黄、梆子、昆曲、高腔，我都能唱。

甲　我帮您唱一回高腔。

乙　噢！您也会高腔？

甲　我是高腔班坐科。

乙　您是唱哪一工的？

甲　生、旦、净、末、丑，神仙、老虎、狗，刷戏报子扫后台，我全会。

乙　嘿！碎催！

甲　全行！

乙　正工是唱哪一工的？

甲　正工是唱旦角儿的。

乙　您挑戏，我挑戏呀？

甲　您挑戏吧，我挑戏怕您唱不了啊！

乙　那么我挑戏啦。

甲　你挑吧。

乙　咱们唱一回《春香闹学》？

甲　那戏没意思。

乙　要不然唱一出《尼姑思凡》？

甲　那出戏我还没学哪。

乙　要不然唱一出《嫁妹》。

甲　那出更没意思。

乙　啊！你倒好，两个没意思，一个没学。你要会唱，咱们唱一出"窦公骂女"。

甲　好！就唱这出窦公骂你。

乙　骂我？不对！《窦公训女》，八本《全德报》。

甲　八本？

乙　啊！寄女、赴考、分别、训女、禀事、荣归、拷桐、团圆一共八本，咱们掐头去尾。

甲　不唱当间儿。

乙　那就甭唱了，咱们由训女起到禀事完。

甲　这里有几个角儿？

乙　六个角儿。

甲　你去哪个角儿？

乙　我去窦公。

甲　你去斗公儿，我去斗母儿。

乙　我斗油葫芦。

甲　我斗蛐蛐。

乙　好嘛！你全不懂啊？窦公就是窦老爷。我去老爷，你去夫人。

甲　好！

乙　还有个老院子谁去？

甲　男的？女的？

乙　男的。

甲　我去。

乙　还有个石守信石姑爷谁去？

甲　男的？女的？

乙　男的。

甲　我去。

乙　还有个高桂英小姐谁去？

甲　男的？女的？

乙　女的。

甲　你去。

乙　还有个小丫鬟谁去？

甲　男的？女的？

乙　女的。

甲　你去。

乙　怎么是女的都我去呀？

甲　我这儿还有个窦夫人哪！

乙　好！我出场你打家伙，你出场我打家伙。

甲　就这么办吧！

乙　"嗯嘻！"

甲　豆，豆，起豆起豆锵！（qiáng）（唱什不闲）"福自天来喜冲冲，福缘善庆降玉瓶，福如东海长流水呀，恨福来迟身穿大红啊。"

乙
　　豆，豆，起豆起豆锵！
甲

乙　咱们唱什么戏呀？

甲　唱高腔啊。

乙　唱高腔，你打什不闲的家伙？

甲　这样儿打不是热闹吗。

乙　没听说过，打高腔的家伙。

甲　高腔打什么家伙哪？

乙　打东秋锣，会打不会打呀？

甲　会打。

乙　"嗯嘻！"

甲　东……

乙　你倒是秋啊？

甲　秋天我忘了。

乙　东完了就秋，快着点儿打。嗯嘻！

甲　东秋东秋！……

乙　嗳！太快了！不紧不慢，你看我的脚，左脚东，右脚秋，会不会呀？

甲　会啦！

乙　"嗯嘻！"

甲　东秋，东秋，东秋，东秋……

乙　咱们天津见了，你把我秋到哪儿去呀？

甲　我把你秋到坟地里去。

乙　噢！把我活埋了！这家伙点儿有数儿，你得不紧不慢，三棒半到台口，数着点儿吧。"嗯嗒！"

甲　东秋，一棒了！

乙　嗯！别说出来呀！

甲　会啦！

乙　"嗯嗒！"

甲　东秋，东秋，东秋，筒！

乙　这是什么呀？

甲　这是半棒！

乙　咱们不要这半棒。（念引子）"招来嫦娥齐咏贺。"

甲　瓜子花生给得多。

乙　外头卖去。你得念引子。

甲　灯芯，竹叶，三片姜，七个红枣。

乙　药引子呀，窦夫人上场的引子。

甲　窦夫人上场的是什么引子呀？

乙　不会呀！

甲　不会我帮你！

乙　会呀？

甲　会我不早就唱啦嘛！

乙　倒是会不会呀？

甲　会倒是会。

乙　忘啦？

甲　没忘！想不起来啦。

乙　还是忘啦？

甲　你一提醒我，我就想起来了。

乙　"先人堂前例同坐。"（按原口述记录。）

甲　噢！还是那老词儿啊。"先人堂前例同坐。"

乙　别忙！我还没唱哪。"招来嫦娥齐咏贺。"

甲　"先人堂前例同坐。"

乙　"啊，夫人！"

甲　"啊，汉子！"

乙　嗒！你别叫我汉子呀！

甲　叫你什么呀？

乙　你叫我老爷。

甲　呦！有你这样儿的老爷！

乙　有你这样儿的夫人吗？咱们是逢场作戏。

甲　非得叫你老爷？

乙　对！"啊，夫人！"

甲　"啊，汉……老爷！"

乙　得！我是汉朝的老爷。"夫人！你我的女儿哪厢去了？"

甲　你问你的女儿么？

乙　正是。

甲　她缝穷去了。

乙　不对！你得说你的词儿呀！

甲　我是什么词儿呀？

乙　不会呀。

甲　不会我帮你？

乙　又来啦！你得说："妾身不知，但听院子一报。"

甲　噢！还是那老词儿！"妾身不知，但听院子一报。"

乙　你忙什么的？

甲　又忙了。

乙　"啊，夫人！"

甲　"啊，老爷！"

乙　"你我的女儿哪厢去了？"

甲　"妾身不知，但听院子一报。"

乙　"天到这般时候，为何不见院子到来？"

甲　为何不见院子到来？

乙　你赶院子呀。

甲　夫人哪？

乙　搁这儿啦！"天到这般时候，为何不见院子到来。"

甲　"报！院子禀事。"

乙　"何事？"

甲　没事。

乙　没事你报什么呀？得有事。

甲　"报！院子禀事。"

乙　"何事？"

甲　有事。

乙　什么事？

甲　不知道。

乙　不知道就别唱了！

甲　我知道有什么事呀？

乙　好嘛！一句不会呀？你得说："启禀老爷，大事不好了！"我说："何事惊慌？"你说："昨夜三更时分，石姑爷与小姐在后花园中洒泪分别去了。"

甲　噢！老词儿！

乙　告诉你啦，就是老词儿！"天到这般时候，还不见院子到来！"

甲　"报！院子禀事！"

乙　"何事？"

甲　"启禀老爷，大事不好了！"

乙　"何事惊慌？"

甲　"昨夜三更时分，石姑爷与小姐在后花园中洒泪分别去了。"

乙　"你待怎讲？"

甲　"洒泪分别去了。"

乙　"嗯——"

甲　你跟我瞪眼干吗呀？

乙　这是跟你生气啦！

甲　你凭什么跟我生气呀？

乙　我嗔着你报事报晚了，三更天走的，你应该三更天来报，这时候才来报，我生气了。

甲　昨晚上你没在家呀？

乙　嗐！不是这么回事。这出戏我去的老爷，你去的是院子，院子是老爷的奴才，老爷发威，奴才撒尿，我一生气，你得怕我。

甲　我不怕你。

乙　不是你怕我，是你那个角儿怕我这个角儿。我一跟你瞪眼，你得打哆嗦，恨不能有个地缝儿都要钻进去。会不会呀？

甲　会啦！

乙　打头从来吧。"嗯嗐！"

甲　东秋，东秋，东秋，筒！

乙　咱们不要这半下儿。"招来嫦娥齐咏贺。"

甲　"先人堂前例同坐。"

乙　"啊，夫人！"

甲　"啊，老爷！"

乙　"你我的女儿哪厢去了？"

甲　"妾身不知，但听院子一报。"

乙　"天到这般时候，为何不见院子到来？"

甲　"报！院子禀事。"

乙　"何事？"

甲　"启禀老爷，大事不好了！"

乙　"何事惊慌？"

甲　"昨夜三更时分，石姑爷与小姐在后花园中洒泪分别去了。"

乙　"你待怎讲？"

甲　"洒泪分别去了。"

乙　"嗯——"

甲　（浑身哆嗦，像向地上找东西似的）

乙　你干吗哪？

甲　我找地缝儿哪？

乙　别挨骂啦！

549

（彦授宸述）

汾河湾

乙　这场啊，我给您说段相声。

甲　（唱）"这一件蟒龙袍，真正是合体，它本是你丈母娘亲手儿绣的。"

乙　唱得还真有点儿味儿。

甲　知道我唱的是什么戏吗？

乙　河北梆子《打金枝》。

甲　哎呀，行啊。

乙　我也喜欢唱河北梆子。

甲　是呀，梆子这个剧种，形成的历史比较悠久。随着地区的不同，"梆子"的种类也很多。

乙　都有哪些种类呢？

甲　刚才，我唱的那个是河北梆子。

乙　对。

甲　还有河南梆子、山东梆子、山西梆子、陕西梆子、中路梆子、菜帮子、鞋帮子，（指乙）你是老帮子。

乙　老帮子呀！

甲　您是唱老调梆子的。

乙　你把那"调"字带出来呀！

甲　提起唱"梆子"来，我正经坐过科，学过艺哪。

乙　是啊！

甲　要说我，您可能不太熟悉，要提起我师父来，您可能有个耳闻。

乙　谁呀？

甲　金香水儿呀。

乙　金香水儿？那可是著名的河北梆子表演艺术家。

甲　我师父一辈子就收我们两个徒弟，一个是筱香水儿，一个就是我了。我们全犯这个"水"字。

乙　那人家叫筱香水儿，您叫——

甲　自来水儿。

乙　自来水儿？哎呀，您跟我一样。

甲　您也是自来水儿？

乙　我是"下水道"。

甲　"下水道"——听您这话茬儿，您是讽刺我呀！

乙　什么叫自来水儿呀？

甲　今儿个这么办。

乙　怎么办？

甲　当着各位观众的面儿，我帮您唱一出河北梆子戏，让您看看我自来水儿的水平。

乙　您真能唱？

甲　那当然啦！

乙　好，那咱就唱，您挑戏吧。

甲　您挑戏。

乙　您挑。

甲　您挑。

乙　您挑。

甲　我是金香水儿的学生我挑戏，那不是欺负你寡妇失业的吗？

乙　那倒是。——我多会儿守的寡呀？

甲　噢，你有爷们。

乙　嗨，有爷们我也把他掐死，你怎么说话呢！

甲　让您挑戏。

乙　既然这样，那我就不客气了。

甲　别客气。

乙　那咱俩唱一出《游龟山》。

甲　又叫《蝴蝶杯》，哈哈，哈哈……

乙　就唱这出——

甲　我不会。

乙　不会你乐什么？！

甲　我笑你外行。

乙　怎么哪？

甲　《游龟山》这出戏，人物太多，台上就我们两个人，赶得过来吗？

乙　可也是的，那咱们唱《大登殿》。

甲　算粮登殿，"金牌要是调来呀，银哪牌宣，王啊相府又来了我叫王氏宝钏。"

乙　就唱这戏——

甲　我就会这一句。

乙　一句？这回干脆，我再挑出戏，会唱就唱，不会唱咱各干各的两便。

甲　哪出戏？

乙　《汾河湾》。

甲　可以。《汾河湾》是几个人物？

乙　很简单，就两个人物。

甲　都有谁呀？

乙　一个是薛仁贵，一个是柳银环。

甲　您扮演谁呀？

乙　我是唱"老生"的，我来那个薛仁贵。

甲　那我哪？

乙　您是金香水儿的学生自来水儿，当然就得扮演柳银环了。

甲　柳银环和薛仁贵是什么关系？

乙　夫妻关系，两口子。

甲　那我——

乙　你是我媳妇儿。

甲　那我可得跟你声明。

乙　声明什么？

甲　（不好意思地）我们俩这种关系，可是暂时的啊。

乙　嗨，长久的我也不要你。

甲　我也不跟你呀！

乙　现在就开始，咱们把桌子搭后边去。为了区别人物，您得简单地化化妆，我去准备道具（乙从侧幕搬来一把椅子）。

甲　（从桌上拿过手绢叠成的三角巾），演员不化妆，您瞅着不好看，等化完妆您再瞧——

乙　好看了。

甲　指不定什么模样了。

乙　去你的吧。

甲　（用三角巾包头）您看怎么样？

乙　我看还可以。

甲　您知道我师父为什么收我吗？

乙　不知道。

甲　告诉你吧，唱旦角儿的得符合条件。

乙　什么条件？

甲　您拿我来说吧，个头儿不高不矮，不胖不瘦，具有线条美。

乙　呀！还线条美哪！

甲　特别是脸型标准。

乙　什么样？

甲　长瓜脸，尖下巴颏，高鼻梁，大眼睛，扮出那个角儿来，您瞧，像不像那电影明星？

乙　明星您可不像。

甲　我像——

乙　贼星。

甲　你打击我的情绪！

乙　我看咱们别耽误时间，开始演戏。

甲　现在就开始。

乙　我跟您交代一下场面。

甲　可以。

乙　这是上场门儿，这是下场门儿，这儿是台口，又叫九龙口。您上场我打家伙，我上场您打家伙。

甲　这叫"分包赶角儿"。

乙　您现在是闷帘儿叫板。

（乙用扇子当门帘儿挡住甲的脸，甲不理解，用手推开乙的扇子，共三次）

甲　（生气地）你干吗呀？拿扇子挡住我的脸，干吗？噢，你看我扮相漂亮，你嫉妒我呀？

乙　嘻，就这模样还漂亮哪！跟您说，原来戏台上有门帘，您哪在门帘儿里边叫板。

甲　您这扇子——

乙　代表门帘儿。

甲　我误会了，我应当在门帘里边叫板？

乙　对啦。（重新用扇子遮住甲的脸）

甲　"叫板！叫板！叫板——"

乙　你别叫了。

甲　怎么了？

乙　就这么叫哇？你得有词儿。

甲　我问你，这么大出戏，我知道你从哪儿开呀？那叫板的地方多着哪？

乙　就从那儿开——"丁山儿该来了。"

甲　你说明白喽。"丁山儿该来了。""丁山儿该来了。""丁山儿该来了！"

乙　他来不了啦！我说你这么叫不嫌干得慌啊？

甲　我不是自来水儿吗？

乙　别提那自来水儿啦！噢，你就这么叫哇？

甲　那得怎么叫哇？

乙　你应当有韵。

甲　（误把"韵"听成"孕"了）什么？

乙　你得有韵。

甲　办不到！我们的关系刚订下来，就叫人家有"孕"哪！

乙　嘻！什么"孕"哪？

甲　那你说的什么"孕"哪？

乙　我说的是戏韵的"韵"。

甲　戏韵的"韵"，什么味儿呀？

乙　什么——噢，金香水儿的学生自来水儿，愣不知道"叫板"什么味儿？

甲　什么话呢，你是"内江派"，我是"外江派"。我们俩的风格不统一嘛！

乙　他还老有说的！就这么唱："丁山儿哟该来了。"

甲　还是那老调。

乙　告诉他，又老调了。（甲、乙重新归到上场门儿）

甲　（唱）"丁山，儿哟——（用右手摸乙的头）——该来了——"（乙拿下甲的手）"该来了——"（又摸乙的头，乙又拿掉）"该来了——"（又摸乙的头）

乙　（生气地）你是什么毛病？

甲　怎么了？

乙　你唱就唱呗，摸我脑袋干什么？

甲　我问你，你讲理不？

乙　怎么不讲理了？

甲　（拉过乙拿扇子的手）我问你，你这扇子代表什么？

乙　门帘呀。

甲　啊，我这不是扶门框哪嘛！

乙　没门框，拿脑袋当门框啦！

甲　没门框，你那门帘吊在哪儿呀？

乙　你甭管，没门框！告诉你说，你要再扶门框，别说我拿扇子揍你呀！

甲　好，好，好，没门框。（接唱）"丁山，儿哟，该来了——"

乙　（伴奏）台，台，台个令台一个令台。冬里根儿隆，冬里根儿隆冬里根儿，冬根儿隆冬里根儿隆的冬，冬根儿里根儿冬根儿隆的冬。

甲　（随着音乐走到台口）我——（不会唱词，返回上场门儿重新叫板）"丁山，儿哟，该来了——"

乙　（无奈，重复伴奏）

甲　我——"丁山，儿哟，该来了——"

乙　（生气地重复伴奏，节奏比较快）

甲　我——（又往回跑）

乙　（用扇子打甲的头）你是什么毛病！往回跑什么呀？

甲　我问你，过去，我们俩同台演出过没有？

乙　没有哇。

甲　上场前，排练过没有？

乙　也没有哇。

甲　还是的！你说这要不对对台词儿，一旦唱错了，是你错了，还是我错了？

乙　噢，这里有个责任问题，那你的意思呢？

甲　对对台词儿。

乙　唱到半截腰儿对台词儿？对吧。

甲　我问你，这儿一共有几句唱儿？

乙　四句唱儿。

甲　第一句是什么？

乙　"我的儿汾河湾前去打雁。"

甲　（故作思索地）这句还凑合，第二句呢？

乙　"天到了这般时不见回还。"

甲　也勉强吧，第三句？

乙　"将身儿坐至在窑门以外。"

甲　你看，多亏对对不是。错了！这是第四句。

乙　第三句。

甲　第四句。

乙　第三句嘛！

甲　第四句呢？

乙　第四句——唉，他一句不会！

甲　废话！不会能帮你唱吗？

乙　会？

甲　会不早唱了吗？

乙　忘了？

甲　没有。

乙　唱啊？

甲　想不起来了。

乙　那不是一样吗！

甲　您给提个醒儿。

乙　第四句是："等我儿他回来好把饭餐。"

甲　"餐"是什么意思？

乙　"餐"就是吃的意思。

甲　噢，吃、餐一样。对好台词儿就好唱了。

乙　这位！

甲　（唱）"丁山，儿哟，该来了——"

乙　（伴奏）台台，台个令个台台一个令台，大齐令台。冬里根儿隆，冬里根儿隆根儿隆冬里根儿隆的冬，冬根儿隆冬，隆根儿里根儿冬。

甲　"我的儿汾河湾前去打雁，天到了这般时不见回还，将身儿坐至在窑门以里——"

乙　以外！

甲　外边太冷！（根据演出时实际天气而论）

乙　冷也得出去！

甲　以外就以外。

乙　他倒挺和气。

甲　（接唱）"等我儿他回来好把饭哪吃呀。"

乙　那叫"餐"。

甲　吃、餐不一样吗？

乙　就得说"餐"！

甲　依着你，"吃西餐哪！"

乙　瞧那"脑型"！还吃"西餐"哪！（唱）"马来！"（甲误以为《走麦城》是关老爷上场叫马童呢）

甲　大台，呛、呛、才来呛隆才来呛！

乙　什么戏？

甲　《走麦城》。

乙　（用扇子打甲的头）走！《汾河湾》里唱出来《走麦城》啦！

甲　啊，"马来！"你这不是关老爷上场叫马童呢吗？

乙　什么呀？我这是薛仁贵上场啦！

甲　噢，您扮演的角色上场了？

乙　啊。

甲　那我怎么办呢？

乙　你打家伙呀！

甲　你说明白喽哇，（重新坐在椅子上）"再来一餐哪——"

乙　嗳，他又对付一顿儿。"马来！"

甲　台，台，台个一个令台，大齐大台。冬里根儿隆，冬里根儿隆冬里根儿冬，隆根儿隆冬里根儿隆的冬，冬根儿隆冬，你冷不冷？

乙　我汗都下来了！（唱）"薛仁贵做事太短见哪——"

甲　噢，好！

乙　别叫好哇！

甲　我起个带头作用啊。

乙　唱："射死了顽童染黄泉。儿想娘来难得见，娘想儿来哟要见面难哪呀嘿——"

甲　（哭学伴奏）达里根儿隆的冬。

乙　什么缺德弦儿，（唱）"正催马，用目观，见一大嫂坐窑前。前影儿好像柳氏女，后影好像柳银环，甩镫离鞍下了马，见了大嫂哇

甲　（伴奏）大大大大大台。

乙　（白）"大嫂请来见哪礼。"

甲　（上下打量乙）哼！（转过身去）

乙　什么毛病！（绕到左边）"大嫂请来见哪礼。"

甲　（又转向右边）

乙　这位受风了怎么着！（又转回右边）"大嫂请来见礼。"

甲　（一撇嘴）缺德！

乙　（用扇子打甲的头）谁缺德？

甲　你缺德！你缺德！

乙　我怎么缺德了！

甲　我问你，想当初那年头儿，男女授受不亲，你说你挺大个老爷儿
　　们，围着我们转悠什么！

乙　啥！他什么也不明白！我那不是跟您见礼嘛！

甲　噢，您那是见礼哪？

乙　啊。

甲　我领会错了。

乙　你以为——

甲　向我求爱呢。

乙　去你的吧！就这模样儿，我还向他求爱呢！

甲　那我怎么办呢？

乙　你得说话呀。

甲　（唱）"啊，儿呀——"

乙　就说这个？

甲　说什么呀？

乙　你应当说："啊，还礼，还礼，这位军爷，放路不走，施礼为何？"

甲　"啊，还礼——"

乙　坐下。

甲　"啊，还礼——"

乙　你忙什么？"大嫂请来见哪礼。"

甲　这阵儿说吧？

乙　你别问哪！

甲　（白）"啊，还礼，还礼，这位军爷，放路不走，施礼为何？"

乙　"借问大嫂，此处什么所在？"

甲　"沈阳市。"（可根据演出地点更名）

乙　沈阳市？

甲　沈阳市，我在这儿住了二十多年了，没错儿！

乙　噢《汾河湾》里有沈阳市？

甲　《汾河湾》是什么词儿？

乙　"龙门郡。"

甲　"啊，龙门——"

乙　坐下。

甲　"啊，龙门——"

乙　你忙什么！

甲　我受管制了！

乙　"大嫂请来见哪礼。"

甲　"还礼，还礼，这位军爷，放路不走，施礼为何？"

乙　"借问大嫂，此处什么所在？"

甲　"龙门郡。"

乙　"此庄呢？"

甲　"俱乐部！"

乙　俱乐部？

甲　我们在俱乐部演出没错儿呀！

乙　《汾河湾》那年头儿有俱乐部？

甲　《汾河湾》那年头儿是什么呀？

乙　那叫"大王庄"。

甲　"啊，大王——"

乙　坐下！

甲　"啊，大王——"

乙　你忙什么！

甲　（生气地）哼！

乙　"大嫂请来见哪礼——"

甲　（急赤白脸地）"还礼，还礼，这位军爷，放路不走，施礼为何？"

乙　他还急了？"借问大嫂，此处什么所在？"

甲　"龙门郡。"

乙　"此庄呢？"

甲 "大王庄。"

乙 "大王庄打听一人，大嫂可曾知晓？"

甲 "有名的不知，无名的不晓！"

乙 他全不认识！

甲 啊，不认识呀。我们大门不出，二门不迈，买根冰棍我们都不敢出去，认识谁呀！

乙 你得说认识。

甲 "啊，有名的便知，无名的便晓。"

乙 嗳，他又全认识了！

甲 啊，我们群众关系好，你管不着！

乙 啥！你得说"啊，有名的便知，无名的不晓"。

甲 "啊，有名的——"

甲
　　你坐下！
乙

甲 "啊，有名的——"

甲
　　你忙什么？
乙

乙 他都会了。

甲 这是怎么说的呢！

乙 "大嫂请来见哪礼。"

甲 不嫌麻烦。"还礼，还礼，这位军爷，放路不走，施礼为何？"

乙 "借问大嫂，此处什么所在？"

甲 "龙门郡。"

乙 "此庄呢？"

甲 "大王庄。"

乙 "大王庄打听一人，大嫂可曾知晓？"

甲 "有名的便知，无名的不晓。"

乙 "提起此人，是大大的有名。"

甲 "但不知是哪一家呢？"

乙 "就是那柳员外之女，薛仁贵之妻，柳氏银哪环！"

甲 （假做吃惊地）"噢——"

乙 （吓一跳）

甲 "你问那柳银环么——"

乙　"正啊是。"

甲　"她看电影去了。"

乙　去你的吧!

（冀世伟述）

捉放曹

甲　您这说相声，说、学、逗、唱都得会吧？

乙　说行，唱可唱不好，只能学一点。

甲　京戏行吗？

乙　京戏也会不多，能唱几句。

甲　你要学，明儿我教给你。

乙　噢，您是京戏演员。

甲　不是，好（hào）玩儿。多咱我唱戏请你去看。

乙　好啊，你最近唱吗？

甲　最近不唱，刚唱过不久。

乙　您唱哪一工儿？

甲　花脸，大花脸哪！

乙　您最近跟谁唱呢？

甲　梅兰芳。

乙　梅院长？

甲　啊，还有言慧珠。我们唱的《二进宫》。

乙　噢，《二进宫》？梅院长去谁呀？

甲　那老头儿。

乙　那白胡子老头儿？

甲　啊。

乙　"探罢皇陵到昭阳……"

甲　对啊。

乙　什么对啊？梅兰芳唱徐彦昭啊？

甲　好啊。

乙　什么好哇？梅兰芳是唱青衣的，能唱花脸吗？

甲　什么呀？你说什么，乱七八糟的？

乙　我问你梅兰芳唱哪个？

甲　他，那个那个……小媳妇儿。

乙　那叫李艳妃，娘娘。

甲　是啊，她那娘娘，我那徐彦昭。

乙　你的徐彦昭——大花脸？梅兰芳的李艳妃——娘娘？

甲　啊。

乙　那言慧珠怎么办呢？

甲　她去老杨波。

乙　没听说过。言慧珠也是唱青衣的，她能唱老生吗？她父亲言菊朋才是唱老生的呢。

甲　对呀，她父亲能唱她就能唱，反串嘛。

乙　对，她是能唱老生，我听过她的《让徐州》嘛。你会唱吗？

甲　大花脸嘛，你不信我给你唱两句《二进宫》。

乙　好，我听听。你唱那个，"怀抱着"那一段。

甲　好，你听着。（唱，带评戏味儿）"怀抱着……怀抱着……"

乙　（唱评戏）"怀抱之呃……"

甲　嗯，（学乙）"怀抱之呃……"

乙　（接唱评戏）"……娇儿啊坐在流平……"

甲　……

乙　这是《磨房产子》，这是《二进宫》吗？

甲　不是，不是，（唱，河北梆子味儿）"怀抱着……"

乙　怎么又改河北梆子了？

甲　（唱，越剧味儿）"怀抱着……"（唱，京剧）"怀抱着……"

乙　可找着啦！

甲　我会的那戏多呀，这调儿都又（chǎ）住了。

乙　你是会唱啊？

甲　你不信，咱们俩唱一出，什么戏都成。

乙　那好，咱们俩唱出《捉放曹》行不行？

甲　行。

乙　咱们唱《公堂》那一段，人少。

甲　几个人？

乙　曹操……

甲　我来。

乙　我来陈宫。还一个小花脸王顺，也得你来。

甲　行。

乙　咱们就这么唱。锣鼓拿嘴打，我唱你打，你唱我打，我上场你先打小锣。

甲　行。（把椅子放桌前为小座）

乙　（学出场）"嗯……哼！"

甲　台，台，台……

乙　（念引子）"身为县令，与黎民判断冤情。"

甲　台，台，台……

乙　（斜身坐下，念定场诗）"头戴乌纱双翅飘，黎民百姓乐逍遥，虽然七品县官小，一片丹心保汉朝。"（甲在乙每念一句时都加锣）

乙　（接白）"下官——"

甲　台！

乙　"姓陈名宫字公台。"

甲　台！

乙　"身为中牟县县令。"

甲　台！

乙　（回头看甲，示意加锣不对）"昨日有董太师公文到来。"

甲　台！

乙　你打上没完啦？

甲　怎么，打多啦？

乙　坐下就没锣了。

甲　你说话啊。台！……你这不还没坐下哪嘛！

乙　（无可奈何）"命我画影图形，捉拿刺客曹操，我也曾命王顺等四门察看，未见到来。左右！"（待甲应声）

甲　……

乙　"左右！"

甲　……

乙　叫你哪，没听见哪？

甲　我去曹操啊，我也不叫"左右"啊！

乙　你搭一句我好往下念哪。

甲　我搭什么呢？

乙　"有！"

甲　不就这两个字儿么，谁来过这零碎儿啊！

乙　"左右！"

甲　"有！"

乙　"伺候了！"

甲　台！

乙　上王顺啦！

甲　谁呀？

乙　你！

甲　"嗯……哼！"

乙　小花脸"啊哈"，念"捉拿曹操事，禀报太爷知"。

甲　"啊哈……"

乙　台台令丁台。

甲　"捉拿曹操事，禀报太爷知。参见太爷！"

乙　"命你捉拿刺客曹操，怎么样了？"

甲　不知道。

乙　什么不知道哇！"恭喜太爷，贺喜太爷。"

甲　"恭喜太爷，贺喜太爷。"

乙　"喜从何来？"

甲　你爱人生了个大小子。

乙　嘻，哪儿有这词儿啊。

甲　这不是喜事呀？

乙　"小人将刺客曹操拿到。"有何为证？"宝剑为证。"

甲　噢，这词儿啊。"恭喜太爷……"

乙　重来！都乱啦。"左右！"

甲　"有！"

乙　"伺候了！"

甲　"啊哈……捉拿曹操事，禀报太爷知。参见太爷。"

乙　"罢了。命你捉拿刺客曹操，怎么样了？"

甲　"恭喜太爷，贺喜太爷。"

乙　"喜从何来？"

甲　"小人将刺客曹操拿到。"

乙　"有何为证？"

甲　"有……扇子为证。"

乙　宝剑！

甲　没有哇，这不是扇子嘛！

乙　那就是宝剑！

甲　"宝剑为证。"

乙　"呈上来。"

甲　（将扇呈乙）

乙　（看，惊叫）"呜……呼呀！"

甲　怎么啦，肚子疼？

乙　"此事禀明太师，你等有赏。"

甲　甭赏啦，你请我吃顿包子就行啦。

乙　（瞪甲）"将刺客曹操押上堂来。"

甲　……

乙　"将刺客曹操押上堂来。"

甲　……

乙　曹操哪？

甲　没来呀！

乙　你"赶"曹操。

甲　（略一愣）曹操！……

乙　你哪儿去？

甲　你不是让我"赶"他去吗？

乙　分包"赶"角儿。曹操该上台了，不是你的吗？

甲　噢。（转到后台）

乙　"将刺客曹操押上堂来。"

甲　"啊哈……"

乙　嘻！曹操是大花脸。

甲　"大……啊哈。"

乙　什么呀？"来……也！"这儿还有一大段唱，（小声唱）"出龙潭入虎穴躲灾避祸，又谁知中牟县自入网罗。怒冲冲我且把滴水檐过……"

甲　这都是曹操的词儿啊？算了吧。我帮你唱我这么累啊，又"赶"王顺又"赶"曹操。你一个人儿坐那儿多舒服啊，"来，伺候了！"

那谁不会呀？咱们俩换过来吧。

乙　换也不能这儿换哪。唱完《公堂》，到《行路杀家》咱们换过来。

甲　不行，马上就换。（抢座）"来，将刺客曹操押上堂来！"

乙　"来……也！"

甲　锵来锵来切来锵。

乙　"出龙潭入虎穴躲灾避祸。"

甲　锵来锵来切来锵。

乙　"又谁知中牟县自入网罗，怒冲冲我且把滴水檐过。"

甲　锵来锵来切来锵。

乙　"看陈宫他把我怎样发落。"（视甲）

甲　（愣了一会儿）"来，将刺客曹操押上堂来！"

乙　"看陈宫他把我怎样发落。"

甲　"将刺客曹操押上堂来！"

乙　（大怒厉声）我来啦！

甲　（出溜掉凳）嚯！干吗这么急赤白脸的？

乙　我来啦！

甲　你来了好哇，给你报户口！

乙　这儿过日子哪？

甲　这点儿什么词儿？

乙　"下边站的可是刺客曹操？见了本县因何不跪？"

甲　哎，行啦。"下边站的可是刺客曹操？"

乙　"既知我名，何必多问？"

甲　"见了本县因何不跪？"

乙　"呀呸！"

甲　哽？

乙　"上跪天子，下跪父母，岂肯跪你这小小的县令！"

甲　"哈哈……（用小花脸念法）嫌我官儿小，看不起我，来人哪。"

乙　"有！"

甲　把他枪毙！

（郭全宝述　侯宝林整理）

捉放曹

珍珠衫

甲　是你呀！

乙　是我呀，怎么啦？

甲　我呀，就不愿意跟你们说相声的聊天。

乙　怎么哪？

甲　你说，跟你们谈深一点儿的学问，你们又不懂，谈点儿浅的吧，
　　你们又瞎白话了。

乙　白话什么了？

甲　没告诉你说吗，你们哪，全是半瓶子醋！

乙　有你这么说话的吗？我可跟你说，半瓶子醋，那是他们。

甲　你呢？

乙　我是整瓶——我还是醋啊！

甲　我闻着就酸嘛！

乙　去你的吧！

甲　说真的，你除了说相声以外，还有点儿旁的能耐没有？

乙　我跟你说呀，一提起说相声，我就后悔。

甲　悔什么？

乙　想当初就不应当改行，改行也不应当说相声，说相声也不应当找
　　这么个"搭档"。

甲　嗯？

乙　这个人大话连篇，目中无人，自大搁一个点儿——"臭"！

甲　说我呀！

乙　我能当着你说别人嘛！

甲　绕搭我？

乙　谁叫你说我"酸"来着！

甲　好好，咱先放到这儿。那你说说你是什么本行。

乙　咱们本行是评剧。

甲　评剧，坐过科？

乙　那当然了。

甲　那我可要请教请教。

乙　问吧！

甲　你瞧，这就来劲儿。这评剧可有四大名旦，知道都是谁吗？

乙　这——不光是知道，而且还都认识。

甲　都是谁呀？

乙　告诉你：李金顺、爱莲君、刘翠霞、白玉霜。她们四位都是自成一家，各有千秋。特别是白玉霜，号称"评剧皇后"。

甲　唉，白玉霜你也认识？

乙　认识呀。

甲　这白玉霜可不是外人。

乙　那是……

甲　那是我师姐。

乙　噢，你师姐是白玉霜，那你是？

甲　黑胰子！

乙　黑胰子呀！怨我眼拙，对不起，老黑同志。……

甲　谁是老黑呀？

乙　你不是黑胰子吗？

甲　那是我的艺名。

乙　咱这么办，黑胰子。

甲　好说，半瓶子醋！

乙　谁呀！你也别说白玉霜是你师姐；我呢，也别说我坐过科。

甲　怎么办哪？

乙　今儿个咱俩唱一出评剧。怎么样？

甲　好哇。

乙　就在这儿唱。

甲　好。我是白玉霜的师弟，就得你挑戏了。

乙　要是挑旁的戏，算我欺负你。就挑你师姐白玉霜的一出拿手戏《珍珠汗衫》。

甲　《珍珠汗衫》？

乙　怎么样？

甲　好。

乙　你来什么？

甲　我来那汗衫。

乙　我来那裤衩。

甲　我来那双袜子。

乙　我来那双皮鞋吧。

甲　孩子归你抱着……

乙　咱俩这儿离婚是怎么着？

甲　怎么啦？

乙　这《珍珠汗衫》是剧名！

甲　这我懂，白玉霜是我师姐，我能不懂吗！

乙　哎呀，这出戏时间可长点儿。

甲　不短。

乙　上场的人物也多。

甲　可不。

乙　咱俩人赶场，还赶不过来。

甲　就是。

乙　唱全了时间还不允许。

甲　怎么办哪？

乙　咱俩哪，单唱戏核儿。

甲　噢，唱最精彩的那段儿？

乙　对。

甲　哪段儿？

乙　就唱老爷回府那一折。

甲　老爷回府，少爷出门了？

乙　什么呀，碍少爷什么事？这段儿是蒋兴哥打伤人命，老爷过堂之后，回到后堂，太太托人情，为蒋兴哥开脱罪责。用现在的话说叫"走后门儿"。这是戏核儿。

甲　噢，这段儿人少？好，咱就来这段。我来哪个？

乙　你是白玉霜的师弟，当然要来旦角，就来这夫人——王三巧呗。

甲　你呢？

乙　我是老爷。

甲　你是老爷，谁是外孙子？

乙　好嘛，这位连剧情都不懂得，还要唱戏。告诉你，我扮演这老爷姓吴，就是吴县长。

甲　咱俩什么关系？

乙　咱俩呀，两口子呗，我是你丈夫，你是我媳妇儿。

甲　瞧你那德行！

乙　怎么啦？

甲　就你这模样儿，给我当丈夫，你不亏心哪！

乙　嘻！这不是演戏吗。

甲　噢，演戏，逢场作戏，就这么一会儿。

乙　可不嘛。

甲　长了可不行。

乙　长了我也不要你呀！上哪儿报户口去！

甲　开始吧。

乙　别价，你还得简单化化妆，男女有别。

甲　我还得捯饬捯饬？

乙　对。

甲　（用手绢包上头，害羞）

乙　呀！你这一化妆好有一比。

甲　比什么？

乙　水仙没开花——独头蒜！

甲　（忸怩地）嗯——嗯！

乙　还贱哪！整跟芥菜一样。给你（递手绢）这个当水袖。

甲　好了。

乙　你呀，先往后边站，这儿来把椅子，我给你打家伙上场。

甲　好了。

乙　这块儿手锣上：台台台台，令令台。该你上场了。

甲　来了——（溜达出来了）

乙　嘻！你怎么溜达出来了？

甲　你不叫我上来吗？

乙　你呀，得在后台咳嗽一声，我呢，用家伙点把你请出来。

甲　你倒早说呀："嗯哎！"

乙　大花脸哪？

甲　怎么啦？

乙　你是女的——王三巧。

甲　我就是猫头鹰。重来："嗯哕！"

乙　台台台台，大大大大台！说话呀！

甲　我说什么呀？

乙　你不是白玉霜的师弟吗，怎么不会词儿了？

甲　我多少年不唱了，想不起来了，你给提一提。

乙　这位。告诉你，这块儿有副上场对儿："残花香犹在，失足恨难平。"

甲　好哇！

乙　别光说好，你说说这是什么意思。

甲　什么意思，够意思！

乙　什么叫够意思呀！这位合着什么也不懂。告诉你：这位王三巧的原配丈夫叫蒋兴哥，是个珠宝商人，出外做买卖的时候就改名罗德。

甲　这我知道，在家叫蒋兴哥，出外叫罗德，按户口本为准。

乙　那阵儿有户口本吗！后来这王三巧啊，犯了点儿错误。

甲　犯什么错误？

乙　可能是男女关系吧。

甲　是呀！跟谁搞上了？

乙　这你先别管，反正她那个错误犯得够邪乎的了，把传家之宝珍珠汗衫都给人家了。这事让蒋兴哥知道，能轻饶她吗？

甲　这谁受得了啊！你快说，怎么办啦？

乙　离婚。

甲　哟，离啦？离了好！

乙　你嚷什么！那时候离婚手续简便，甭上法院，男方写张纸就把女的打发了。那叫一纸休书。

甲　休啦，快告诉我，王三巧哪儿去了？

乙　这里没你的事，你急什么！王三巧被休回娘门。可也不能长期在娘家待着啊，正赶上这位吴大老爷新官上任，没有家眷，经人介绍，就娶了王三巧为妻，带到了任所。

甲　当了县官夫人了。

乙　王三巧虽然伤风败俗，停婚再嫁，咱们也不知道当时是怎么研究的，结婚后在吴大老爷面前弄得挺得烟儿抽。

甲　我听说了，人家王三巧不白给，长得漂亮，老吴头儿不敢小瞧人家！

乙　好嘛，这么一会儿他又全知道了。这蒋兴哥也是个倒霉蛋儿，离婚以后又出外经商，这会儿，摊上人命了。赶巧这个案子由吴大人经手。

甲　这吴大人一听说蒋兴哥是王三巧的前夫，非枪崩他不可！

乙　没那事。咱们这折戏，正是吴大人审问完了蒋兴哥，回到后堂，王三巧听说前夫蒋兴哥摊上人命了，她不是幸灾乐祸，而是托人情为蒋兴哥开脱。说明人家王三巧的心地是善良的，不忘旧情，当初犯了点儿错误，是一时失足，十分悔恨。

甲　这可正是节骨眼儿。

乙　你听那台词："残花香犹在，失足恨难平。"

甲　（入戏）"残花香犹在，失足恨难平。"……

乙　你等一会儿！

甲　等什么？

乙　等我打家伙请你：台台台台，台台令丁台……

甲　（入戏，身段）"残花香犹在，失足恨难平。"哎哟！

乙　怎么啦？

甲　腰拧了！

乙　活该。别在那儿愣着啊，归座。

甲　还得归座。

乙　这块儿还有四句〔西江月〕。

甲　什么词儿？

乙　你不知道啊？

甲　没告诉你我日子多不唱，忘了吗！

乙　瞧这受罪劲儿。告诉你："头戴珍珠翡翠，身穿绫罗绸纱，使奴唤婢在县衙，一世富贵荣华。"记住没？

甲　来吧（入戏）"头戴珍珠翡翠，身穿绫罗绸纱，"我说，就我这身穿着，说这话可屈心哪！

乙　嘻！这不是演戏吗！

甲　"使奴唤婢在县衙，一世富贵荣华。"

乙　大大大，台！报名。

甲　"奴，×××！"（演员自己的名字）

乙　嘻！王三巧！

甲　"奴，王三姐……"

乙　嘻，哪儿来的王三姐呀？王三姐那是《武家坡》的王宝钏……

甲　"奴，王宝钏……"

乙　嘻！王宝钏呀？王三巧！

甲　"奴，王三巧。跟随老爷上任以来，倒也称心如意。每日老爷下班甚早……"

乙　下班呀！那叫退堂。

甲　"退堂甚早，今日天到这般时候，为何不见回来？丫鬟！"

乙　"有！"

甲　哟！有你这模样的丫鬟吗？整跟那大傻鞋底子似的！

乙　这不是分包赶角吗！

甲　还得将就你，好。"丫鬟！"

乙　"有！"

甲　洗脚水伺候！

乙　哪儿来的洗脚水呀？扣碗茶伺候。

甲　啊，"扣碗茶伺候！"

乙　"是。"妥了，等会儿老爷退堂，你就给我打家伙。

甲　好了。

乙　"启禀夫人，老爷退堂！"

甲　（话剧腔）"真的是他回来了吗，他在哪儿？他，在哪儿……"

乙　待着！

甲　怎么啦？老爷退堂不得迎接吗？

乙　没你这么迎接的。好嘛，演上话剧了。这块儿，丫鬟一报老爷退堂，你得说"有请"，紧接着是"行弦"，而后老爷才上场。

甲　对，是这回事。再来，再来。

乙　"启禀夫人，老爷退堂！"

甲　"有请！"（行弦）噔噔噢咯啷噔。

乙　（上场介）"居官不与民做主，枉吃爷驾俸禄。夫人哪里？"

甲　"老爷哪里？"

乙　"夫人哪里？"

甲　"老爷哪里？噢！（扑上前去握手）亲爱的，你怎么回来这么晚哪？"

乙　待着！

甲　"嗯嗯，是不是把我们忘了？"

乙　嗐！《珍珠汗衫》里有这个吗？

甲　你不是让我在老爷面前讨好吗？

乙　没听说过！行了行了，咱往下来吧。

甲　该什么啦？

乙　王三巧问吴大人："往日退堂甚早，今日为何退堂甚晚。"

甲　好噢，打这以后我就全知道了，甭你提醒了。"啊，老爷，往日退堂甚早，今日为何退堂甚晚？"

乙　"只因珠宝商人打死宋老一案，故而来迟。"

甲　"不知凶犯是哪里人氏？"

乙　"襄阳府东阳县的人氏。"

甲　"今年多大年岁？"

乙　"年方二十五岁。"

甲　"他叫何名？"

乙　"他叫罗德！"

甲　"呀！"

乙　（起弦）嘀格囕嘀噔嘀噔格噢格囕……唱啊！

甲　噢，该我唱了？唱什么呀？

乙　哎呀，你不是不用提了吗？

甲　就这句蒙住了，你给提提。

乙　告诉你："襄阳府东阳县名叫罗德……"

甲　行了，不还是那词儿吗？来吧。

乙　（弦）嘀格囕嘀……

甲　（唱）"襄阳府东阳县名叫罗德。"

乙　（有机地用嘴学弦乐伴奏）

甲　（唱）"一定是奴的前夫名叫蒋兴哥。奴不才败门风丑名难遮，善心夫口角严谨积下了大德……"

乙　你看人家蒋兴哥为人处世多好，小老伴一时糊涂出了点儿事，可是人家并没到处散布。把休妻的原因，只说是王三巧丢了珍珠衫。词儿也好："善心夫口角严谨积下了大德。"要是换个人，闹得满城风雨，那吴大人敢娶你吗！

甲　娶我呀！

乙　（弦）

甲 （接唱）"临上船送来箱笼一十六个，单夹衣皮棉纱一件也没缺。"

乙 你看看，多够意思！蒋兴哥听说王三巧又找主儿了，跟吴大人上任去了，就把王三巧所有的衣物，全给送去了。王三巧趁"贺儿"呀，满满登登装了十六个大箱子。

甲 哎呀，那东西可海①去了，光料子服就十八套，高跟鞋十二双。还有落地式收音机哪！

乙 去你的吧，那时候有这个吗！（弦）

甲 又来了！（接唱）"他怎能来到此身遭横祸，可怜他年轻人这么样的命薄。疼死个人哪，举目无亲披枷戴锁，我怎能搭救他出了网罗！"

乙 "啊，夫人，适方才本县提起罗德二字，你那里变颜变色，莫非你与罗德有什么瓜葛不成？"

甲 （接唱）"要瓜葛，却倒有瓜葛，他本是妾身我——"

乙 "什么人？"

甲 （接唱）"同胞哥哥！"

乙 "哎，夫人此言差矣！你姓王，他姓罗，莫非你二人是一母二父不成？"

甲 "我家兄长跟随我的舅父长大，故而改名罗德。啊，老爷，看在妾身面上，饶恕我兄不死才是。"

乙 "夫人说的哪里话来，你可知王子犯法，与民同罪！"

甲 哎呀嗬，一本正啊，少来这套！你那贪赃枉法的事还少啊，你说，我这件大褂哪来的！我这双皮鞋谁给的！

乙 嘻！戏里有这个吗？

甲 可气，我不干了！

乙 别，别，咱把这戏唱下来。

甲 唱不了啦。

乙 怎么啦？

甲 下边还有一大段快板唱，我这嗓子渴得冒烟，不能唱了。

乙 渴了，这好办，先喝点水儿。（喝水）开始了："王子犯法，与民同罪！"

甲 这我还得跪下（唱）："跪在流平泪珠儿撒，拉住袍袖尊声老爷。

---

① 海，多的意思。

老爷呀，老爷呀，看妾看妾多看妾，别叫我的爹爹把香烟绝。倘若是我兄有个好共歹，妾身我再也不能侍奉老爷。再不能与老爷花前赏月，再不能与老爷去逛大街。"

乙　嗯？

甲　（接唱）"再不能与老爷去听音乐。"

乙　这是哪儿的词呀！

甲　（接唱）"再不能与老爷……"

乙　干什么？

甲　（接叫卖声）——"修理皮鞋！"

乙　去你的吧！

（常宝霆　白全福演播稿，里果整理）

珍
珠
衫

群口相声

扒马褂

（甲——逗哏　乙——捧哏　丙——腻缝）

乙　这回您二位帮我说一段。

甲　对！咱们仨人说一段。

丙　不！这回我唱一段。

甲
乙　（同拦丙）你唱什么呀？净是俗套子，还唱哪？

丙　这回我唱新鲜的。

甲　你有什么新鲜的，不就是太平歌词吗？

丙　不是老调儿的，是新调儿的。

甲　成啦！新调儿的也别唱了，只顾您嗓子痛快了，你知道人家耳朵
　　受得了受不了啊！你打算把大伙儿都气跑了是怎么着？

丙　合着我一唱就把人家气跑？好！我不唱了！我走啦！让你行不行！

甲　你走也没关系，我们两人说！

丙　你也别说了，你也得跟我走！

甲　我不走！

丙　你不走？好！把马褂儿给我脱下来。（扒甲的马褂儿）

甲　嗳……你这是怎么回事啊？

乙　哎……二位！二位！有话慢慢说，怎么回事啊？（把二人分开）

丙　要马褂儿！

乙　你要他马褂儿干吗呀？

丙　干吗？这马褂儿是我的。

乙　（问甲）这马褂儿是他的吗？

甲　是啊！

乙　那就给人家吧。

甲　你干吗！帮凶！

乙　什么叫帮凶啊？穿人家的衣裳为什么不给人家哪？

甲　我不能给他。

乙　为什么哪？

甲　我怕他卖喽！

乙　嗐！他扔了你也甭管哪！

甲　你说那个不行啊！我给他，我穿什么呀？

乙　这叫什么话呀？我问你这马褂儿是不是他的，是他的给他！

甲　啊！不错！是他的，我不是从他手里借的。

乙　跟谁手里借的？

甲　跟他妈手里借的。

乙　那也是他的东西呀！

甲　虽然是他的东西，咱不白穿啊！

丙　噢！你给拿过利钱？

甲　别看没拿利钱，可比拿利钱强。（向乙说）有一天，我出门儿有点儿事，想借他的马褂儿穿穿。我就上他那儿去了。我说："大哥在家吗？"他妈打里边出来了："噢！老二呀！你大哥没在家，有什么事啊？"我说："大妈，我想借大哥马褂儿穿穿。""噢！我给你拿去。"把马褂儿拿出来了，他妈跟我说："老二呀，你得照应你大哥点儿，他这人说话总是云山雾罩，没准谱儿，又爱说大话，一来就让人家问住。在外边怄了气，回到家也找寻我们。如果他要是叫人家问住的时候，你要是在旁边，你可想着给人家解释解释，想主意往圆满了说。"这马褂儿怎么是白穿哪？这比给他拿利钱强啊！

乙　噢！是这么回事。（向丙说）人家穿你这马褂儿也不白穿啊，人家还帮你的忙哪！

丙　帮忙？我刚说唱一段，他说我打算把人家气跑了。

乙　说句笑话，您何必往心里去哪？这么办！您要愿意唱您就唱。

丙　唱什么呀？都叫他把我气晕了，说吧！

乙　嗳！说可是说，您可别云山雾罩！

丙　这叫什么话呀？就凭我这学问，怎么能云山雾罩？他刚才说我叫人家问住，那不是问住，因为我这人学问太大了，我说出话来，那些人不懂，成心要跟我抬杠。我一看那些人不懂哪，我赌气儿就不理他们啦，这样就好像我叫人家问住了，其实不是。再说，就凭我这学问，能叫人家问住吗？您说什么事情咱不知道啊。就拿昨天说吧，我说得刮风，结果半夜里就起风了。

乙　倒是有点儿风。

丙　有点儿风？风可大了，整刮了一宿啊。哎！我家里有一眼井您知道吗？

乙　不就靠南墙那个吗？

丙　是啊！您就知道那风多大了，一宿的工夫，把井给刮到墙外边去了。

乙　什么？

丙　把井给刮墙外边去了！夜里我正睡觉呢，愣叫大风给吵醒了，我听着光噔光噔的，溅了一窗户水。天亮我这么一瞧，院里井没了，开大门一瞧，井在墙外头哪！

乙　没听说过。

丙　这我能说瞎话吗？你要不信，你问他去。（指甲）

乙　（问甲）跟您打听点儿事，您说风要刮得太大了，能把井刮到墙外边去吗？

甲　像话吗？井会刮到墙外边去了？

丙　（扒甲的马褂儿）你把马褂儿脱下来吧！

甲　嗳！你不是不要了吗？

丙　不要啊？我家里那眼井刮到墙外边去了，你怎么说不知道哪？（要扒甲马褂儿）

甲　噢（向乙说）他家里那眼井啊？

乙　是啊？

甲　不错，是刮出去了。

乙　是刮出去了？那就问你吧，怎么刮出去的？

甲　你听着呀，不是他家里那眼井吗？井，你懂吗？就是里头有水！

乙　废话！井里怎么会没水呀，我问你怎么刮出去的？

甲　怎么刮出去的？你听着呀！他不是……他这个……啊！他那个井啊！横是水浅了，压不住了，刮出去了！

乙　不像话！就算是干井也刮不出去呀？

甲　你说刮不出去，眼睁睁地刮出去了！

乙　怎么刮出去的哪？

甲　你听着呀！你不是问他家那井怎么刮墙外边去了吗？因为他家那墙太矮了！

乙　多矮也刮不出去呀？

甲　他家那墙不是砖墙。

乙　土墙也刮不出去呀？

甲　是篱笆墙，篱笆你懂吗？

乙　篱笆我怎么不懂啊！

甲　懂？啊！懂就完了！

乙　什么就完了？我问你这井怎么会刮到墙外边去了？

甲　还没明白哪？

乙　你说什么啦？

甲　你不是问这井吗？噢！是这么回事，因为他家那篱笆墙年头儿太多了，风吹日晒的，底下糟了，离着这井也就二尺来远。那天忽然来了一阵大风，篱笆底下折了，把墙鼓进一块来，他早起来这么一瞧，困眼蒙眬的："哟！怎么把我这井给刮到墙外边去了？"就这样给刮出去的。

乙　噢！这么回事？

甲　唉！你明白了吧？（点手叫丙）过来吧！你这是怎么说话哪？

丙　我说话不是爱抄近儿吗？

甲　你抄近儿？我可绕了远儿啦！你瞧出这脑袋汗。

丙　（指乙）这人也死心眼。

甲　也没有你那么说的呀！这马褂儿怎么样？

丙　你再穿半拉月。

乙　（自言自语）嗬！这马褂儿可真有好处，明儿我也得多做俩马褂儿。

甲　（向丙说）你说话可留点儿神吧。

丙　我知道啊！（向乙说）这不是说瞎话吧？墙进来了，井可不就出去了。

乙　没有像你这样说话的。

丙　修理修理这墙，花了好几十！这档子事刚完，跟着又一档子事！

乙　什么事哪？

丙　上月我买个菊花青的骡子，您大概听说了？四百多块！您说这不是该着倒霉吗，那天掉茶碗里给烫死了！

乙　是云山雾罩！那么大个骡子会掉茶碗里烫死啦？骡子多大，茶碗多大呀？

丙 大茶碗！

乙 大茶碗还有房子那么大的茶碗？没这个事！

丙 这我能说瞎话吗，有人知道啊！

乙 谁呀？

丙 他！（指甲）

乙 （问甲）哎！问你一档子事，菊花青的骡子，掉茶碗里烫死了，你说有这事吗？

甲 你还没睡醒哪？骡子会掉茶碗里……

丙 （扒甲的马褂儿）把马褂儿脱下来吧！

甲 嗳！……怎么回事？你不是说再穿半拉月吗？

丙 半拉月，半年都没关系，我那骡子掉茶碗里给烫死了，你为什么装不知道哪？

甲 噢！他那骡子掉茶碗里给烫死了，不错！有这么回事。

乙 这马褂儿劲头儿真足啊！有这么回事！好！那干脆问你吧，这骡子怎么会掉茶碗里烫死了？

甲 这我知道啊，我看见啦！

乙 怎么烫死的哪？

甲 是这么回事，你不是问他这骡子怎么掉茶碗里烫死的吗？告诉你！因为他那骡子讨厌，他也没留神，所以掉茶碗里烫死了！

乙 不像话！那茶碗多大？那骡子多大？那能烫得死吗？

甲 嗐！你这人真糊涂，它不是净烫啊，它是连淹带烫，这么死的。

乙 更不像话啦！那茶碗连个蹄子也下不去呀？

甲 这不是巧劲儿吗？

乙 没听说过！越说越不像话啦！

甲 你认为这不像话，那可就没办法啦！总归一句话，也是这骡子命该如此！

乙 什么叫命该如此呀？他那骡子掉茶碗里烫死了，你不是眼见了吗？我问你茶碗里怎么会烫死骡子？

甲 嗐！什么骡子呀！你听错了，他说的是螺蛳，那要掉茶碗里还不淹死啊？

乙 （问丙）噢！您说的是螺蛳？

丙 不是！是骑的那骡子哟！

甲　骑的那骡子掉茶碗里烫死了？

丙　啊！

甲　（自言自语）骑的那骡子？噢！我想起来了，什么茶碗呀，大概是唐山那边有个地方叫茶碗。

丙　不对！是喝水的那茶碗。

甲　嗬！真要命！喝水的那茶碗烫死骡子？

乙　怎么烫死的哪？

甲　他是这么回事，噢，我想起来了！对啦！这就对啦！

乙　什么对啦？怎么烫死的哪？

甲　您知道有个冯四爷吗？

乙　哪个冯四爷？

甲　草垛胡同冯家。

乙　我问你怎么烫死的骡子，你跟我说冯四爷干吗呀？

甲　你别忙呀！他这骡子与冯四爷有关系。那天，冯四爷办生日，（指丙）他去了，骑着他那新买的骡子。冯四爷说："噢！你来了，给车钱了吗？"他说："我骑着骡子来的。"冯四爷说："对啦！我听说你新买一个骡子挺好？"他说："脚程还挺快。"冯四爷说："我瞧瞧！"出来一瞧："嗬！这骡子好啊！"冯四爷这么一夸好，他这人也挺外场："好啊，四爷！您知道我干吗来了？就为给你送骡子来了，这算送给您啦。"冯四爷说："那可不成！君子不夺人之美，我不要。"他当时直起誓，冯四爷说："好！……那就这样办啦，我书房里的东西，你随便拿一样儿吧，你要不拿我可不要。"他这人也挺直爽："好！我拿一样儿。"到书房一瞧，桌上摆着一个蝈蝈儿葫芦，真是"沙河刘"本长儿，带金丝胆，里边这个大蝈蝈儿碧绿。"我就要您这个啦！"四爷说："你带起来吧。"他就揣起来了。吃完饭回家，走在半道上他渴啦，一瞧有一个茶馆儿，到里头沏了一壶茶，他倒上一碗，茶馆里什么人都有，也有养鸟的，也有养蝈蝈儿的，有一个人拿着一个蝈蝈儿："二哥您瞧我蝈蝈儿，新买的，两块呀！您瞧瞧。"他在旁边瞧着直生气！心说："你那个干吗呀！瞧我这个。"把葫芦掏出来，一打盖儿，把里边的胆给带出来了，这蝈蝈儿在里头闷了半天啦，这一见亮，往外一蹦，正蹦到茶碗里。刚倒上的热茶，那还不烫死吗？就这样掉茶碗里给烫死啦！

乙　他说烫死的骡子！

甲　嗬！你这人可真糊涂，他拿骡子换的蝈蝈儿，烫死蝈蝈儿不就跟烫死骡子一样吗？

丙　唉！是这么回事，你明白了吧？

甲　（问丙）你这是怎么说的话哪？这叫我怎么说？

丙　行！你真有两下子！

甲　这马褂儿怎么样啊？

丙　再穿一个月！

甲　你说话留点儿神吧，别云山雾罩啦。

丙　好……（向甲说）您听明白了吧，我这人从来就没说过瞎话！就这骡子四百多块，刚买来就烫死啦！您说这不是倒霉吗？好在我也不在乎这个，咱们拿钱不当钱啊！

乙　当命！

丙　当命？你是没跟我一块儿走过，你是不知道，我前几天请客就花了一百多。

乙　你请谁呀？

丙　冯三爷、王四爷、李五爷、张六爷。

乙　这些位我都不认识呀。

丙　当然你不认识呀，你跟这些位交不到一块儿呀。我跟这些位是莫逆，常在一块儿吃吃喝喝，就前几天我们吃这顿饭，一百多，我给了。

乙　哪儿吃的？

丙　前门外，"都一处"。

乙　就是鲜鱼口把口路东那小饭馆呀？

丙　啊！

乙　吃一百多？

丙　花个百八十的倒没什么，那天怄了一肚子气。

乙　为什么哪？

丙　嗐！别提了！那天我们在楼上吃，正挨着窗户。我们坐下一瞧，楼窗关着哪，我让跑堂的把窗户打开，跑堂的不打，说："怕进苍蝇！"说完了他就出去拿菜盘啦。赌气儿我把窗户打开了，大伙儿坐下想菜，正想着，就在这工夫，就听楼底下，扑棱扑棱！扑棱扑棱！顺着楼窗飞进一只烤鸭子来。啪！正落到桌上，我赶紧就按住啦，一瞧，好，没脑袋！大伙儿就说："嗐！这是飞来凤呀，吃吧！"一吃，还挺热和。

乙　嗳……您先等会儿吃吧，烤鸭子会飞，我头一回听说，这像话吗？

丙　怎么不像话呀？要不信你问他去呀。（指甲）

乙　他知道？（指甲）

丙　当然啦！

乙　（问甲）哎！我问你，有几个人在楼上吃饭，顺楼窗飞进一只烤鸭子来，你说这是怎么回事情哪？

甲　你这都是哪儿的事啊？烤鸭子？活鸭子也不会飞呀？

丙　（扒甲的马褂儿）脱下来！脱下来！

甲　嗳！……怎么回事！不是说再穿一个月吗？

丙　再穿一年也没关系。那天，咱们跟冯三爷一块儿吃饭，顺着楼窗飞上一只烤鸭子来，你忘了？

甲　噢！你说咱们那天吃饭飞上一只烤鸭子来？不错！有这么回事。

乙　又有这么回事啦！那我问你吧，这烤鸭子怎么飞上来的哪？

甲　是这么回事，那天我们在……啊……（问丙）哪儿吃的？

丙　前门大街，"都一处"啊！

甲　唉！对啦！啊……你知道吗？"都一处"是在前门大街，一拐弯可就是鲜鱼口，口里不是有个卖烤鸭子的便宜坊吗？因为他那儿卖烤鸭子，是从他那儿飞出来的。

乙　没听说过！卖烤鸭子的就满处飞烤鸭子？卖烧饼哪，就满处飞烧饼？

甲　那您说这话不对，烧饼没翅膀，鸭子有翅膀呀！

乙　废话！烤鸭子也有翅膀？再说这鸭子没脑袋呀，没脑袋的鸭子能飞吗？

甲　您说它不能飞，现在它就飞上去啦！

乙　这更不像话啦！

甲　你一听就像话啦，这是个巧劲儿。

乙　巧劲儿？我问你怎么飞上去的哪？

甲　你听着呀！烤鸭子，这个……烤鸭子你看见过没有？

乙　废话！烤鸭子谁没看见过呀？

甲　烤的时候你看见过吗？

乙　不知道！我问你怎么飞上去的？

甲 告诉你，烤鸭子是这么一个炉，就跟小房子似的，上头是铁条，底下是火，这鸭子有拿钩儿挂着脖子烤的，底下一烧，把这鸭子烤得直流油啊，这鸭子烤得就这样啦，憋得出不来气儿了，这鸭子："哎哟！哎哟！……这可太热喽！实在受不了啦！"鸭子这么一想：我呀，飞了飞了吧！这不是就飞了吗？这您明白了吧？

乙 我呀？更糊涂啦！宰的鸭子，又燂了毛，已然是死的了，让你这么一说，烤着半截儿这鸭子又活了？哎呀！这马褂儿给人家在意点儿穿吧！（给甲掸马褂儿）

甲 你这人怎么这么死心眼儿啊？烤鸭子不是还是鸭子吗？

乙 就是鸭子，我问你，甭管死活，它没有翅膀，能飞不能飞？

甲 噢！是这么回事！那天我们坐到楼上还没要菜哪，楼底下就出了事啦。

乙 出什么事啦？

甲 施家胡同孙五爷家里在便宜坊叫了一只烤鸭子。烤熟了，小徒弟给送走，要是两只鸭子好办，用扁担挑着，这是一只鸭子就得拿小扁担窝着，小徒弟出了鲜鱼口往南一拐，没留神，这扁担又杵在人家腮帮子上啦："哎！你往哪杵啊？""没看见，对不起！""没看见，你长眼是干吗的？"小徒弟也不会说话："啊！碰一下也不要紧啊！""什么叫不要紧啊？"袖子一卷，拳头一晃，朝小徒弟脑袋上打来。小徒弟急了，抢起扁担就打，他忘了，后边还挂着一只鸭子哪，他这么一抢扁担，鸭子脑袋掉了，把鸭子给抢出去了。我们这儿坐的那地方正是临街的窗户，顺着楼窗正把这只鸭子抢进来。啪！正掉在我们这张桌子上，还热着哪。大家就说："哎！烤鸭子会飞上来了！"你明白了吧？

乙 那怎么叫飞上来的哪？那是抢上来的呀！

丙 唉！对……就是这么回事！

甲 （拉丙）嗳……你这是怎么说话哪？烤鸭子会飞吗？越说越不像话了！

丙 你真成！

甲 这马褂怎么样啊？

丙 再穿仨月，没关系！

甲 那你说话也得留点儿神，干脆咱们走吧？

丙　这就走，再说两句。（向乙说）吃完饭，就回来啦，天热呀，夜里睡不着，就听外边嘟嘟嘟儿！

乙　有蛐蛐儿叫？

丙　哎！你知道我爱玩儿蛐蛐儿呀，我赶紧起来，拿着扦子、罩子①，到院里这么一听啊，嘟嘟嘟儿。

乙　在院里哪？

丙　没有，在门口儿哪！

乙　啊！

丙　开开门到门口儿这么一听，这蛐蛐儿嘟嘟嘟儿跑啦！

乙　跑哪儿去了？

丙　跑车站去了。追到车站，再一听，这蛐蛐儿嘟儿嘟儿到杨村了！我们两口子又追，追到杨村，一听，这蛐蛐儿嘟儿嘟儿到天津了！追到天津，一听，这蛐蛐儿嘟儿嘟儿到唐山了！追到唐山小山儿那儿，就听嘟儿嘟儿在那儿叫哪。我们两口子借来镐头就刨啊，刨呀！刨呀！一直刨到山海关，才把蛐蛐儿挖出来。这蛐蛐儿往外一蹦，我一瞧啊，嗬！这个儿太大了！这脑袋，比这屋子小不了多少！连须带尾够十四列火车那么长！（甲解马褂儿纽扣，一边解一边听）这两根须，就跟两根电线杆子似的！俩眼睛，就跟两个探照灯似的！

乙　结果怎么样哪？

丙　怎么样啊！逮着了！弄线拴回来了。（甲脱马褂儿搭在丙的肩膀上，丙不知道还说）明儿您到我们家瞧瞧去，叫唤的可好听了：嘟儿嘟儿。

乙　行啦！行啦！你说的这都不像人话了！哪儿有这事啊？

丙　不信问他呀？他知道。

乙　好，好，（向甲）还得问你。

甲　是不是有个蛐蛐儿，脑袋比这屋子小不了多少，连须带尾够十四列火车那么长，两根须跟俩电线杆子似的，俩眼睛跟探照灯似的。

乙　是啊。有这么回事呀？

甲　没有的事，胡说八道！

丙　（向甲）嗳！我说的。

---

① 扦子、罩子，都是捉蟋蟀的工具。

甲　你说的也不知道！

丙　怎么哪？

甲　马褂儿给你啦！

（刘宝瑞　侯宝林　孙玉奎整理）

扒
马
褂

穷富论

乙 咱们"既落江湖内，都是命薄人"，俗话说就是苦人。

丙 你说这话我不爱听，现实我境遇不好，你这明摆着是说我呀。

甲 得啦呗！你们两个人是成心说我呢，我的环境最坏。

乙 这不是谁损谁，这是实话。这么办，咱们今天说说，以苦中作乐，让诸位做咱们的考试官，评论评论，咱每人说四句，不论字多少，谁要是说得苦，咱们赌个小意思，每人拿出五毛钱来，给这个苦的。我领头我先说："我一间屋子四壁空，窗户没纸净透风。早晚得吃两顿饭，成天犹如撞木钟。"我苦不苦？你们每人给我五毛钱。

丙 别忙！我还没说哪，我说出来咱们比较看谁苦。你住一间房哪，比较我呀你还家道小康哪，我呀："半间房屋露着天，炕上没席露着砖，睡觉枕着土坯睡，身上盖着破草帘。"我比你苦吧？得！你们两个每人给我五毛钱。

甲 慢来！咱们几个人说话呀！

乙 仨人呀！

甲 我要是说我苦，你们给我钱不给呀？

乙 给呀。

甲 我苦，拿钱来吧。

乙 干苦命啊？那不成！你得说说你怎么苦？

甲 你们听着。他住一间屋子，你住半间屋子，我净住房檐儿没什么盖的。我："一饿七八天，头晕眼又蓝，几乎剩口气，就等五毛钱。"

乙 你拿着五毛钱找哇？不算！咱们重说。听我的："天地当房屋，星斗是灯烛，枕着耳朵睡，盖着肋巴骨。"我任啥没有啦，我苦！

丙 "你穷没我穷，穷得骨头疼，有心要上吊，没钱买麻绳。"

甲 听我的："给你主意得，出城去跳河，你死我不管，我生就念佛。"

乙 咱们还得说："我穷真命苦，没饭心内堵，要吃没钱买，我地下啃黄土。"我这苦吧？

丙 我："饥饿甚难当，饿得心内慌，摔到流平地，盖上吉祥筐。"我倒卧啦！

甲 "我肚早就饿，日子实难过，想吃没钱买，只好扒倒卧。"

丙 我还有口气儿哪！

乙 咱们不是苦吗？咱们改啦！咱们说阔，也赌五毛钱。我先说："提起阔来我真阔，热车热马常去坐，听戏吃饭打麻雀，我整天净讲吃喝乐。"

丙 "提起我是大财主，拿着金银当粪土，花钱从来不发怵，每天要花五万五千五百五十五。"

甲 "财主就数我一人，我家里翡翠窗户碧玺门，元宝砌墙现洋填馅，我洗脸都使聚宝盆。"

乙 咱们还得说："要说财主我不是狂，珠宝古玩有几楼房，茅房马桶是祖母绿，就是冬天一坐有点儿凉。"

丙 "提起我有钱真透玄，石崇豪富不如咱，吃点心要花几十万，那沈万三阔不阔？比我都差块数来钱。"

甲 "我家倒有金银拱①，黄白钻石有几百桶，没事拿它解闷玩，大把抓着往外扔。"

乙 你是败家子呀？我家有好内助，她好……

甲 怎么好？

乙 "我妻好，我妻好，孝顺公婆敬哥嫂。"

丙 我妻也不错呀："我妻好，我妻好，三从四德都知晓。"

甲 "我妻好，我妻好，不是跟我离婚就是要跑。"

乙 那好什么呀？我妻呀净发愁，我说说："我妻愁，我妻愁，愁的我家住五凤楼。"

丙 "我妻愁，我妻愁，愁的净吃窝窝头。"

甲 "我妻愁，我妻愁，愁的净吃卫生球。"

乙 那多干哪！

---

① 拱，指矿洞。

甲　干哪，要说干来喝煤油。

乙　我的妻子长得美貌。

丙　我妻也俊哪。

甲　我妻也很漂亮呀。

乙　"我妻美，我妻美，恰似荷花初放蕊。"

丙　"我妻美，我妻美，亚赛昭君出塞北。"

甲　"我妻美，我妻美——"

乙　怎么美？

甲　"我妻美，我妻美，又没胳膊又没腿。"

乙
丙　（合）鼓槌儿呀！

（陈涌泉述）

跑腿子

甲　（指丙）那人是干吗的？

乙　跟我们在一块儿说相声，有名啊。

甲　就这模样儿他还有名哪？他都会什么？

乙　说、学、逗、唱啊。

甲　越瞧他越别扭，他会唱什么呀？

乙　（向丙说）哎！我直捧你，人家可瞧不起你，他问你这模样儿会
　　唱什么？

丙　什么叫模样儿啊？我会唱的可多啦，梆子腔，二黄调，八角鼓儿，
　　莲花落。

乙　（向甲说）我们这伙计会唱的可多啦，梆子腔，二黄调，八角鼓
　　儿，莲花落。

甲　听这份儿贫劲儿！还会唱八角鼓儿？我唱一段儿他就叫不上名儿来。

乙　（向丙说）哎！人家说，人家要唱一段儿，你就叫不上名儿来。

丙　让他唱吧？

乙　让你唱哪。

甲　（唱岔曲）"老鼠撂跤，龙虎搅绕；猴儿骑羊；猪八戒耍挠；犀牛
　　望月，海马停潮；癫狗生毛将鸡咬；蛇钻窟窿蛇知道，兔儿爷广寒
　　宫内把碓捣。"问他懂吗？

乙　（问丙）人家问你这段儿懂吗？

丙　这是什么乱七八糟的？

乙　（向甲说）这是什么乱七八糟的？

甲　就说他不懂得啦。我这几句唱，里头包括十二属相，每一个暗隐
　　四条腿。

乙 （向丙说）人家这段儿里头是十二属相，每个暗隐四条腿。

丙 是吗？暗隐四条腿？去问他，有腿多腿少的没有？

乙 （问甲）四条腿？有腿多腿少的没有？

甲 没有！不多不少就四条腿，多了少了那就叫废腿。

乙 （向丙）不多不少就是四条腿。

丙 那先问他十二属相，子鼠有吗？

乙 （问甲）子鼠有吗？

甲 "老鼠撂跤"。

乙 （向丙说）"老鼠撂跤"。

丙 问他丑牛哪！

乙 （问甲）丑牛哪？

甲 "犀牛望月"。

乙 （向丙说）"犀牛望月"。

丙 那寅虎哪？

乙 （问甲）寅虎哪？

甲 "龙虎搅绕"啊。

乙 （向丙说）"龙虎搅绕"。

丙 问他，卯兔哪？

乙 （问甲）卯兔哪？

甲 "兔儿爷广寒宫内把碓捣"嘛。

乙 是啊！（向丙说）"兔儿爷广寒宫内把碓捣"嘛。

丙 辰龙哪？

乙 （问甲）辰龙哪？

甲 "龙虎搅绕"。

乙 （向丙说）"龙虎搅绕"。

丙 这回废腿啦，龙是五爪啊？

乙 （问甲）哎！废腿啦！龙是五爪啊？

甲 五爪啊。爪就跟手指头似的，你不能长四个手指头呀？爪是五个，腿还是四条。

乙 （向丙说）爪是五个，腿还是四条。

丙 巳蛇哪？

乙 （问甲）巳蛇哪？

甲 "蛇钻窟窿蛇知道"啊。

乙　（向丙说）"蛇钻窟窿蛇知道"。

丙　午马哪？

乙　（问甲）午马哪？

甲　"海马停潮"。

乙　（向丙说）"海马停潮"。

丙　未羊哪？

乙　（问甲）未羊哪？

甲　没听明白？"猴儿骑羊"。

乙　（向丙说）"猴儿骑羊"。

丙　对！（愣神儿）午马、未羊、申猴哪？

乙　（问甲）申猴，那猴儿呢？

甲　嗬！问猴儿啊？在羊身上骑着哪！

乙　对呀！（向丙说）"猴儿骑羊"啊。

丙　酉鸡？

乙　（问甲）酉鸡哪？

甲　"癞狗生毛将鸡咬"。

乙　（向丙说）"癞狗生毛将鸡咬"。

丙　申猴，酉鸡，戌狗哪？

乙　（问甲）戌狗那狗哪？

甲　嗬！咬鸡去啦！

乙　（向丙说）我说你一点儿也没记住？"癞狗生毛将鸡咬"。

丙　好……问他亥猪？

乙　（问甲）亥猪哪？

甲　"猪八戒耍挠"啊。

乙　（向丙说）"猪八戒耍挠"啊。

丙　就这个呀？我唱一个他也不懂。

乙　（向甲说）我们这伙计他唱一个你也不懂。

甲　让他唱。

乙　（向丙说）你唱吧！

丙　（唱岔曲）"两狼山路崎岖，上面有二郎神祠，里面供双阳公主女花枝，头上戴骚鼠卧兔把眉齐，身穿着一件鹿皮吊面儿羊皮袄，袖口是灰鼠金镶玉，足下蹬抓地虎的靴子配牛皮。"问他懂吗？

乙　（问甲）这你懂吗？

甲　这是什么乱七八糟的？（向丙说）这是什么乱七八糟的？

丙　就说他不懂得啦，那是四条腿，我这是八条腿比他多一倍。

乙　对！（向甲说）我们这个是八条腿，比您多一倍。

甲　那不多不少吗？

乙　（问丙）那不多不少吗？

丙　腿多腿少都叫废腿。

乙　（向甲说）人家说啦，不多不少八条腿，腿多腿少都叫废腿。

甲　那他这头一句就废腿了，"两狼山路崎岖"，狼是四条腿，他怎么说是八条腿哪？废腿了。

乙　（向丙说）你这废腿了，"两狼山路崎岖"，狼是四条腿，你怎么说是八条腿哪？

丙　一只狼几条腿？

乙　四条腿。

丙　两只狼哪？

乙　八条腿啊。

丙　两狼山它不是两只狼吗？

乙　对呀！（向甲说）一只狼四条腿，两只狼八条腿，人家唱的是两狼山啊。

甲　那"上面有二郎神祠"，这不是两只狼啊？废腿了。

乙　（问丙）你这"上面有二郎神祠"，这不是两只狼啊？废腿了。

丙　是啊！二郎神祠，（伸出一个手指问乙）这是几？

乙　这是一啊。

丙　（又伸出一个手指问乙）这是几？

乙　这是二啊。

丙　二不就是两吗？二郎神祠，这还不是两只狼吗？

乙　嘿！（向甲说）二郎神祠，二还是两啊。

甲　啊！那"里面供着双阳公主女花枝"，羊是四条腿啊？这他废腿了，问他去。

乙　（问丙）"双阳公主女花枝"，羊是四条腿，你怎么说是八条腿呀？

丙　是啊！一只羊是四条腿啊，一双羊哪，不是八条腿吗？

乙　嘿！跟这两只狼一样。（向甲说）人说是一双，双羊就是两只。

甲　"头上戴骚鼠卧兔把眉齐"，鼠是四条腿啊？这回废腿了。

乙　对呀！（问丙）你这回废腿了，"骚鼠卧兔把眉齐"，鼠是四条腿呀？

丙　那不是还卧着一个兔哪吗？

乙　对呀！（向甲说）人家那儿还卧着一个兔哪！

甲　那他唱"身穿一件鹿皮吊面儿羊皮袄"，这羊是四条腿啊！

乙　啊（问丙）你这"身穿一件鹿皮吊面儿羊皮袄"，这羊是四条腿啊？

丙　是啊！鹿皮吊面儿，鹿不是有四条腿吗？

乙　（向甲说）鹿皮吊面儿羊皮袄，鹿跟羊还是八条腿。

甲　"袖口是灰鼠银鼠金镶玉"，鼠是四条腿啊，这他也没唱一双两只的，废腿了。

乙　（问丙）你这废腿了，"灰鼠银鼠金镶玉"，鼠还是四条腿啊？这也没有一双两只的？

丙　一个灰鼠，一个银鼠。

乙　还是俩呀！（向甲说）一个灰鼠，一个银鼠。

甲　"抓地虎的靴子配牛皮"，牛是四条腿呀？

乙　对呀！（问丙）"配牛皮"，牛是四条腿呀？

丙　那样子是抓地虎，虎？

乙　噢！（向甲说）样子是抓地虎，虎！

甲　这是什么呀？我要说一个比他腿还多哪。

乙　（向丙说）他说，说一个比你腿还多。

丙　让他说。

乙　（向甲）你说吧！

甲　"杨四郎"。

乙　（向丙说）杨四郎。

丙　多少条腿？

乙　没问哪！（问甲）多少条腿？

甲　二十条腿。

乙　（向丙说）二十条腿。

丙　问他废腿没有？

乙　（问甲）问你废腿没有？

甲　没有废腿。

乙　（向丙说）没有废腿。

丙　"杨四郎"，四只狼是十六条腿呀？他说二十条腿，废腿了（拍乙肩膀）。

乙　对呀！（问甲）"杨四郎"，四只狼是十六条腿呀？

甲　"杨四郎"那只羊哪？

乙　好嘛！（向丙说）"杨四郎"还有一只羊哪！

丙　那我说一个比他腿还多："十一郎下山大战青面虎。"

乙　（向甲说）他说一个比你的腿还多："十一郎下山大战青面虎。"

甲　多少条腿哪？

乙　又忘了问了。（问丙）多少条腿？

丙　四十八条腿。

乙　（向甲说）四十八条腿。

甲　废腿没废腿？

乙　（问丙）废腿没废腿？

甲　没废腿。

乙　（向甲说）没废腿。

甲　那不对啦！"十一郎"，十一只狼是四十四条腿，他怎么说是四十八条哪？废腿了。

乙　（问丙）你这"十一郎"，十一只狼是四十四条腿呀？

丙　啊！"大战青面虎"，那——

乙
　　　虎！
丙

乙　（向甲说）"大战青面虎"，那虎！

甲　那我说一个比他还多："千阳公主"。

乙　（跑在中间儿，又想起问多少条腿）多少腿一块儿问吧。多少条腿？

甲　四千零四条腿。

乙　（向丙说）四千零四条腿。

丙　什么呀？

乙　嗳！"千阳公主"，四千零四条腿。

丙　那不对呀！"千阳公主"，一千只羊四千条腿，短着四条腿呀？废腿了。

乙　（问甲）"千阳公主"，一千只羊是四千条腿，短四条腿呀！

甲　是"千羊公猪"！一千只羊，还有一个公猪哪！

乙　噢！公猪啊！（向丙说）一千只羊还有一个公猪哪。

丙　嗬！那我说一个比他腿还多，"万阳宰相"。

乙　噢！"万阳宰相"。（刚一转身，又回来问）多少条腿？

丙　四万零四条腿。

乙　（向甲说）四万零四条腿。

甲　什么呀？

乙　"万阳宰相"，四万零四条腿。

甲　不行！"万阳宰相"，一万只羊四万条腿，他怎么四万零四条腿哪？少四条腿，废腿了。

乙　对！（问丙）一万只羊四万条腿，短四条腿哪？

丙　"万羊宰象"，还宰了一个象哪！

乙　（向甲说）还宰了一个象哪！

甲　那我说一个比他腿还多。

乙　什么？

甲　"蜈蚣道人"。

乙　多少条……（乙明白了，用手揪甲）你这边儿来吧。（乙将甲揪在台的当中间儿，又去揪丙，甲又回到原处，乙又揪甲，丙又回到原处，乙再揪着甲不放，又揪着丙）这儿一块儿说吧。（甲、丙二人见面哈哈大笑，将此事抛开不谈，说些个家长里短）

甲　您好啊？老没见您啊？

丙　对啦！我这几天没出门儿。

甲　我也没出门，怕费腿。

丙　我也怕费腿。

乙　噢！费我一个人的腿呀！

（刘宝瑞述）

八猫图

乙　这回我说一段相声……

甲　（唱岔曲）"春至河开，绿柳时来……"

乙　这位也不知道是什么毛病！

丙　（用嘴弹过板儿）

乙　嗬，还带着弦儿来的。

甲　（接唱）"梨花放蕊，桃杏花开，遍地芽土内埋……"

丙　（用嘴弹过板儿）

乙　（拦）二位，二位，怎么意思？一个唱一个弹，我还说不说啦？

甲　你说你的，我们唱我们的呀。

乙　那多乱哪！我这场是相声，您二位一唱，我就没法儿说啦。

丙　你看台下坐着这么些位观众，有爱听说的，有爱听唱的，爱听说的就听你说，爱听唱的就听我们唱，咱们是井水不犯河水。

乙　不成您哪！那也得等我说完了你们再唱。

甲　好吧，你先说，我们在这儿先等一会儿。

乙　这回我说一段单口相声……

甲
丙　（同时用手比画意思是对乙不满）

乙　（发觉了）我说你们二位在这儿演无声电影儿哪，指手画脚地干吗哪？

甲　这回我们两人没唱呀？

乙　是啊，你们比唱还厉害！你们要想在这儿待着就老实点儿，要不然你们就活动活动。

丙　合着跟你这儿待会儿还得受限制！

乙　你们不会走吗？

甲　得，这回我们不动行了吧。（一动也不动）

乙　我今天说一段×××，这段就说明了……（发觉甲、丙）这倒好，这二位也不知道是哪儿的问题，上这儿反省来啦。

丙　你说你的，就别管我们啦！

乙　我也得说得了哇，你们俩人二鬼把门一边儿一个，这瞧着多别扭哇。

甲　干脆你也甭一个人说了，今天我们俩帮你说一段儿得啦。

乙　我可不怕你们二位过意，你们把相声看得太简单啦。

丙　本来吗，你这相声有什么呀？

乙　有什么？深沉大了，起码你得精通说、学、逗、唱四门技术才成哪。

甲　那我得跟您打听打听，您这"说"有什么深沉哪？

乙　说点儿什么得生动有趣味，有头有尾，也甭管说多长的时间。得叫观众听着不烦。

丙　"学"是怎么回事儿？

乙　"学"也是一套技巧，学什么就得像什么。俗语说得好，装男像男，装女像女，男女不像，不如不装。

甲　"逗"哪？

乙　逗出一句哏来要俗不伤雅，即使不能使观众哄堂大笑，起码也得位位龇嘴儿。

丙　"唱"哪？

乙　那更难啦，不论是南昆、北弋、东柳、西梆或西皮二黄、坠子、快板、大鼓、单弦、快书、岔曲儿，你得样样精通才行。

甲　那好啊，您别看我们说上不行，唱上我们行，这回我们两人帮您唱一回得啦！

乙　你们帮我唱什么呀？

甲　我们对于岔曲儿很感兴趣，咱们就唱回岔曲儿得啦。

乙　唱岔曲你们二位行吗？

甲　行吗？要讲究研究岔曲儿，也不论是现实的、传统的、写情的、写景的、创作的、改编的，我可不是跟您吹，我会个百八十段儿的。

丙　我也会个几十段儿。

乙　你们二位也甭吹，岔曲儿会个百八十段儿的不算新鲜，唱可是唱，咱们可找那新鲜的唱，俗的可就别唱啦。

甲　嘻！你放心，有的是。

丙　咱们比着唱，看谁会得多。

甲　咱们谁先唱？

乙　让你们先唱，我要先唱，回头你们接不上来，归我欺负你们。

丙　你先别卖撒邪。（冲甲）咱们两人谁先唱？

甲　我先唱。（唱）"卸职入深山，隐云峰受享清闲……"

乙　（接）"闷来时抚琴饮酒山崖以前……"《风雨归舟》对不对，就您这玩意儿都臭街啦。

丙　噢，《风雨归舟》臭了街啦，没关系，这回我唱一个新的你接不上啦。

乙　甭说大话，有能耐你唱！

丙　（唱）"有这么一个人儿，实在邪门儿……"

乙　（接）"背旮旯儿低头不语儿，牙咬嘴唇儿，两眼发直正出神儿。"这段叫《思想问题儿》对不对？就您这玩意儿，连我们那儿的三岁的小孩儿都会唱。

甲　你接上来就得啦，干吗说便宜话呀？

甲　（对乙）你也甭放份儿，那俩不是俗了吗，这回我唱一个自己编的，你要再接得上来，从今以后我永远不说会唱岔曲儿！

乙　好，你唱吧，

甲　（唱）"树叶儿……"

乙　（拦甲）您甭唱啦，就是以树叶儿为题的岔曲儿呀，这都是光绪二十六年以前的岔曲儿啦，您还唱什么劲儿呀！

甲　你先等等吧，你怎么见得我要唱以树叶儿为题的岔曲儿哪？

乙　你刚才唱出树叶儿来啦。

甲　即使我唱出"树叶儿"来，唱树叶儿的岔曲儿也多啦，有树叶儿青、树叶儿高、树叶儿长，你准知道我唱的哪个呀？

丙　对呀！

乙　我跟您这么说吧，凡以树叶儿为题的岔曲儿我全会。

甲　噢，你全会，没告诉你我这是自己编的吗？你怎么能会哪？

乙　多咱哪！（向甲）你继续往下唱。

甲　这不结了吗！你听着，（唱）"树叶儿焦，树叶儿飘摇……"

丙　（用嘴弹过板儿）

甲　（接唱）"猪肉铺的耗子找煤铺的耗子去撂跤，招得那切面铺的耗子把热闹来瞧。猪肉铺的耗子使了个得合乐，煤铺的耗子使个大掼腰，招得那切面铺的耗子哈（卧牛）哈哈笑，大耗子追着小耗子跑，吓得那胆小的耗子往窝里挠（nāo）。"

丙　（用嘴弹曲尾）

乙　（大怒）行了，行，别弹了，你也别唱了！

甲　怎么啦？

乙　怎么啦！你是唱啊，你是拿我开玩笑啊？再一说你开玩笑得有地方，在私底下，你怎么闹也没关系，你在舞台上这不是成心要笑我吗！干脆你们二位这儿唱。我走行不行！

丙　你别走哇。

乙　我还不走哪，你也不听听他唱的是什么。

丙　他唱什么啦？

乙　啊……他唱的是……耗子。

丙　他唱耗子与你有什么关系呀？

乙　我不爱听。

丙　这都是没影儿的事。（问甲）嗨，我说，怎么回事儿呀？

甲　是这么回事儿，他（指乙）素日把白衣服都穿成灰色啦，总不爱洗，偏偏又爱喝酒，俩眼睛老喝得通红，有点儿胡子不多挓挲着，因为这个，大伙儿给他起了一个外号儿。

丙　叫什么呀？

甲　叫……叫耗子。

丙　（大笑）

乙　（急冲甲）这你就不对了，我托付你多少回啦，不叫你拿我外号打哈哈！

丙　嗐！一个外号儿算什么呀！

乙　那也分在哪儿说，今儿个当着大伙儿说，大伙儿一乐，你说我这脸往哪儿搁，再一说，你为什么非在这个时候唱哪！

甲　现在不是正在"除四害"嘛！

乙　你还是成心找寻我不是？

丙　唉唉唉，他怎么又成心找寻你啦？

乙　你不知道。

甲　干脆我告诉你吧，他今年四十五岁是属耗子的。

丙　这倒巧了。

甲　他说耗子是他的本命神，他最迷信耗子，现在"除四害"谁家都在打耗子，可是他家不叫打。

丙　为什么?

甲　他说耗子是财神爷,要把耗子全给打死,他们家的风水就没啦。

丙　好,又封建,又迷信!

乙　是我怎么把你得罪啦。

丙　(把乙推到一边)你先别着急,听我说,现在人人都在捕鼠打耗子,你拦得住谁呀!

乙　(脸上不悦但又无办法,冲甲)以后还是少玩笑。

甲　我这也不算跟你玩笑啊。

乙　还不算玩笑哪?

甲　您老疑惑,一说耗子就是您哪,再一说耗子这东西多脏啊,您看您身上现在多干净啊。

乙　是呀。

甲　连一个虼蚤都没有。

丙　有虼蚤就传染鼠疫啦。

乙　我还是耗子啊!

甲　您老爱往那儿想。

乙　我没法儿不往那儿想,你老往那道儿上领我嘛。

甲　(向丙)您别看他过去封建迷信,现在他可不那样儿啦。

乙　唉,我思想早就转变啦。

甲　那天我还上他家去了哪,刚到门口儿,我一看他正围着笼子那儿转悠哪。

乙　对,笼子里有块窝头,我钻进去就出不来,耗子笼子是不是?

甲　什么呀,我说的是鸟儿笼子,那天你不是正喂鸟儿吗?

乙　你倒说清楚哇。

丙　他养活的是黄雀儿吗?

甲　不是黄雀儿,是老家贼。

乙　我养活老家贼干吗呀?

甲　您别看他挺干净,鸟儿笼子他可不爱拾掇,招了好些个苍蝇、蚊子。

乙　这倒好,老鼠、麻雀、苍蝇、蚊子我们家都占全啦。

甲　您看这个人最小心,出来进去老躲着那个夹子。

乙　噢,耗子夹子!

甲　什么呀,衣裳夹子,你在院子里晒衣服,不拿夹子夹上行吗?风一刮全跑了,你是留着神,千万别夹着脑袋。

乙　是呀，夹住尾巴也跑不了。

甲　我一瞧门口儿还有"安妥"哪。

乙　噢，耗子药哇！

甲　嗐，我说您那门儿外头连车都没有，是安稳妥当。

乙　还安稳妥当。门口儿净是埋伏，我碰上哪样儿也活不了。

甲　您放心，早把窝门儿堵死啦。

乙　得，这回我连窝都出不去啦。

甲　你不是把屋门儿堵死了，房山开了个门儿吗？

乙　我干吗那么折腾啊！你跟我没完了是怎么着？

丙　唉唉唉，你们二位别往下搞了，越搞越深，咱们还是唱点儿！

乙　你别叫他唱啦，回头不定唱出什么来哪！

甲　我要真唱点儿有文有典的，你也得听得懂啊。

丙　没关系，他不懂我懂！

甲　好，我唱一段儿。（唱）"喜的是更深夜静，怕的是五鼓天明。"

乙　（向丙）您听见了没有，喜的是更深夜静，合着夜里我又溜达出
　　来啦。

甲　我说你听不懂，你知道我唱的这段儿叫什么吗？

乙　不知道。您唱这段儿叫什么？

甲　我唱的是《罗成托梦》。

乙　《罗成托梦》这是怎么个内容？

甲　罗成在周西坡叫苏烈乱箭攒身，他的鬼魂要给家里托梦去，鬼魂
　　来不得更深夜静吗？五更鼓天明鬼就该回去啦，哪儿有大白天满
　　街上溜达的鬼。

乙　您这玩意儿太迷信啦。

甲　我唱的是《罗成托梦》，你认为我唱耗子哪。

乙　你就别找补啦。

丙　你别听这儿迷信，后头就不迷信啦。

乙　好，你继续往下唱。

甲　（唱）"喜的是更深夜静，怕的是五鼓天明。"

乙　鬼魂又来啦。

甲　（接唱）"住的是墙窟窿炕洞……"

乙　（问丙）鬼怎么住这地方啊？

丙　啊，鬼是住那儿。

甲　（唱）"与炉坑……"

乙　炉坑也住哇？

甲　（接唱）"吃的是残茶剩饭甭人盛……"

乙　（问丙）鬼敢情也吃饭哪？

丙　吃饭。

甲　（接唱）"身穿灰色的皮袄……"

乙　（问丙）鬼怎么还穿皮袄？

丙　鬼怕冷啊。

甲　（接唱）"一口钟，浑身上下无（卧牛）无有缝，最可喜正月十八鸾凤配成。"

乙　鸾凤配成是结婚不是？

甲　是啊。

乙　干吗非正月十八结婚呢。

甲　你怎么啦？正月十八耗子成家嘛！

乙　你还是开玩笑不是！我说你有新鲜的没有？

甲　好啦，这回我唱个新鲜的成不成？

丙　您唱吧。

甲　（唱）"碟碗频敲，盆罐山摇。"

乙　（冲丙）您听见了没有？碟碗频敲，盆罐山摇。（用手比画）稀里哗啦。合着我又出来啦！

甲　什么你又出来啦，我唱的是《纪小塘大闹严嵩府》。

乙　这又是怎么回事儿？

甲　严嵩是明朝的奸臣，有一天是他的生日，贺客盈门，严嵩把他家藏的古玩宝贝、心爱的东西都拿出来啦，摆在客厅叫人看，纪小塘最恨他，那天他也去啦，在袍袖里揣着一只白玉兔，借着乱的时候，就把这只兔儿撒到多宝阁上啦，这只白兔上来下去这么一乱蹿乱跑，把严嵩的古玩全给摔啦，一时大快人心，我唱的是《纪小塘大闹严嵩府》。

乙　好，又吓我一跳，您往下唱。

甲　（唱）"碟碗频敲，盆罐山摇，挺好的米面被它偷盗，新糊的顶棚被它嚼。"

丙　（用嘴弹过门）

甲　（接唱）"喂猫的剩饭不见了，常在那笼屉里吱（卧牛）吱吱叫，屋里没人到处跑，浑身上下无杂毛。”

乙　您唱的是大闹严嵩府吗?

甲　我这是耗子出窝。

乙　我一听就不对仗嘛! 干脆我走，你爱唱什么唱什么。

丙　你走管什么呀，你也唱一个把他那个压下去那才叫有能耐哪!

乙　我唱什么呀。我倒是有词儿，这一生气全忘啦。

丙　您不是全忘了吗? 没关系，这回我替您唱一段儿，咱们把他那气儿压下去，您看怎么样?

乙　好，那我谢谢您啦。

丙　（唱）“玳瑁声高，虎皮中瞧，金钩挂玉壮满膘，鞭打绣球把尾摇。”

乙　（冲甲）你听人家唱得多好。

丙　（接唱）“雪里送炭，把狸花找，玉狮子就在怀（卧牛）怀中抱，最可爱乌云盖雪无有杂毛。”

乙　（压甲）你听这个，你懂得吗?

甲　我不懂，他唱的是什么呀?

乙　啊……我还没打听哪! （问丙）您唱的这段儿叫什么呀?

丙　这段儿叫《八猫图》。

甲　怎么叫《八猫图》哇?

乙　我哪儿知道哇! （问丙）怎么叫《八猫图》哇?

丙　就是八样儿上谱的猫。

甲　够八样儿吗?

乙　够八……干脆你直接问他（指丙）得啦。

甲　（问丙）够八样吗?

丙　你听着: 玳瑁、虎皮、金钩挂玉瓶、鞭打绣球、雪里送炭、狸花、玉狮子、乌云盖雪，这不是整八个花样吗!

乙　对，整八样儿。（问丙）干吗非得八个猫哇?

丙　因为耗子个儿太大，一个猫吃不了。

甲　对! 得八猫分尸。

乙　我还活得了哇!

（谭伯如　陈涌泉整理）